제 3 판

PADS VX2.0 예제로 배우는

PCB 설계

B.C.Info

남우춘 저

머리말

무언가 직접 만들어 본다는 것은 흥미로운 일이다. 정보통신기술의 발전에 따라 인터넷을 통해 전자회로를 공유하고, 시행착오를 줄이는 기술의 공유에 의해 전문가가 아니더라도 다양한 회로를 구성할 수 있고 인쇄회로기판(PCB) 툴을 사용하여 하드웨어를 직접 구현할 수 있어 뿌듯함과 만족감을 더한다.

본 교재에서는 회로도 작성과 PCB 설계 툴로 Mentor Graphics사의 PADS Logic과 PADS Layout을 사용하고 버전은 VX2.0이다.

교재의 내용은 PCB를 처음 접하는 사람도 따라할 수 있도록 구성하였다. 예제 중심으로 각 장마다 회로도 작성에서부터 PCB를 설계하고 제작 발주할 수 있는 전체 과정을 실습할 수 있도록 하며, 실제 제작한 PCB와 부품을 조립한 보드를 사진으로 담았다.

전체 9장으로 구성된 내용을 보면 처음은 기초 이해과정으로 PADS의 라이브러리에서 제공하는 부품으로 간단한 회로도를 작성하고 주어진 조건에서 PCB를 설계할 수 있도록 한다. 3장부터는 PADS의 라이브러리에서 제공하지 않는 부품에 대하여 PADS Logic에서 부품의 심벌(CAE Decal)을 만들고, PADS Layout에서 부품에 대한 PCB land pattern(PCB Decal)을 따라하기로 만든다.

1장에서 5장까지는 일반 부품을 사용하여 PCB를 설계하고, 6장부터 9장까지는 일반 부품과 SMD(Surface Mounted Device, 표면실장용부품)를 사용하여 회로도를 작성하고 PCB를 설계한다.

본 교재를 통하여 PCB를 처음 접하는 분과 관련 공학도에게 작으나마 도움이 되기를 바라며, 책이 출판될 수 있도록 기회를 주신 복두출판사의 송광헌 대표님과 관계자 여러분께 감사드리옵고, 사랑하는 가족들에게 고마운 마음을 전합니다.

2017년 2월

저자 남우춘

차례

제1장 PCB 설계 들어가기

제2장 설계 기본 익히기

제3장 멀티바이브레이터(connector) 회로

제4장 555 타이머 회로

제5장 카운터 회로

제6장 디지털시계 회로(DIP)

제7장 LED 램프 회로(SMD)

제8장 QUPID 회로(SMD)

제 1 장

PCB 설계 들어가기

제 1 장 | PCB 설계 들어가기

1.1 PCB

PCB란 printed circuit board로 인쇄회로기판을 말한다. 인쇄회로기판은 전자부품을 기판에 고정시켜주고 기판의 동박 패턴을 통하여 상호 전기적으로 연결시켜 주는 기판이다.

설계된 회로를 CAD 프로그램으로 회로도를 작성한다. 회로도의 각 부품들은 PCB decal을 가지며, 부품의 상호 연결 정보인 net 데이터와 함께 PCB 설계 프로그램으로 보낸다. PCB 설계 프로그램으로 주어진 기판의 크기 내에서 부품을 배치하고 net 데이터에 따라 동박 패턴을 연결한다. 동박 패턴의 폭은 흐르는 전류의 양에 따라 정해진다. 패턴은 바르게 연결되었는지, 패턴 간의 간격은 지정된 값 범위 이상인지를 검정하고 PCB 설계를 완료한다. 설계된 PCB에서 PCB 설계 프로그램을 이용하여 CAM 데이터(Gerber, 거버 파일)를 만들고, 이 데이터를 PCB 제작업체로 보낸다.

PCB 설계 프로그램은 여러 가지가 있지만 본 교재에서는 Mentor Graphics 사의 PADS Logic과 PADS Layout을 이용하여 설계한다.

아래 그림은 회로 설계부터 완성 PCB가 만들어지는 일련의 절차이다.

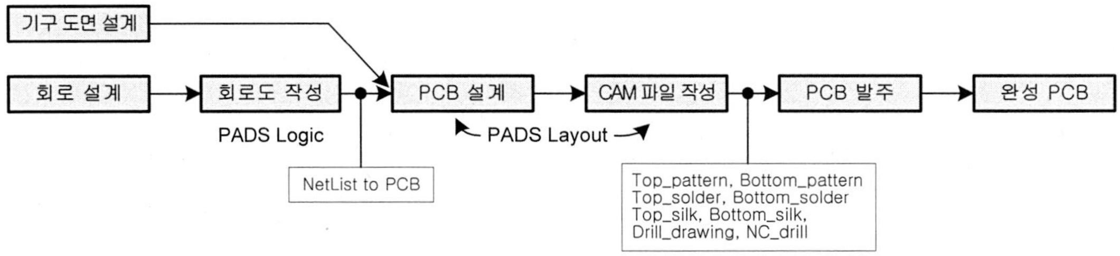

CAM 파일에는 양면 PCB인 경우 top 면과 bottom 면의 동박이 만들어지는 패턴 도면, 납땜되는 단자 외는 모두 solder mask로 처리되는 도면, 부품 번호나 부품의 외형을 나타내는 silk screen 인쇄 도면, 드릴 홀의 크기 정보를 나타내는 도면, 드릴 위치를 나타내는 도면으로 구성된다. 패턴, solder mask, silk screen 도면은 공장에서 사진용 필름으로 만든다.

PCB 설계에서 여러 종류의 드릴 홀이 있다. top 면과 bottom 면을 관통하는 홀을 동도금 처리하여 전기적으로 연결시키는 홀과 전기적 연결이 되지 않는 홀로 나눈다. 전기적 연결 홀은 부품의 리드 선이 통과하는 thru hole과 구멍이 작은 via hole로 나뉜다. 전기적으로 연결이 안 되는 홀을 non-thru hole이라 한다. 아래 그림은 홀의 종류를 나타낸 그림이다.

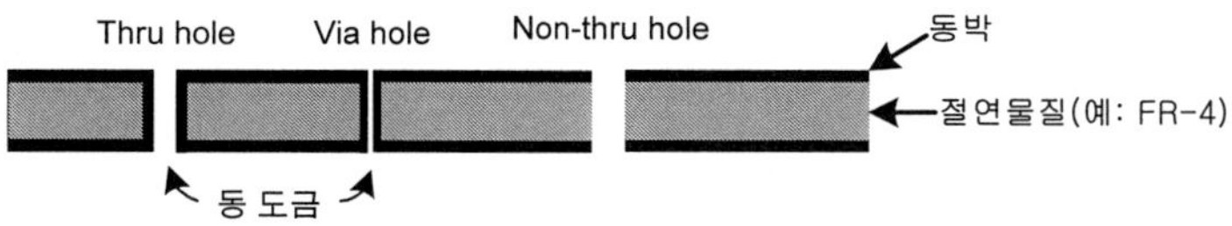

1.2 PADS Logic

PADS Logic 프로그램은 회로도를 작성하고 부품간의 연결 데이터와 각 부품의 PCB Decal을 담은 파일을 생성한다.

❙ PADS Logic 화면

Pads Logic 화면은 Toolbar, 작업창, Project Explorer, Output Window, Status Bar로 구성되어 있다.

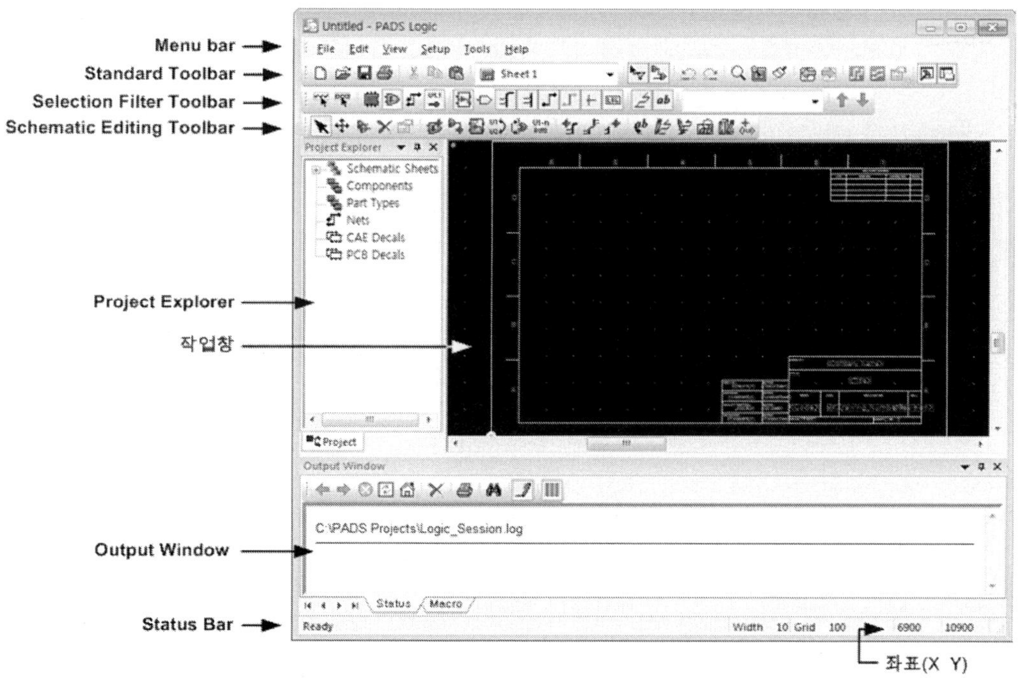

❙ Menu Bar

File은 Save, Library 기능, Setup은 Design Rules, Display Colors 기능, Tools은 Layout Netlist, Options 등의 기능이 있다.

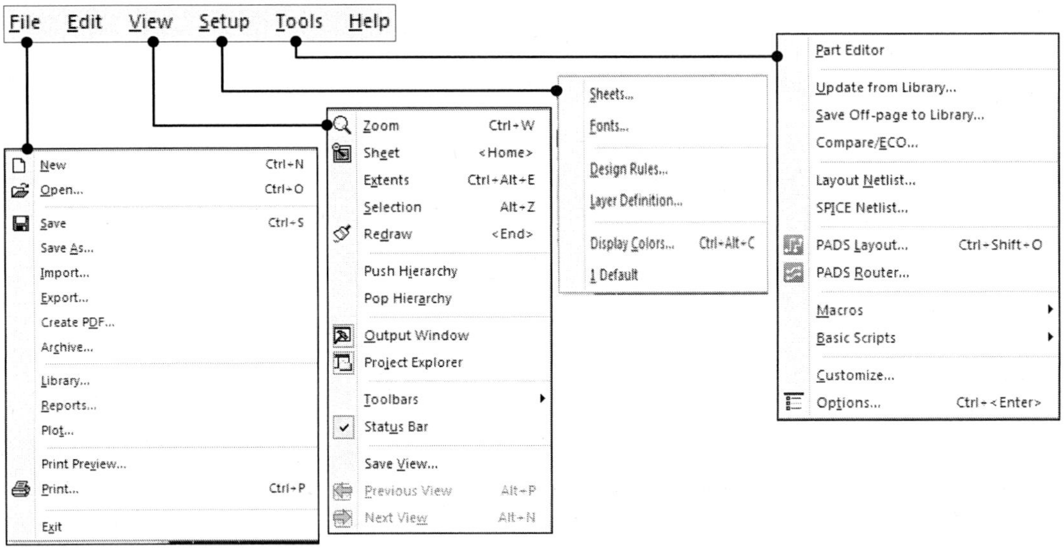

❙ Schematic Editing Toolbar

Select	Move	Duplicate
Delete	Properties	Add Part
Add Connection	New Hierarchical Symbol	Swap RefDes
Swap Pins	Auto Renumber Parts	Add Bus
Split Bus	Extend Bus	Create text
Create 2D Line	Modify 2D Line	Combine/Uncombine
Add 2D Line from Library	Add Field	

등의 아이콘이 있다.

❙ Modeless Command

키보드에서 바로 입력하여 명령을 수행하는 것으로 주요 명령어는 다음과 같다.

g〈n〉, gd〈n〉, s〈x y〉

Shortcut key

회로를 작성하면서 빠른 명령을 수행하기 위한 것으로 주요 명령어는 다음과 같다.

Ctrl + 마우스 휠, Ctrl + A, Ctrl + R, Ctrl + F,
Ctrl + Shift + F, Ctrl + X, Ctrl + C, Ctrl + V, Ctrl + D,
Ctrl + Y, Ctrl + Z, F2

Library

File > Library를 선택하면 Library Manager 창이 나타난다.

Filter를 보면 4종류가 있다. PCB decal에 대한 라이브러리 Decals, logic에서 부품을 나타내는 라이브러리 Parts, CAE decal인 라이브러리 Logic, 선에 대한 라이브러리 Lines로 구성되어 있다. Part는 각 부품의 PCB decal, CAE decal의 정보를 가지고 있다.

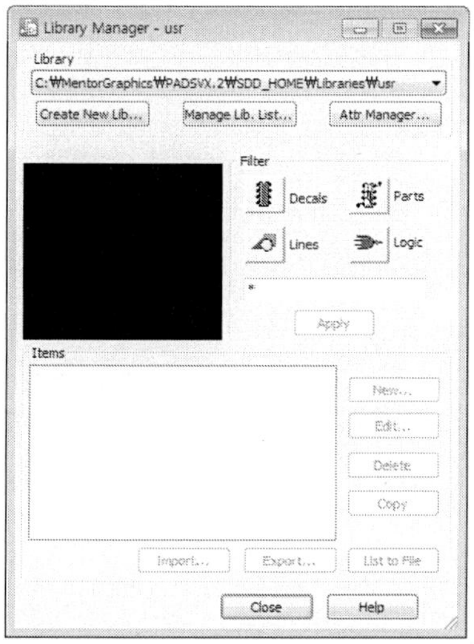

1.3 PADS Layout

PADS Layout 프로그램은 PCB를 설계하고 CAM 데이터(거버 파일)을 만든다.

▎PADS Layout 화면

PADS Layout 화면은 Toolbar, 작업창, Project Explorer, Output Window, Status Bar로 구성되어 있다.

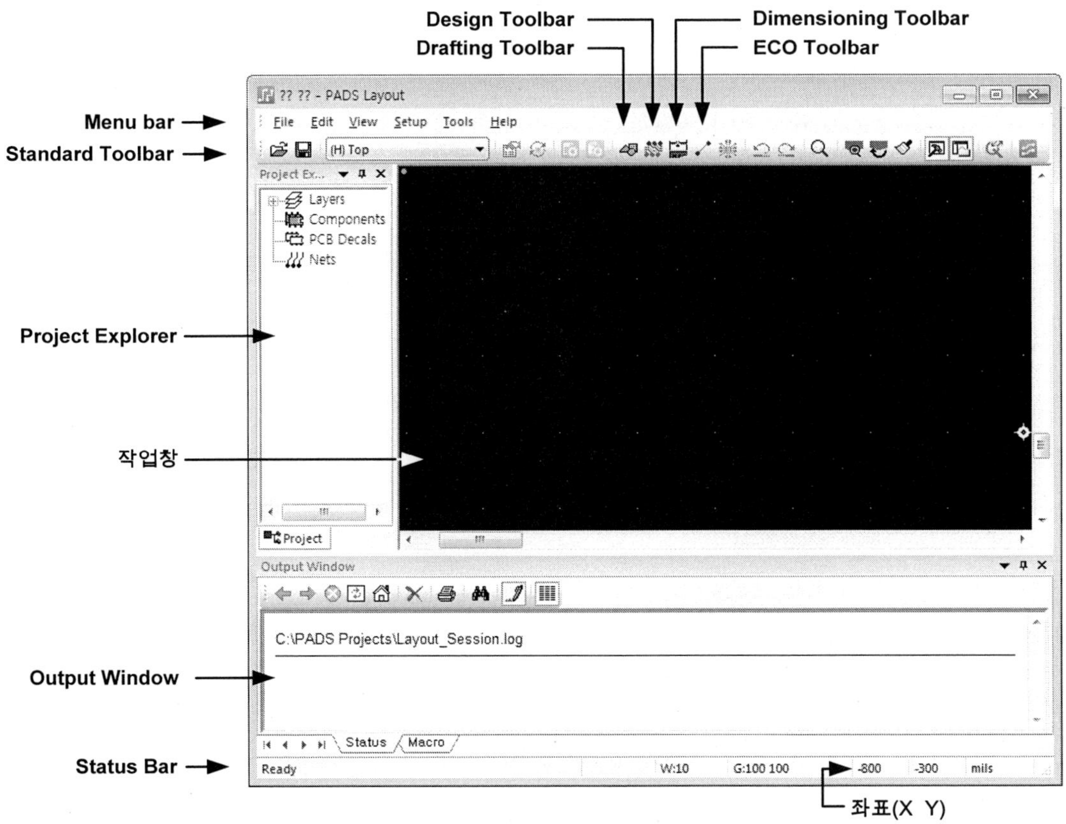

❙ Menu Bar

File은 Save, Library, CAM 기능, Setup은 Design Rules, Set Origin, Display Colors 기능, Tools는 PCB Decal Editor, Disperse Component, Pour Manager, Verify Design 등의 기능이 있다.

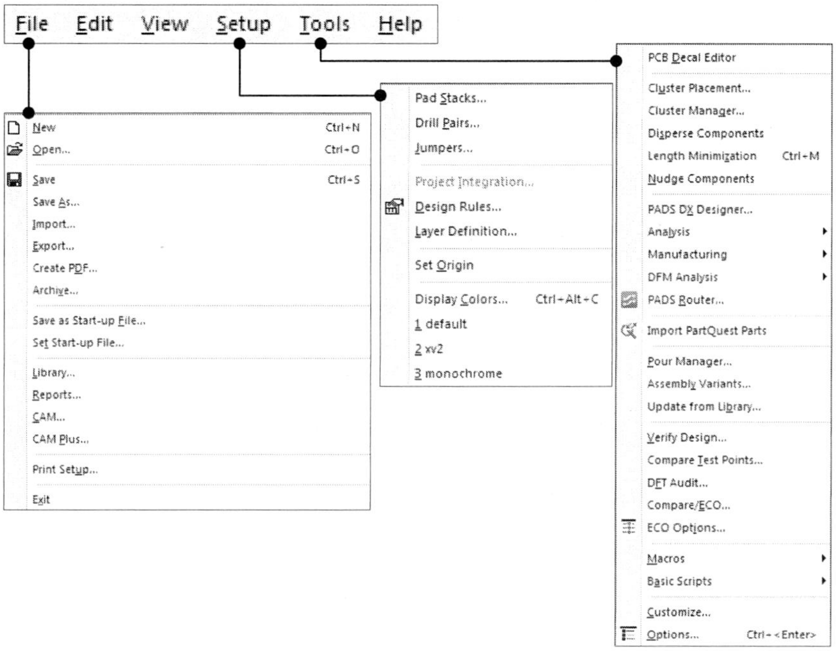

❙ Schematic Editing Toolbar

Select Mode	2D Line	Copper
Copper Cut Out	Copper Pour	Copper Pour Cut Out
Board Outline and Cut Out	Keepout	Text
Flood	Form Library	Plane Area
Plane Area Cut Out	Auto Plane Separate	Hatch
Add New label	Import DXF File	Text and Lines options

등의 아이콘이 있다.

Design Toolbar

Select Mode	Move	Radial Move
Rotate	Spin	Swap part
Move Reference Designator	Add Coner	Add Route
Add Jumper	Add Test Point	Design Options

등의 아이콘이 있다.

Dimensioning Toolbar

Select Mode	Autodimension	Horizontal
Vertical	Aligned	Rotated
Angular	Arc	Leader
Dimensioning Option		

등의 아이콘이 있다.

Modeless Command

키보드에서 바로 입력하여 명령을 수행하는 것으로 주요 명령어는 다음과 같다.
um, umm, g〈n〉, gd〈n〉, gv〈n〉, aa, ad, ao, s〈x y〉

Shortcut key

회로를 작성하면서 빠른 명령을 수행하기 위한 것으로 주요 명령어는 다음과 같다.

Ctrl + 마우스 휠, Ctrl + A, Ctrl + R, Ctrl + X,
Ctrl + C, Ctrl +V, Ctrl + D, Ctrl + Y, Ctrl + Z, F2

| 제 2 장 |

설계 기본 익히기

제 2 장 | 설계 기본 익히기

2.1 설계 요구 사항

주어진 회로도를 작성하고 PCB를 설계한다. PCB 제작 의뢰에 필요한 CAM 데이터 파일(Gerber file)을 만든다. PADS Logic과 PADS Layout 라이브러리에 있는 부품의 심벌과 PCB Decal을 사용하여 설계한다. PCB의 크기는 가로 40mm, 세로 40mm이며 양면 기판으로 설계하고, 모든 부품은 top 면에 배치한다. 납땜은 bottom 면에서 할 수 있도록 한다.

2.2 회로도

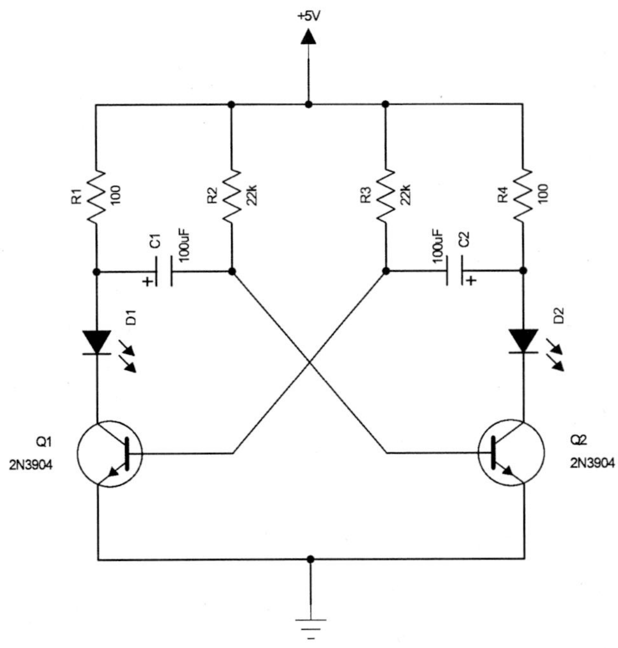

2.3 사용 부품

부품 번호	부품명	부품 규격	수량	부품배치면
R1, 4	저항	1/8W, 100	2	top
R2, 3	저항	1/8W, 22k	2	top
D1, 2	LED	RED, 5Φ	2	top
C1, 2	전해커패시터	100uF/16V	2	top
Q1, 2	트랜지스터	2N3904	2	top

각 부품에 대한 Part Type, CAE Decal, PCB Decal은 다음과 같다.

Ref. Des	Part Type	CAE Decal	PCB Decal
R1, 4	RES-1/8W	RESZ-H	R1/8W
R2, 3	RES-1/8W	RESZ-H	R1/8W
D1, 2	LED	LED	LED
C1, 2	CAP-CX12-B	CAP+	CX12-B
Q1, 2	2N3904	NPN	TO-92

2.4 회로도 작성하기

2.4.1 PADS Logic 들어가기

- 회로도를 작성하기 위하여 PADS Logic 아이콘  을 더블클릭한다. 또는 윈도우에서 시작 > 모든프로그램(모든앱) > Mentor Graphics PCB > PADSLogic을 클릭한다. 이는 C:₩MentorGraphics₩PADSVX.2₩SDD_HOME₩Programs₩powerlogic.exe 응용프로그램이다.

- PADS Logic 시작을 알리는 창이 나타나면 기다린다.

- 회로도를 작성하는 PADS Logic 창이 나타나면 New 를 선택한다.

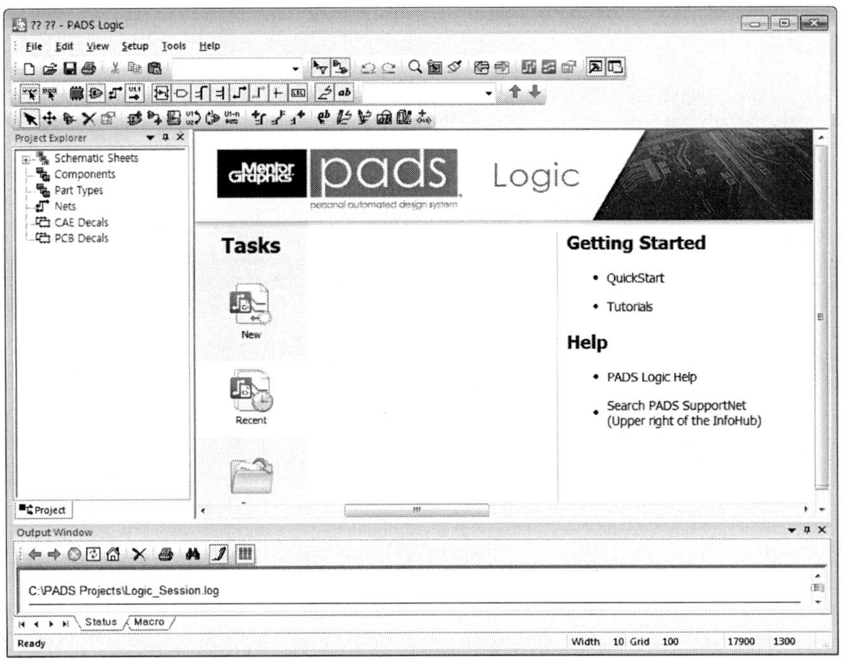

- Font Replacement 창이 뜨면 OK 버튼을 클릭한다.

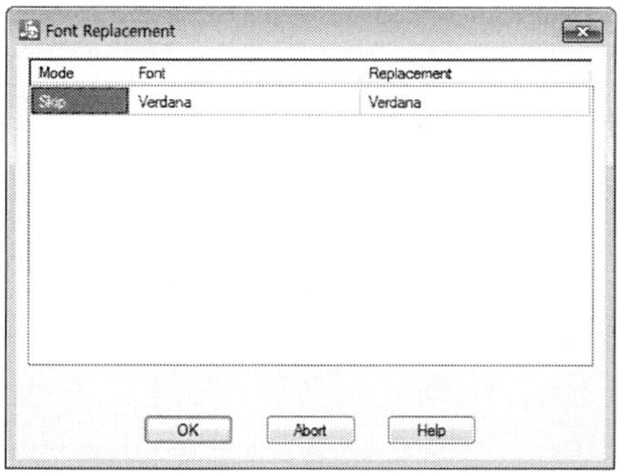

- 회로도를 작성할 수 있는 PADS Logic 창이 나타남을 확인한다.

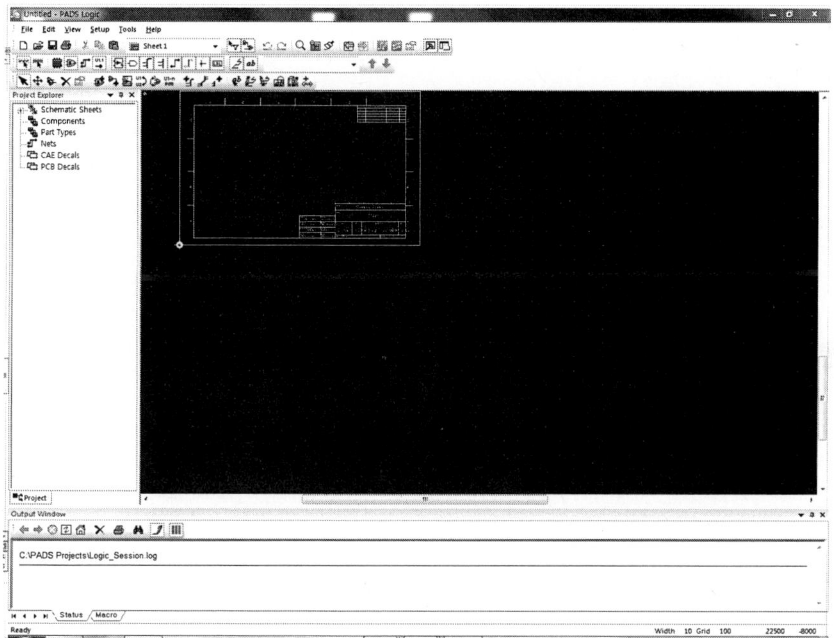

- 회로도를 작성하기 편하게 Standard Toolbar에서 sheet 버튼  을 클릭한다.
  - Sheet border가 작업창 전체 면으로 나타난다.

2.4.2 환경 설정하기

▎Grid 설정하기

- Design grid를 설정하기 위하여 키보드에서 g100을 입력한다.
- Dot grid를 설정하기 위하여 키보드에서 gd100을 입력한다.
- 작업창을 확대하면 설정된 촘촘한 grid가 나타난다.
  - 각 grid는 100mils인 2.54mm의 격자가 된다.

▎Sheet 크기 설정하기

- Sheet 크기를 설정하기 위하여 Menu Bar에서 Tools > Option을 선택하고
- Option 창에서 Design 탭을 선택한다.
  - 본 장에서는 기본 sheet size B와 sheet border SIZEB를 사용한다.

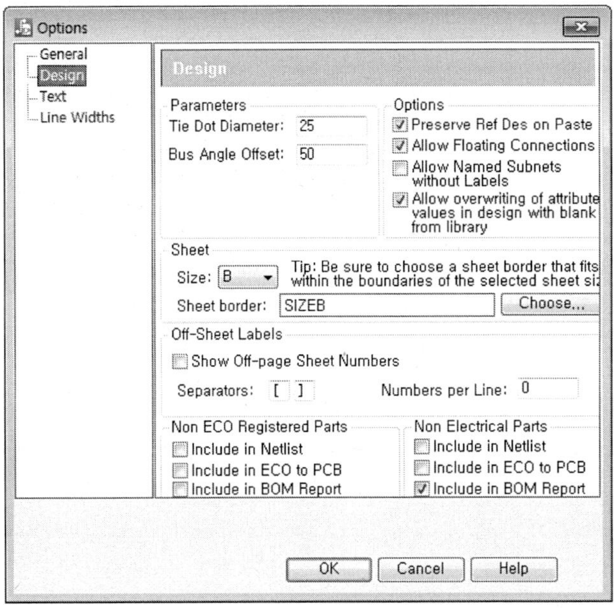

- OK 버튼을 클릭한다.

2.4.3 부품 불러오기 및 부품 배치하기

회로도 상에 나타내는 부품에 대한 심벌은 PADS Logic의 라이브러리에서 제공하는 심벌을 사용할 수 있다. 제공되는 심벌이 없는 경우에는 Standard Toolbar에서 Tools > Part Editor를 이용하여 새롭게 그릴 수 있다. 본 장에서는 라이브러리에서 제공하는 부품의 심벌을 사용하여 회로도를 작성한다.

- Schematic Editing Toolbar에서 Add Part 아이콘 을 선택한다.
  - Add Part from Library 창이 나타난다. 이 창에서 원하는 부품을 선택한다.

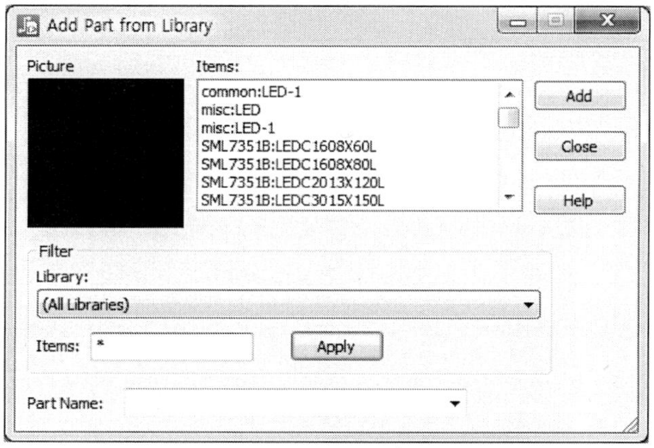

- 저항의 심벌인 part type을 지정하기 위하여 Add Part from Library 창의 Filter Items에 RES*을 입력하고 Apply 버튼을 클릭한다.

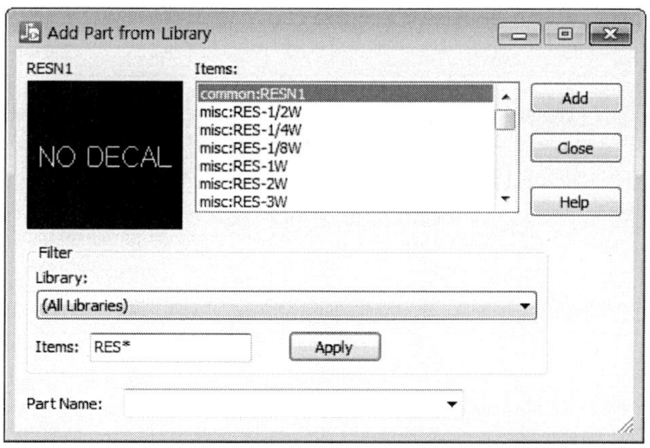

- Items에서 Part Type인 RES–1/8W를 지정하고 Add 버튼을 클릭한다.

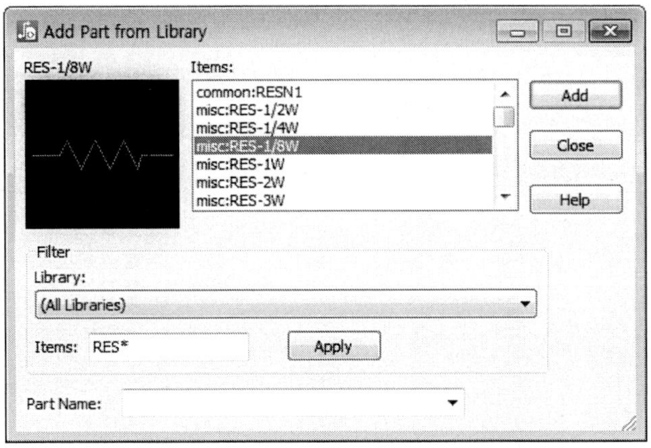

- 커서를 회로도 창으로 이동하면 저항 심벌이 나타난다.

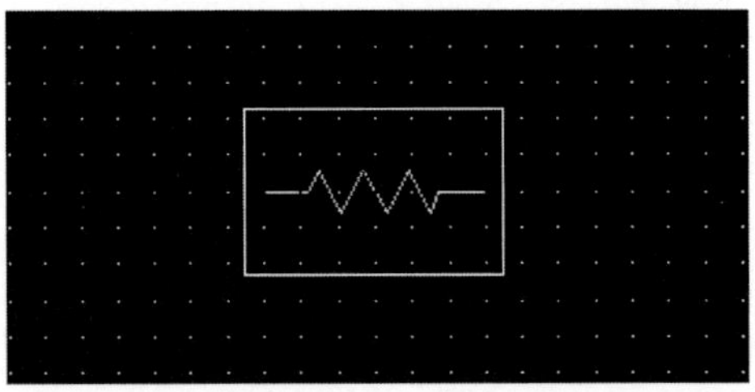

- 본 회로도에서는 4개의 저항이 사용되므로 회로도 창에서 4번을 클릭하여 임의의 위치에 저항을 배치한다.

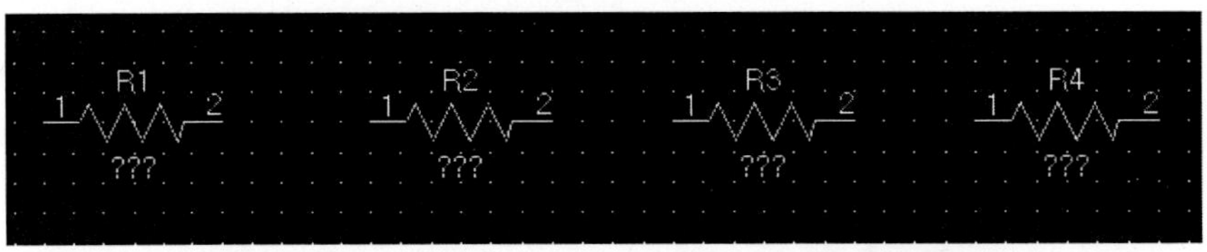

- LED의 심벌인 Part Type을 지정하기 위하여 Add Part from Library 창의 Filter Items에 LED*을 입력하고 Apply 버튼을 클릭한다.

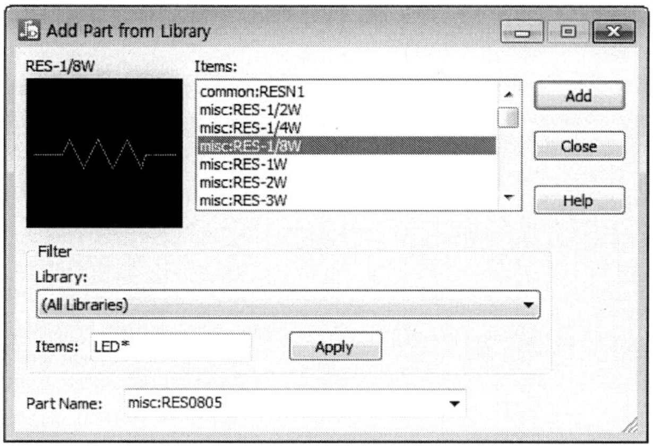

- Items의 part type인 LED를 지정하고 Add 버튼을 클릭한다.

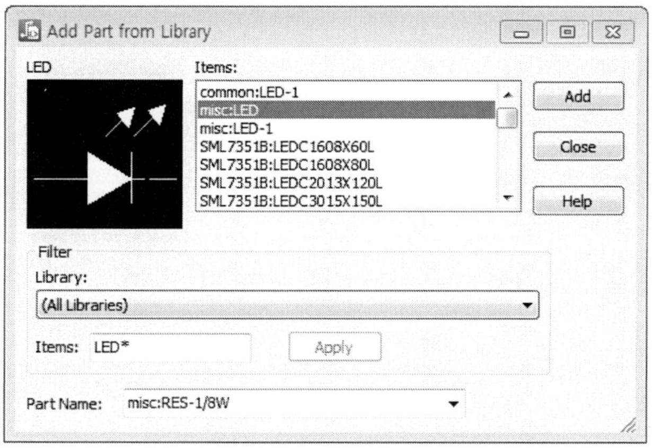

- 커서를 회로도 창으로 이동하면 LED 심벌이 나타난다.

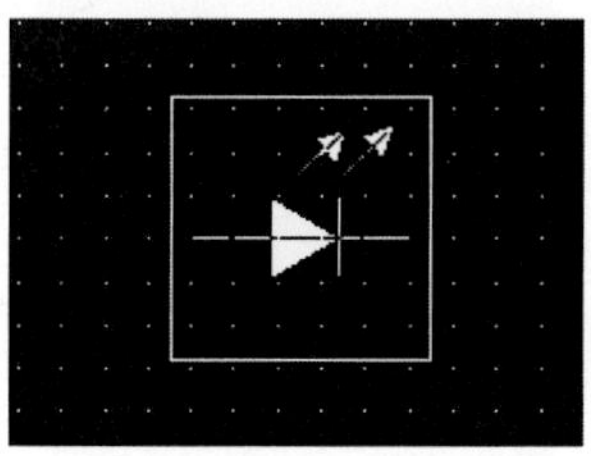

- 본 회로도에서는 2개의 LED가 사용되므로 회로도 창에서 2번을 클릭하여 임의의 위치에 LED를 배치한다.

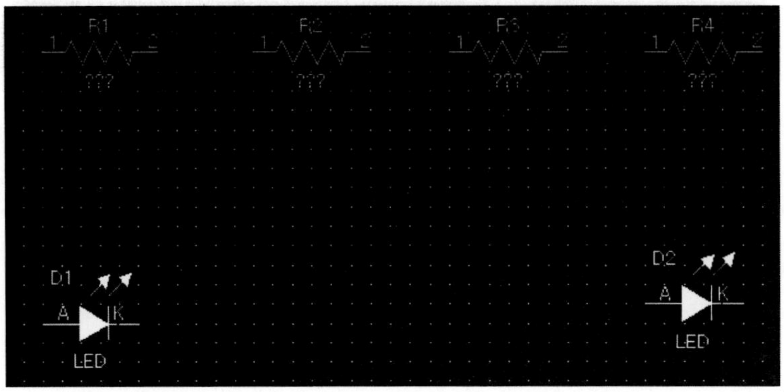

- 전해커패시터의 심벌인 Part Type을 지정하기 위하여 Add Part from Library 창의 Filter Items에 CAP*을 입력하고 Apply 버튼을 클릭한다.

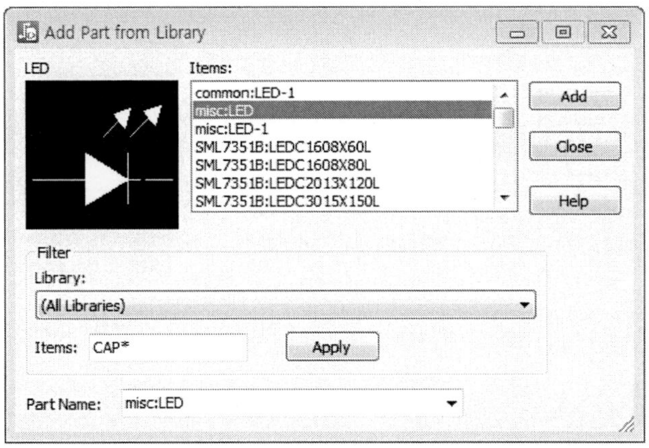

- Items에서 스크롤바를 움직여 Part Type인 CAP-CX12-B를 지정하고 Add 버튼을 클릭한다.

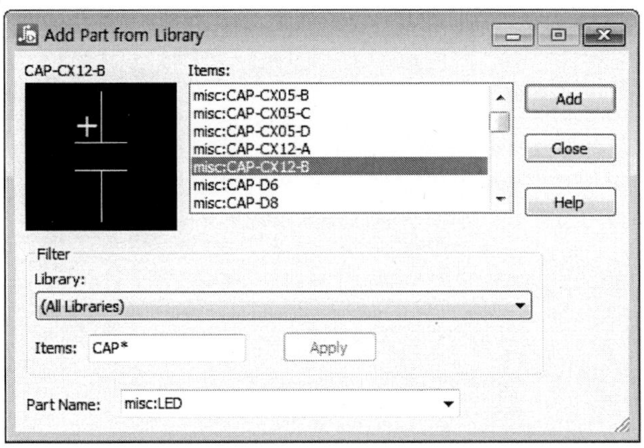

- 커서를 회로도 창으로 이동하면 전해커패시터 심벌이 나타난다.

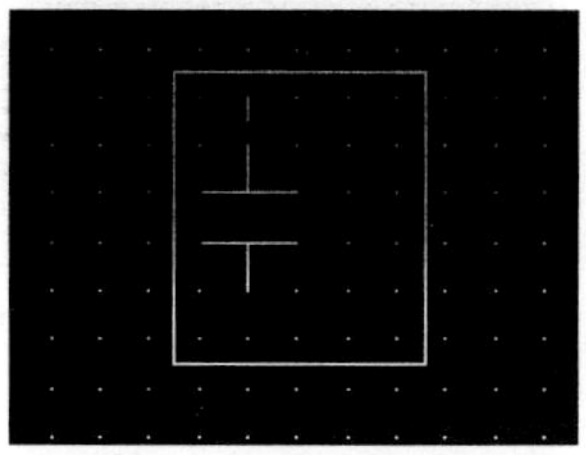

- 본 회로도에서는 2개의 전해커패시터가 사용되므로 회로도 창에서 2번을 클릭하여 임의의 위치에 전해커패시터를 배치한다.

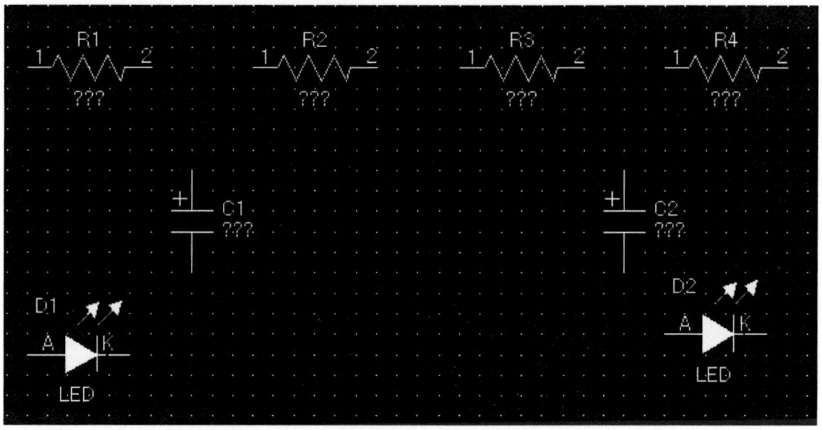

- 트랜지스터의 심벌인 Part Type을 지정하기 위하여 Add Part from Library 창의 Filter Items에 2N3904*을 입력하고 Apply 버튼을 클릭한다.

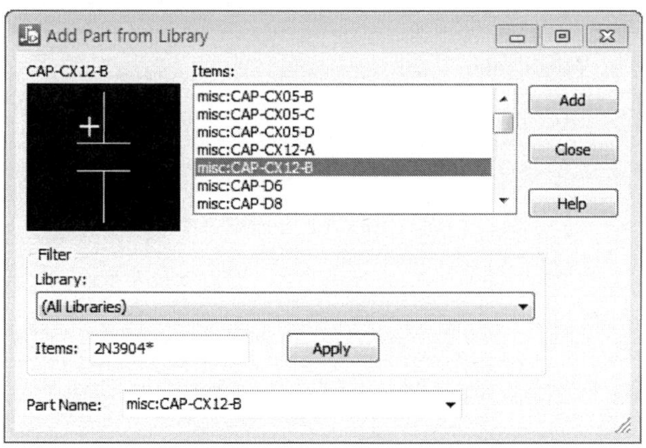

- Items에서 part type인 2N3904를 지정하고 Add 버튼을 클릭한다.

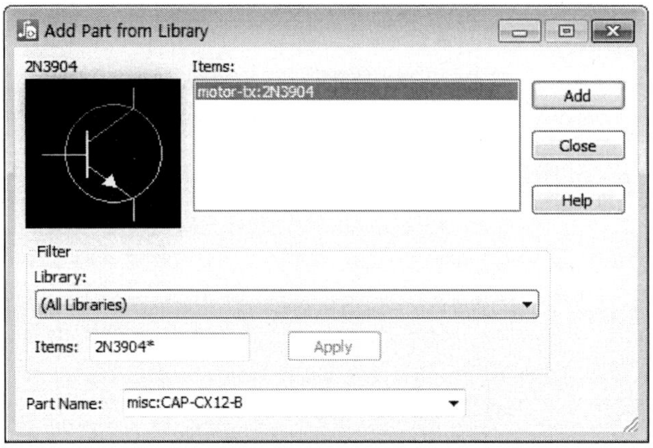

- 커서를 회로도 창으로 이동하면 NPN 트랜지스터 심벌이 나타난다.

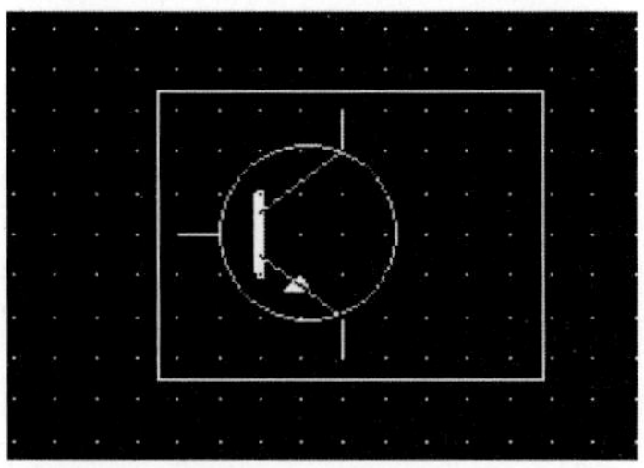

- 본 회로도에서는 2개의 트랜지스터가 사용되므로 회로도 창에서 2번을 클릭하여 임의의 위치에 트랜지스터를 배치한다.

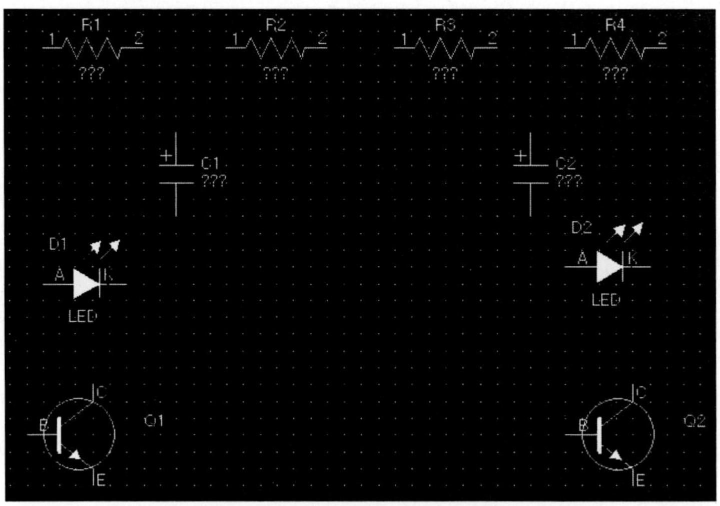

- 모든 부품을 추가했으므로 Add part from Library 창을 닫는다.

▌부품 배치하기

- 주어진 회로도와 같이 부품의 방향을 변경하기 위하여 부품을 지정하고 마우스 오른쪽 버튼을 클릭한다.
- 각 부품의 방향에 따라 Rotate 90, X Mirror, Y Mirror를 선택하여 부품의 방향을 정한다. 또는 단축키 Ctrl + R, Ctrl + F, Ctrl + Shift + F를 이용하여 방향을 정한다.

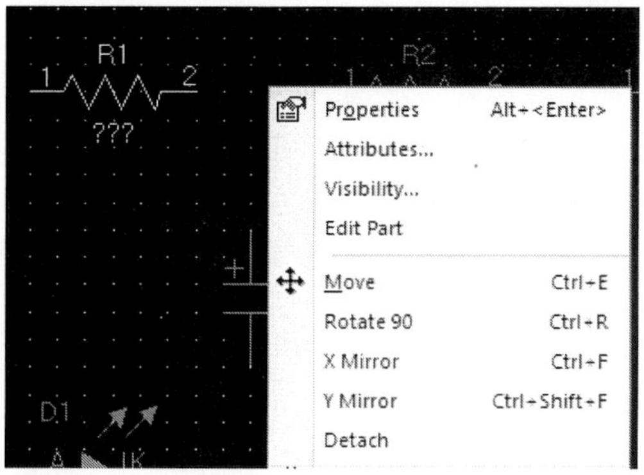

- 부품을 이동하기 위해서는 마우스 왼쪽 버튼으로 원하는 부품을 선택하고 이동하고자 하는 위치까지 드래그한 다음, 누른 마우스 버튼을 놓는다.
  - 재배치한 부품은 다음과 같다.

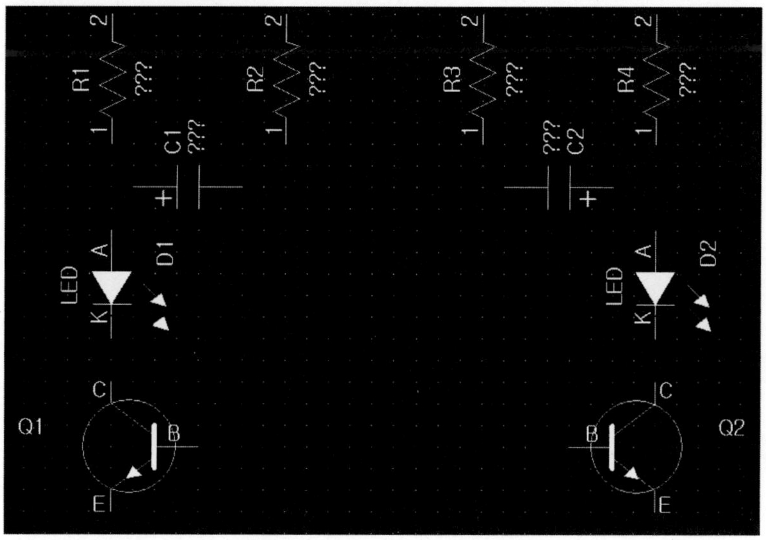

2.4.4 선 연결하기

- 부품 단자 간에 선을 연결하거나 선과 선을 연결하기 위하여 Schematic Editing Toolbar에서 Add Connection 아이콘 을 선택한다. 또는 선 연결 단축키인 F2를 누른다.
- 연결하고자 하는 부품 단자에서 마우스 왼쪽 버튼을 한번 클릭한다.
  - 마우스 버튼을 뗀 상태로 마우스 포인터를 이동시키면 선이 그려진다.
- 원하는 Dot Grid에서 마우스 왼쪽 버튼을 한 번 클릭하고 선의 방향을 변경한다.
  - 선의 방향을 변경하고자 할 때는 마우스 왼쪽 버튼을 한 번 클릭하고 뗀다.
- 연결하고자 하는 부품의 단자에서 마우스 왼쪽 버튼을 한 번 클릭하여 선 연결을 종료한다.
  - 단축키인 F2는 한 번 누를 때마다 연결과 비연결이 되는 토글스위치 기능이다.

- 다음은 선 연결하는 일련의 과정이다.

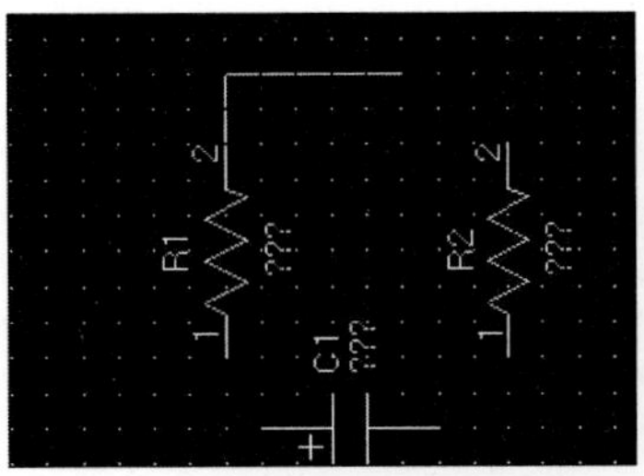

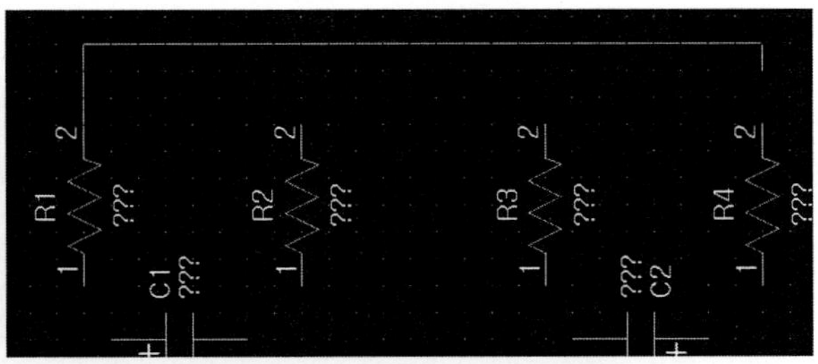

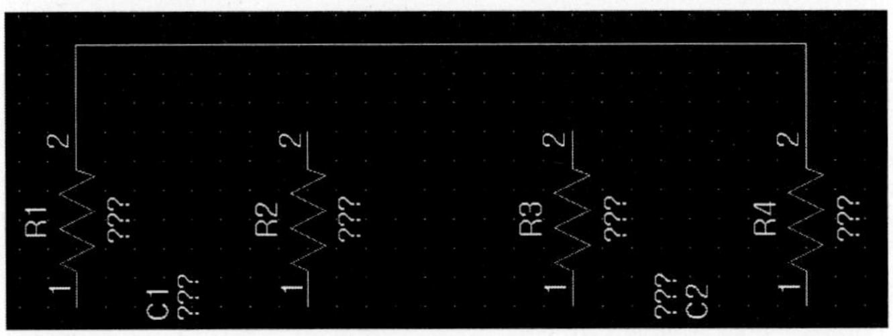

- 이와 같은 방법으로 부품 단자간을 연결하면 다음과 같다.

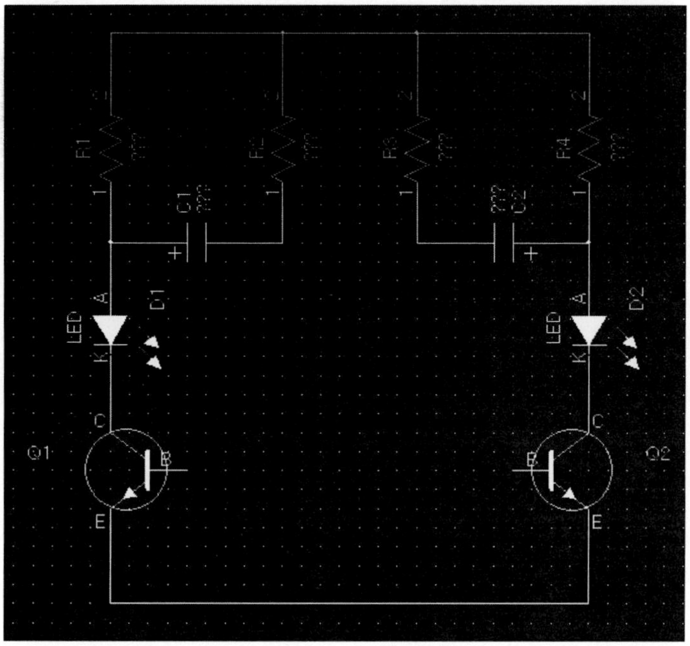

- 사선으로 연결하고자 하는 경우는 원하는 Dot Grid에서 마우스 오른쪽 버튼을 누르고 Angle을 선택하고 연결한다.

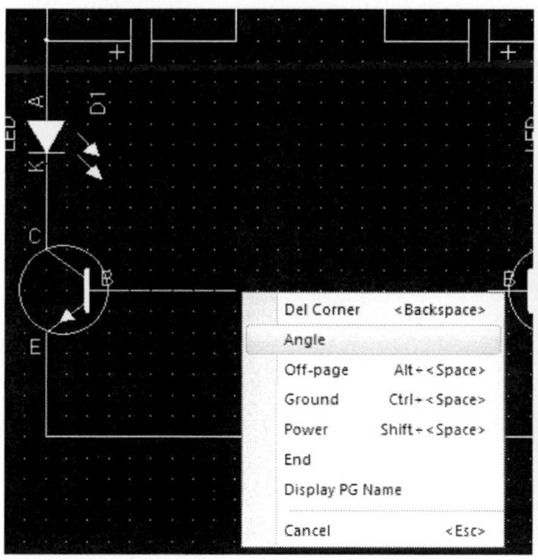

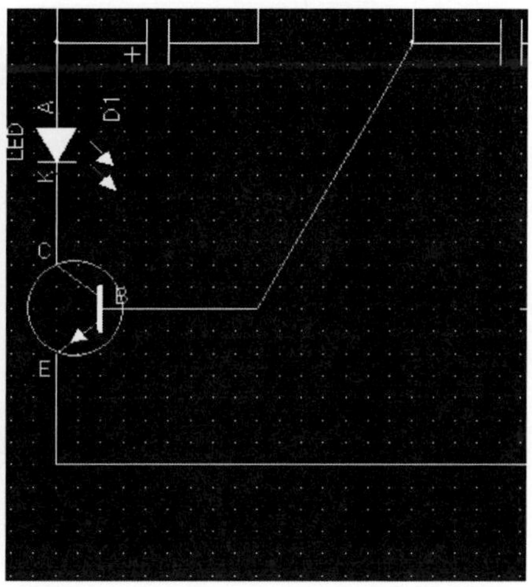

- Power 선을 연결하기 위하여 연결지점에서 마우스 오른쪽 버튼을 누르고 Power를 선택한다.

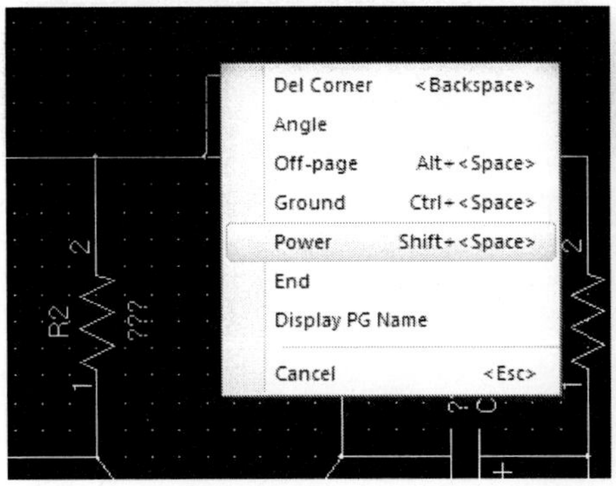

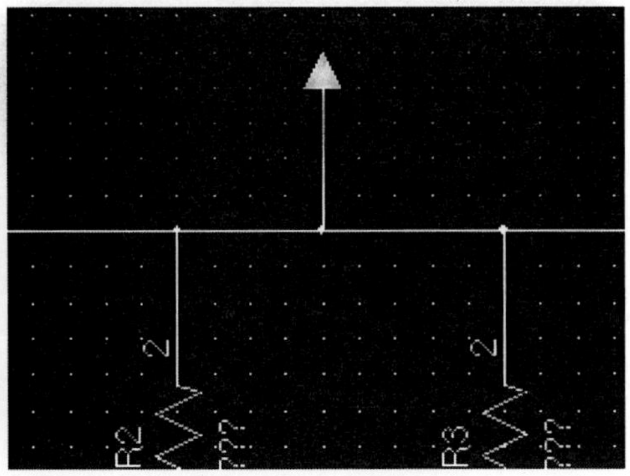

- Power 심벌이 선택되지 않는 경우에는 Esc 키를 한 번 누르고 마우스 오른쪽 버튼을 클릭한다. Quick Filter 창이 나타나며 Select Anything을 선택하고 power 심벌을 선택한다.
  - 이 Quick Filter 팝업창은 원하는 요소(anything, parts, gates …)를 선택하는 데 자주 사용된다.

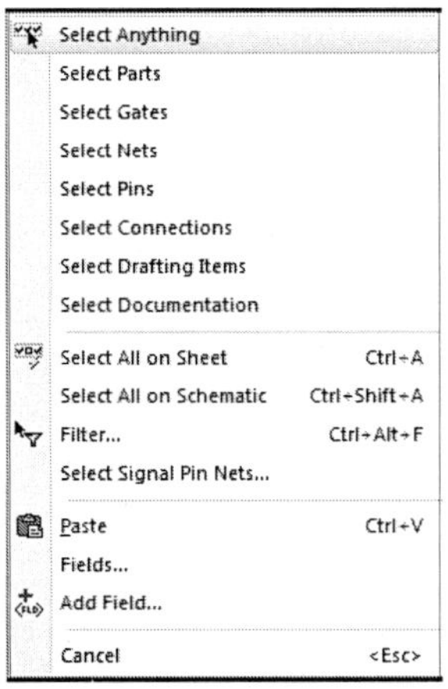

- 전압 값을 나타내기 위하여 Power 심벌을 더블클릭한다.
- Net Properties 창에서 Net Name Label를 선택하고 OK 버튼을 클릭한다.

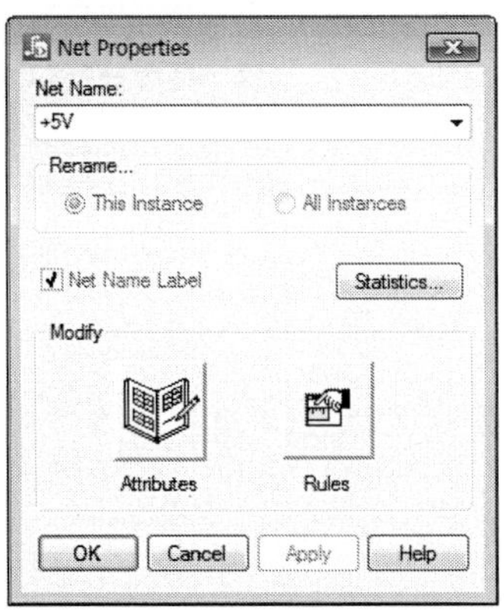

- Ground를 연결하기 위하여 연결지점에서 마우스 오른쪽 버튼을 누르고 Ground를 선택한다.

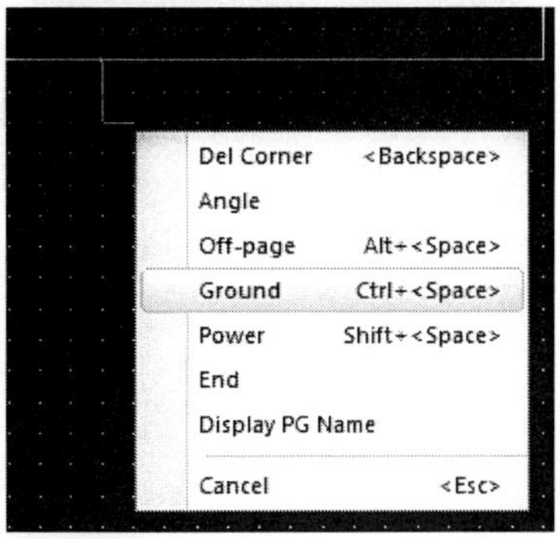

- 선 연결이 완료된 회로도는 다음과 같다.

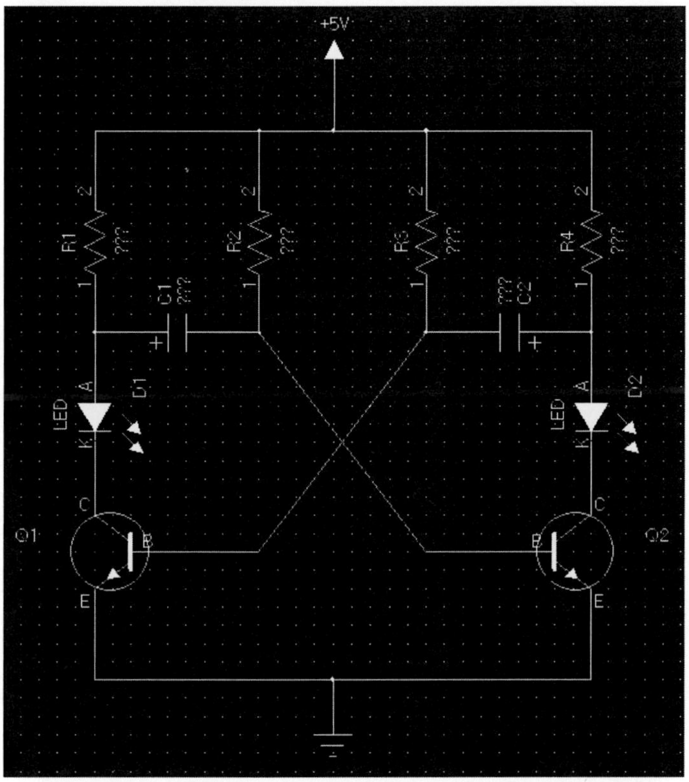

2.4.5 부품 값 입력하기

- 마우스 오른쪽 버튼을 클릭하여 Quick Filter 창이 나타나게 한다. 팝업창에서 Select anything 을 선택하고 저항 값 필드 ???를 더블클릭한다.
- Attribute Properties 대화창의 value에 저항 값을 입력하고 OK 버튼을 클릭한다.

- 전해커패시터의 용량 값도 Attribute Properties 창에서 입력한다.

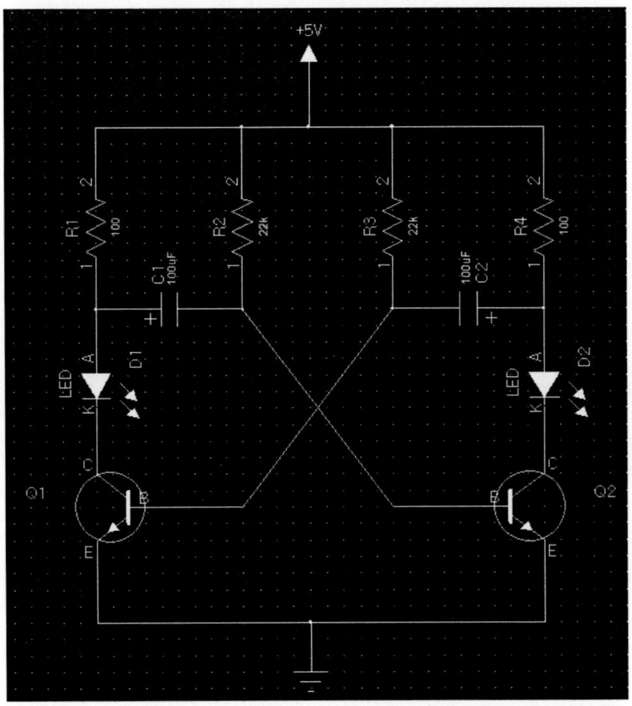

- 선 연결되는 접속점의 크기가 작은 경우에는 Menu Bar에서 Tools > Options의 Design 탭을 선택하고 Tie Dot Diameter 값을 50으로 입력하고 OK 버튼을 클릭한다.

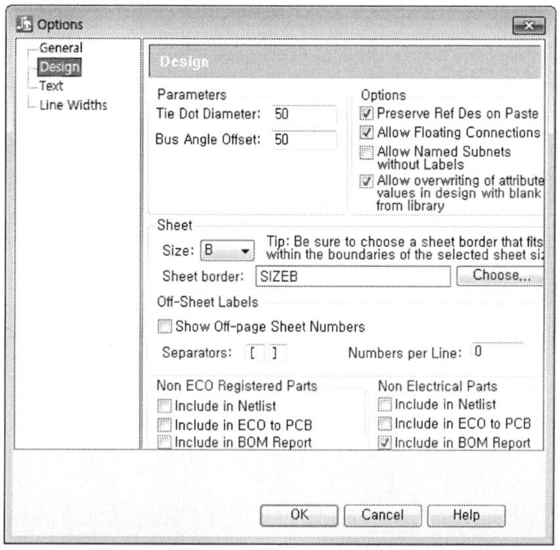

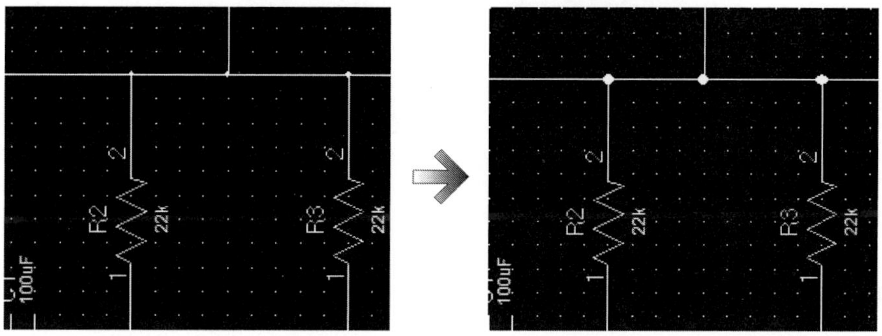

- 회로도 상에 나타나는 저항과 LED 부품의 핀 번호나 핀 이름을 감추기 위하여 저항과 LED를 지정하고 마우스 오른쪽 버튼을 클릭하여 Visibility을 선택한다.

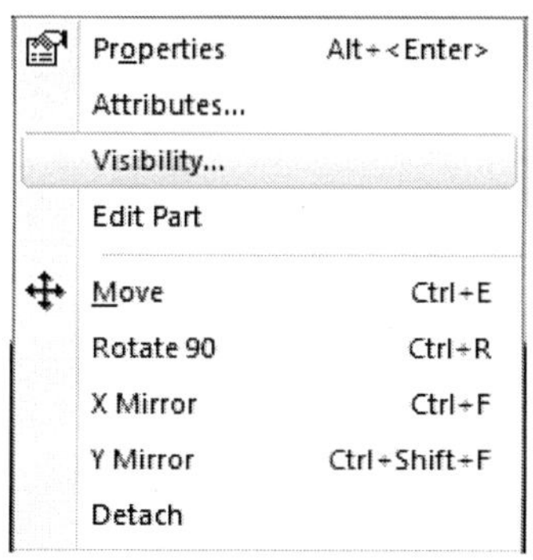

- Part Text Visibility 대화창에서 Reference Designator와 Value를 선택하고 OK 버튼을 클릭한다.

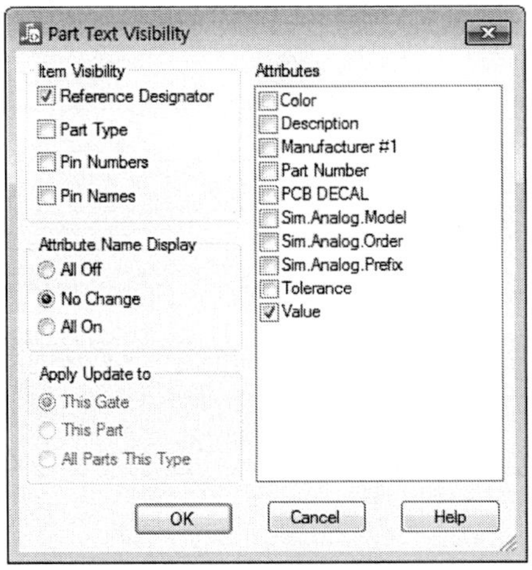

- 트랜지스터는 Reference Designator와 Part Type을 선택한다.

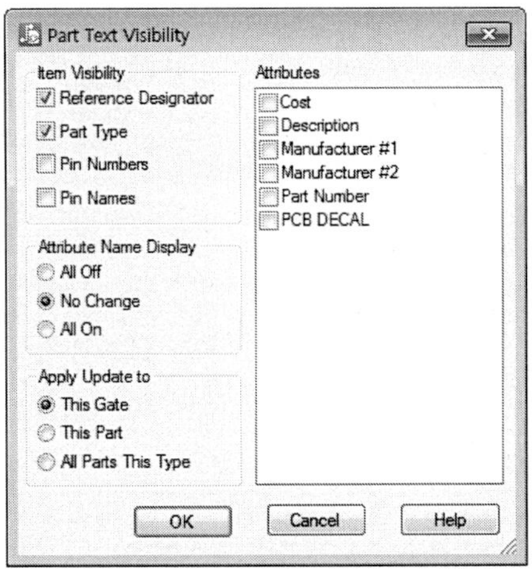

2.4.6 완성된 회로도 저장하기 및 Layout Netlist 만들기

- 완성된 회로도는 다음과 같다.

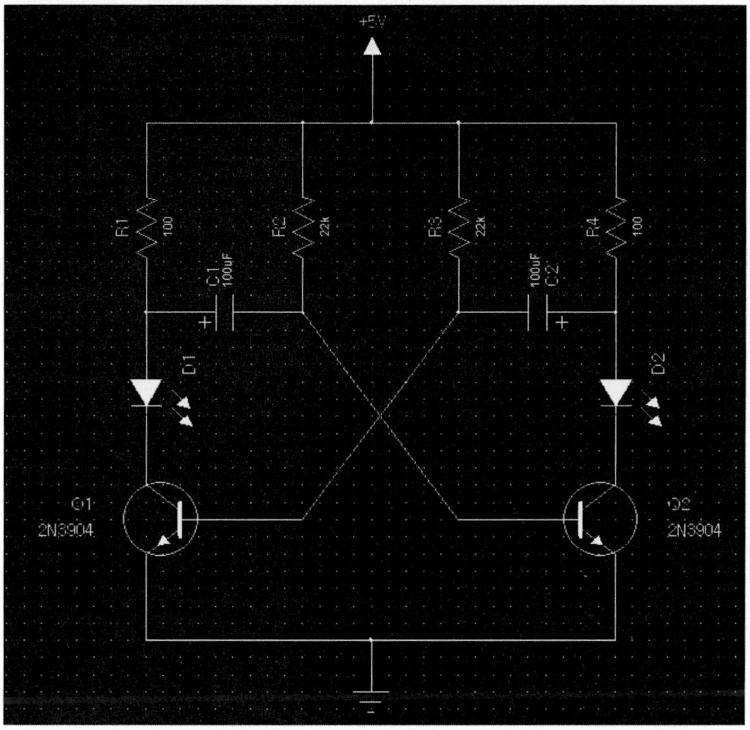

- Menu Bar에서 File > Save As...를 선택하여 작성된 회로도를 저장한다. 여기서는 파일이름을 MV1으로 입력한다.
  - 기본적으로 저장되는 폴더는 C:₩PADS Projects이다.

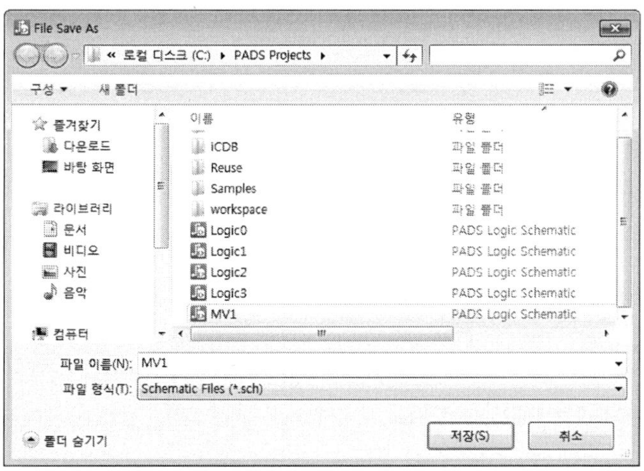

❙ Layout Netlist 만들기

PCB를 설계하기 위해서는 회로도에 있는 부품의 연결 정보와 부품에 대한 제원(PCB decal)이 필요하다. 이 정보는 PADS Logic에서 생성하며 Layout Netlist 파일이라 한다. 확장자는 .asc이며 생성 시 자동으로 정해진다.

- Menu Bar에서 Tools > Layout Netlist를 선택한다.

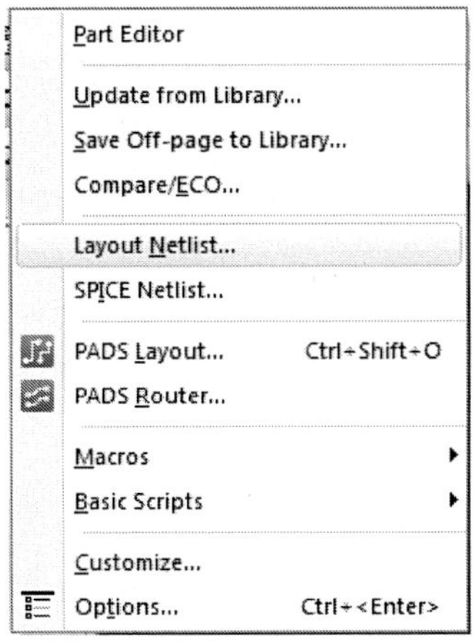

- Netlist to PCB 팝업창에서 저장할 파일 이름을 확인한다.

- 다른 파일 이름으로 저장할 경우에는 Browse를 선택하고 폴더와 파일 이름을 재 지정하여 저장한다.

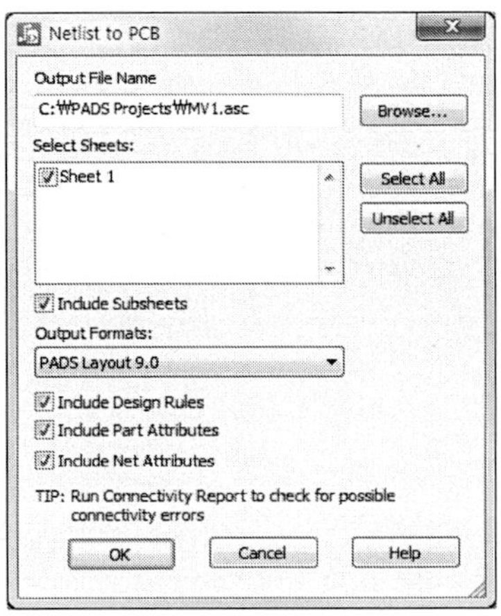

- OK 버튼을 클릭한다.
- PADS Logic 창 하단에 있는 Output Window부에 있는 MV1.asc파일을 클릭한다.

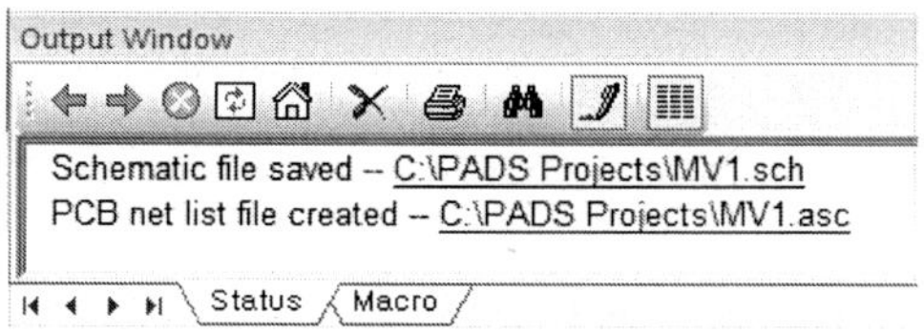

- MV1.asc 메모장에서 Layout Netlist 정보를 확인하고 메모장을 닫는다.

2.5 PCB 설계하기

2.5.1 PADS Layout 들어가기

- PCB를 설계하기 위하여 PADS Layout 아이콘 을 더블클릭한다. 또는 윈도우에서 시작> 모든프로그램(모든앱) > Mentor Graphics PCB > PADS Layout을 클릭한다.
  이는 C:₩MentorGraphics₩PADSVX.2₩SDD_HOME₩Programs₩powerpcb.exe 응용프로그램이다.
  - PADS Layout 시작을 알리는 창이 나타나면 기다린다.

- PCB를 설계하는 PADS Layout 창이 나타나면 New 와 System Default Start-up File을 선택한다.

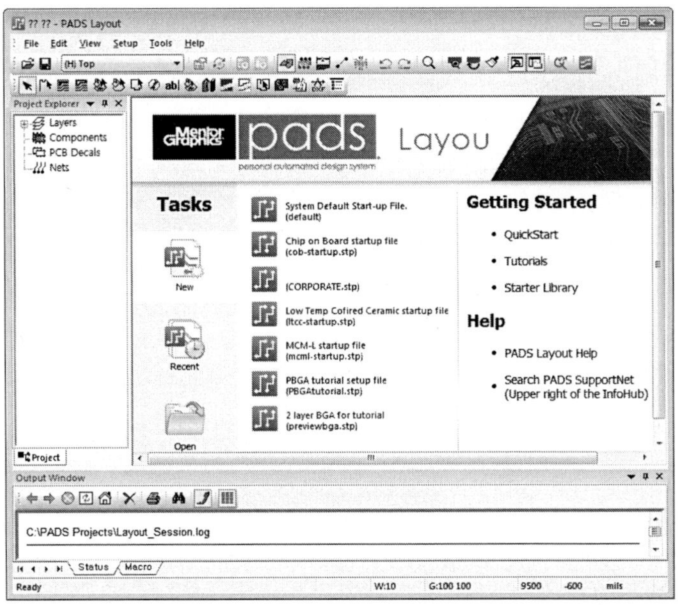

- PCB를 설계할 수 있는 PADS Layout 창이 나타남을 확인한다.

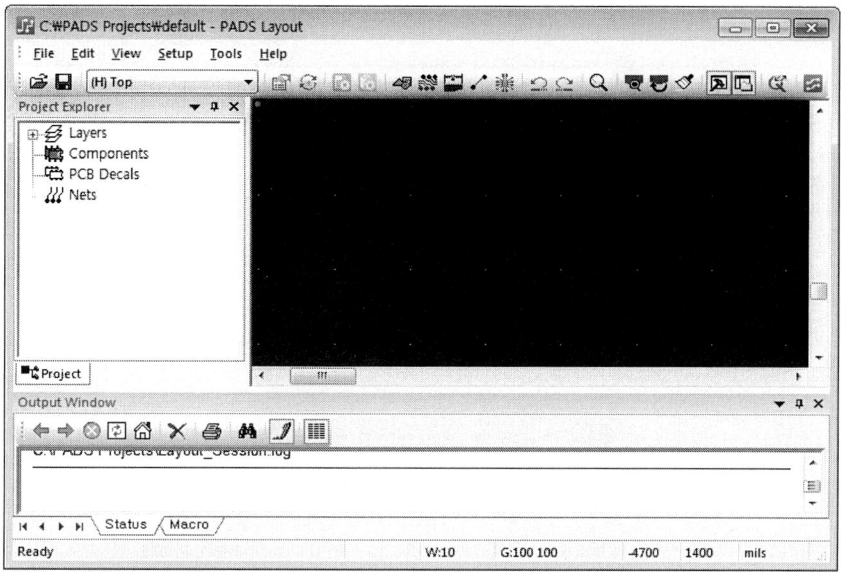

2.5.2 Netlist 불러들이기

- Menu Bar에서 File > Import를 선택한다.
- 저장된 MV1.asc 파일을 선택하고 **열기** 버튼을 클릭한다.

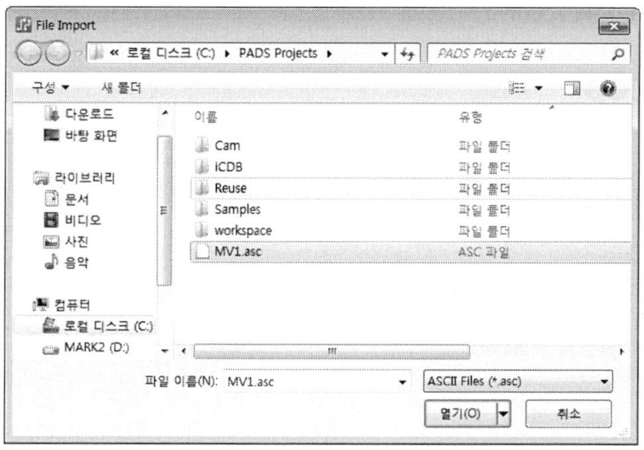

- 팝업창에서 확인 버튼을 클릭한다.

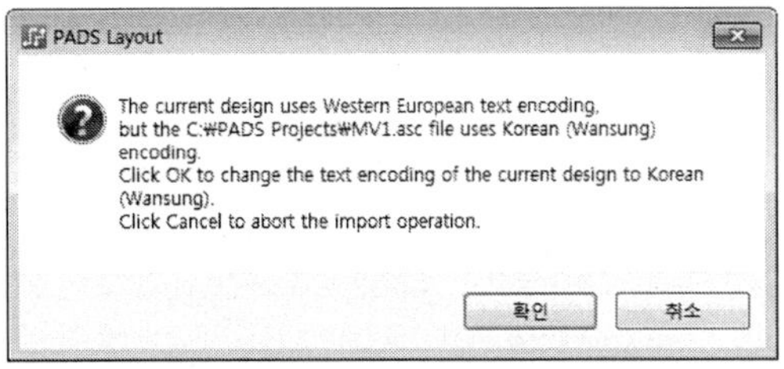

- 불러들인 부품들은 원점에 모여 있는 것을 확인할 수 있다.

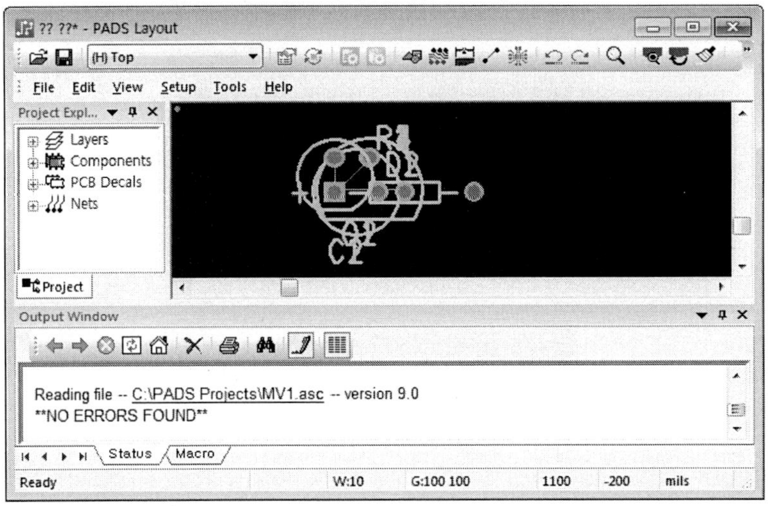

2.5.3 환경 설정하기

▎치수 단위 지정하기

PADS Layout에서 사용하는 치수 단위는 기본으로 Mils 단위로 되어 있다. PADS Layout 창의 오른쪽 하단에서 확인할 수 있다.

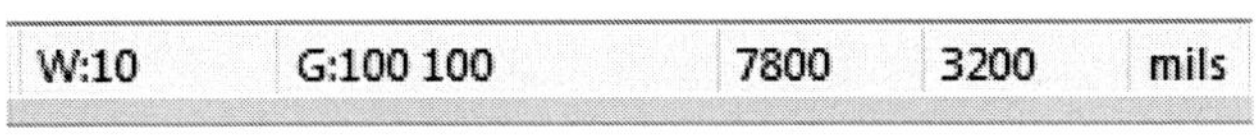

- 익숙한 mm 단위로 지정하기 위해서는 키보드로 Modeless Command인 umm을 입력한다.

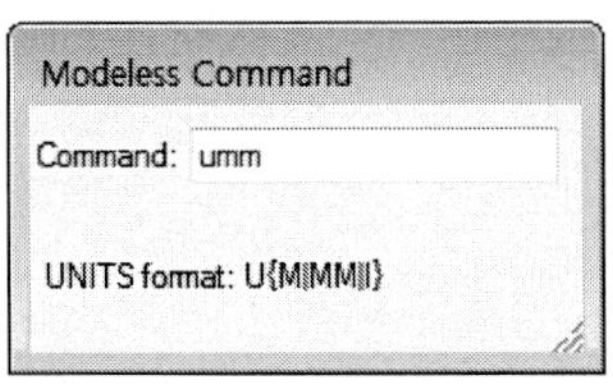

Design Rule 설정하기

Design Rule은 부품 단자 간을 전기적으로 연결하는 동박 폭과 배선간의 최소 간격을 지정한다.

- Menu Bar에서 Setup > Design Rules을 선택한다.

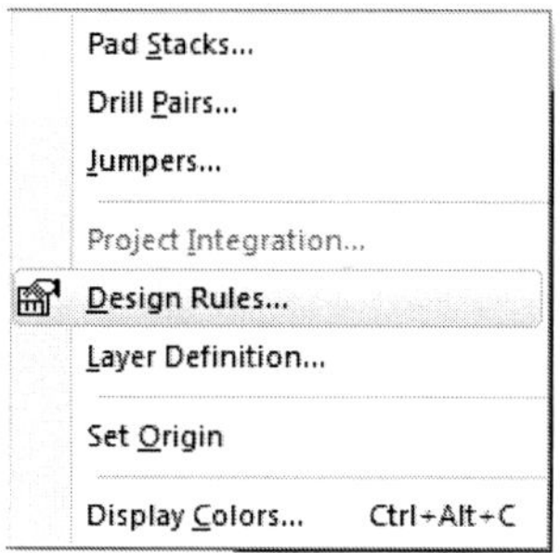

- Rules 팝업창에서 Default 아이콘  을 선택하고 팝업된 Default Rules 창에서는 Clearance 아이콘 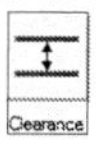 을 선택한다.

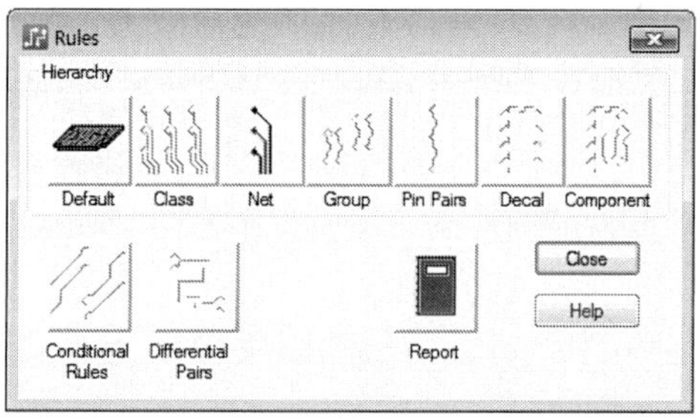

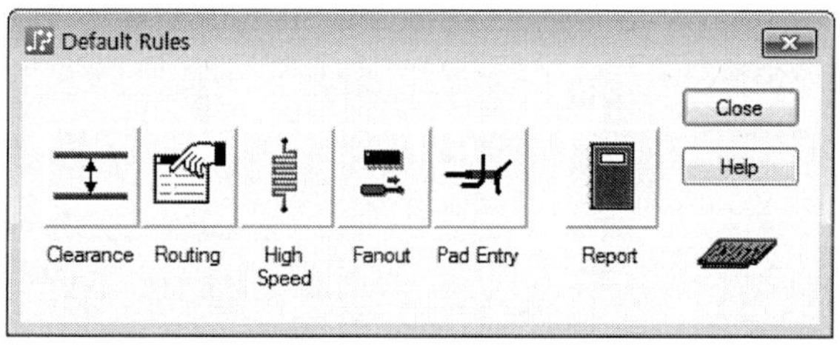

- 팝업된 Clearance Rules: Defaults rules 대화창에서 배선 폭과 간격을 다음과 같이 입력한다. Same net과 Clearance의 값은 동일한 값으로 한 번에 입력하기 위하여 All 버튼을 선택하여 팝업된 Input Clearance Value 창에 값을 입력하고 OK 버튼을 클릭한다.

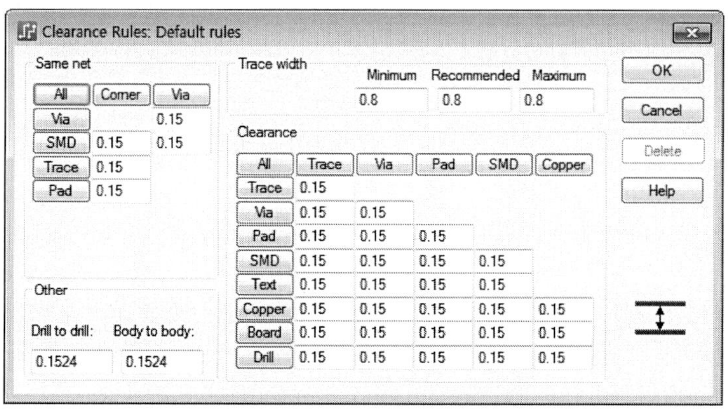

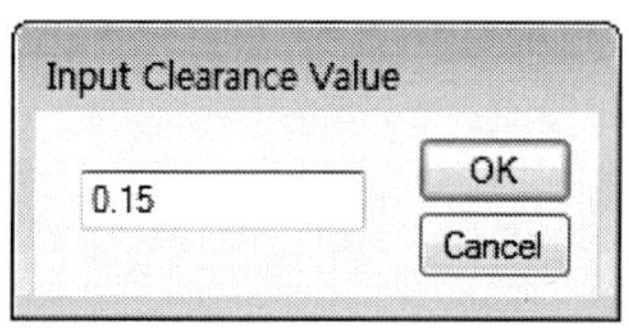

- Clearance Rules: Defaults rules 대화창을 닫는다.
- Defaults Rules 창을 닫는다.
- Rules 팝업창에서 Net 아이콘

을 선택한다.
- 팝업된 Net Rules 창에서는 설정하고자 하는 Nets 중에서 +5V와 GND를 지정한 후 Clearance 아이콘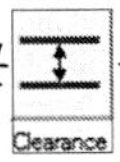

을 선택한다.

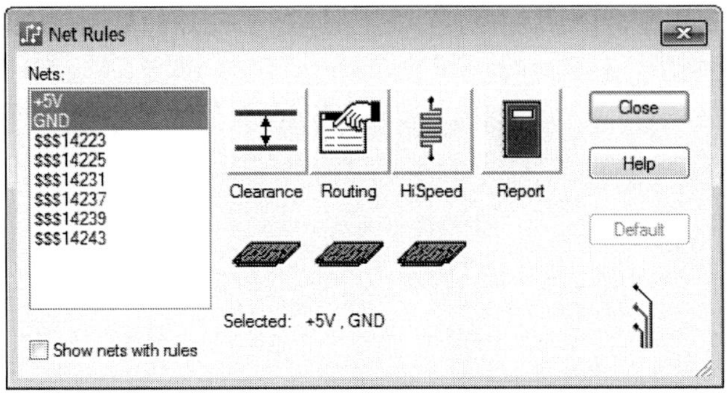

- Clearance Rules: +5V, GND 대화창에서 배선 폭과 간격을 다음과 같이 입력한다. Same net과 Clearance의 값을 동일한 값으로 한 번에 입력하기 위하여 All 버튼을 선택하여 값을 입력하고 OK 버튼을 클릭한다.

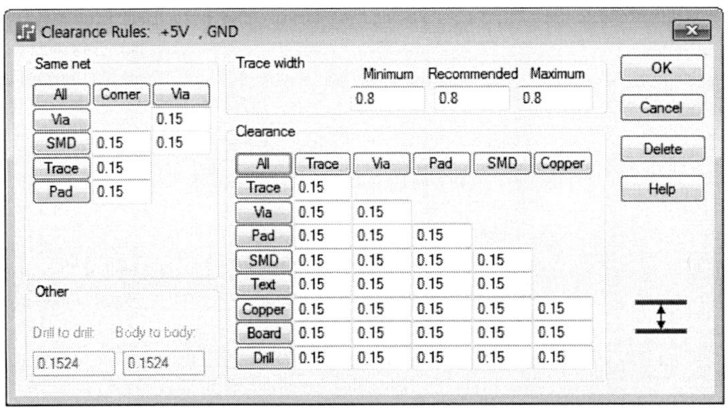

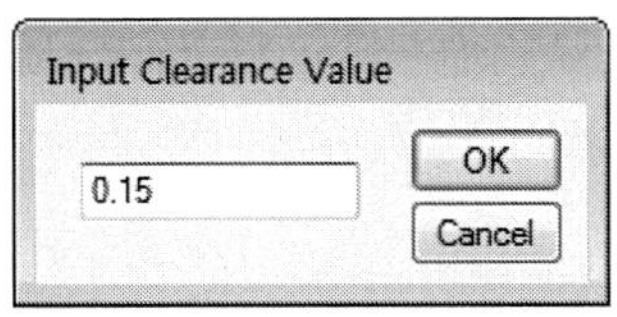

- Clearance Rules: +5V, GND 대화창을 닫는다.
- Net Rules 창을 닫는다.
- Rules 창을 닫는다.

2.5.4 PCB 외각선 그리기

- Grid 간격을 1mm로 설정하기 위하여 키보드로 Modeless Command인 g1을 입력하고 엔터 버튼을 누른다.
- Modeless Command로 gd1을 입력하고 엔터 버튼을 누른다.

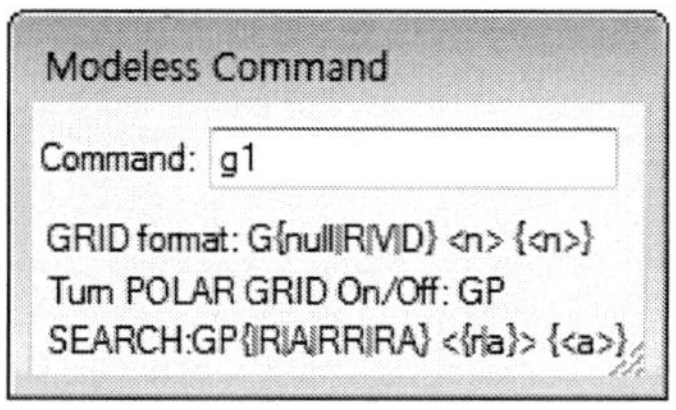

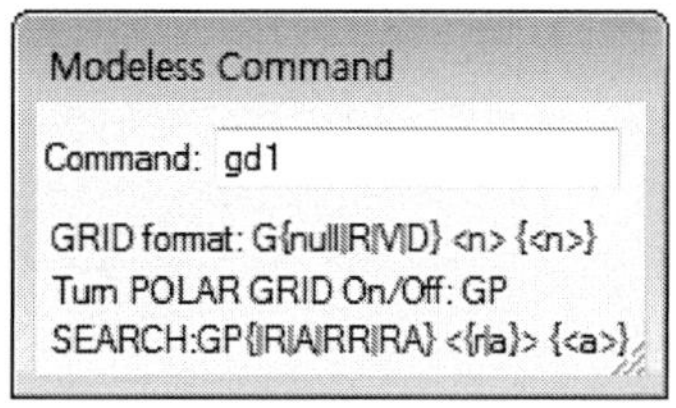

- PADS Layout 창의 오른쪽 하단에서 보는 바와 같이 grid가 1mm임을 확인한다.

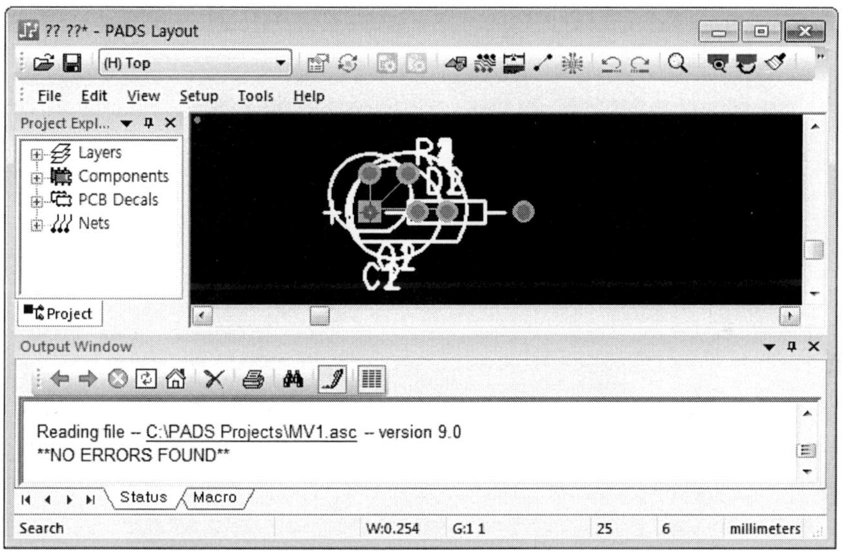

- Standard Toolbar에서 Drafting Toolbar 아이콘 을 클릭한다.
- Drafting Toolbar를 확인하고 Board Outline and Cut Out 아이콘 을 클릭한다.
- 마우스 오른쪽 버튼을 클릭하고 팝업창에서 Rectangle을 선택한다.

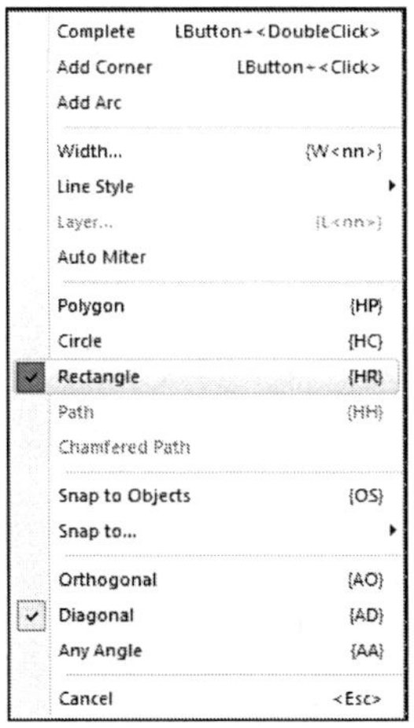

● 좌표의 원점(0 0)에 마우스 왼쪽 버튼을 클릭하여 지정하고 Modeless Command로 키보드에서 s40 40을 입력하고 엔터키를 한 번 누른 후에 마우스 왼쪽 버튼을 클릭한다.

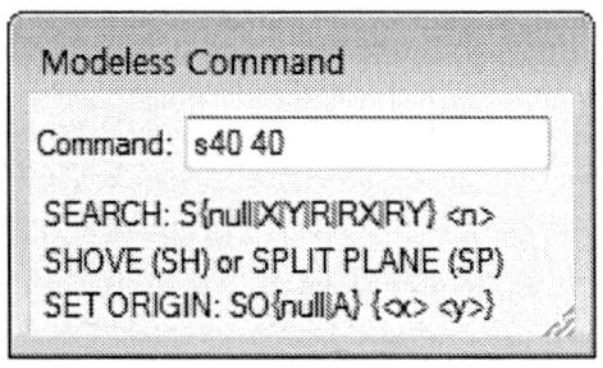

● 아래와 같이 PCB 외각선이 나타남을 확인한다.

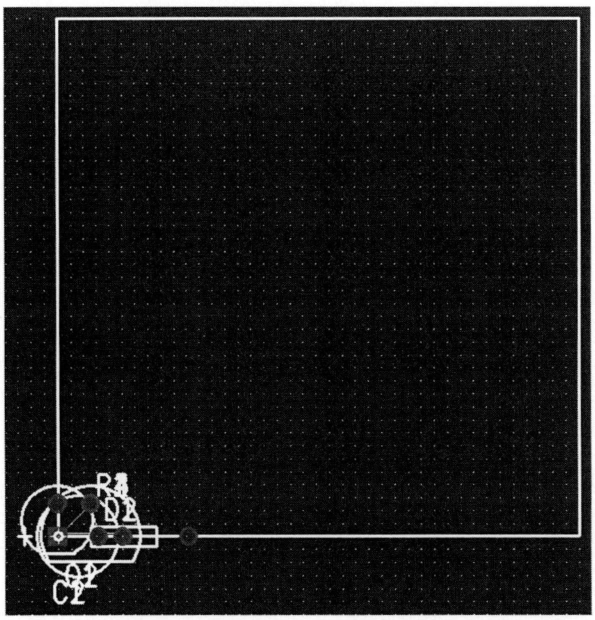

2.5.5 부품 배치하기

본 예제에서 사용되는 모든 부품을 top 면에 배치한다.

❙ 부품 풀어헤치기

- 원점에 모여 있는 부품을 풀어헤치기 위해 Menu Bar에서 Tools > Disperse Component를 선택하고 팝업창에서 예(Y)를 클릭한다.

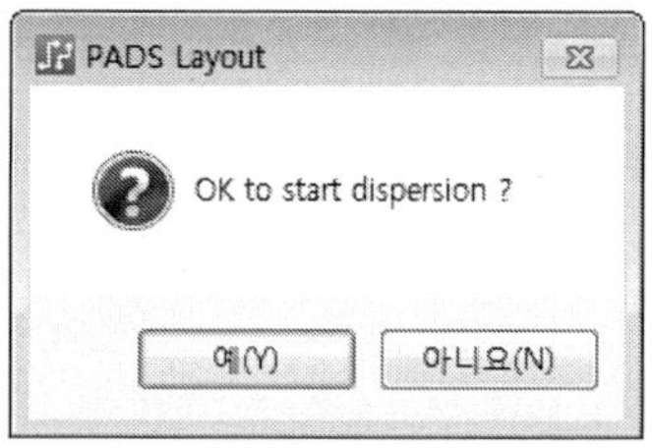

- 아래와 같이 부품이 풀어헤쳐져 있는 것을 확인한다.

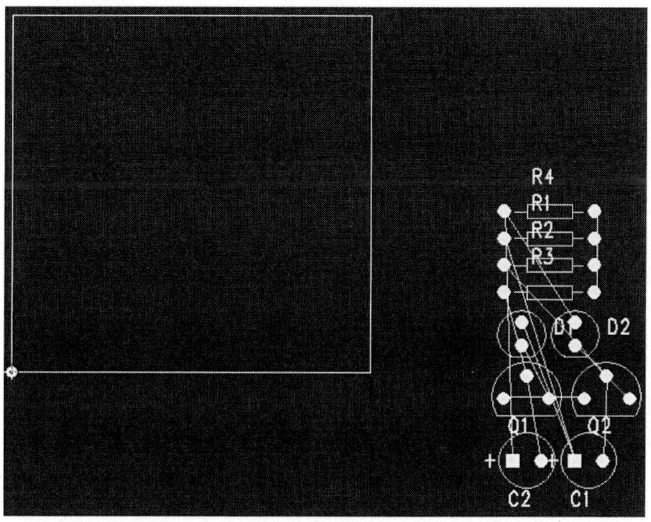

- 부품을 선택하면 PADS Layout 창의 왼쪽 하단 Status Bar에서 부품의 위치가 top으로 되어 있음을 확인한다.

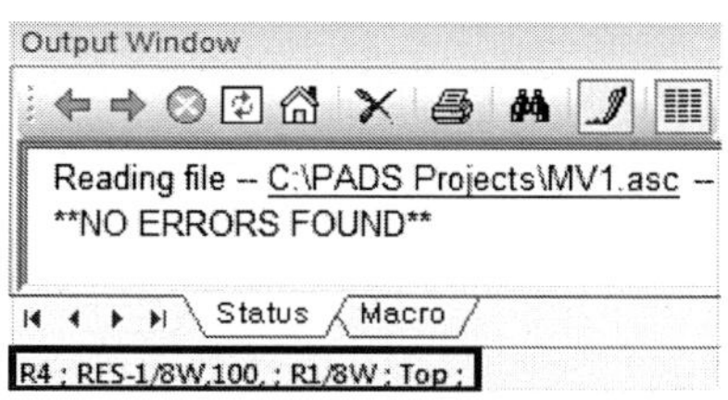

- 각 부품을 커서로 선택하고 보드 내에 아래와 같이 배치시킨다.
  부품의 방향은 단축키 Ctrl + R을 사용한다.

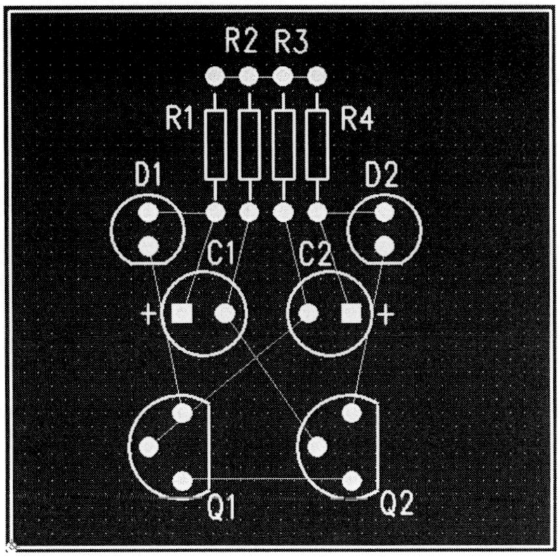

2.5.6 배선하기

부품 단자 간 연결하는 배선(route)은 bottom 면에서 수행한다.

- Design Toolbar 아이콘 을 선택한다.
- 배선하고자 하는 Layer를 Bottom으로 선택한다.

- Design Toolbar에서 Add Route 아이콘 을 선택하고 배선한다. 또는 키보드에서 Function 키 F2를 한 번 누른다. 이는 토글 기능을 가지고 있어 누를 때마다 route와 unroute가 된다.
- 연결하고자 하는 부품 단자에 마우스 왼쪽 버튼을 한 번 클릭하고 마우스를 이동하여 다른 연결 부품의 단자에 마우스 오른쪽 버튼을 클릭하여 하나의 배선을 완료한다.

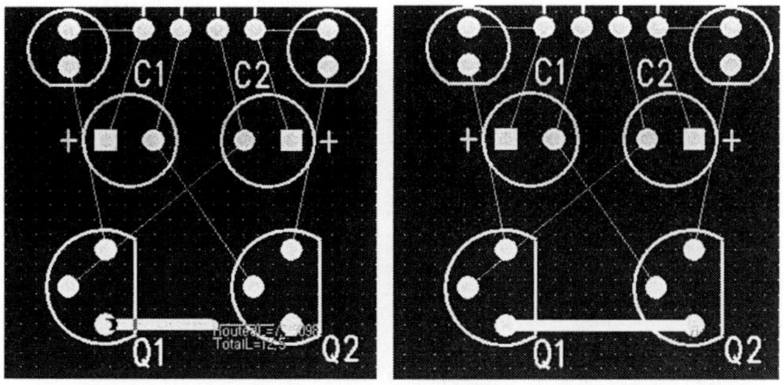

- 배선의 방향을 변경하고자 하는 경우는 변경 위치에서 마우스 왼쪽 버튼을 한 번 클릭하고 이동한다.

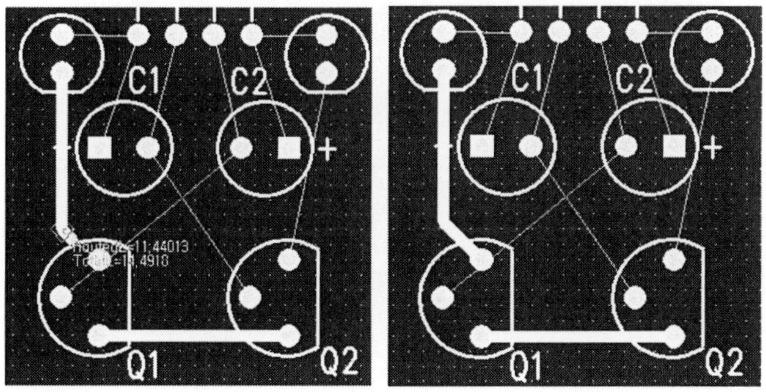

- 배선의 방향을 임의 각도로 변경하고자 하는 경우는 변경 위치에서 마우스 오른쪽 버튼을 클릭하고 팝업창에서 Angle Mode › Any Angle를 선택한다.
  - Angle Mode는 Orthogonal, Diagonal, Any angle 세 가지 모드가 있다.

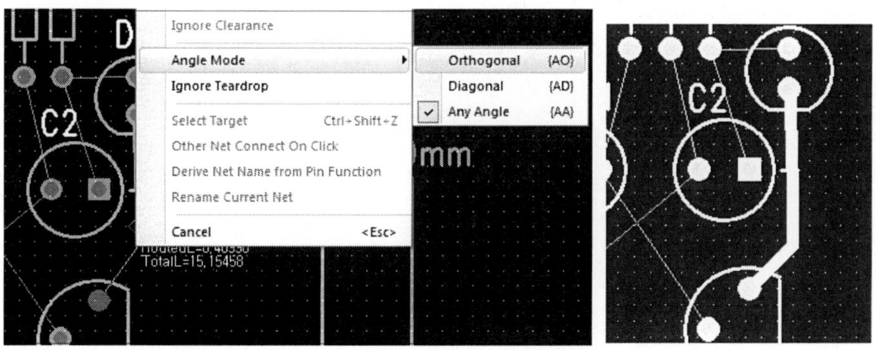

- 배선을 완료한 PCB를 확인한다.

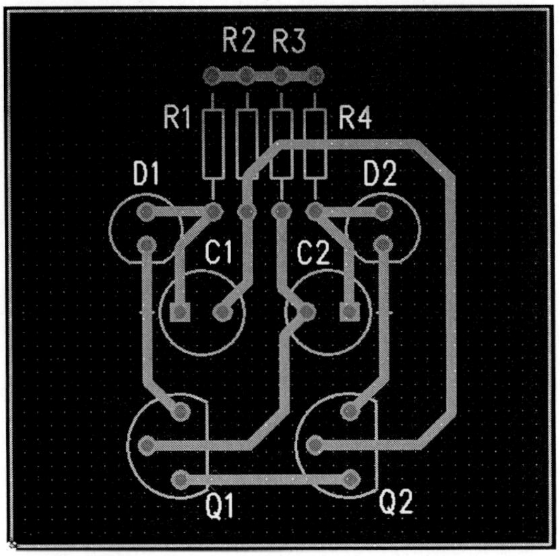

- Function 키 F2를 한 번 누르거나 Esc 키를 눌러서 route 기능을 해제한다.
- 부품의 참조번호를 정리할 때는 마우스 오른쪽을 눌러 Quick Filter에서 Select Anything 선택하거나 Select Documentation을 선택하여 참조번호를 드래그하고 이동시켜서 원하는 위치에 둔다.

2.5.7 텍스트 입력하기

- Drafting Toolbar > Text 아이콘 ab 을 선택한다.
- Add Free Text 팝업창에서 텍스트를 입력한다.
- Bottom 면에 텍스트를 입력하기 위하여 Layer 탭에서 Bottom을 지정한다.
- Mirrored를 체크한다.

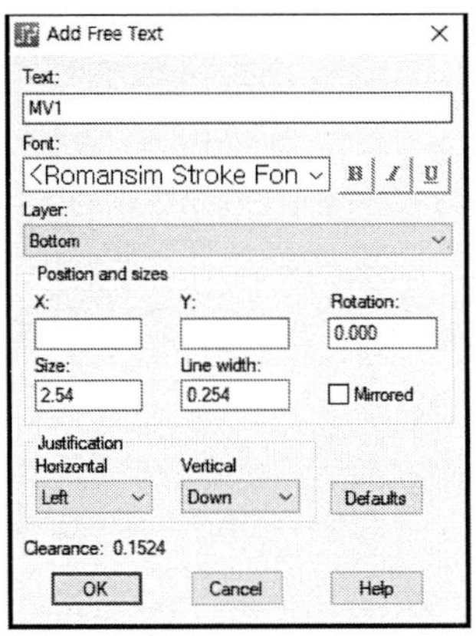

- 텍스트 MV1이 Mirror 되었는지 확인한다.

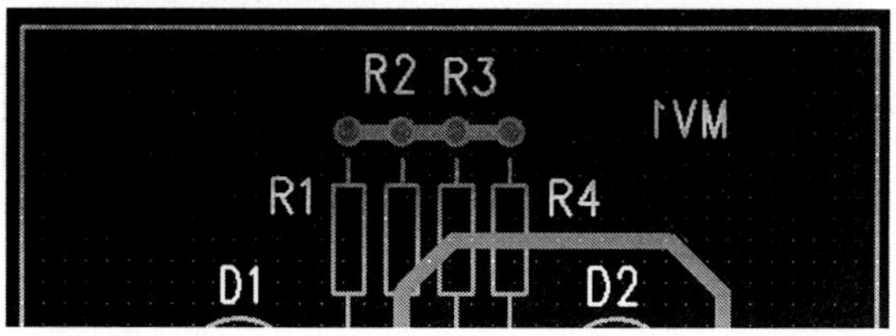

2.5.8 PCB 검정하기

PCB의 배선은 바르게 연결되었는지, 배선 간격이 Design Rule에 지정된 것과 같이 최소 간격 이상인지를 확인한다.

- Menu Bar에서 Tools > Verify Design을 선택한다.

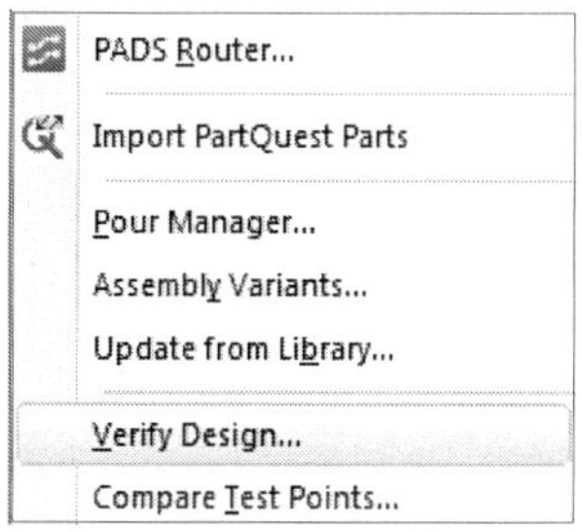

- Verify Design 팝업창에서 Clearance를 선택하고 Start 버튼을 클릭한다. 메시지 창에서 에러 유무를 확인하고 확인 버튼을 클릭한다.

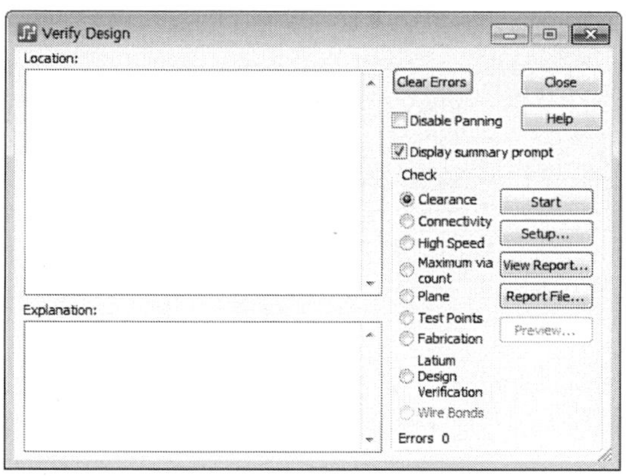

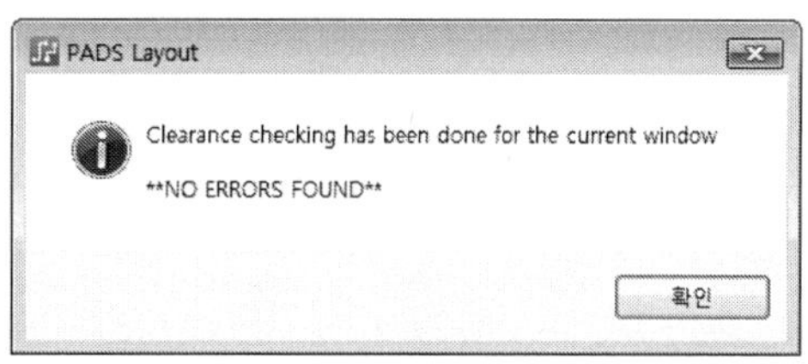

- Verify Design 팝업창에서 Connectivity를 선택하고 Start 버튼을 클릭한다. 메시지 창에서 에러 유무를 확인하고 **확인** 버튼을 클릭한다.

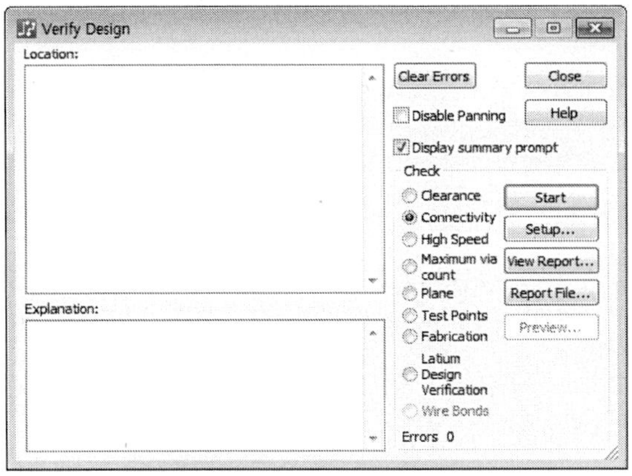

- Verify Design 팝업창을 닫는다.

▍치수 측정하기

보드 외각선의 치수를 측정한다.

- Standard Toolbar에서 Dimensioning Toolbar 아이콘 을 선택한다.
- 마우스 오른쪽 버튼을 눌러 Quick Filter에서 Select Board Outline을 선택한다.
- Dimensioning Toolbar에서 Horizontal 아이콘 을 선택한다.
- 보드 상단 외각선을 클릭하여 치수를 확인한다.

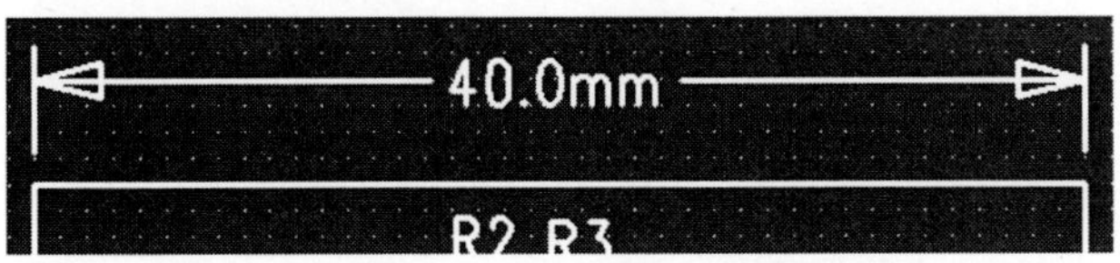

- Dimensioning Toolbar에서 Vertical 아이콘 을 선택한다.
- 보드 우측 외각선을 클릭하여 치수를 확인한다.

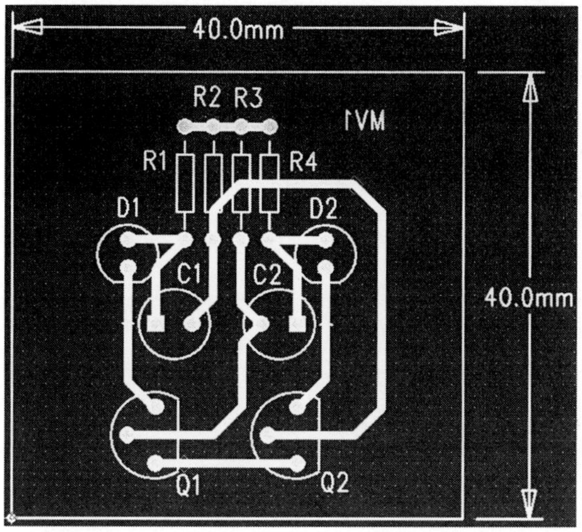

- Menu Bar에서 File > Save As...를 선택하여 설계한 PCB를 저장한다. 여기서는 파일이름을 MV1으로 입력한다.
  - 기본적으로 저장되는 폴더는 C:₩PADS Project이다.

2.6 PCB 제작 의뢰하기

2.6.1 CAM data 만들기

만들고자 하는 CAM 데이터는 다음과 같다.

Document name	Document Type	Fabrication layer	Remark
top_pattern	Routing/Split Plane	Top	Top 면 패턴
bot_pattern	Routing/Split Plane	Bottom	Bottom 면 패턴
top_mask	Solder Mask	Solder Mask Top	Top 면 Solder Mask
bot_mask	Solder Mask	Solder Mask Bottom	Bottom 면 Solder Mask
top_silk	Silkscreen	Silkscreen Top	Top 면 Silkscreen
drill	Drill Drawing	Unassigned	Drill
nc_drill	NC Drill	Unassigned	NC Drill

top_pattern CAM 데이터 만들기

- Menu Bar에서 File > CAM...을 선택한다. 팝업창에서 Add 버튼을 클릭한다.

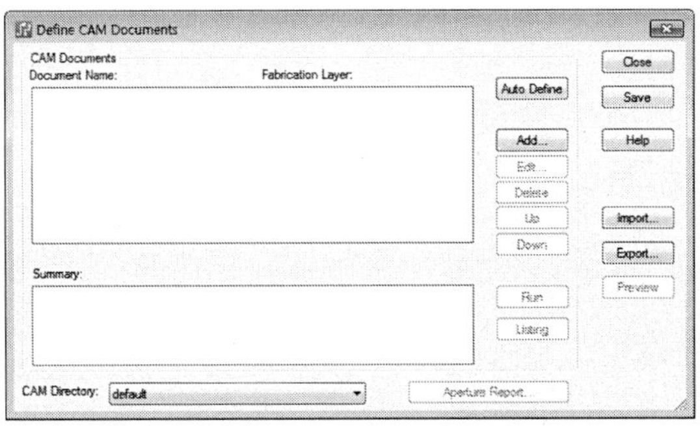

- Add Document 창에서 Document Name은 top_pattern을 입력하고, Document Type에서 Routing/Split Plane을 선택한다.

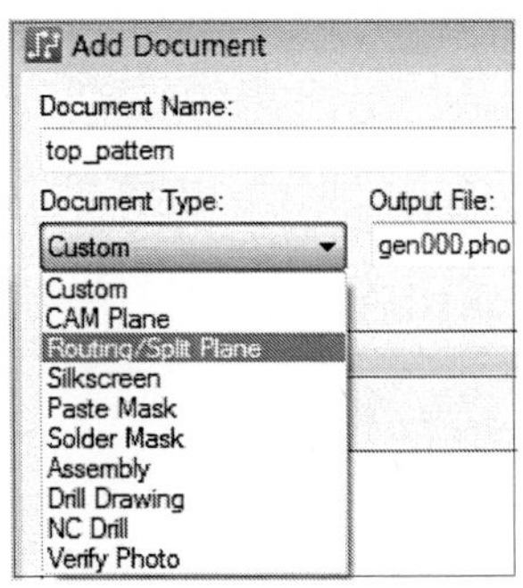

- Layer Association 팝업창에서는 Top을 지정하고 OK 버튼을 클릭한다.

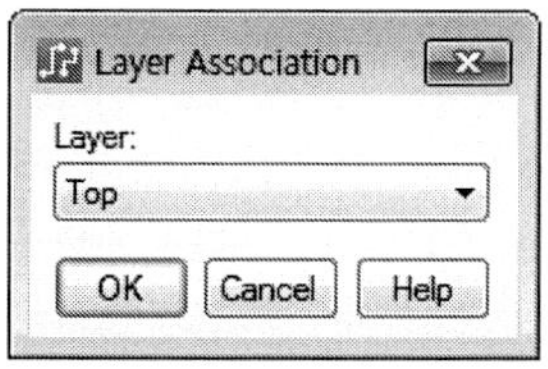

- Add Document 창이 아래와 같이 됨을 확인하고 Preview Selection 버튼을 클릭하여 top 면의 패턴을 확인한다.

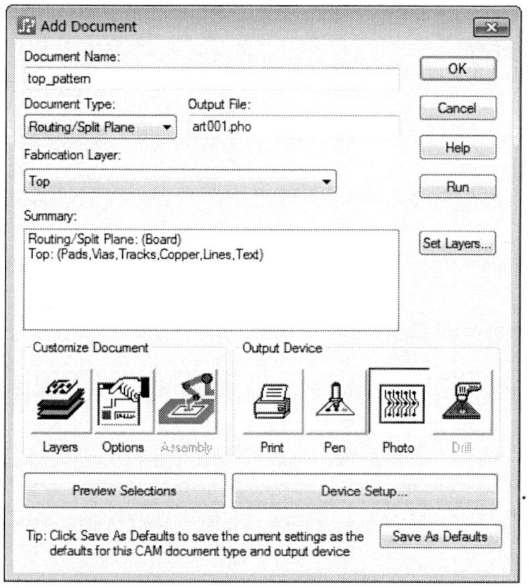

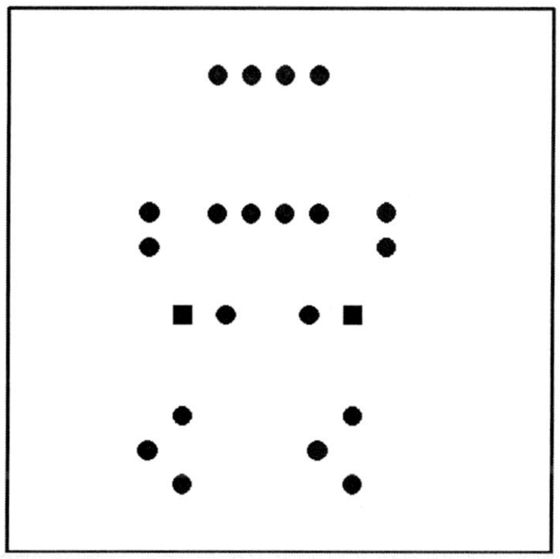

- CAM Preview 창을 닫는다.
- Add Document 창의 OK 버튼을 클릭한다.
- Define CAM Document 창에서 top_pattern이 만들어졌음을 확인하고 Save 버튼을 클릭한다.

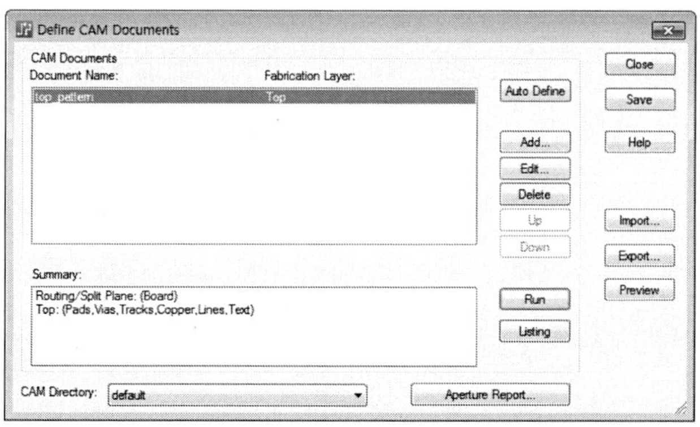

bot_pattern CAM 데이터 만들기

- Define CAM Document 창에서 Add 버튼을 클릭한다.
- Add Document 대화창에서 Document Name은 bot_pattern을 입력하고, Document Type에서 Routing/Split Plane을 선택한다.

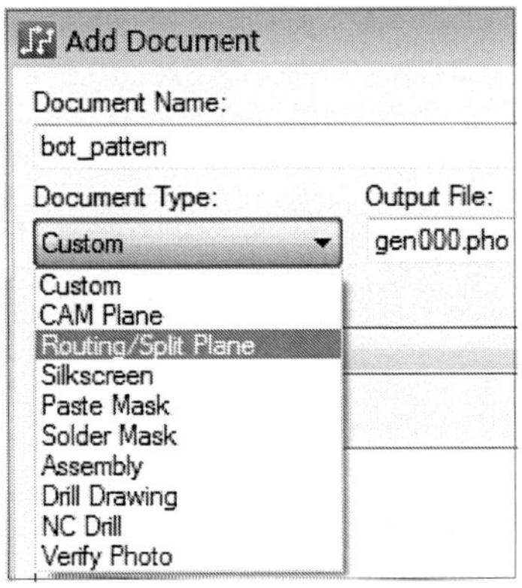

- Layer Association 팝업창에서는 Bottom을 지정하고 OK 버튼을 클릭한다.

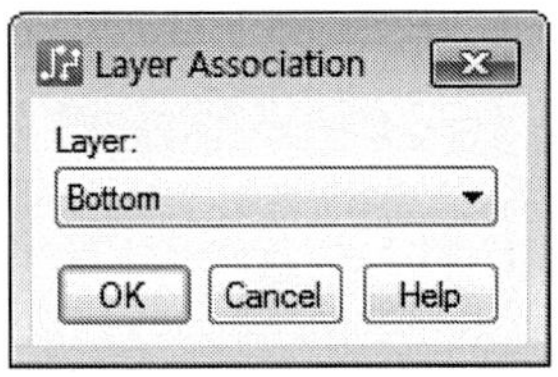

- Add Document 창이 아래와 같이 됨을 확인한다.

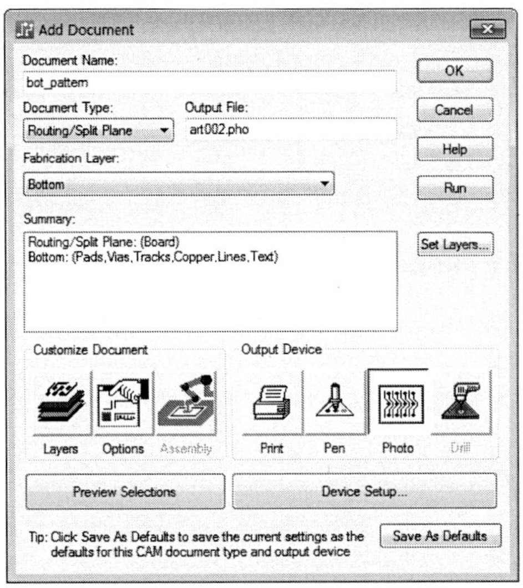

- Customize Document의 Options 버튼을 클릭한다.
- 팝업된 Plot Options 창에서 X offset을 60으로 변경하고, Mirror Image를 체크한다.

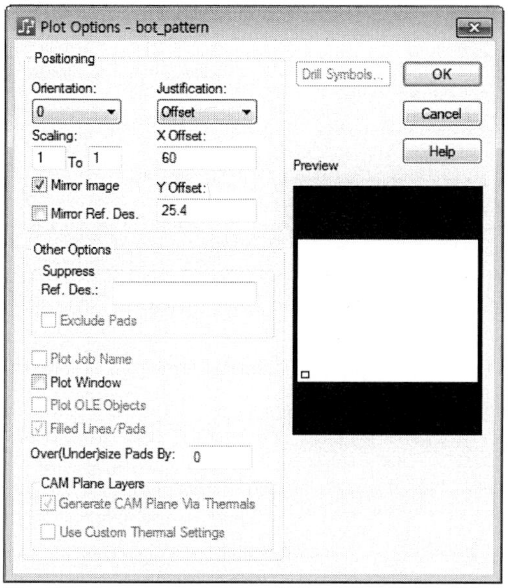

- OK 버튼을 클릭한다.
- Add Document 창에서 Preview Selection 버튼을 클릭하여 bottom 면의 패턴을 확인한다.

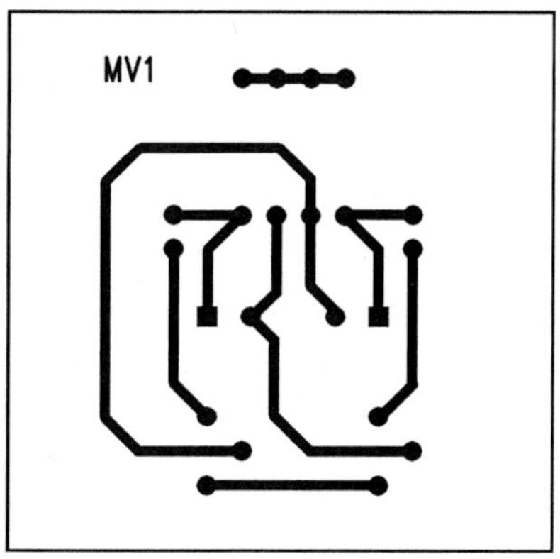

- CAM Preview 창을 닫는다.
- Add Document 창의 OK 버튼을 클릭한다.
- Define CAM Document 창에서 bot_pattern이 만들어졌음을 확인하고 Save 버튼을 클릭한다.

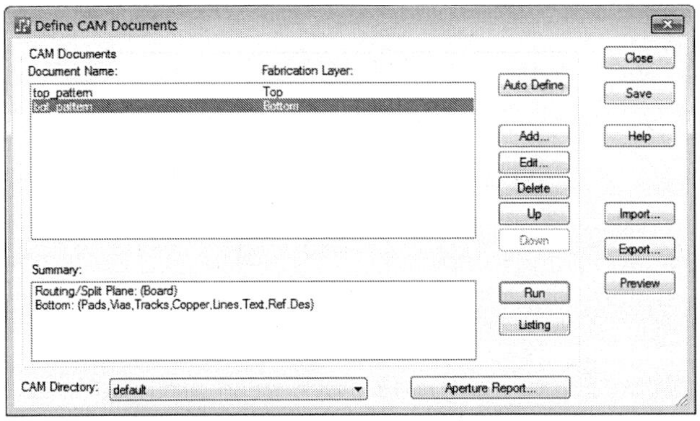

top_mask CAM 데이터 만들기

- Define CAM Document 창에서 Add 버튼을 클릭한다.
- Add Document 창에서 Document Name은 top_mask을 입력하고, Document Type에서 Solder Mask을 선택한다.

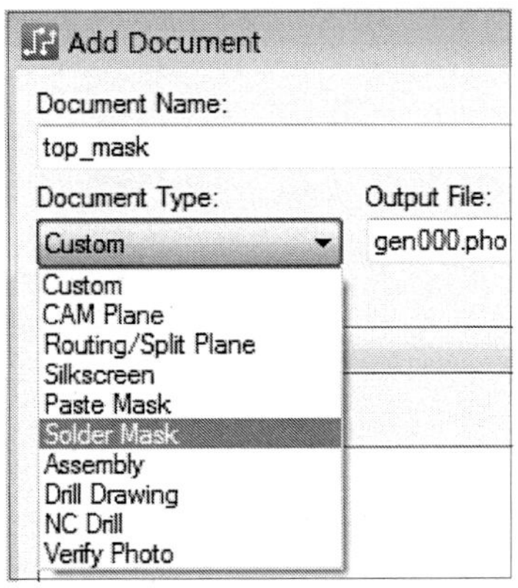

- Layer Association 팝업창에서는 Top을 지정하고 OK 버튼을 클릭한다.

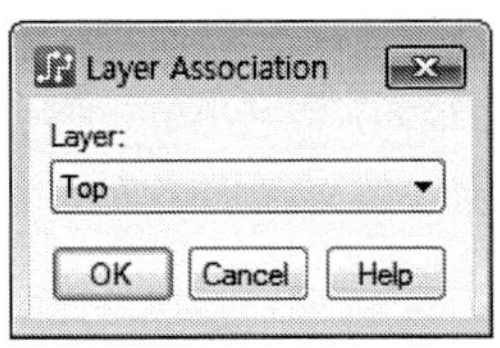

- Add Document 창이 아래와 같이 됨을 확인하고 Preview Selection 버튼을 클릭하여 top면의 Solder Mask을 확인한다.

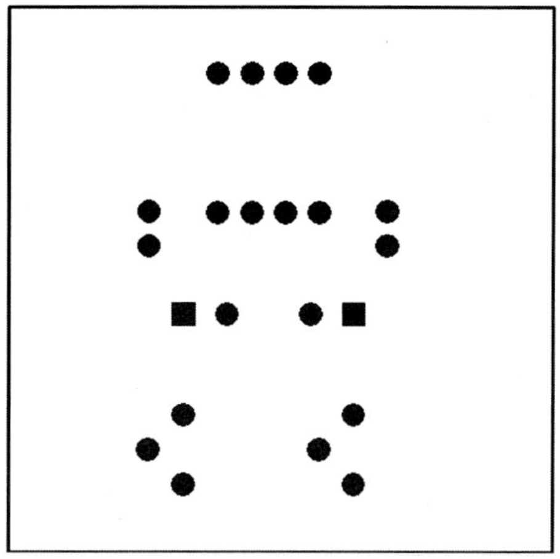

- CAM Preview 창을 닫는다.
- Add Document 창의 OK 버튼을 클릭한다.
- Define CAM Document 창에서 top_mask가 만들어졌음을 확인하고 Save 버튼을 클릭한다.

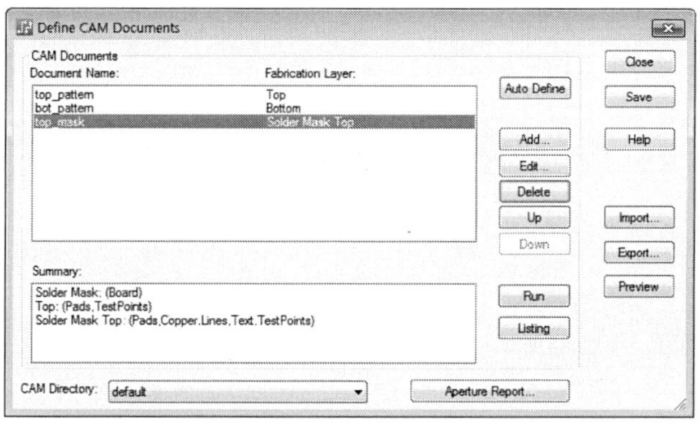

❙ bot_mask CAM 데이터 만들기

- Define CAM Document 창에서 Add 버튼을 클릭한다.
- Add Document 창에서 Document Name은 bot_mask을 입력하고, Document Type에서 Solder Mask을 선택한다.

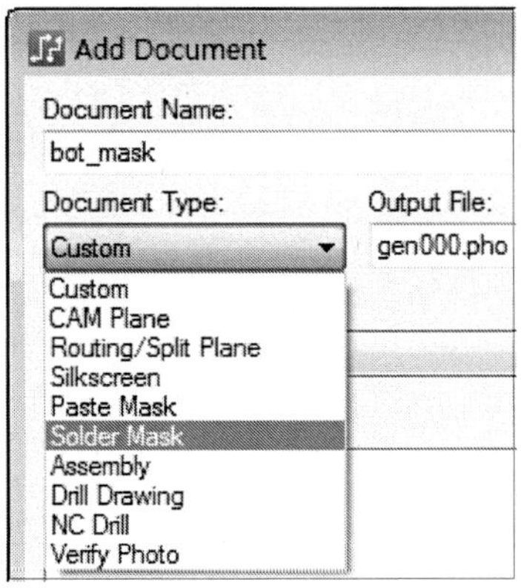

- Layer Association 팝업창에서는 Bottom을 지정하고 OK 버튼을 클릭한다.

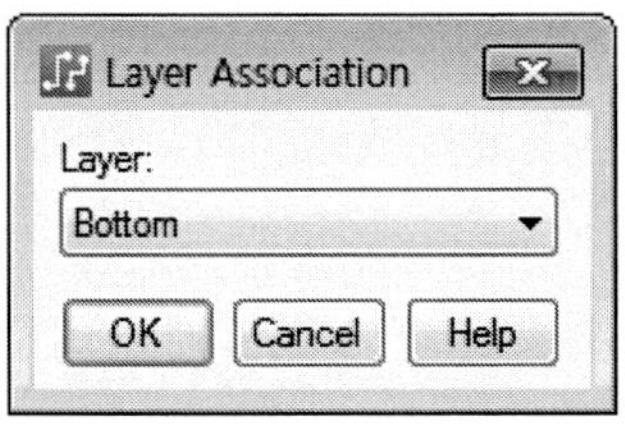

- Add Document 창이 아래와 같이 됨을 확인한다.

- Customize Document의 Options 버튼을 클릭한다.
- 팝업된 Plot Options 창에서 X offset을 60으로 변경하고, Mirror Image를 체크한다.

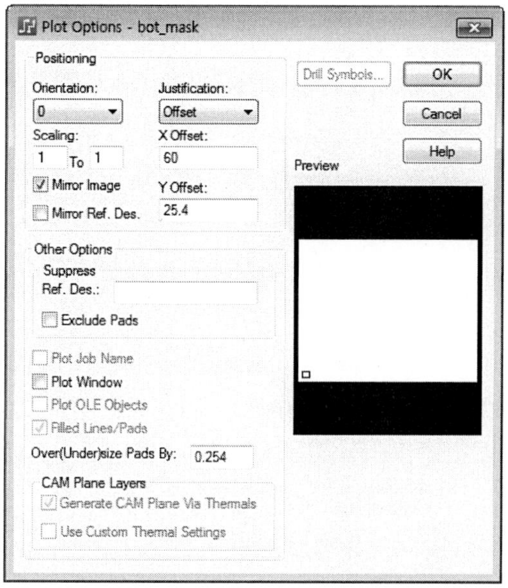

- OK 버튼을 클릭한다.

- Add Document 창에서 Preview Selection 버튼을 클릭하여 bottom 면의 Solder Mask을 확인한다.

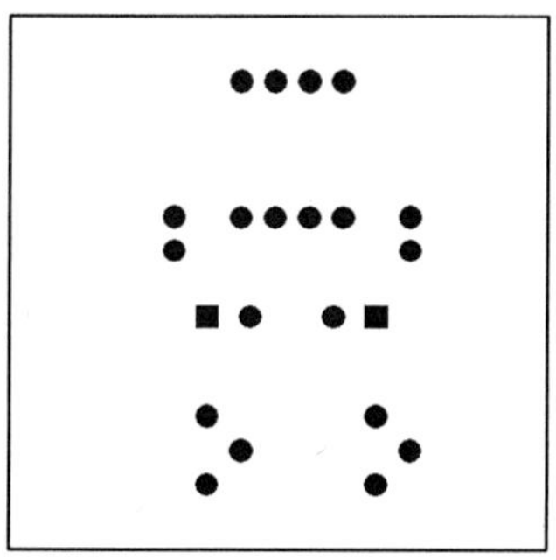

- CAM Preview 창을 닫는다.
- Add Document 창의 OK 버튼을 클릭한다.
- Define CAM Document 창에서 bot_mask가 만들어졌음을 확인하고 Save 버튼을 클릭한다.

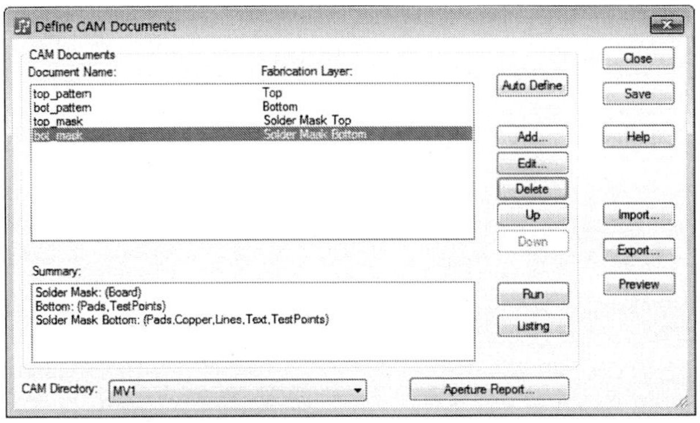

▎top_silk CAM 데이터 만들기

- Define CAM Document 창에서 Add 버튼을 클릭한다.
- Add Document 창에서 Document Name은 top_silk를 입력하고, Document Type에서 Silkscreen을 선택한다.

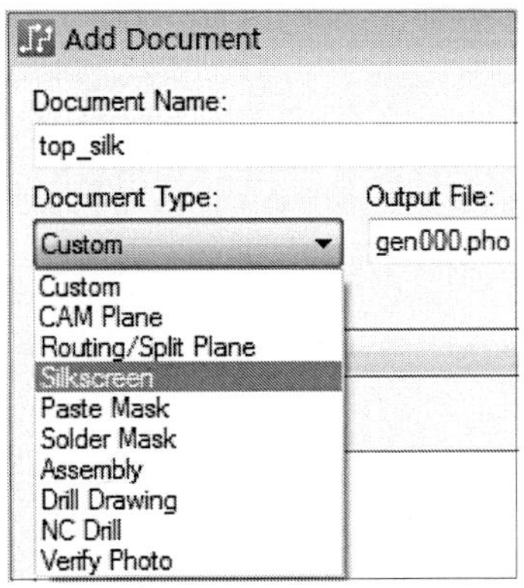

- Layer Association 팝업창에서는 Top을 지정하고 OK 버튼을 클릭한다.

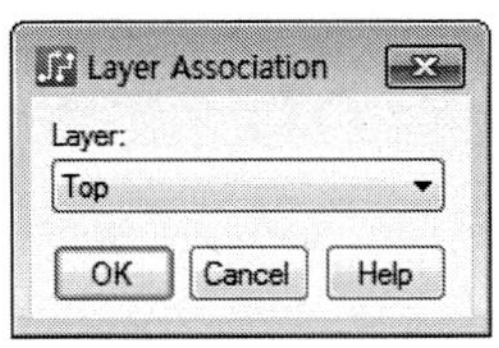

- Add Document 창이 아래와 같이 됨을 확인한다.

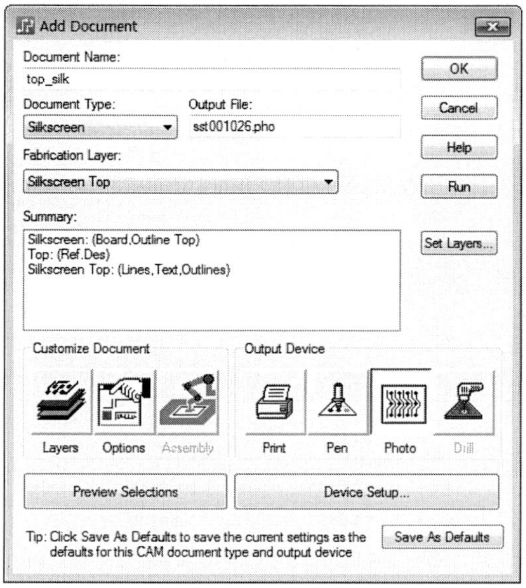

- Add Document 창의 Customize Document 탭에서 layers 아이콘  을 클릭한다.

- Select Items 창에서 다음과 같이 설정하고 Preview 버튼을 클릭한다.

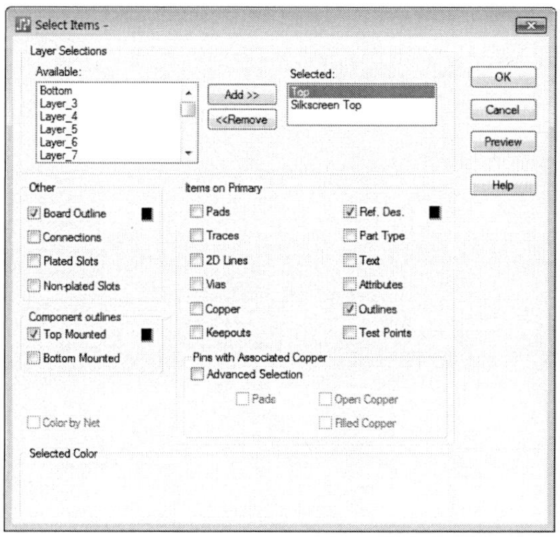

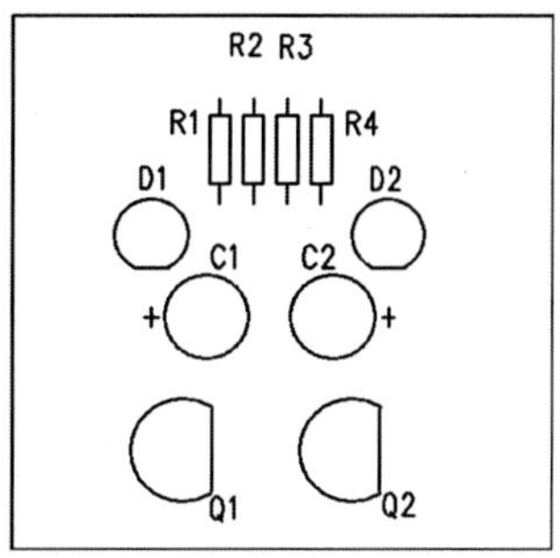

- CAM Preview 창을 닫는다.
- Select Items 창의 OK 버튼을 클릭한다.
- Add Document 창에서 OK 버튼을 클릭한다.

- Define CAM Document 창에서 top_silk가 만들어졌음을 확인하고 Save 버튼을 클릭한다.

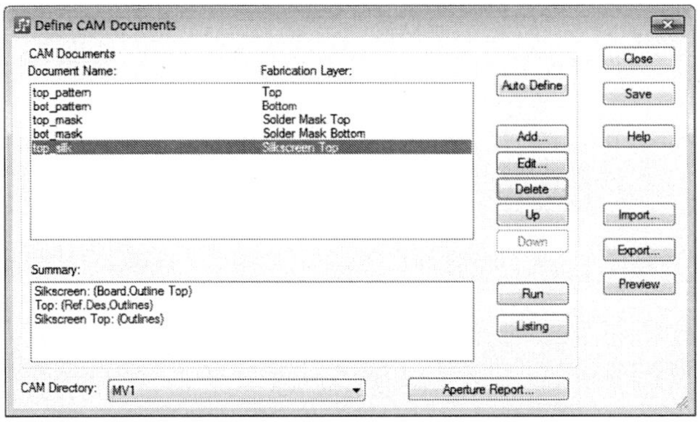

❙ drill CAM 데이터 만들기

- Define CAM Document 창에서 Add 버튼을 클릭한다.
- Add Document 창에서 Document Name은 drill을 입력하고, Document Type에서 Drill Drawing을 선택한다.

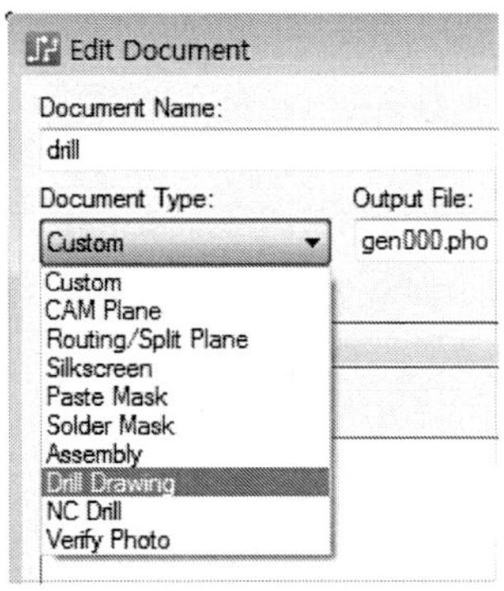

- Layer Association 팝업창에서는 Top을 지정하고 OK 버튼을 클릭한다.

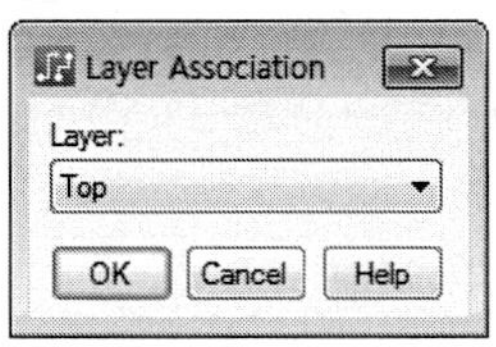

- Add Document 창이 아래와 같이 됨을 확인한다.

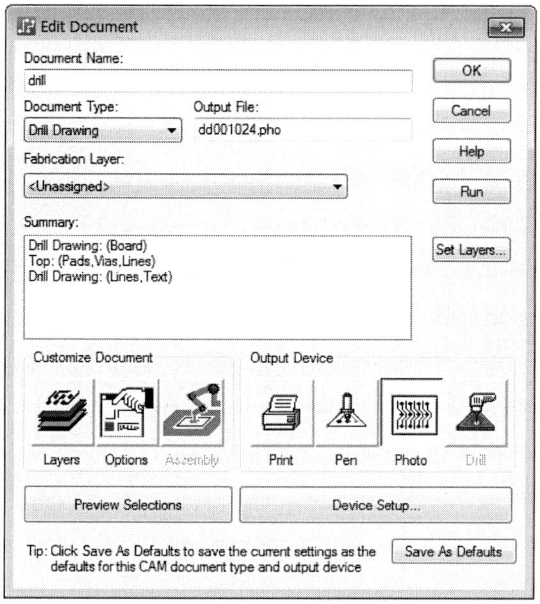

- Add Document 창의 Customize Document 탭에서 Option 아이콘 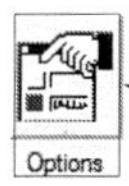을 클릭한다.

- Plot Option–Drill 창에서 Drill Symbols... 버튼을 클릭한다.

- Drill Drawing Options 창에서 Drill Chart의 X Location 값을 60으로 입력하고, Show Through/Partial column을 체크한 후 OK 버튼을 클릭한다.

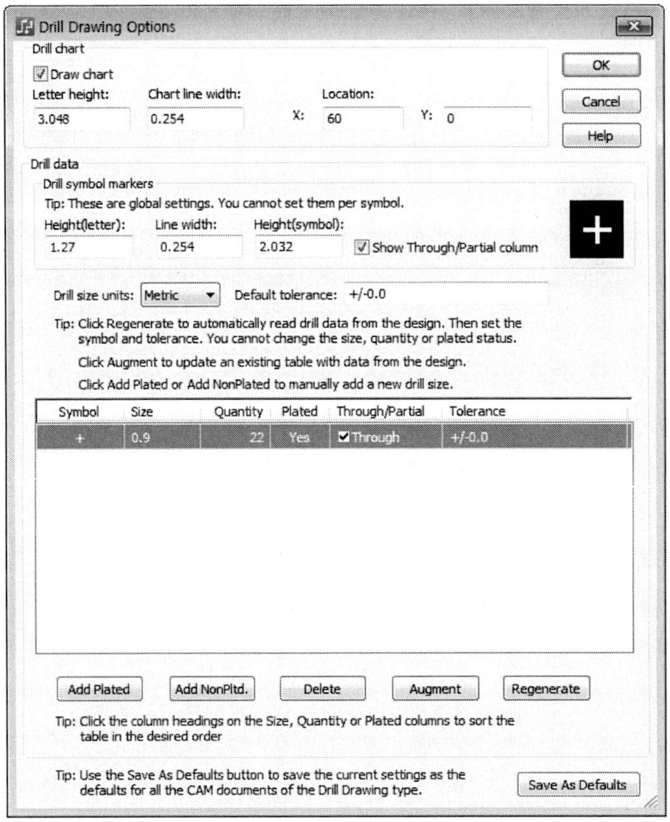

- Plot Option-Drill 창에서 OK 버튼을 클릭한다.
- Add Document 창에서 Preview 버튼을 클릭하고 확인한다.

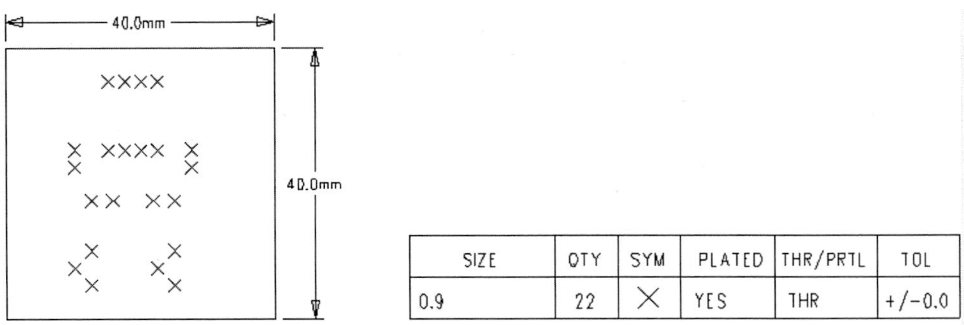

- CAM Preview 창을 닫는다.
- Add Document 창에서 OK 버튼을 클릭한다.

- Define CAM Document 창에서 Drill 도면이 만들어졌음을 확인하고 Save 버튼을 클릭한다.

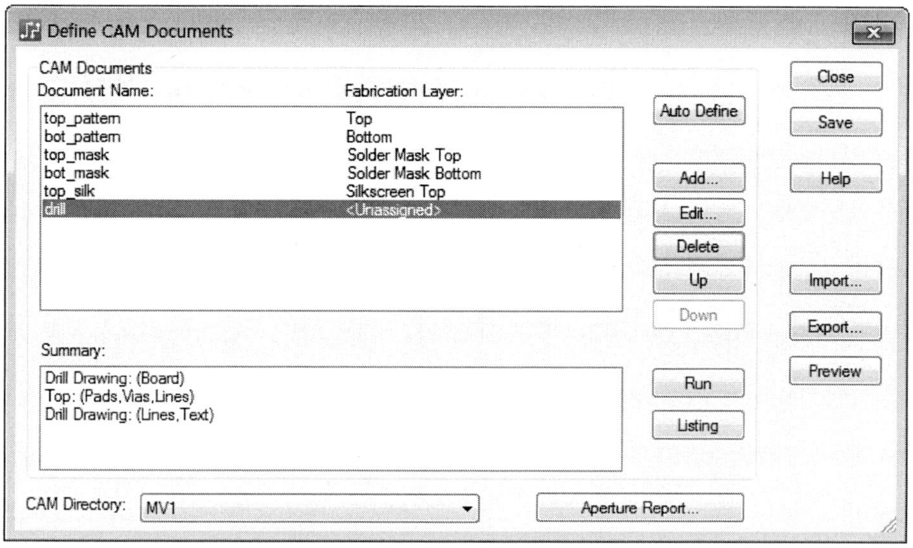

nc_drill CAM 데이터 만들기

- Define CAM Document 창에서 Add 버튼을 클릭한다.
- Add Document 창에서 Document Name은 nc_drill을 입력하고, Document Type에서 NC Drill을 선택한다.

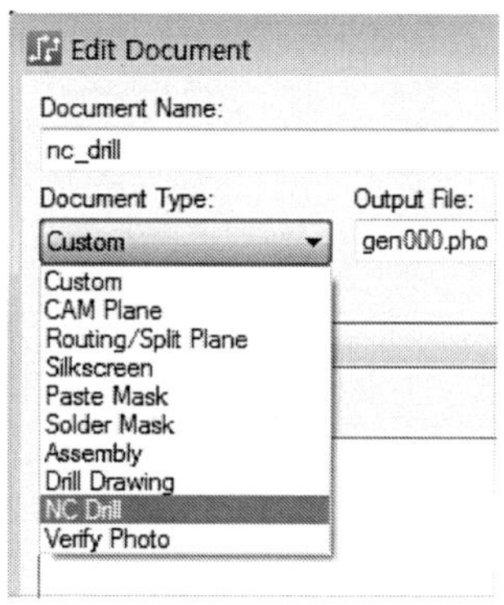

- Add Document 창이 아래와 같이 됨을 확인하고 Customize Document 탭에서 Preview Selections 버튼을 클릭한다.

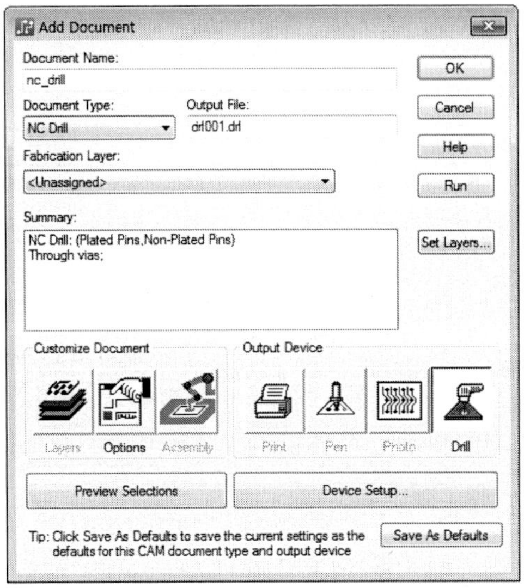

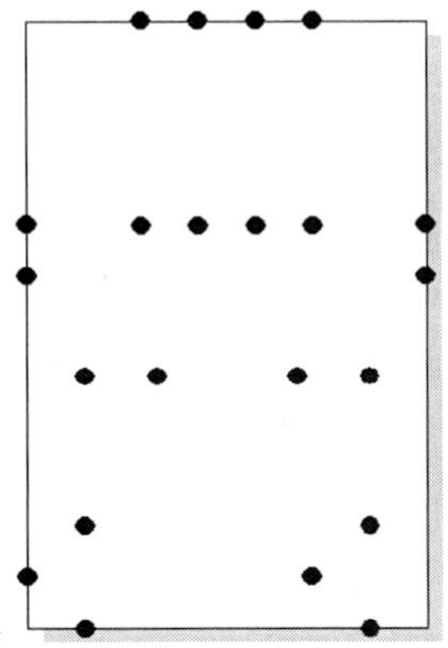

- CAM Preview 창을 닫는다.
- Add Document 창에서 OK 버튼을 클릭한다.
- Define CAM Document 창에서 Drill 도면이 만들어졌음을 확인하고 Save 버튼을 클릭한다.

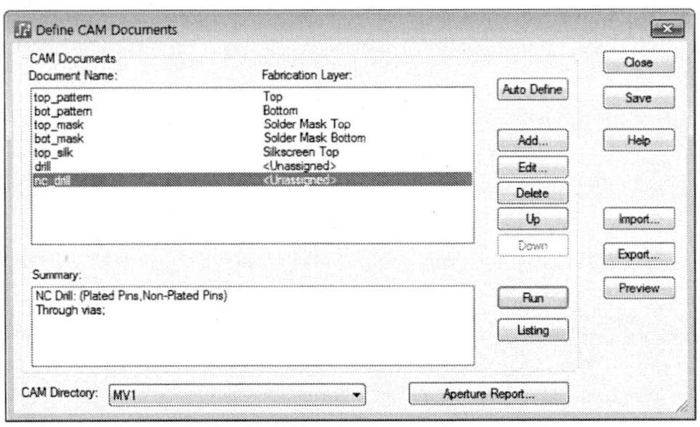

▌CAM 데이터 저장하기

- Define CAM Document 창에서 CAM Directory를 〈Create〉로 지정한다.

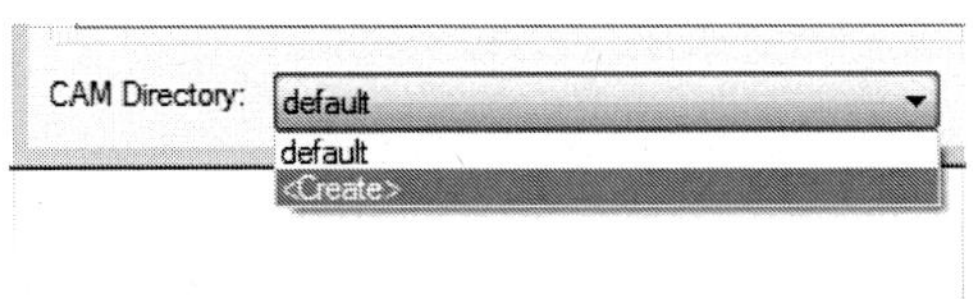

- CAM Question 팝업창에서 서브디렉토리 이름으로 MV1을 입력하고 OK 버튼을 클릭한다.

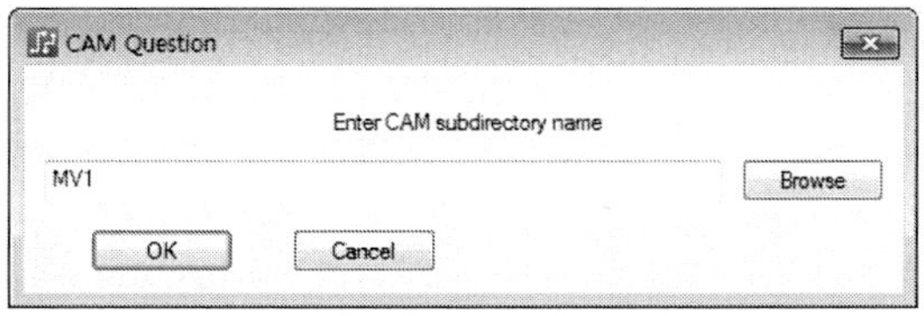

- 윈도우 탐색기로 생성된 폴더를 확인한다.

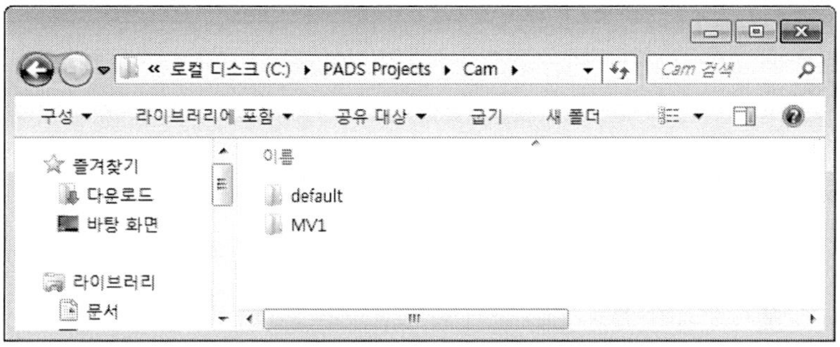

- Define CAM Document 창에서 모든 CAM 데이터를 선택하고 Run 버튼을 클릭한다.

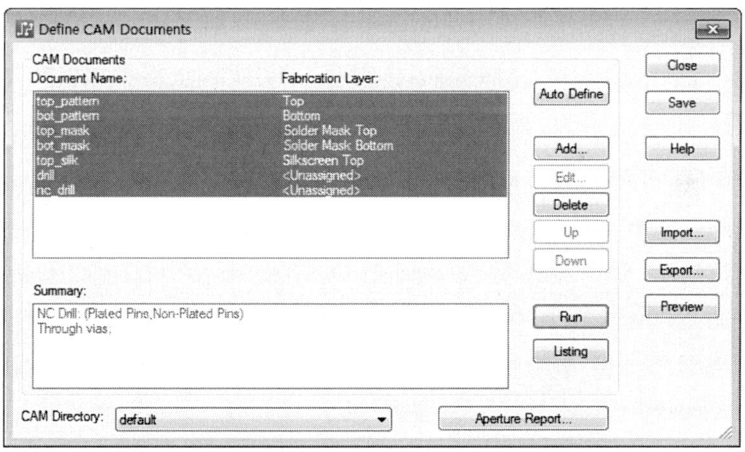

- 팝업창에서 예(Y) 버튼을 클릭한다.

- 윈도우 탐색기로 생성된 CAM 데이터를 확인한다.

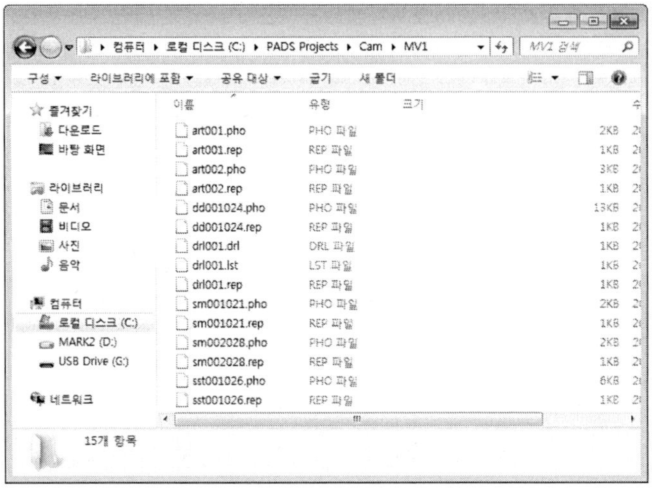

- PADS Layout에서 PCB파일을 저장한다.(File > Save)

2.6.2 PCB 제작 의뢰하기

PCB 제작을 의뢰하기 위해서는 CAM(Gerber) 데이터 파일과 PCB 사양 정보를 제작처에 보내야 한다.

PCB 사양 정보는 다음과 같다.

레이어 : 양면
사이즈 : 40mm × 40mm
재질 : FR-4
두께 : 1.6mm
실크 : 데이터기준
실크색 : 흰색
솔더색 : 녹색유광
표면처리 : HASL
수량 :
납기일 :

2.6.3 제작된 PCB

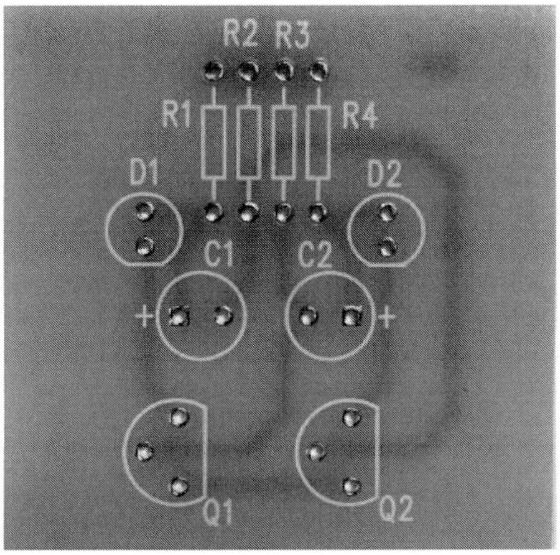

〈Top 면 사진〉

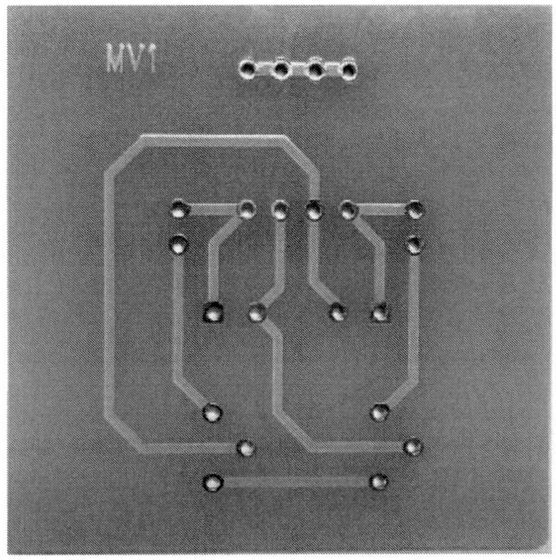

〈Bottom 면 사진〉

2.6.4 조립하기

모든 부품은 top 면에서 조립하고 bottom 면에서 납땜한다.

▍부품표

번호	부품명	부품 번호	규격	수량	부품배치면
1	저항	R1, 4	1/8W, 100	2	top
2	저항	R2, 3	1/8W, 22k	2	top
3	LED	D1, 2	Red, 5Φ	2	top
4	전해커패시터	C1, 2	100uF/16V	2	top
5	트랜지스터	Q1, 2	2N3904	2	top

▎조립도면

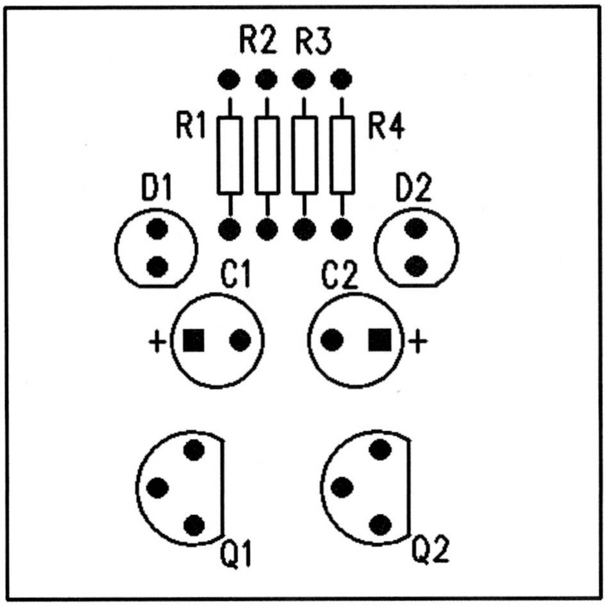

〈Top 면〉

▎조립된 PCB

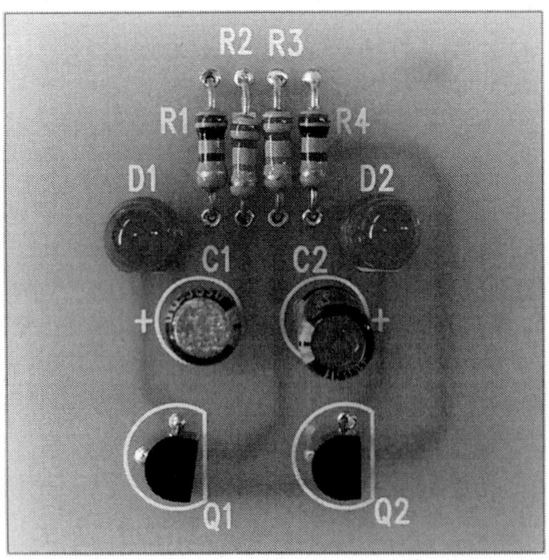

〈Top 면 사진〉

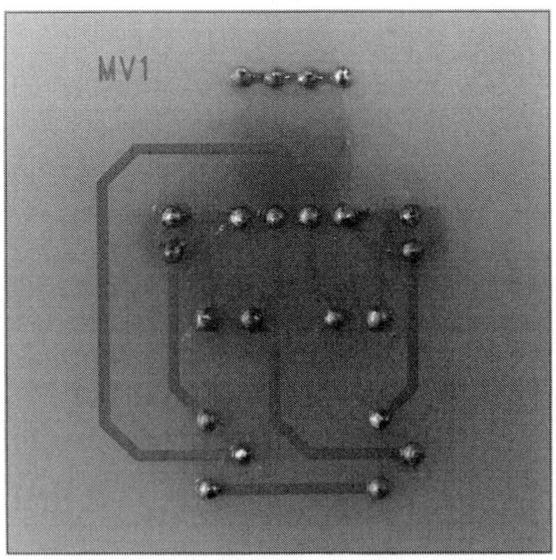

〈Bottom 면 사진〉

| 제 3 장 |

멀티바이브레이터 회로

제 3 장 | 멀티바이브레이터(Connector) 회로

3.1 설계 요구 사항

Power connector가 추가된 2장의 회로도를 작성하고 PCB를 설계한다. PCB 제작 의뢰에 필요한 CAM데이터 파일(Gerber file)을 만든다. PADS Logic과 PADS Layout 라이브러리에 있는 부품의 심벌과 PCB Decal을 사용하여 설계한다. 라이브러리에 없는 power connector는 새롭게 만든다. PCB의 크기는 가로 40mm, 세로 40mm이며 양면 기판으로 설계하고, 모든 부품은 top 면에 배치한다. 납땜은 bottom 면에서 할 수 있도록 한다.

3.2 회로도

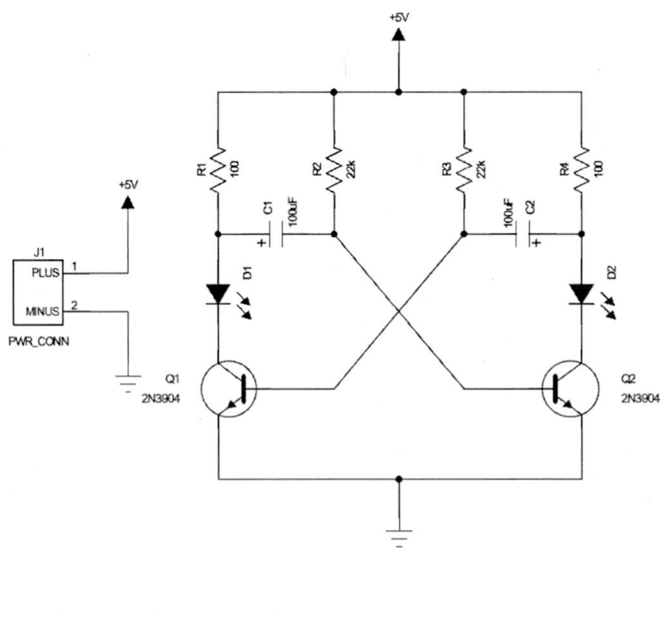

3.3 사용 부품

부품 번호	부품명	부품 규격	수량	부품배치면
R1, 4	저항	1/8W, 100	2	top
R2, 3	저항	1/8W, 22k	2	top
D1, 2	LED	Red, 5Φ	2	top
C1, 2	전해커패시터	100uF/16V	2	top
Q1, 2	트랜지스터	2N3904	2	top
J1	커넥터	5045-02 (2pin)	1	top

각 부품에 대한 Part Type, CAE Decal, PCB Decal은 다음과 같다.

Ref. Des	Part Type	CAE Decal	PCB Decal
R1, 4	RES-1/8W	RESZ-H	R1/8W
R2, 3	RES-1/8W	RESZ-H	R1/8W
D1, 2	LED	LED	LED
C1, 2	CAP-CX12-B	CAP+	CX12-B
Q1, 2	2N3904	NPN	TO-92
J1	PWR_CONN*	PWR_CONN*	PWR_CONN*

* 본 장에서 만드는 Part Type, CAE Decal, PCB Decal임

3.4 회로도 작성하기

3.4.1 PADS Logic 들어가기

- 회로도를 작성하기 위하여 PADS Logic 아이콘  을 더블클릭한다. 또는 윈도우에서 시작 > 모든프로그램(모든앱) > Mentor Graphics PCB > PADSLogic을 클릭한다.
  이는 C:₩MentorGraphics₩PADSVX.2₩SDD_HOME₩Programs₩powerlogic.exe 응용프로그램이다.
- PADS Logic 시작을 알리는 창이 나타나면 기다린다.

- 회로도를 작성하는 PADS Logic 창이 나타나면 New  를 선택한다.

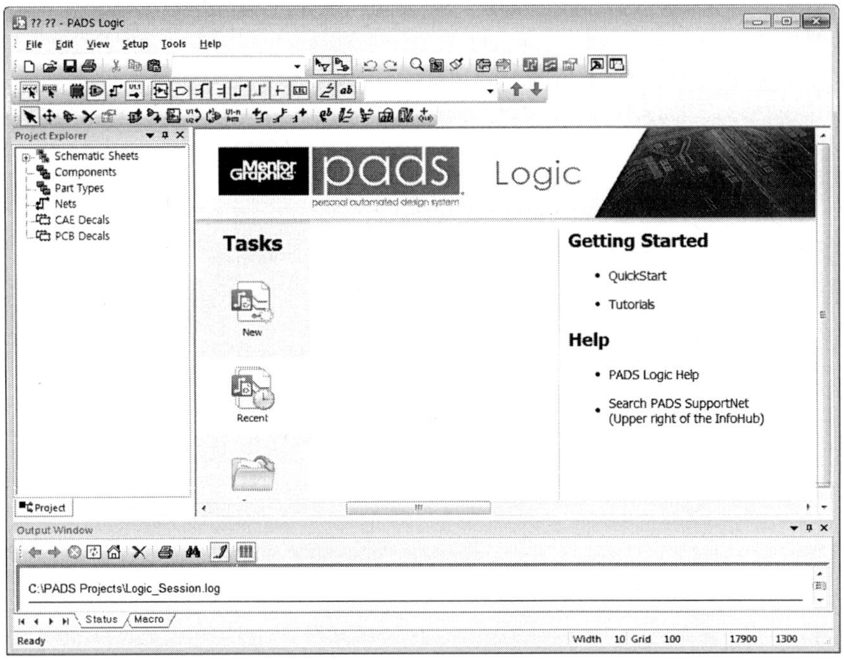

- Font Replacement 창이 뜨면 OK 버튼을 클릭한다.

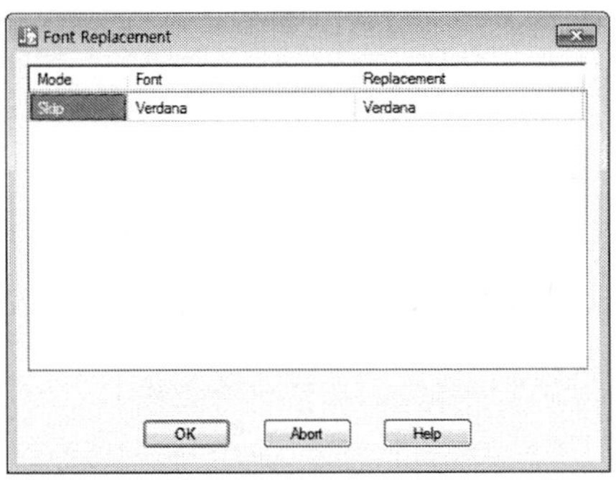

- 회로도를 작성할 수 있는 PADS Logic 창이 나타남을 확인한다.

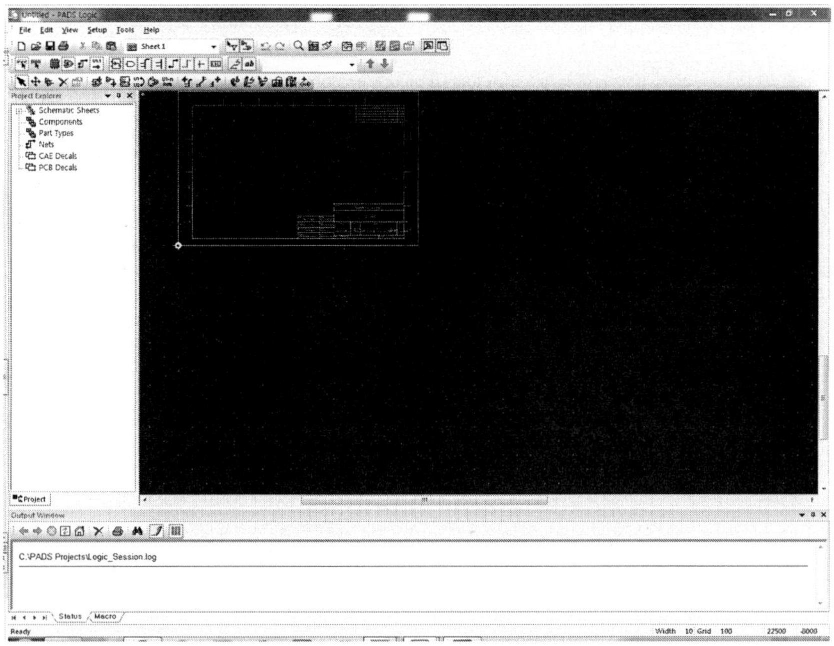

- 회로도를 작성하기 편하게 Standard Toolbar에서 sheet 버튼  을 클릭한다.
  - Sheet border가 작업창 전체 면으로 나타난다.

3.4.2 Sheet Border 변경하기

PADS Logic에서는 기본으로 sheet size B와 sheet border SIZEB로 세팅되어 있다. 본 장에서는 sheet size A4와 sheet border SIZEA4를 변경하여 사용하고자 한다.

- Sheet 크기를 설정하기 위하여 Menu Bar에서 Tools > Option을 선택하고
- Option 창에서 Design 탭을 선택한다.
- Sheet Size를 A4로 설정하고 Sheet border는 Choose... 버튼을 눌러 Get Drafting Item from Library–Common 창에서 SIZEA4를 선택하고 OK 버튼을 누른다.

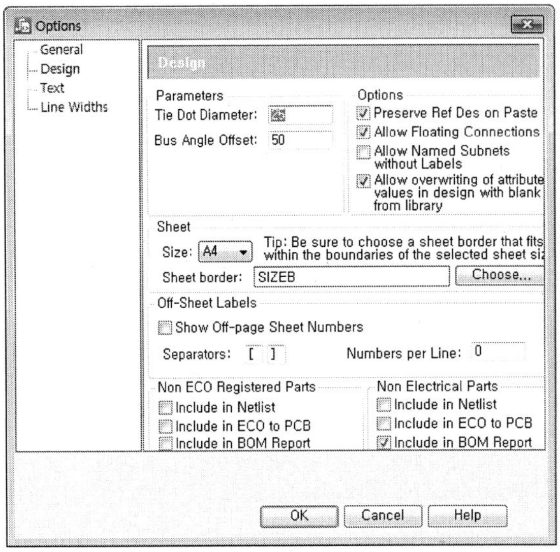

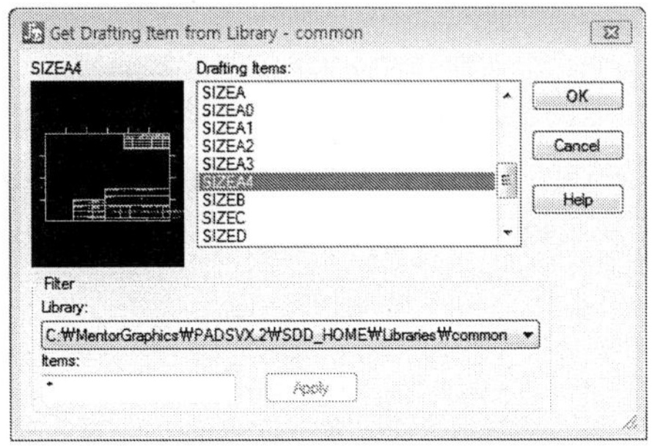

- Options 창에서 OK 버튼을 누른다.
- Sheet border를 변경하기 위하여 Schematic Editing Toolbar에서 Combine/Uncombine 아이콘  을 선택한다.
- 마우스 오른쪽 버튼을 클릭하여 Uncombine을 선택한다.

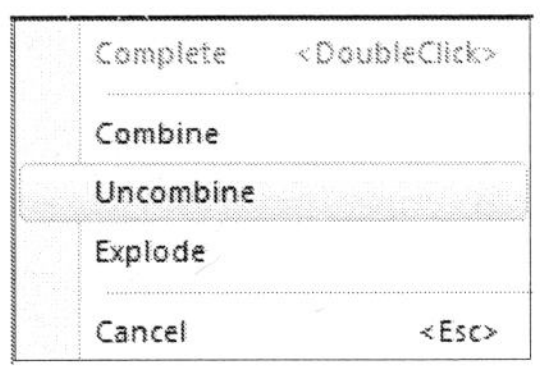

- Sheet Border를 커서로 선택한다.
  - 보드선을 선택하면 묶여있는 모든 선들은 밝은 흰색으로 나타난다.
- 불필요한 선과 글자들을 커서로 클릭한다.
  - 선택한 선과 글자는 다른 컬러(노란색)로 나타난다.

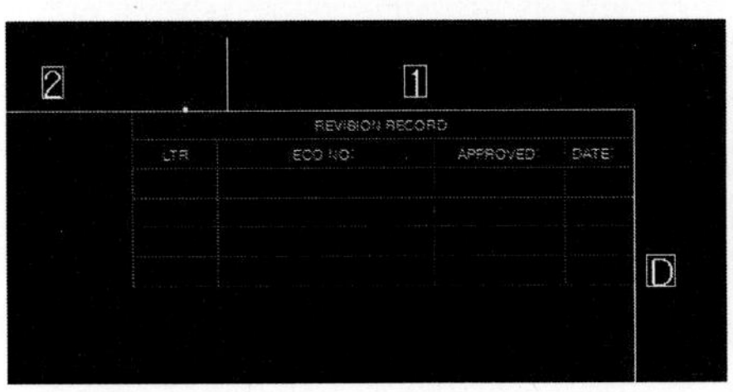

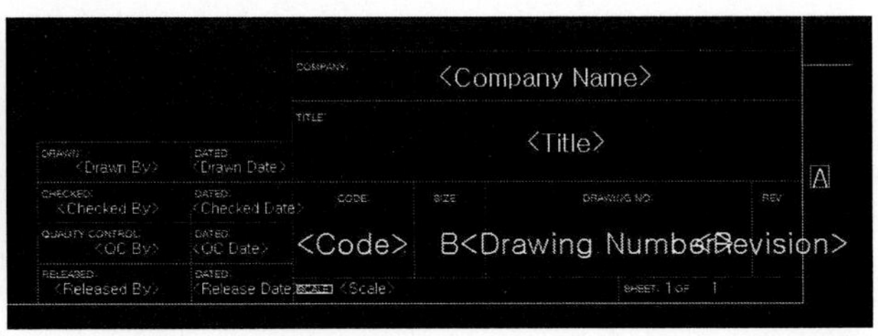

- 마우스 오른쪽 버튼을 클릭하여 Complete를 선택한다.

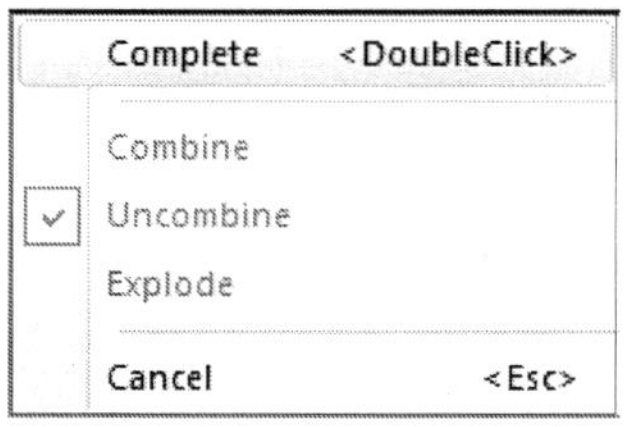

- Schematic Editing Toolbar에서 Delete 아이콘 을 클릭한다.
- 삭제하고자 하는 선이나 글자를 한 번 더 클릭한다. 선택한 선이나 글자가 삭제된다.

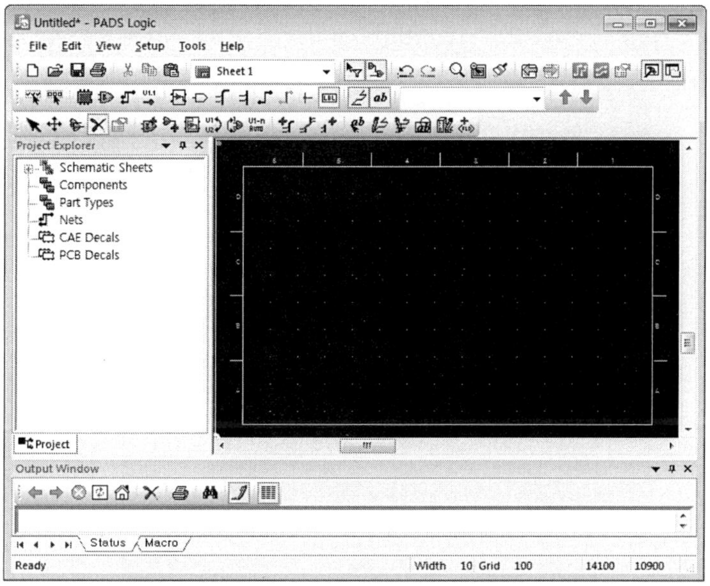

- 그리고자 하는 선을 그리기 위하여 먼저 grid를 설정한다.
- Modeless Command로 g100을 키보드에서 입력하고 엔터를 누른다.
- Modeless Command로 gd100을 키보드에서 입력하고 엔터를 누른다.
- Schematic Editing Toolbar에서 Create 2D Line 아이콘 을 선택하고 필요한 선을 그린다. 여기서는 오른쪽 하단에 title을 입력할 수 있는 선을 그린다.

- Create 2D Line 아이콘 을 한 번 더 클릭하여 선택을 해제한다.
- 마우스 오른쪽 버튼을 클릭하여 Add Field를 선택하고 팝업된 Add Field 창의 Name에서 Title을 선택한다.
- Value에는 제목인 MV2, Font Size는 30을 입력하고 OK 버튼을 클릭한다.
- 커서를 title 박스에 위치시키고 클릭한다.

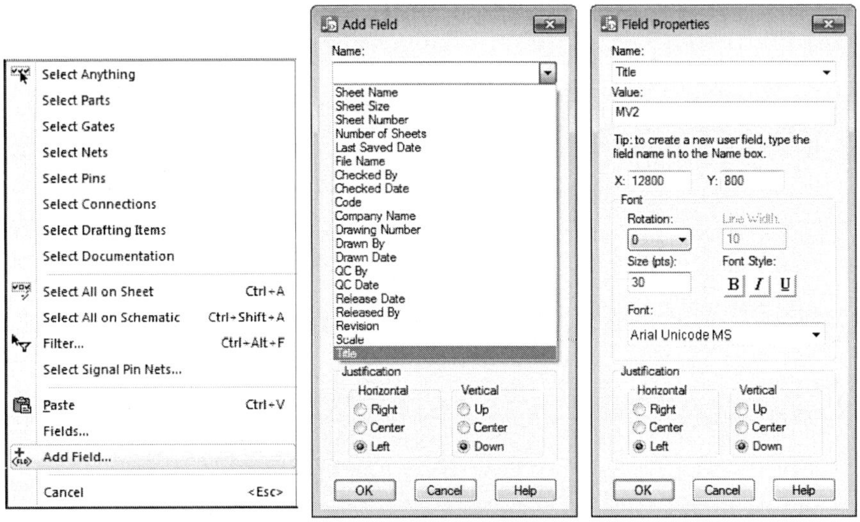

- 아래의 결과를 확인한다.

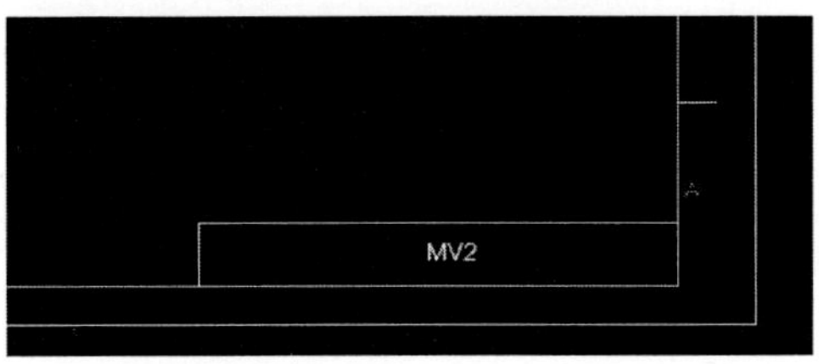

- Combine/Uncombine 아이콘 을 선택한다.
- 마우스 오른쪽 버튼을 클릭하고 팝업창에서 Combine을 선택한다.
- 커서로 Sheet Border, 선, title을 모두 선택한다.

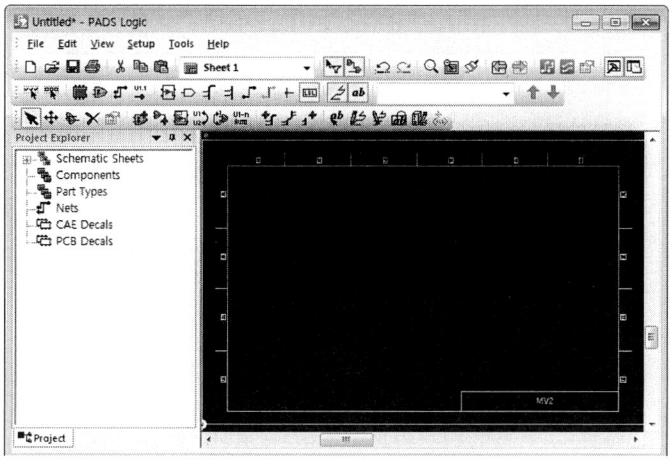

- 마우스 오른쪽 버튼을 클릭하여 Complete를 선택한다.

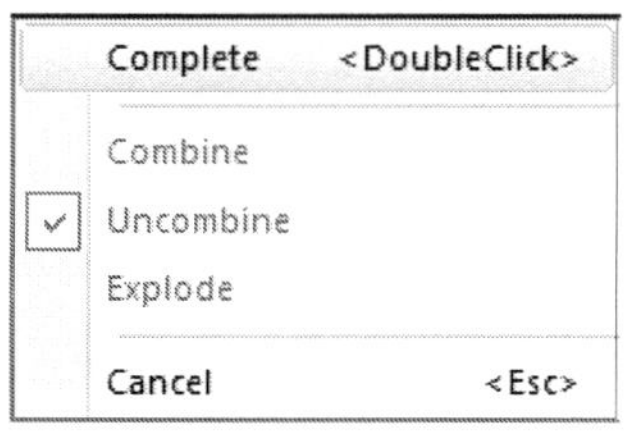

- Combine/Uncombine을 해제시킨다.
- Sheet Border를 커서로 선택하고 마우스 오른쪽 버튼을 클릭한다.
- 팝업창에서 Save to Library를 선택한다.
- 팝업된 창에서 Name of Item에 MySizeA4를 입력하고 OK 버튼을 클릭한다.

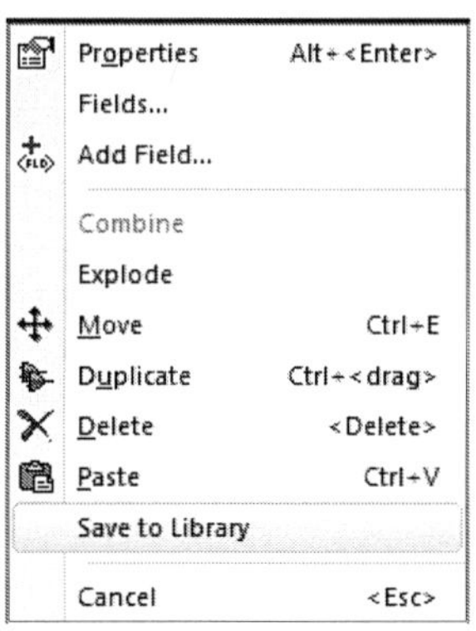

- Title을 변경하고자 하는 경우에는 Title을 더블 클릭하여 이름을 변경할 수 있다.

3.4.3 PWR_CONN 부품 만들기(Part Type, CAE Decal)

- Menu Bar에서 Tools > Part Editor를 선택하면 Part Editor 창이 나타난다.

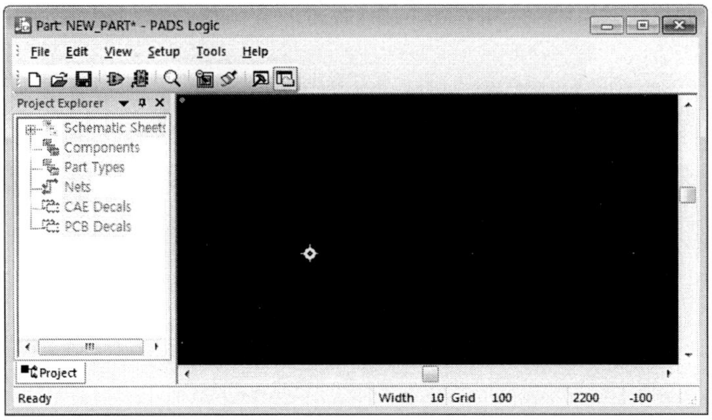

- Part Editor Toolbar에서 Edit Electrical 아이콘 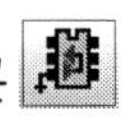 을 클릭한다.
- 팝업된 Part Information for Part–New_PART 창의 General 탭에서 Logic Family의 스크롤 바를 움직여 CON을 선택하고 Ref Prefix가 J임을 확인한다.

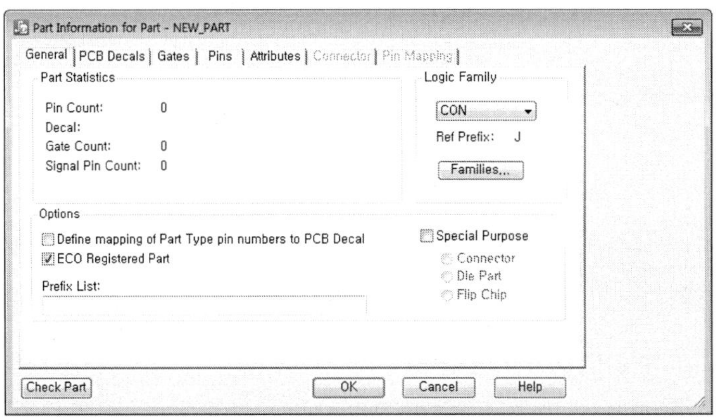

- Part Information for Part–New_PART 창의 PCB Decals 탭에서 Library를 usr로 지정한다.
- Assign New 버튼을 클릭하여 PWR_CONN을 입력하고 OK 버튼을 클릭한다.
- Assigned Decals에 PWR_CONN을 확인한다.

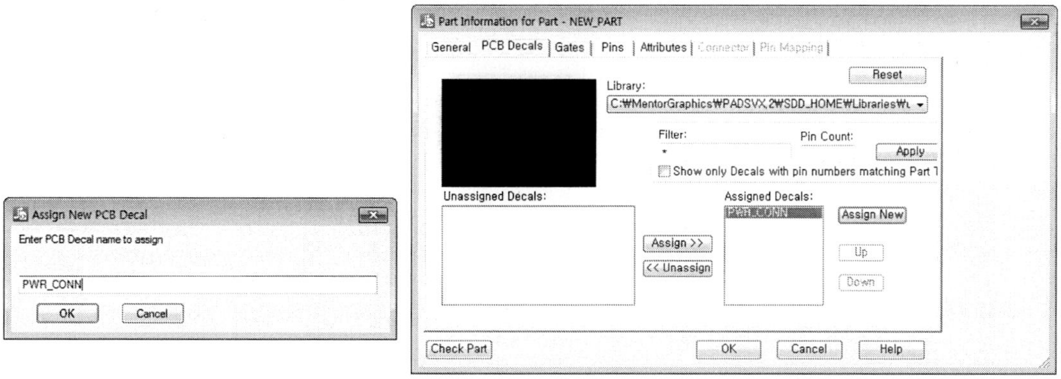

- PCB Decal은 PADS Layout에서 만드는 것으로 Part Type에서 미리 지정해주는 것이다.

- Part Information for Part–New_PART 창의 Gate 탭에서 Add 버튼을 클릭하고 CAE Decal1 난에 더블클릭을 하고 PWR_CONN을 입력한다.
  - 이것은 CAE Decal의 이름을 지정해주는 것이다.

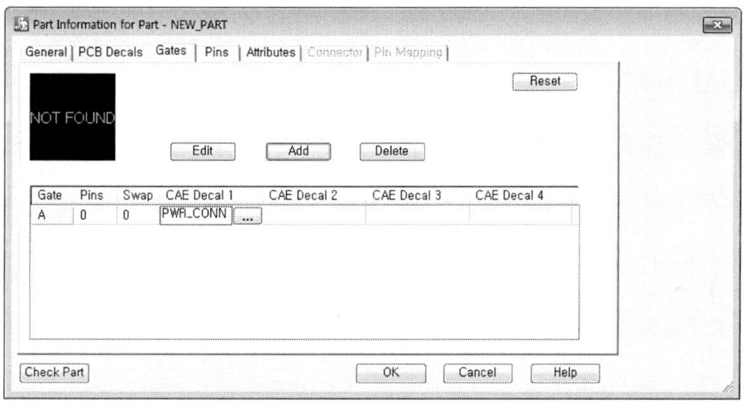

- Part Information for Part–New PART 창의 Pins 탭에서 Add Pin 버튼을 두 번 클릭한다.
- 다음과 같이 Number와 Name에 각각 1, 2와 plus, minus를 입력한다.

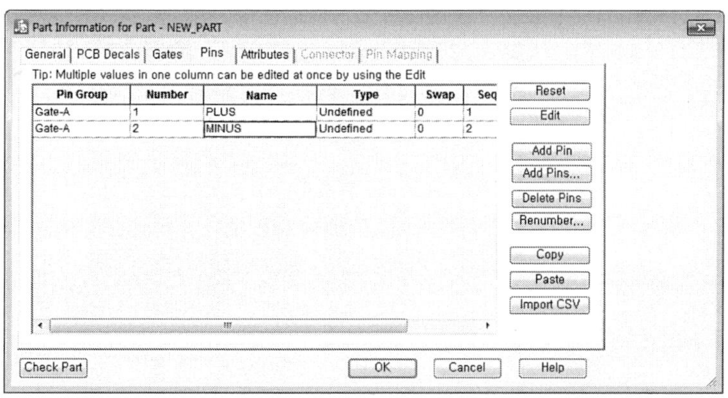

- 하단에 있는 Check Part 버튼을 클릭한다.
  - 두 개의 warning 메시지가 나타나지만 앞으로 만들게 되므로 문제는 없다.

- OK 버튼을 클릭한다. 마찬가지로 warning 메시지가 나타나지만 무시한다.

- Part Editor Toolbar에서 Edit Graphics 아이콘  을 클릭한다.
- Select Gate Decal 창에서 Gate A의 Decal이 PWR_CNN임을 확인하고 OK 버튼을 클릭한다.

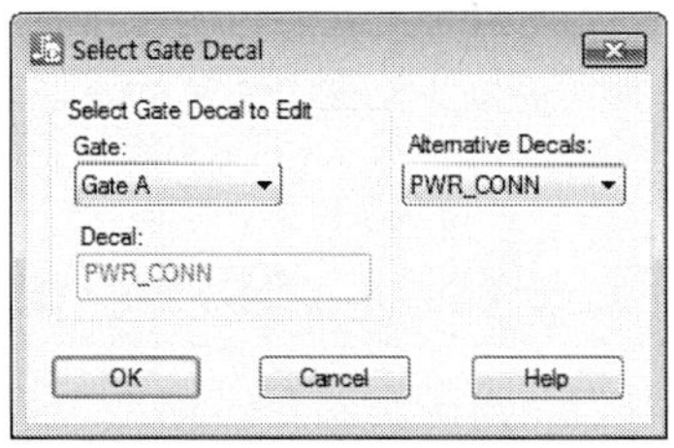

- 다음 창이 나타나면 확인 버튼을 누른다.

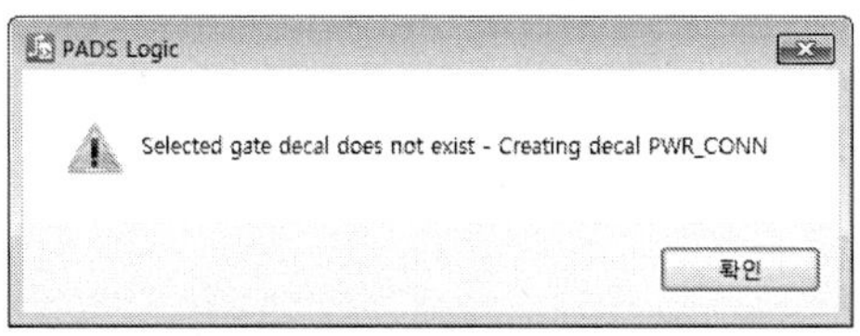

- CAE Decal을 그릴 수 있는 창을 확인한다.

- Symbol Editing Toolbar 아이콘 을 클릭한다.
- Modeless Command로 키보드에서 g100을 입력하고 엔터키를 누른다.
- Modeless Command로 키보드에서 gd100을 입력하고 엔터키를 누른다.

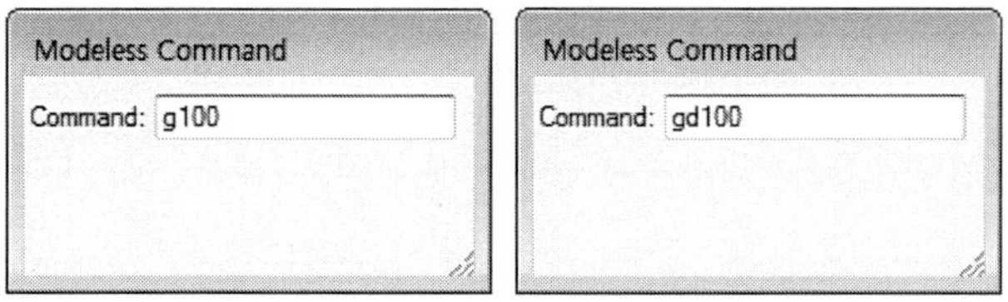

- Create 2D Line 아이콘 을 클릭한다.
- 마우스 오른쪽 버튼을 클릭한다.
- 팝업창에서 Rectangle을 선택하고 원점에서 400×500 크기의 사각형을 그린다.

- Add Terminal 아이콘 을 클릭하고, PIN을 선택한 후 OK 버튼을 클릭한다.

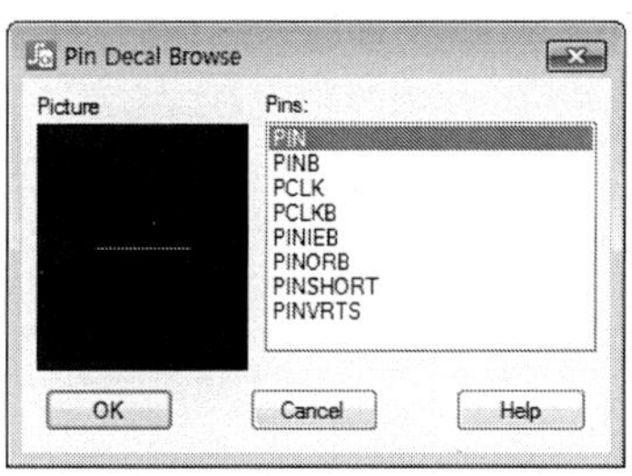

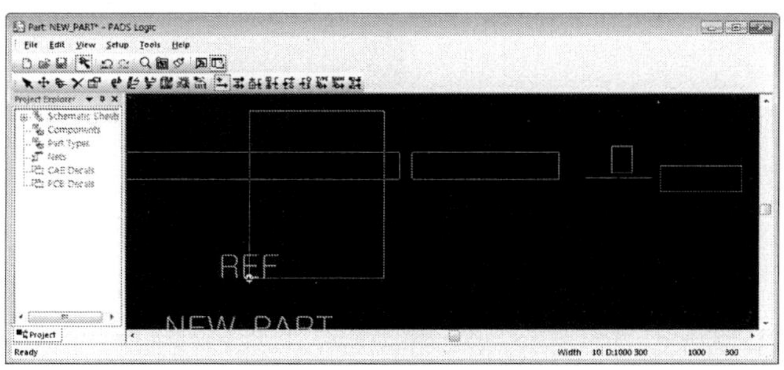

- 마우스 오른쪽 버튼을 클릭하고 X Mirror를 선택하고 핀 두 개를 박스에 붙인다.

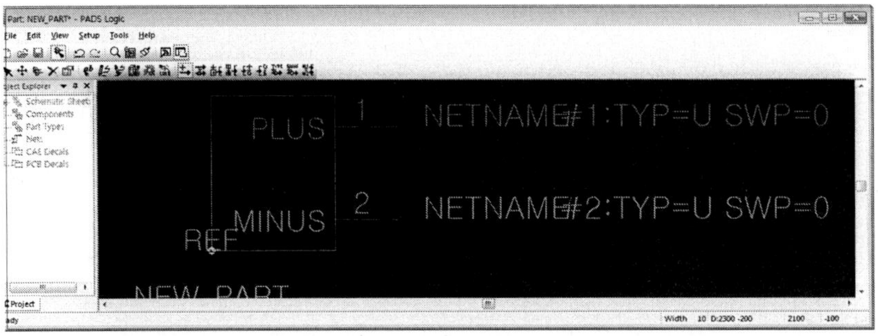

- Esc 키를 눌러서 핀 붙임에서 빠져나온다.
- REF와 NEW_PART을 아래와 같이 이동 정리한다.

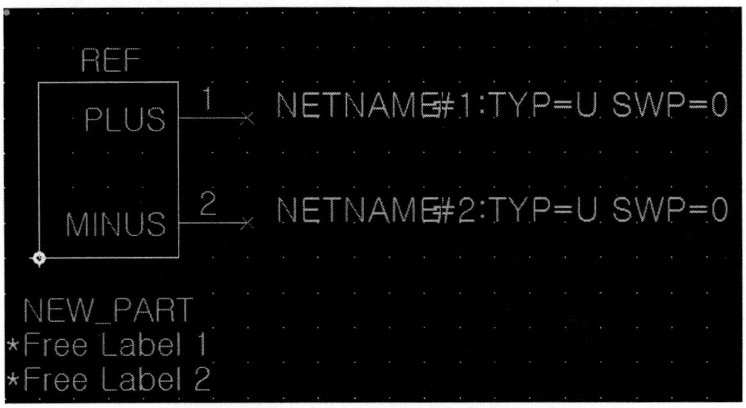

- Menu Bar에서 File > Return to Part를 선택하고 예(Y)를 누른다.

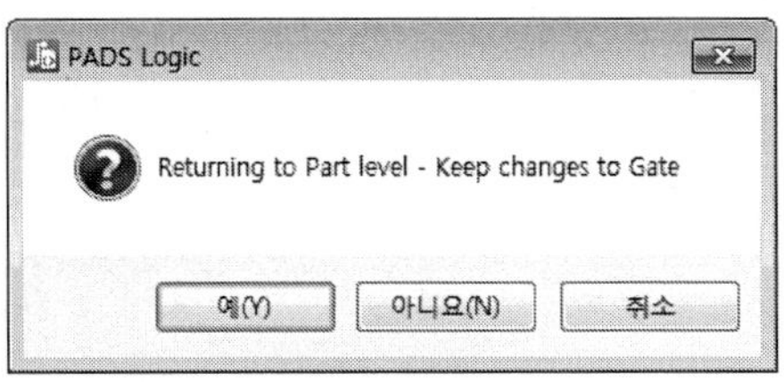

- Menu Bar에서 File > Save As...를 선택한다.
- Save Part and Gate Decals As 창에서 Name of Part에 PWR_CONN을 입력하고 OK 버튼을 클릭한다.
  - 나타난 메모장의 warning은 무시한다.

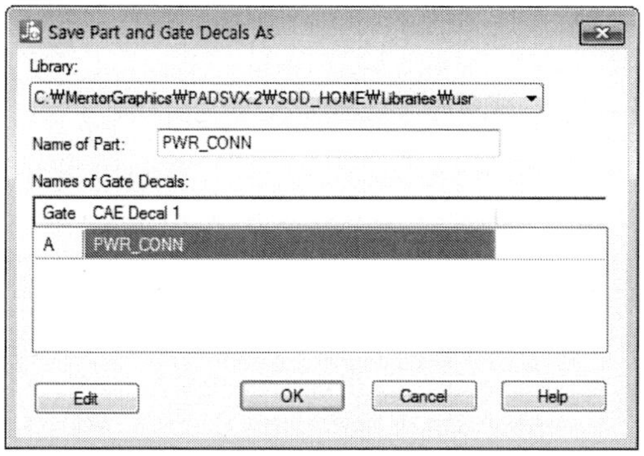

- Menu Bar에서 File > Exit Part Editor를 클릭한다.

3.4.4 부품 불러오기 및 부품 배치하기

PADS Logic의 라이브러리에서 제공하는 부품과 새롭게 만든 부품을 사용하여 회로도를 작성한다.

❙ Grid 설정하기

- Design grid를 설정하기 위하여 키보드에서 g100을 입력한다.
- Dot grid를 설정하기 위하여 키보드에서 gd100을 입력한다.
- 작업창을 확대하면 설정된 촘촘한 grid가 나타난다.

❙ 부품 불러오기

- Schematic Editing Toolbar에서 Add Part 아이콘 을 선택한다.
  - Add Part from Library 창이 나타난다. 이 창에서 원하는 부품을 선택한다.
- Library의 usr방에서 Items: *를 입력하고 Apply 버튼을 누른 후 Items에서 PWR_CONN을 지정하고 Add 버튼을 클릭한다.

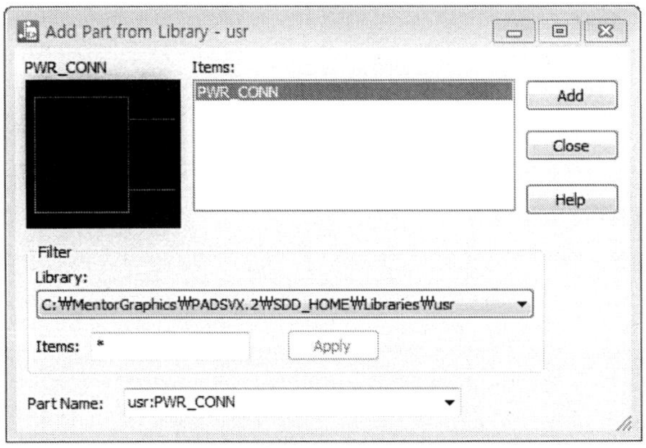

- 커서를 회로도 창으로 이동하고 적절한 위치에서 클릭한다.

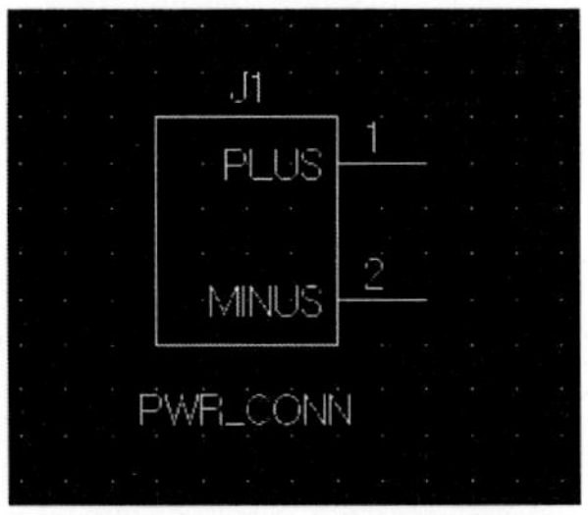

- 나머지 부품들도 All Library 방에서 검색하고 추가한다.

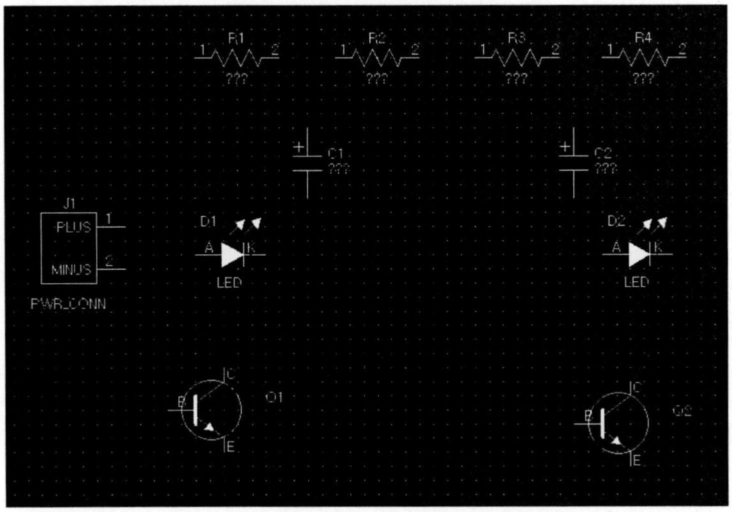

- 모든 부품을 추가했으므로 Add part from Library 창을 닫는다.

▌ 부품 배치하기

- 주어진 회로도와 같이 부품의 방향을 변경하기 위하여 부품을 지정하고 마우스 오른쪽 버튼을 클릭한다.
- 각 부품의 방향에 따라 Rotate 90, X Mirror, Y Mirror를 선택하여 부품의 방향을 정한다. 또는 단축키 Ctrl + R, Ctrl + F, Ctrl + Shift + F를 이용하여 방향을 정한다.
- 부품을 이동하기 위해서는 마우스 왼쪽 버튼으로 원하는 부품을 선택하고 이동하고자 하는 위치까지 드래그하고 누른 마우스 버튼을 놓는다.
  - 주어진 회로도와 같이 배치한 부품은 다음과 같다.

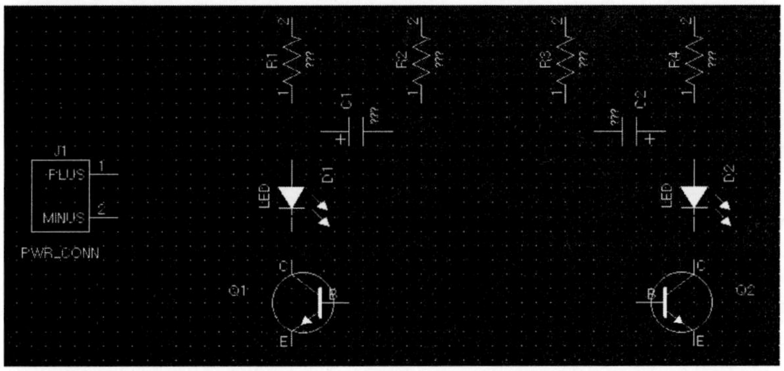

3.4.5 선 연결하기

- 부품 단자 간에 선을 연결하거나 선과 선을 연결하기 위하여 Schematic Editing Toolbar에서 Add Connection 아이콘 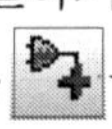을 선택한다. 또는 선 연결 단축키인 F2를 누른다.
- 연결하고자 하는 부품 단자에서 마우스 왼쪽 버튼을 한 번 클릭한다.
  - 마우스 버튼을 뗀 상태로 마우스 포인터를 이동시키면 선이 그려진다.
- 원하는 Dot Grid에서 마우스 왼쪽 버튼을 한 번 클릭하고 선의 방향을 변경한다.
  - 선의 방향을 변경하고자 할 때는 마우스 왼쪽 버튼을 한 번 클릭하고 뗀다.
- 연결하고자 하는 부품의 단자에서 마우스 왼쪽 버튼을 한 번 클릭하여 선 연결을 종료한다.
  - 단축키인 F2는 한 번 누를 때마다 연결과 비연결이 되는 토글스위치 기능을 한다.

• 각 부품들을 연결한 회로는 다음과 같다.

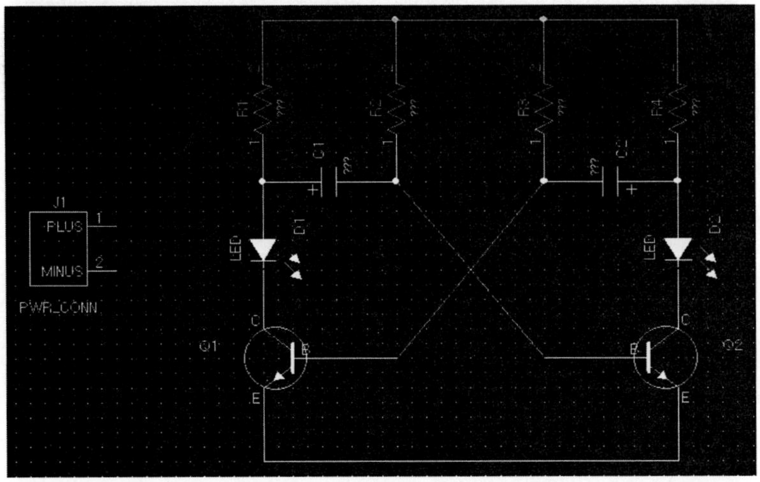

• 마우스 오른쪽 버튼을 클릭하여 power, ground를 연결한다.

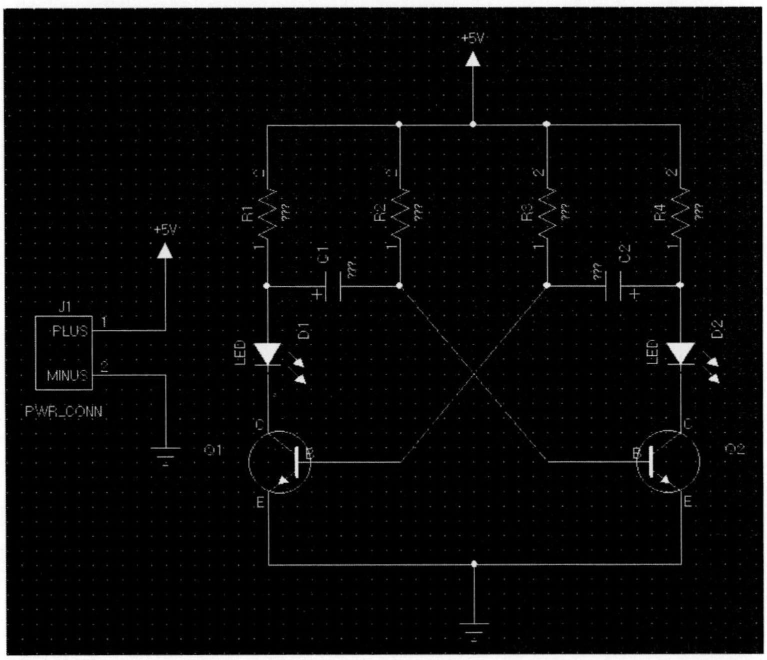

3.4.6 부품 값 입력하기

- 마우스 오른쪽 버튼을 클릭하여 Quick Filter 창이 나타나게 한다. 팝업창에서 Select anything을 선택하고 저항 값 필드 ???를 더블클릭한다.
- Attribute Properties 대화창의 value에 저항과 커패시터 용량 값을 개별로 입력하고 OK 버튼을 클릭한다.

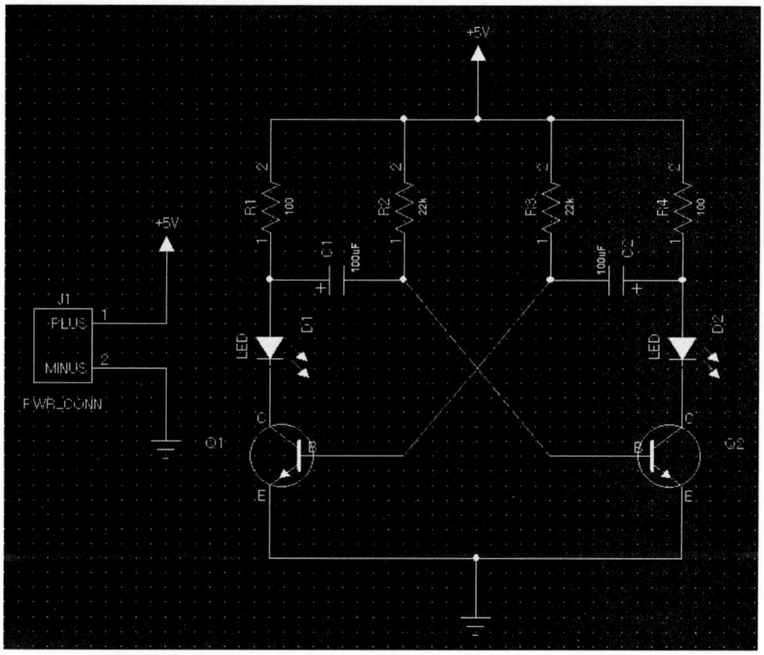

▌Tie Dot Diameter 변경하기

- 선 연결 되는 접속점의 크기가 작은 경우에는 Menu Bar에서 Tools > Options의 Design 탭을 선택하고 Tie Dot Diameter 값을 50으로 입력하고 OK 버튼을 클릭한다.

▌Visibility 설정하기

- 회로도 상에 나타나는 부품에서 불필요한 표시를 회로도상에 나타내지 않게 하기 위해서 해당 부품을 선택하고 마우스 오른쪽 버튼을 클릭하여 Visibility을 선택한다.
- 저항과 커패시터는 Part Text Visibility 대화창에서 Reference Designator와 Value만 선택하고
- LED는 Reference Designator를 선택하며, 트랜지스터는 Reference Designator와 Part Type을 선택한다.

▌완성된 회로도 저장하기

- 완성된 회로도는 다음과 같다.

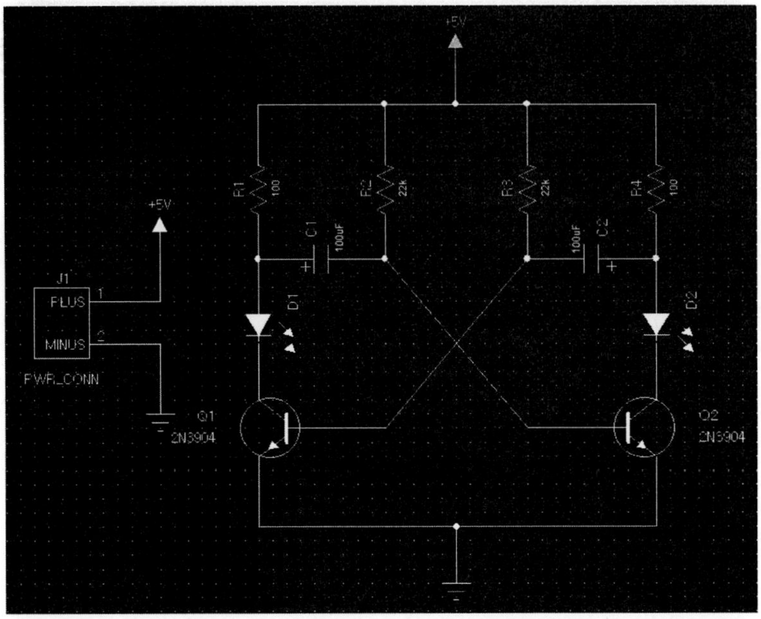

- Menu Bar에서 File > Save As...를 선택하여 작성된 회로도를 저장한다. 여기서는 파일이름을 MV2으로 저장한다.
  - 기본적으로 저장되는 폴더는 C:₩PADS Projects이다.

3.5 PWR_CONN의 PCB Decal 만들기

PCB Decal은 PADS Layout에서 만들 수 있다.
만들고자 하는 PWR_CONN의 도면은 다음과 같다.

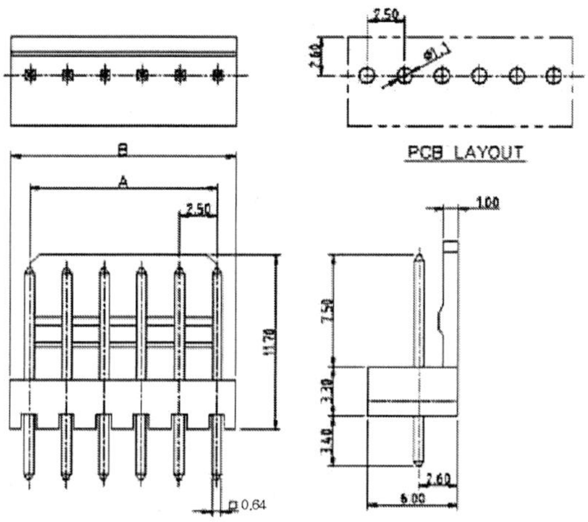

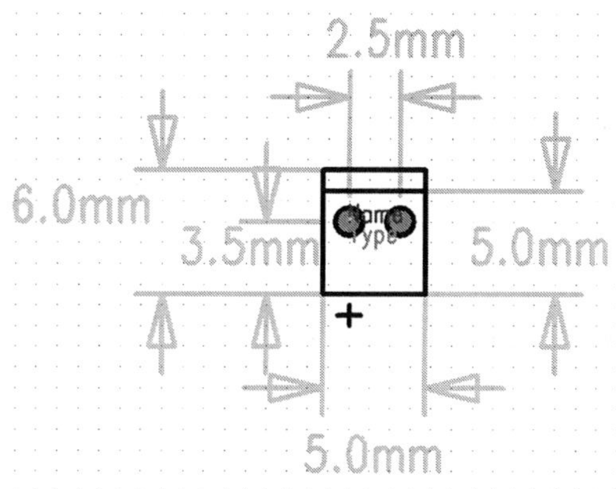

- PADS Layout 프로그램  을 연다.
- Menu Bar에서 Tools > PCB Decal Editor를 선택한다.

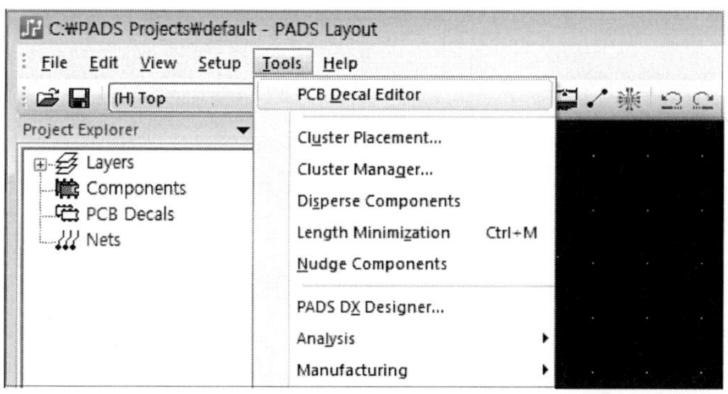

- Drafting Toolbar 아이콘  을 선택한다.
- Modeless Command로 umm을 입력하여 밀리미터 단위로 설정한다.
- Modeless Command로 g0.1을 입력한다.
- Modeless Command로 gd0.1을 입력하여 grid 간격을 0.1mm로 설정한다.
- Terminal 아이콘  을 선택한다.

- Add Terminal 창이 나타나면 OK 버튼을 클릭한다.

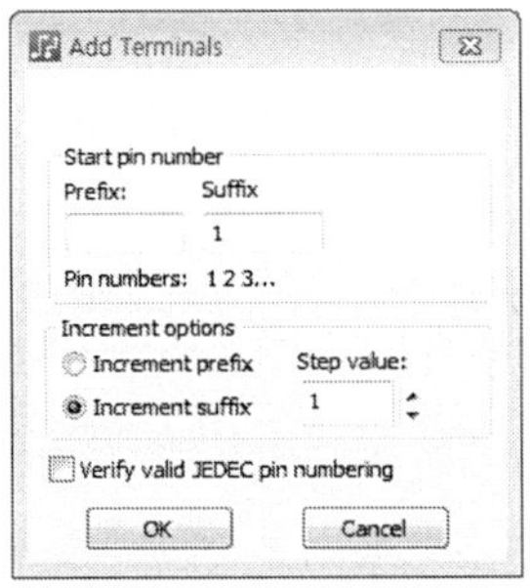

- 커서를 원점(0 0)에서 클릭하여 1번 터미널을 만든다.
- Modeless Command로 s2.5 0을 입력하고 엔터 후 커서를 눌러 2번 터미널을 만든다.
- 키보드에서 Esc 키를 눌러 Terminal 명령을 해제한다.

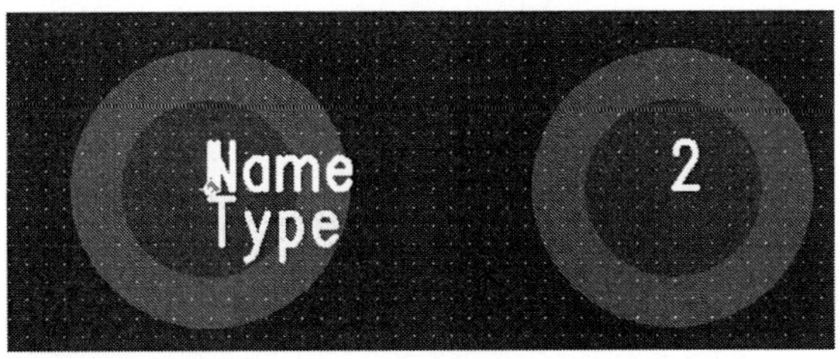

- 1번 터미널을 선택하고 마우스 오른쪽 버튼을 클릭한다.
- 팝업창에서 Pad Stacks를 선택한다.
- Pad Stack properties for Pin 창에서 각 layer에 대하여 pad의 Diameter을 1.6, Drill size를 1.1로 설정하고 OK 버튼을 클릭한다.

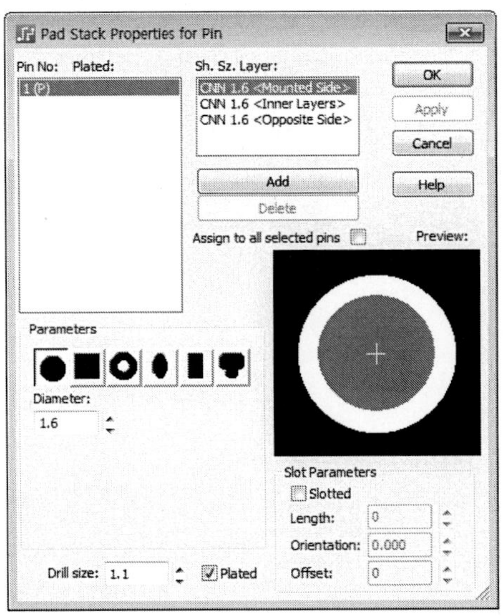

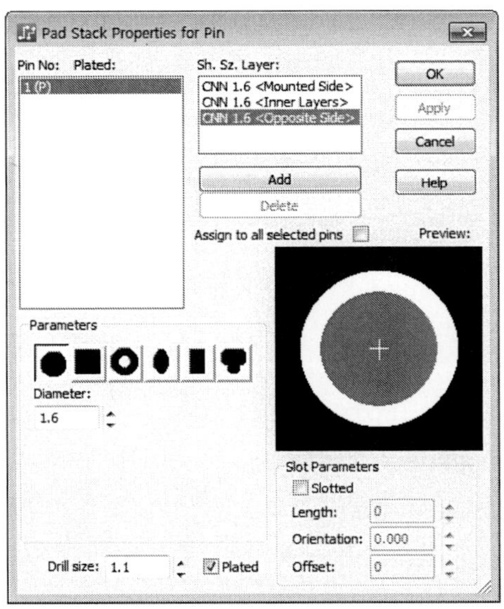

- 2번 터미널을 선택하고 Pad Stack에서 Pad의 Diameter를 1.6, Drill size를 1.1로 설정한다.

▎부품외각선 그리기

- 2D Line 아이콘 을 선택한다.
- 마우스 오른쪽 버튼을 클릭하고 Rectangle을 선택한다.
- Modeless Command로 s0 0을 입력하고 엔터를 누른 후 커서를 클릭한다.
- Modeless Command로 s5 6을 입력하고 엔터를 누른 후 커서를 클릭한다. 가로 5, 세로 6mm의 직사각형이 그려짐을 확인한다.

- 키보드에서 Esc 키를 눌러서 2D line 그리기를 해제한다.
- Menu Bar에서 Tools > Options를 선택한다.
- Options 창에서 Grids and Snap > Grids 탭에서 Design grid의 Snap to grid를 해제하고 OK 버튼을 클릭한다.

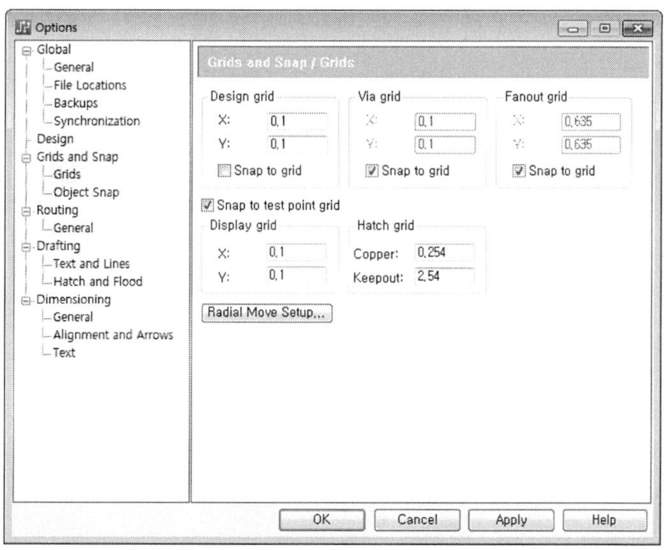

- 마우스 오른쪽 버튼을 클릭한다.
- 팝업창에서 Select Shapes을 선택한다.
- 4각 박스에 커서로 클릭하고 누른 상태에서 움직인다.
- Modeless Command로 s-1.25 -3.5를 입력하고 엔터 키를 누른다.
- 이동한 커서를 클릭한다.

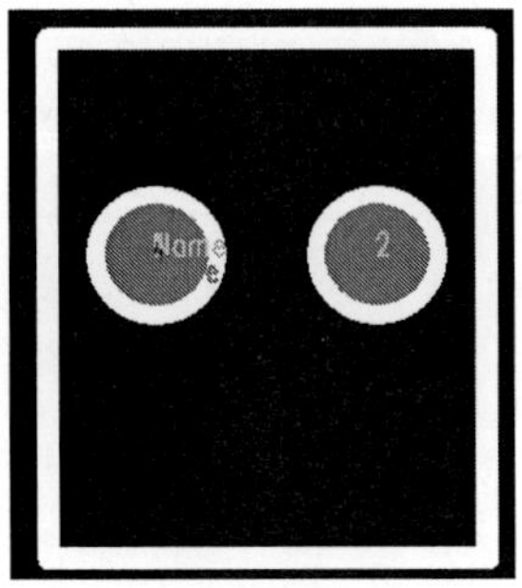

- 키보드에서 Esc 키를 누른다.
- 2D Line 아이콘  을 선택한다.
- 마우스 오른쪽 버튼을 클릭하고 Path를 선택한다.
- Modeless Command로 s-1.25 1.5을 입력하고 엔터를 누른 후 커서를 클릭한다.
- 4각 박스의 오른쪽 끝가지 선을 그리고 더블클릭한다.

- 마우스 오른쪽 버튼을 클릭하고 Path를 선택하여 하단에 + 모양의 길이 1.5mm선을 그린다.

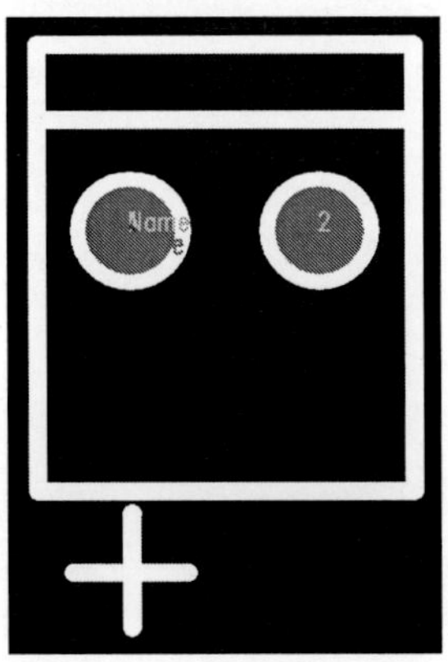

- 키보드에서 Esc 키를 누른다.
- Menu Bar에서 File > Save Decal As...를 선택한다.
- Library를 usr로 설정하고 Name of PCB Decal에는 PWR_CONN을 입력하고 OK 버튼을 클릭한다.

- Menu Bar에서 File > Exit Decal Editor를 선택하여 PCB Decal Editor에서 나온다.

3.6 Layout Netlist 만들기

Layout Netlist 만들기

PCB를 설계하기 위해서는 회로도에 있는 부품의 연결 정보와 부품에 대한 제원(PCB decal)이 필요하다. 이 정보는 PADS Logic에서 생성하며 Layout Netlist 파일이라 한다. 확장자는 .asc이며 생성 시 자동으로 정해진다.

- 회로도 MV2.sch 파일을 PADS Logic 프로그램 

으로 불러들인다.
- PWR_CONN 부품을 선택하고 마우스 오른쪽 버튼을 클릭한다.
- 팝업 창에서 Properties를 선택한다.
- Part Properties 창에서 PCB Decals 아이콘 

을 클릭한다.

- PCB Decal Assignment 창에서 PWR_CONN에 대한 PCB Decal을 확인한다.

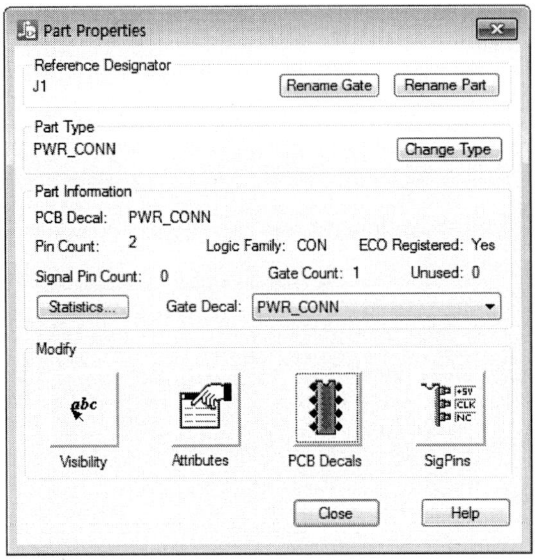

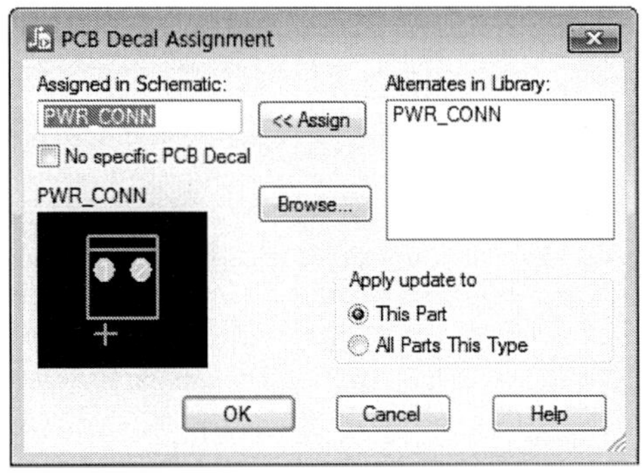

- OK 버튼을 클릭하여 팝업 창을 닫는다.

- Menu Bar에서 Tools > Layout Netlist를 선택한다.

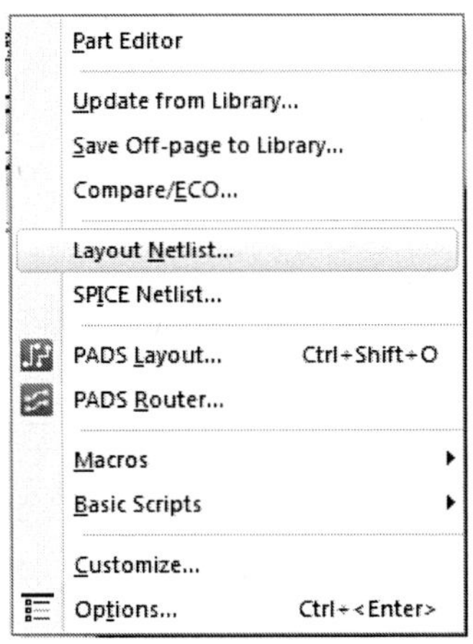

- Netlist to PCB 팝업창에서 저장할 파일 이름을 확인한다.
- 다른 파일 이름으로 저장할 경우에는 Browse를 선택하고 폴더와 파일 이름을 재 지정하여 저장한다.

- OK 버튼을 클릭한다.

3.7 PCB 설계하기

3.7.1 Layout Netlist 파일 불러들이기

- PCB를 설계하기 위하여 PADS Layout 아이콘  을 더블클릭한다.
- Menu Bar에서 File > Import를 선택한다.
- 저장된 MV2.asc 파일을 연다.
- 팝업 창에서 확인 버튼을 클릭한다.

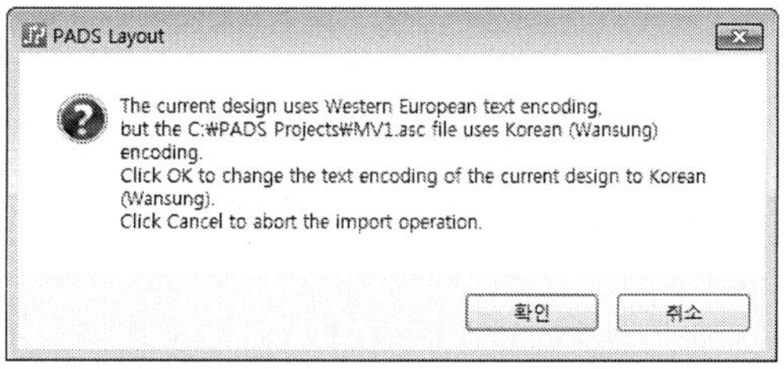

- 불러들인 부품들은 원점에 모여 있는 것을 확인할 수 있다.

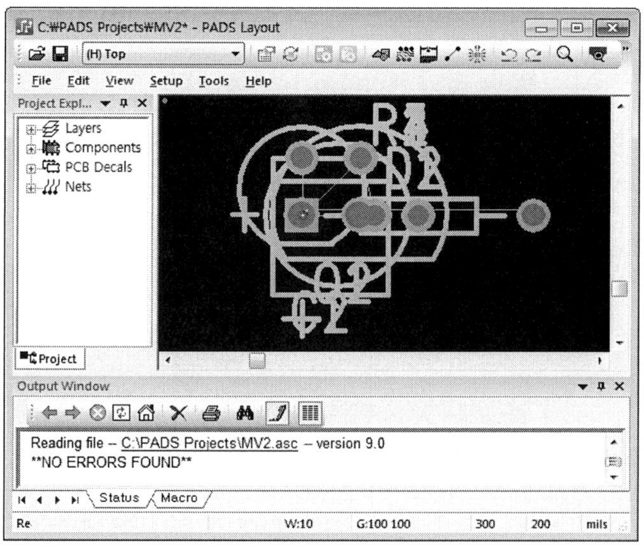

3.7.2 환경 설정하기

❙ 치수 단위 지정하기

PADS Layout에서 사용하는 치수 단위는 기본으로 Mils 단위로 되어 있다.

- mm 단위로 지정하기 위해서는 키보드로 Modeless Command인 umm을 입력하고 엔터키를 누른다.

❙ Design Rule 설정하기

Design Rule은 부품 단자 간을 전기적으로 연결하는 배선 폭과 배선간의 최소 간격을 지정한다.

- Menu Bar에서 Setup > Design Rules을 선택한다.

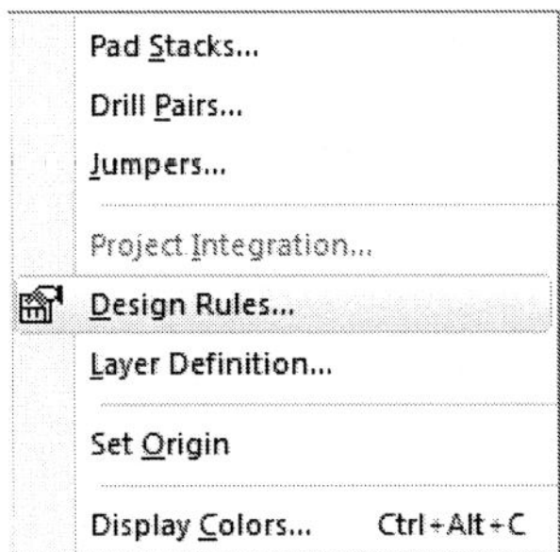

- Rules 팝업창에서 Default 아이콘을 선택하고 팝업된 Default Rules 창에서는 Clearance 아이콘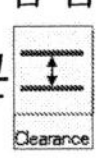 을 선택한다.

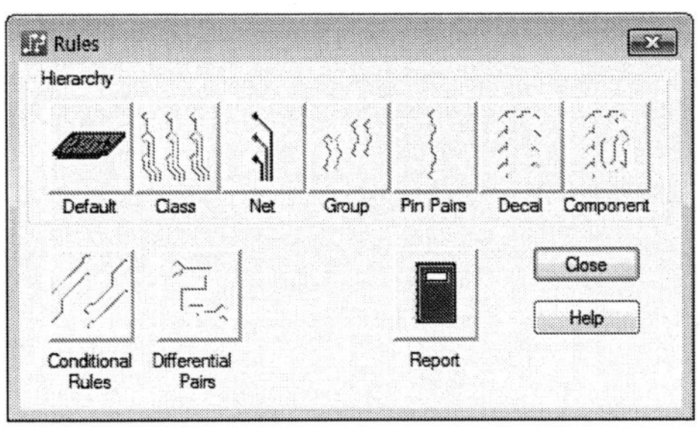

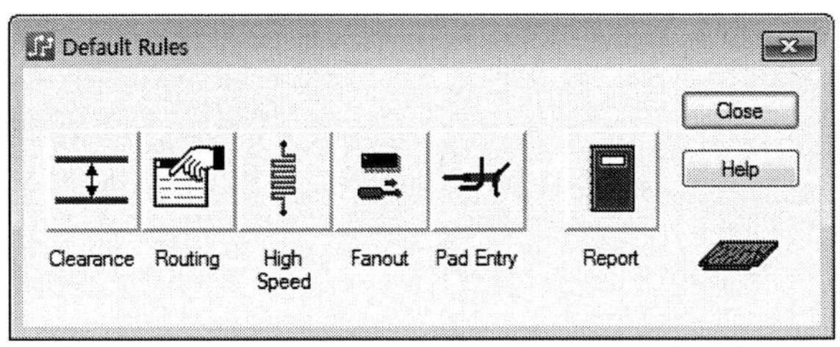

- 팝업된 Clearance Rules: Defaults rules 대화창에서 배선 폭과 간격을 다음과 같이 입력한다. Same net과 clearance의 값은 동일한 값으로 한 번에 입력하기 위하여 All 버튼을 선택하여 팝업된 Input Clearance Value 창에 값을 입력하고 OK 버튼을 클릭한다.

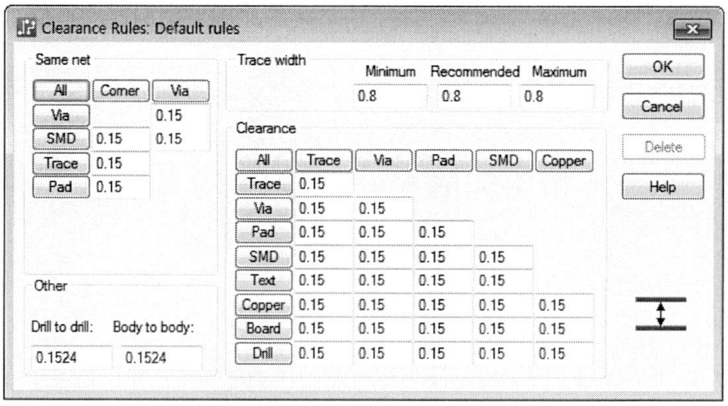

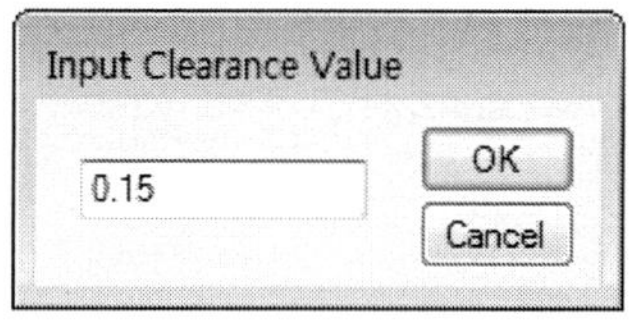

- Clearance Rules: Defaults rules 대화창을 닫는다.
- Defaults rules 창을 닫는다.
- Rules 팝업창에서 Net 아이콘  을 선택한다.
- 팝업된 Net Rules 창에서는 설정하고자 하는 Nets 중에서 +5V와 GND를 지정한 후 Clearance 아이콘 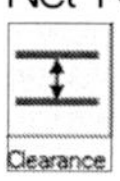 을 선택한다.

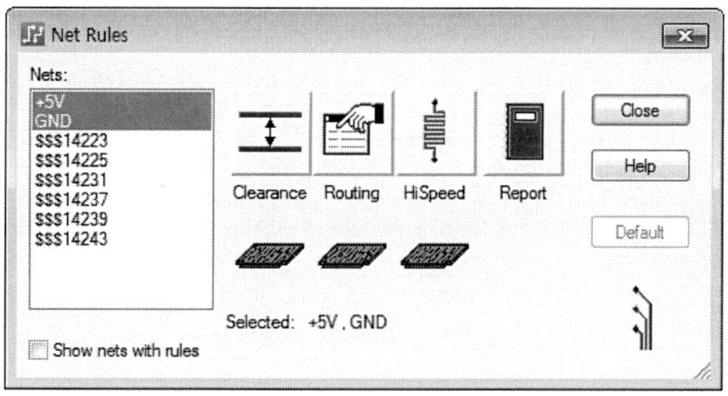

- Clearance Rules: +5V, GND 대화창에서 배선 폭과 간격을 다음과 같이 입력한다. Same net과 Clearance의 값을 동일한 값으로 한 번에 입력하기 위하여 All 버튼을 선택하여 값을 입력하고 OK 버튼을 클릭한다.

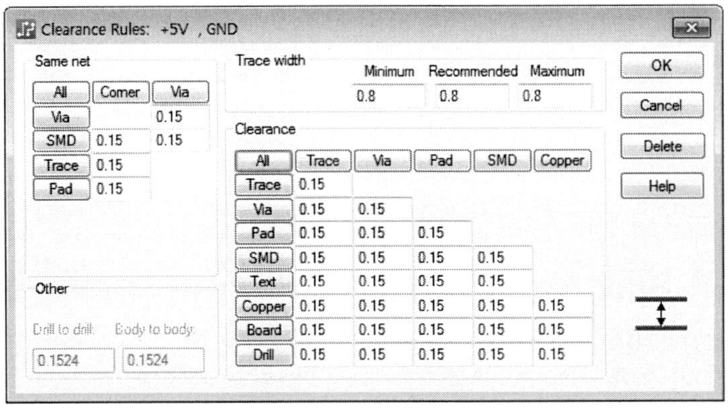

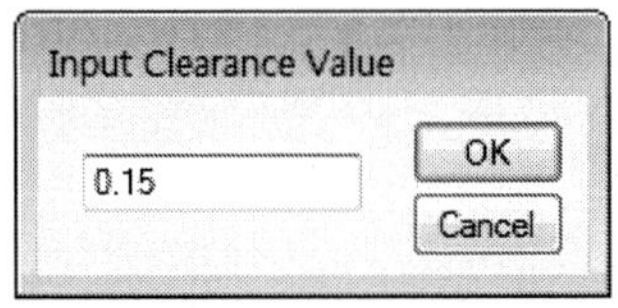

- Clearance Rules: +5V, GND 대화창을 닫는다.
- Net Rules 창을 닫는다.
- Rules 창을 닫는다.

3.7.3 PCB 외각선 그리기

- grid 간격을 1mm로 설정하기 위하여 키보드로 Modeless Command인 g1을 입력하고 엔터키를 누른다.
- Modeless Command로 gd1을 입력하고 엔터키를 누른다.
- Standard Toolbar에서 Drafting Toolbar 아이콘 을 클릭한다.
- Drafting Toolbar를 확인하고 Board Outline and Cut Out 아이콘 을 클릭한다.
- 마우스 오른쪽 버튼을 클릭하고 팝업창에서 Rectangle을 선택한다.

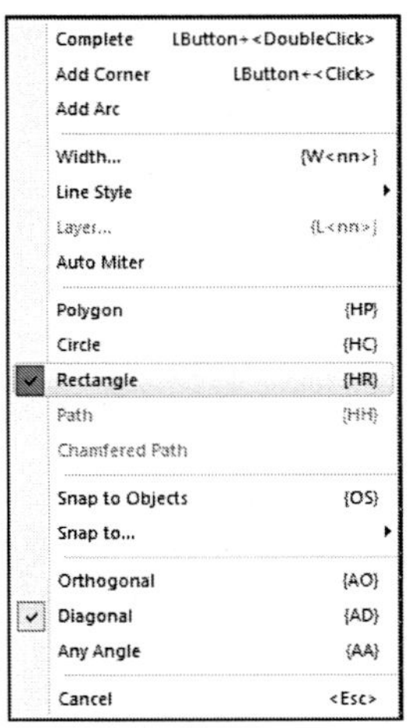

- 좌표의 원점(0 0)에 마우스 왼쪽 버튼을 클릭하여 지정하고 Modeless Command로 키보드에서 s40 40을 입력하고 엔터키를 한번 누른 후에 마우스 왼쪽 버튼을 클릭한다.

- 아래와 같이 보드 외각선이 나타남을 확인한다.

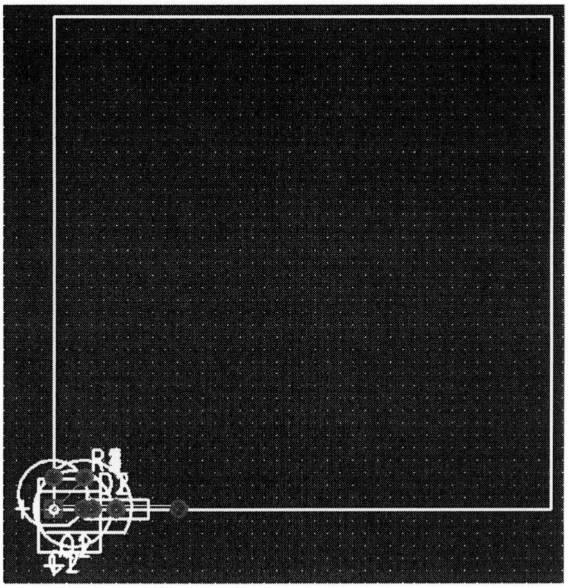

3.7.4 부품 배치하기

본 예제에서 사용되는 모든 부품을 top 면에 배치한다.

▌부품 풀어헤치기

- 원점에 모여 있는 부품을 풀어헤치기 위해 Menu Bar에서 Tools > Disperse Component를 선택하고 팝업창에서 예(Y)를 클릭한다.

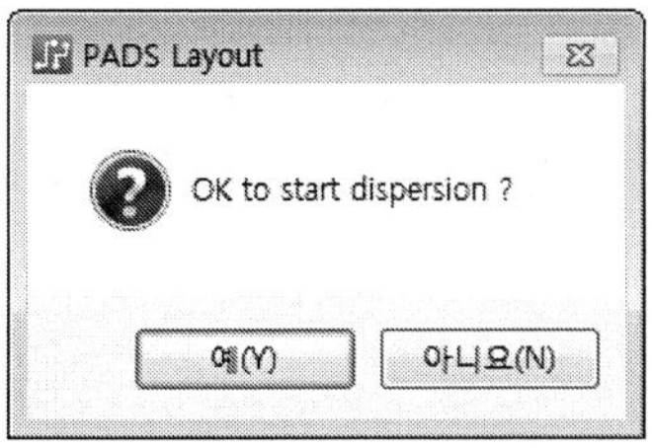

- 아래와 같이 부품이 풀어헤쳐져 있는 것을 확인한다.

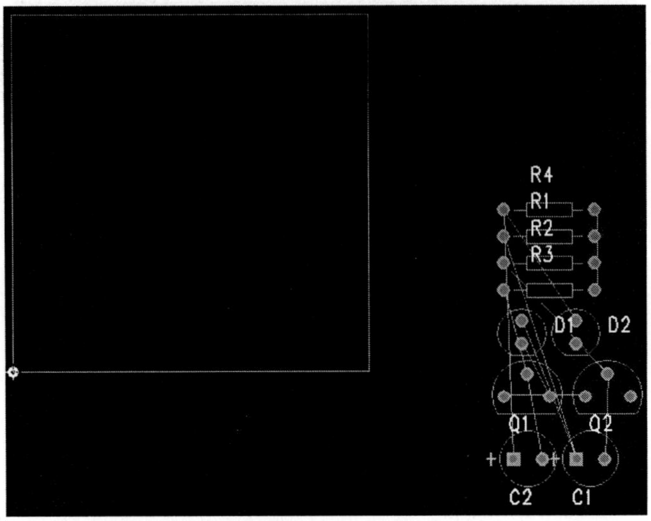

- 부품을 더블클릭하여 Component Properties 창을 열고 부품이 위치한 layer와 Decal을 확인할 수 있다.
- 같은 창에서 Pad Stack 아이콘  을 클릭하여 Pad의 크기 등을 확인할 수 있다.

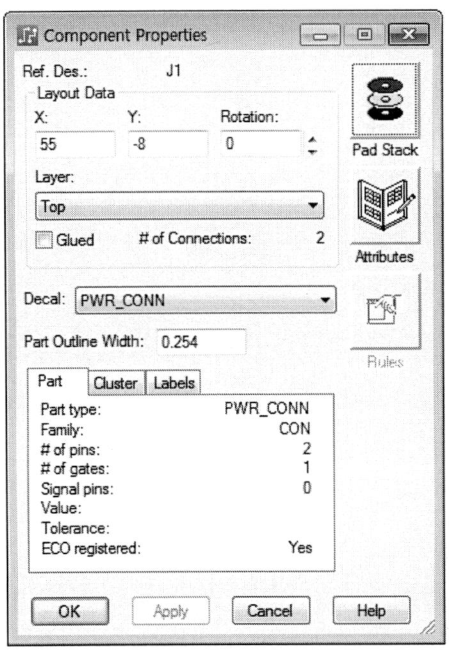

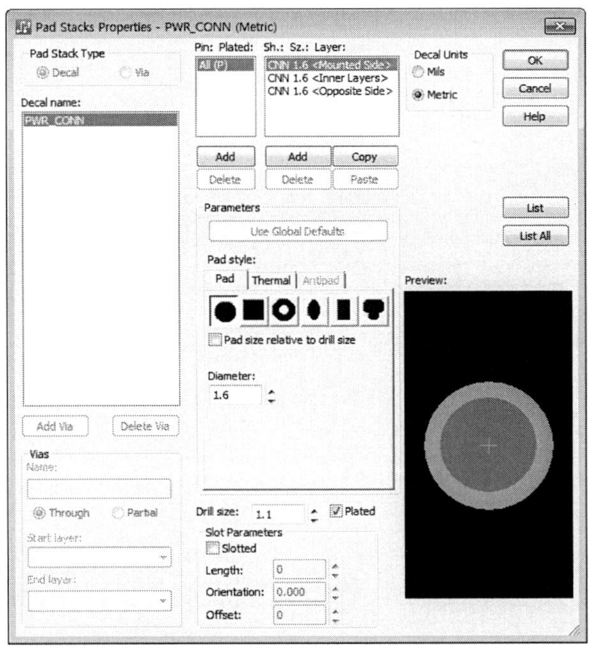

▍부품 배치하기

- 화면 왼쪽에 있는 Project Explorer에서 마우스 오른쪽 버튼을 클릭한다.
- 팝업 창에서 Zoom to selection과 Expand all on selection을 선택해제한다.

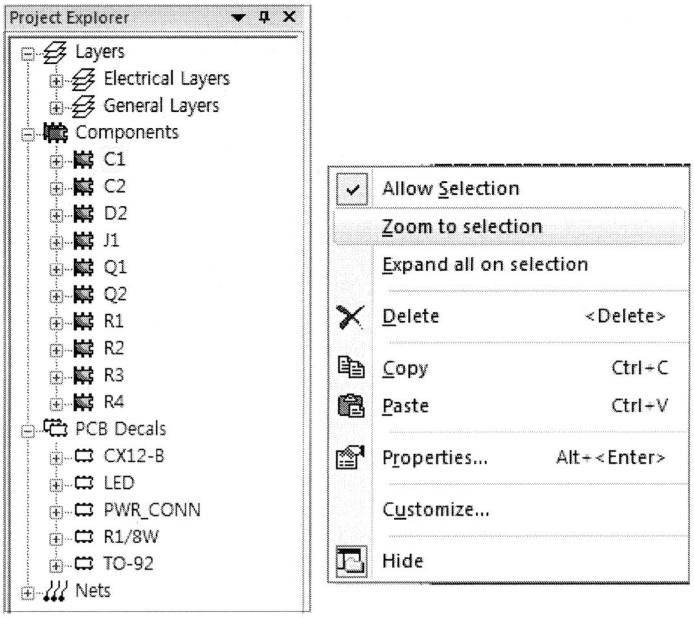

- Project Explorer에서 Component J1을 선택하면 부품의 Decal이 밝게 나타나는 것을 확인하고 이동한다.
- 부품의 방향은 단축키 Ctrl+R을 사용한다.
- grid 간격을 2.5로 세팅하기 위하여
- Modeless Command로 g2.5를 입력하고
- Modeless Command로 gd2.5를 입력한다.
- 배치 완료한 부품의 상태를 확인한다.

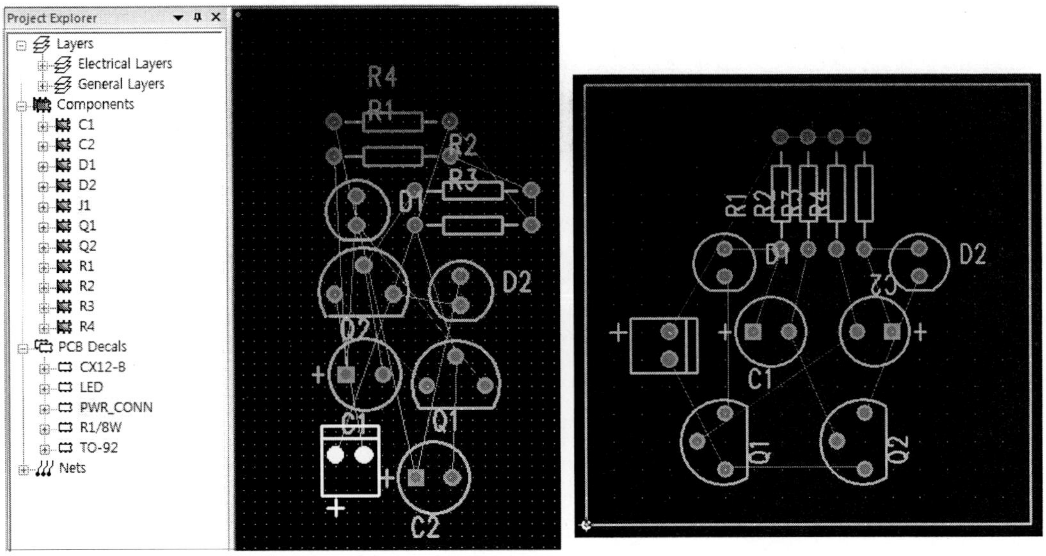

3.7.5 배선하기

부품 단자 간 연결하는 배선(route)은 bottom 면에서 수행한다.

- 배치 완료한 부품 간의 가는 흰색 연결선은 회로도와 같이 부품이 연결된 것으로 배선할 때 가이드 역할을 한다.
- Menu Bar에서 Tools > Options를 선택한다.
- Options 창에서 Grids and Snap > Grids 탭에서 Design grid의 Snap to grid를 해제하고 OK 버튼을 클릭한다.
- Design Toolbar 아이콘 을 선택한다.
- 배선하고자 하는 Layer를 bottom으로 선택한다.
- Design Toolbar에서 Add Route 아이콘 을 선택하고 배선한다. 또는 키보드에서 Function 키 F2를 한 번 누른다. 이는 토글 기능을 가지고 있어 누를 때마다 route와 unroute가 된다.

• 배선을 완료한 PCB를 확인한다.

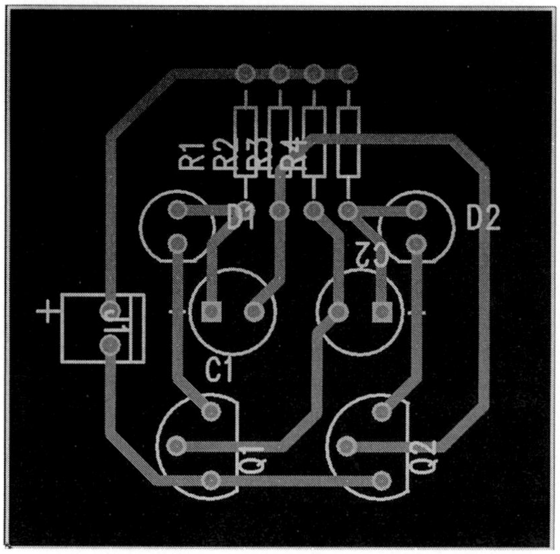

• Function 키 F2를 한 번 누르거나 Esc 키를 눌러서 route 기능을 해제한다.
• 부품의 참조번호를 정리한다. 마우스 오른쪽을 눌러 Quick Filter에서 Select Anything 선택하여 참조번호를 선택하고 이동배치 시킨다.
• 참조번호의 방향은 단축키 Ctrl + R를 사용한다.

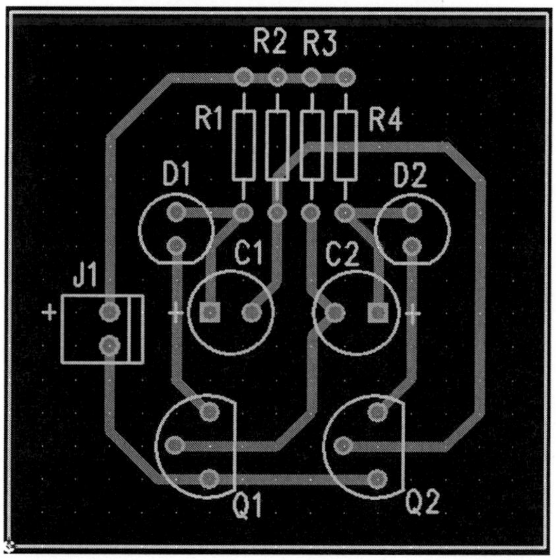

3.7.6 텍스트 입력하기

- Drafting Toolbar > Text 아이콘 ab|을 선택한다.
- Add Free Text 팝업창에서 텍스트를 입력한다.
- Bottom 면에 텍스트를 입력하기 위하여 Layer 탭에서 Bottom을 지정한다.
- Mirrored를 체크한다.

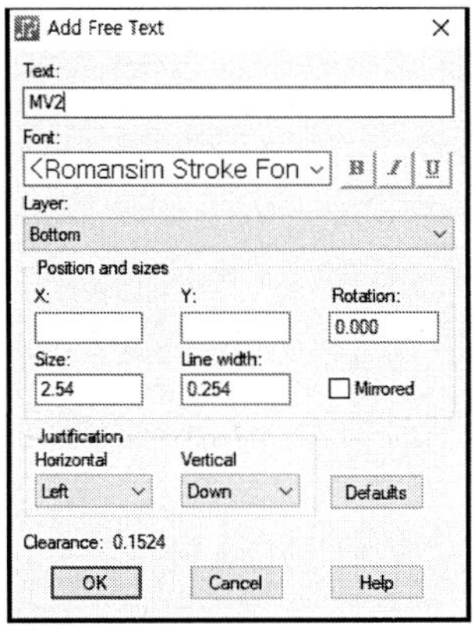

- 텍스트 MV2가 Mirror 되었는지 확인한다.

3.7.7 PCB 검정하기

PCB의 배선은 바르게 연결되었는지, 배선 간격이 Design Rule에 지정된 것과 같이 최소 간격 이상인지를 확인한다.

- Menu Bar에서 Tools > Verify Design을 선택한다.

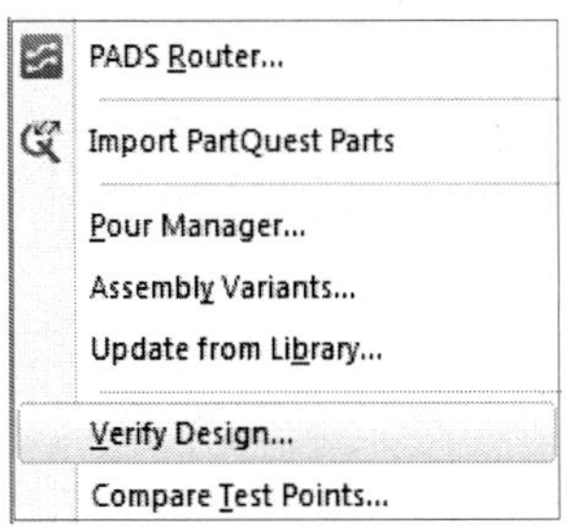

• Verify Design 팝업창에서 Clearance를 선택하고 Start 버튼을 클릭한다. 메시지 창에서 에러 유무를 확인하고 확인 버튼을 클릭한다.

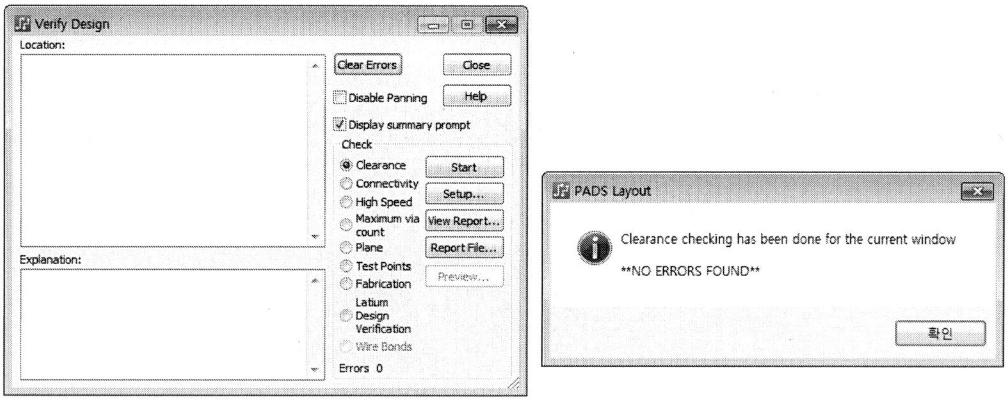

• Verify Design 팝업창에서 Connectivity를 선택하고 Start 버튼을 클릭한다. 메시지 창에서 에러 유무를 확인하고 확인 버튼을 클릭한다.

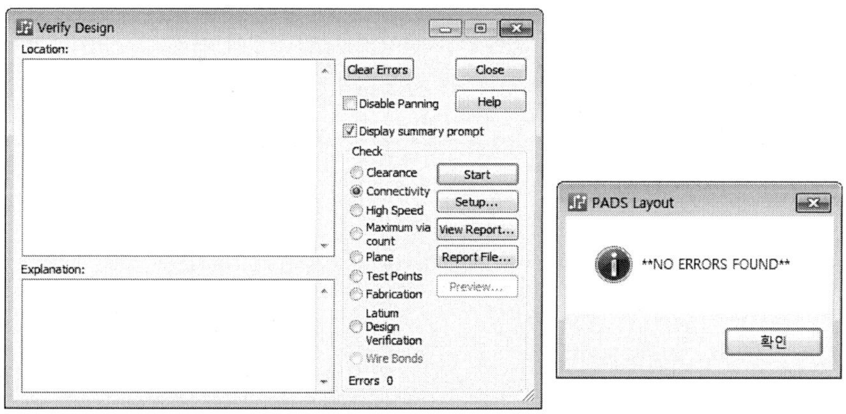

• Verify Design 팝업창을 닫는다.

3.7.8 치수 측정하기

보드 외각선의 치수를 측정한다.

- Standard Toolbar에서 Dimensioning Toolbar 아이콘 을 선택한다.
- 마우스 오른쪽 버튼을 눌러 Quick Filter에서 Select Board Outline을 선택한다.
- Dimensioning Toolbar에서 Horizontal 아이콘 을 선택한다.
- 보드 상단 외각선을 클릭하여 치수를 확인한다.

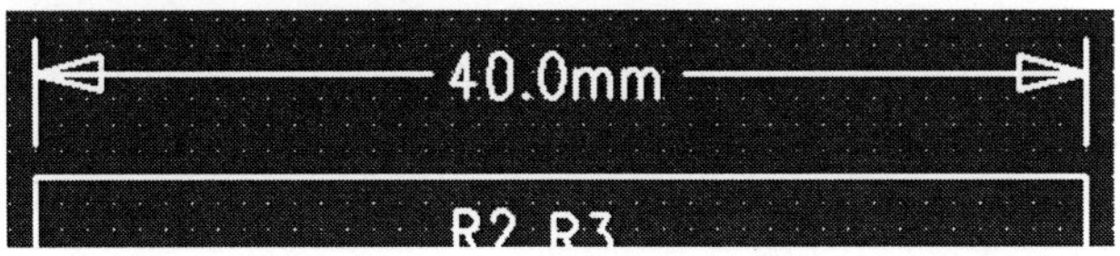

- Dimensioning Toolbar에서 Vertical 아이콘 을 선택한다.
- 보드 우측 외각선을 클릭하여 치수를 확인한다.

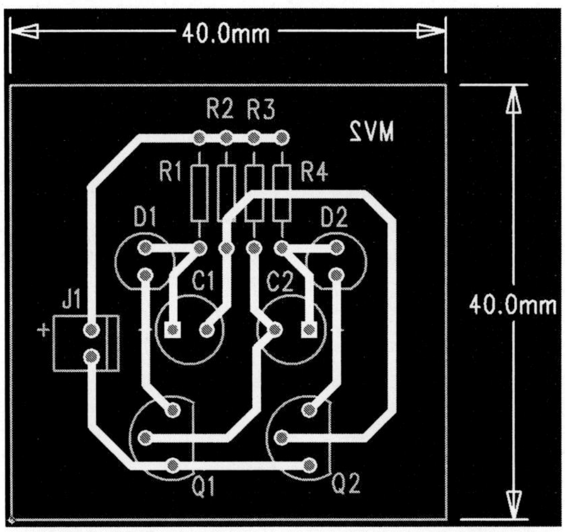

- Menu Bar에서 File > Save As...를 선택하여 설계한 PCB를 저장한다. 여기서는 파일이름을 MV2로 입력한다.
  - 기본적으로 저장되는 폴더는 C:₩PADS Project이다.

3.8 PCB 제작 의뢰하기

3.8.1 CAM data 만들기

만들고자 하는 CAM 데이터는 다음과 같다.

Document name	Document Type	Fabrication layer	Remark
top_pattern	Routing/Split Plane	Top	Top 면 패턴
bot_pattern	Routing/Split Plane	Bottom	Bottom 면 패턴
top_mask	Solder Mask	Solder Mask Top	Top 면 Solder Mask
bot_mask	Solder Mask	Solder Mask Bottom	Bottom 면 Solder Mask
top_silk	Silkscreen	Silkscreen Top	Top 면 Silkscreen
drill	Drill Drawing	Unassigned	Drill
nc_drill	NC Drill	Unassigned	NC Drill

- Menu Bar에서 File > CAM...을 선택하여 7개의 CAM 데이터를 만든다.

▎top_pattern CAM 데이터 만들기

- Add Document 창에서 Documentation Name, Document Type, Layer를 설정하고 Preview Selections로 top 면 패턴 도면을 확인한다.

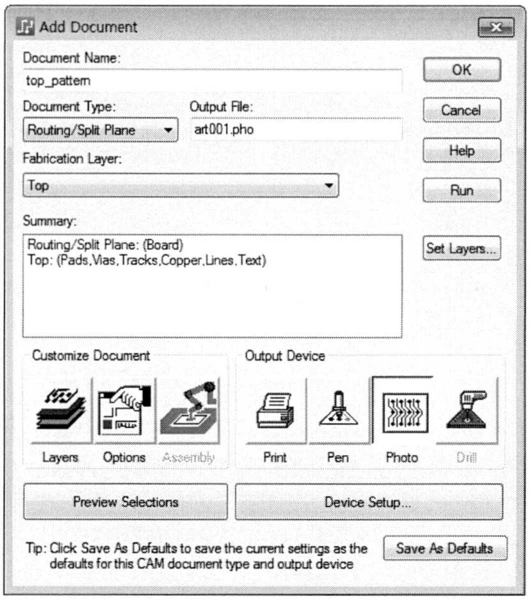

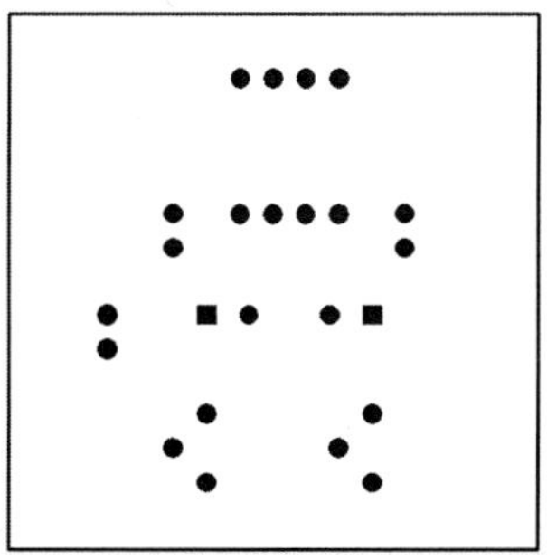

bot_pattern CAM 데이터 만들기

- Add Document 창에서 Documentation Name, Document Type, Layer를 설정하고 확인한다.

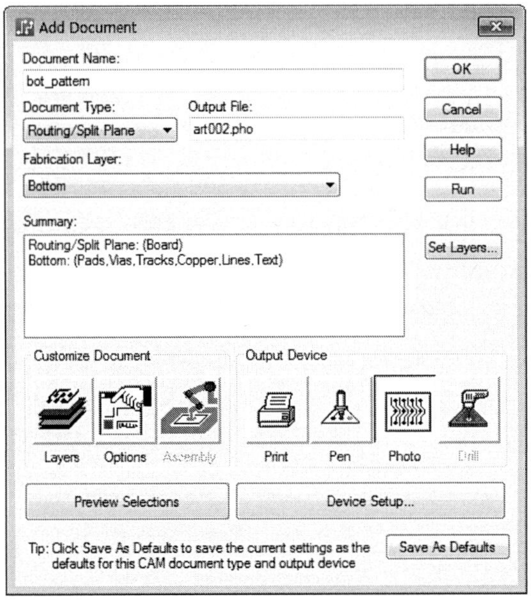

- Customize Document의 Options 버튼 을 선택하고, 팝업된 Plot Options 창에서 X offset을 60으로 변경하고, Mirror Image를 체크한다.
- OK 버튼을 클릭한다.
- Add Document 창에서 Preview Selection 버튼을 클릭하여 bottom 면의 패턴을 확인한다.

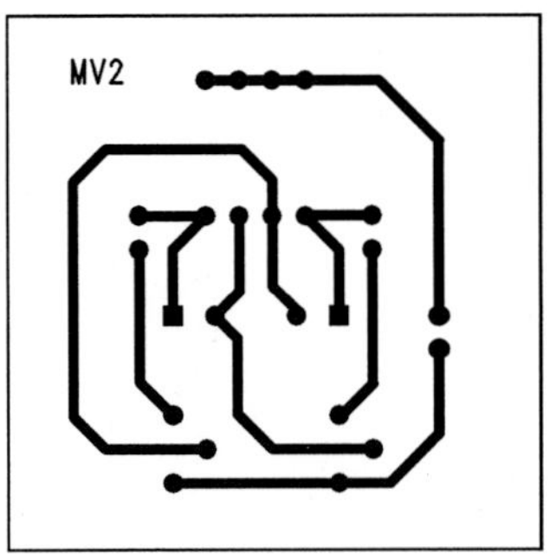

top_mask CAM 데이터 만들기

- Add Document 창에서 Documentation Name, Document Type, Layer를 설정하고 Preview Selections로 top 면 Solder Mask 도면을 확인한다.

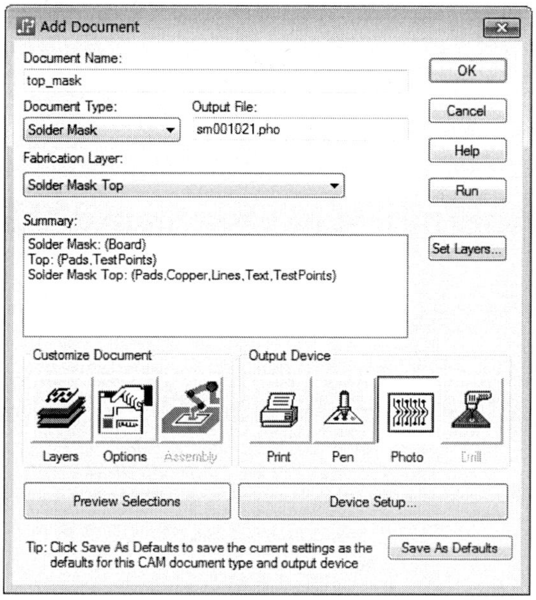

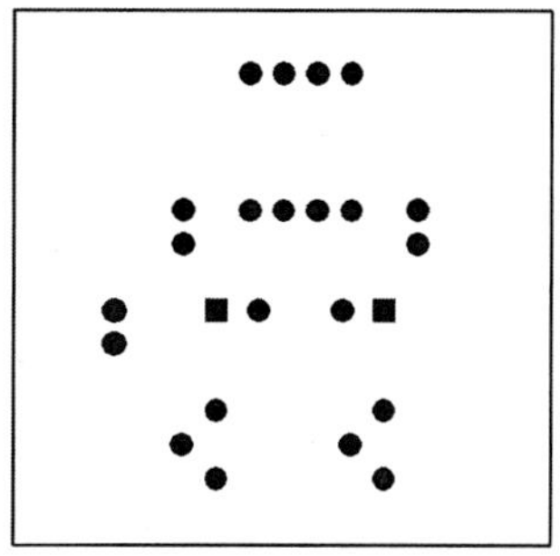

▎bot_mask CAM 데이터 만들기

- Add Document 창에서 Documentation Name, Document Type, Layer를 설정하고 확인한다.

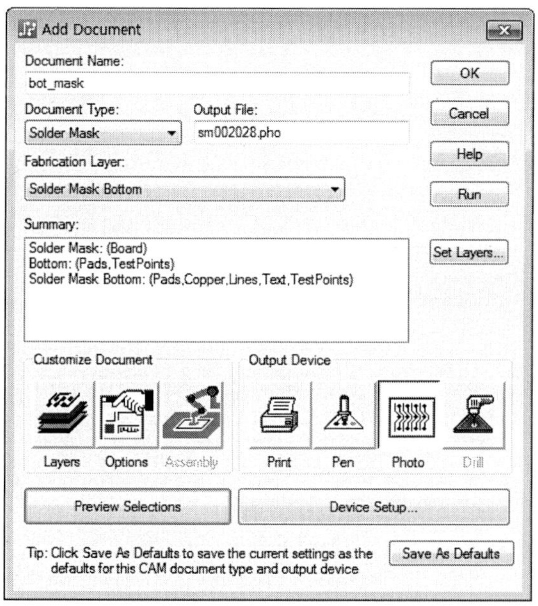

- Customize Document의 Options 버튼을 선택하고, 팝업된 Plot Options 창에서 X offset을 60으로 변경하고, Mirror Image를 체크한다.
- OK 버튼을 클릭한다.
- Add Document 창에서 Preview Selection 버튼을 클릭하여 bottom 면의 Solder mask를 확인한다.

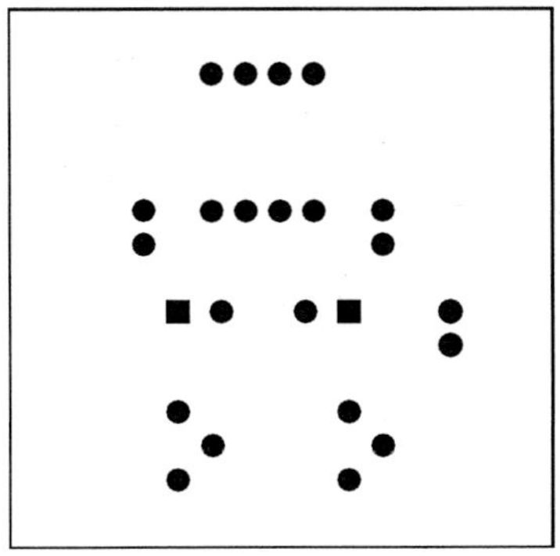

▎top_silk CAM 데이터 만들기

- Add Document 창에서 Documentation Name, Document Type, Layer를 설정한다.

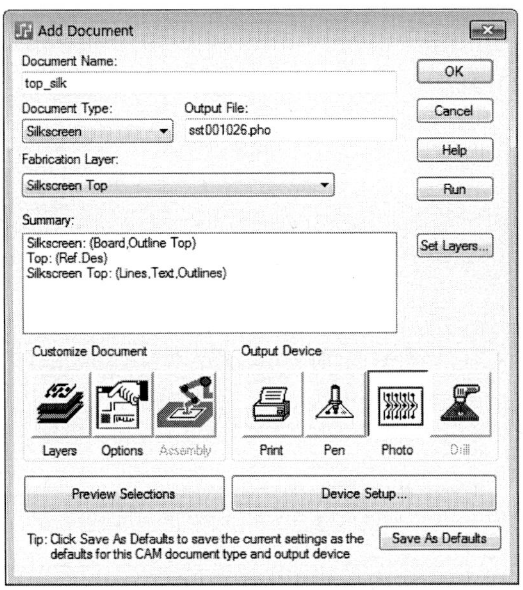

- Add Document 창의 Customize Document 탭에서 layers 아이콘

을 클릭한다.

- Select Items 창에서 Selected: Top을 다음과 같이 설정하고 top 면 Silkscreen 도면을 확인한다.

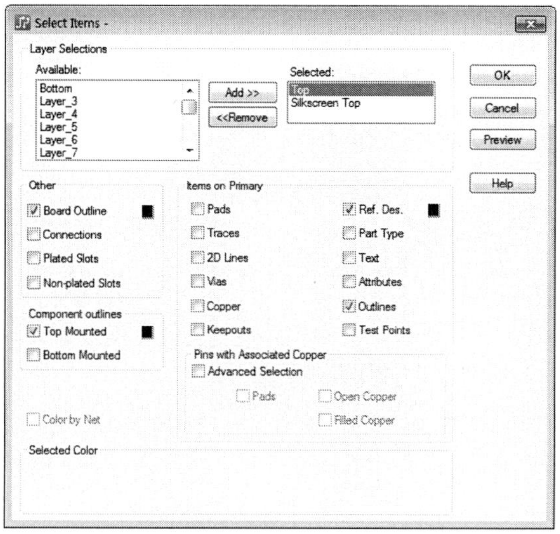

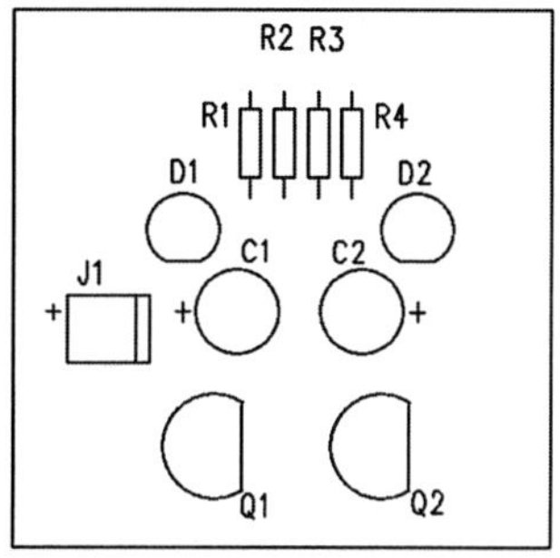

▌drill CAM 데이터 만들기

- Add Document 창에서 Documentation Name, Document Type을 설정한다.

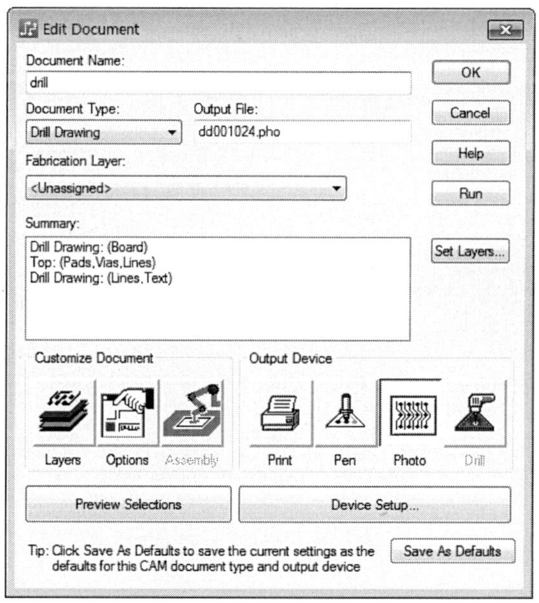

- Add Document 창의 Customize Document 탭에서 Option 아이콘 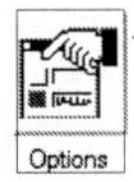

을 클릭한다.

- Plot Option–Drill 창에서 Drill Symbols... 버튼을 클릭한다.
- Drill Drawing Options 창에서 Drill Chart의 X Location 값을 60으로 입력하고, Show Through/Partial column을 체크한 후 OK 버튼을 클릭한다.

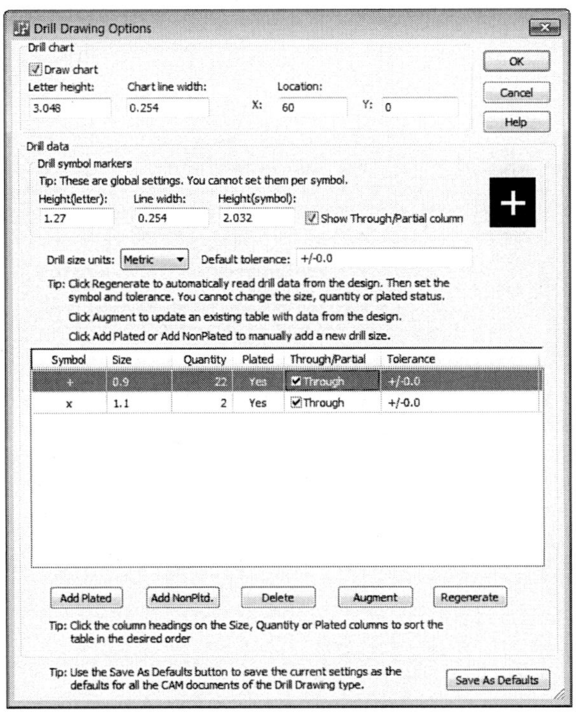

- Plot Option-Drill 창에서 OK 버튼을 클릭한다.
- Add Document 창에서 Preview 버튼을 클릭하고 Drill 도면을 확인한다.

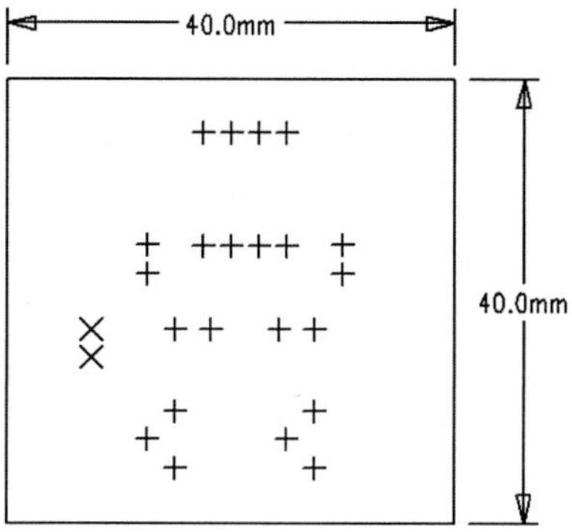

SIZE	QTY	SYM	PLATED	THR/PRTL	TOL
0.9	22	+	YES	THR	+/-0.0
1.1	2	×	YES	THR	+/-0.0

- CAM Preview 창을 닫는다.
- Add Document 창에서 OK 버튼을 클릭한다.

▌ nc_drill CAM 데이터 만들기

- Add Document 창에서 Documentation Name, Document Type을 설정하고 Preview Selections로 NC Drill 도면을 확인한다.

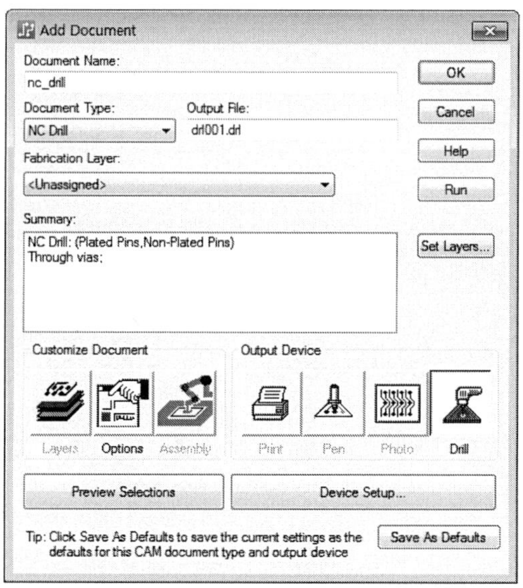

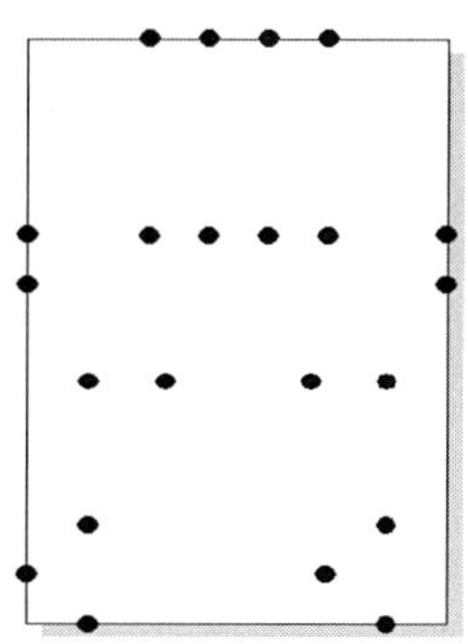

- Define CAM Document 창에서 CAM Document 모두를 선택하고 Save 버튼을 클릭한다.

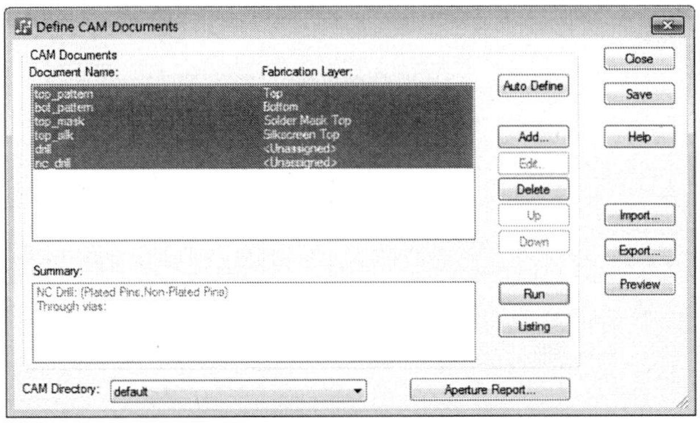

▎CAM 데이터 저장하기

- Define CAM Document 창에서 CAM Directory를 〈Create〉로 지정한다.

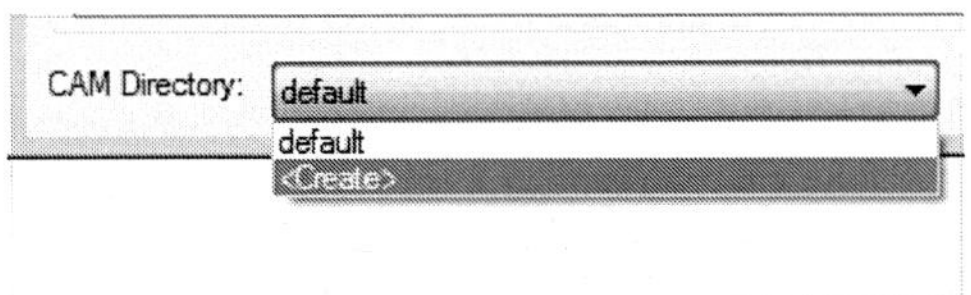

- CAM Question 팝업창에서 서브디렉토리 이름으로 MV2을 입력하고 OK 버튼을 클릭한다.

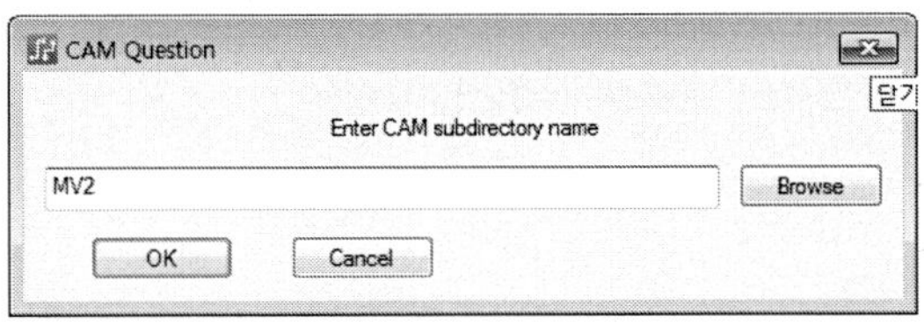

- 윈도우 탐색기로 C:₩PADS Projects₩Cam에 생성된 폴더를 확인한다.

- Define CAM Document 창에서 모든 CAM 데이터를 선택하고 Run 버튼을 클릭한다.

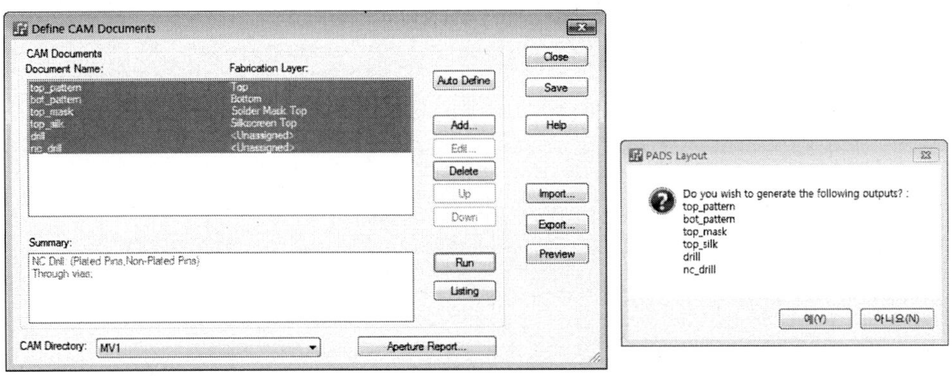

- 팝업창에서 예(Y) 버튼을 클릭한다.
- 윈도우 탐색기로 생성된 CAM 데이터를 확인한다.

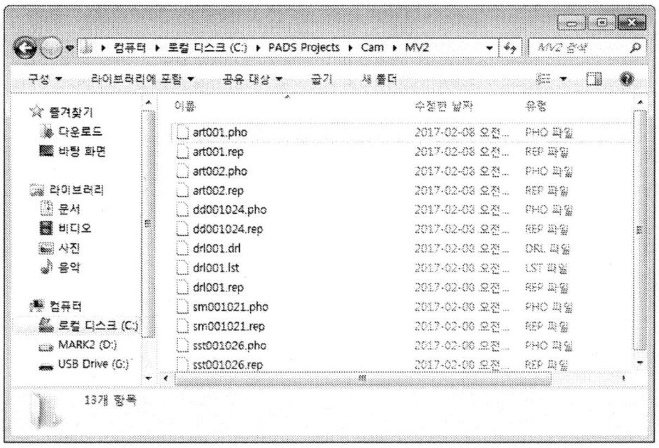

- PADS Layout에서 PCB파일을 저장한다.(File > Save)

3.8.2 PCB 제작 의뢰하기

PCB 제작을 의뢰하기 위해서는 CAM(Gerber) 데이터 파일과 PCB 사양 정보를 제작처에 보내야 한다.

PCB 사양 정보는 다음과 같다.

레이어 : 양면
사이즈 : 40mm × 40mm
재질 : FR-4
두께 : 1.6mm
실크 : 데이터기준
실크색 : 흰색
솔더색 : 녹색유광
표면처리 : HASL
수량 :
납기일 :

3.8.3 제작된 PCB

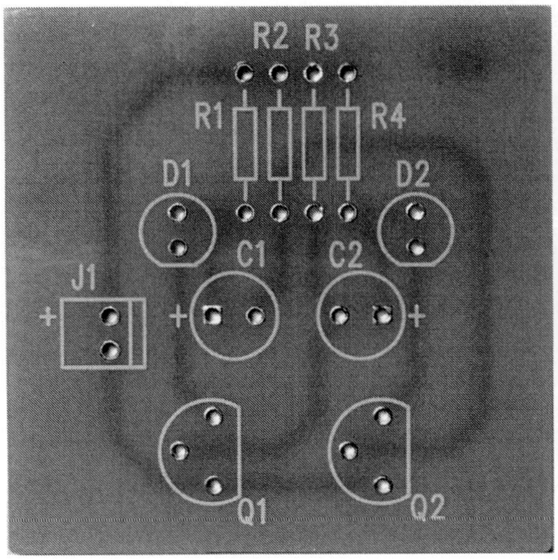

〈Top 면 사진〉

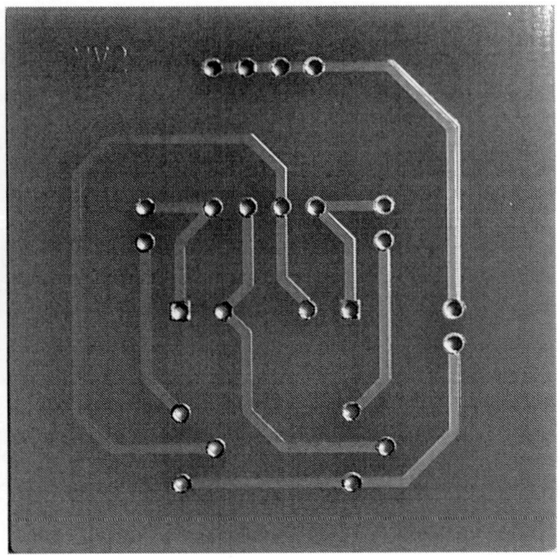

〈Bottom 면 사진〉

3.8.4 조립하기

모든 부품은 top 면에서 조립하고 bottom 면에서 납땜한다.

▎부품표

번호	부품명	부품 번호	규격	수량	부품배치면
1	저항	R1, 4	1/8W, 100	2	top
2	저항	R2, 3	1/8W, 22k	2	top
3	LED	D1, 2	Red, 5Φ	2	top
4	전해커패시터	C1, 2	100uF/16V	2	top
5	트랜지스터	Q1, 2	2N3904	2	top
6	커넥터	J1	5045-02 (2pin)	1	top

조립도면

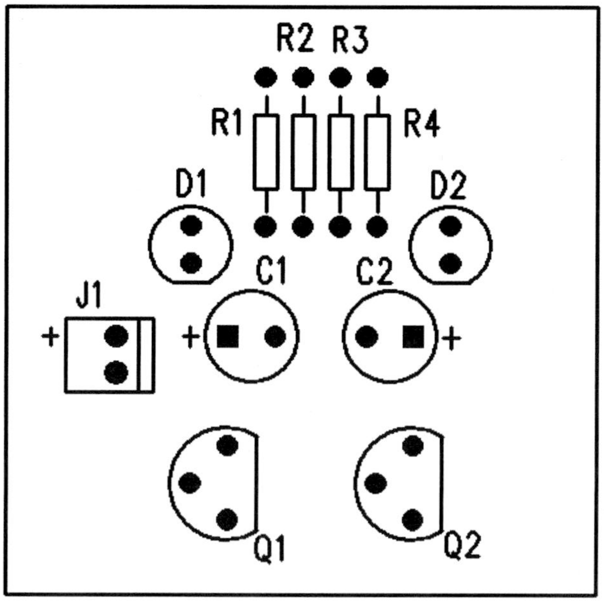

〈Top 면〉

조립된 PCB

〈Top 면 사진〉

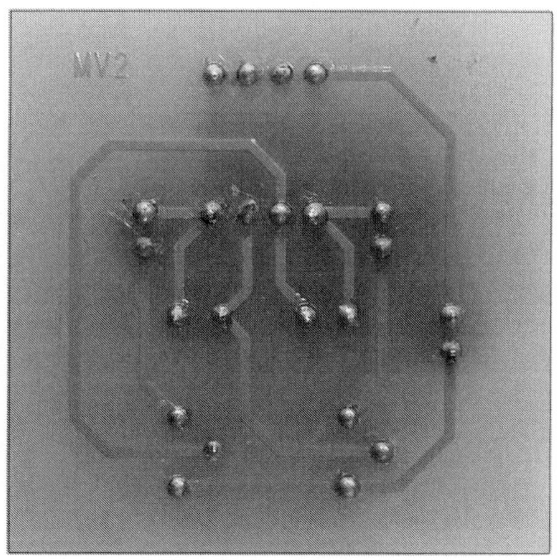

〈Bottom 면 사진〉

| 제 4 장 |

555 타이머 회로

제 4 장 | 555 타이머 회로

4.1 설계 요구 사항

555 타이머 회로도를 작성하고 PCB를 설계한다. PCB 제작 의뢰에 필요한 CAM데이터 파일(Gerber file)을 만든다. PADS Logic과 PADS Layout 라이브러리에 있는 부품의 심벌과 PCB Decal을 사용하여 설계한다. 2장에서 만든 PWR_CONN을 사용한다. 부품 NE555에 대한 CAE Decal을 만들어 Part Type에 등록한다. PCB의 크기는 가로 40mm, 세로 40mm이며 양면 기판으로 설계하고, 모든 부품은 top 면에 배치한다. 납땜은 bottom 면에서 할 수 있도록 한다. Top 면은 모두 ground 처리한다.

4.2 회로도

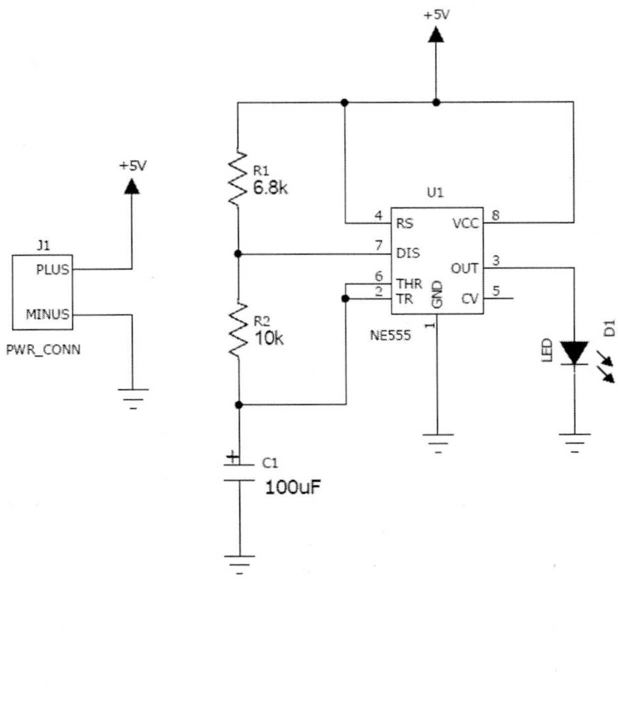

4.3 사용 부품

사용 부품은 다음과 같다.

부품 번호	부품명	부품 규격	수량	부품배치면
R1	저항	1/8W, 6.8k	1	top
R2	저항	1/8W, 10k	1	top
D1	LED	RED, 5Φ	1	top
C1	전해커패시터	100uF/16V	1	top
U1	IC	NE555	1	top
J1	커넥터	5045-02 (2pin)	1	top

각 부품에 대한 Part Type, CAE Decal, PCB Decal은 다음과 같다.

Ref. Des	Part Type	CAE Decal	PCB Decal
R1	RES-1/8W	RESZ-H	R1/8W
R2	RES-1/8W	RESZ-H	R1/8W
D1	LED	LED	LED
C1	CAP-ELECTAA	CAP+	CE2.5MM**
U1	NE555	NE555_A**	DIP8
J1	PWR_CONN*	PWR_CONN*	PWR_CONN*

* 3장에서 만든 부품임
** 본 장에서 만드는 CAE Decal, PCB Decal임

4.4 NE555 부품의 새로운 CAE Decal 만들기

4.4.1 CAE Decal 만들기

NE555에 부품의 Part Type은 라이브러리에 있으므로 핀 배열이 다른 형태의 심벌 모양(CAE Decal)을 만들고자 한다.

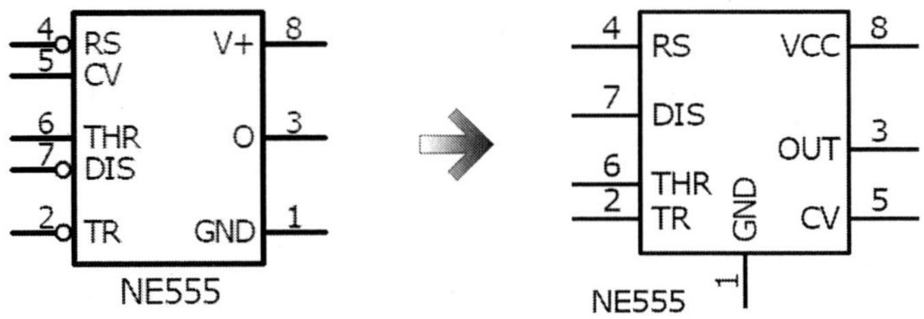

- 회로도를 작성하는 PADS Logic 프로그램  을 연다.

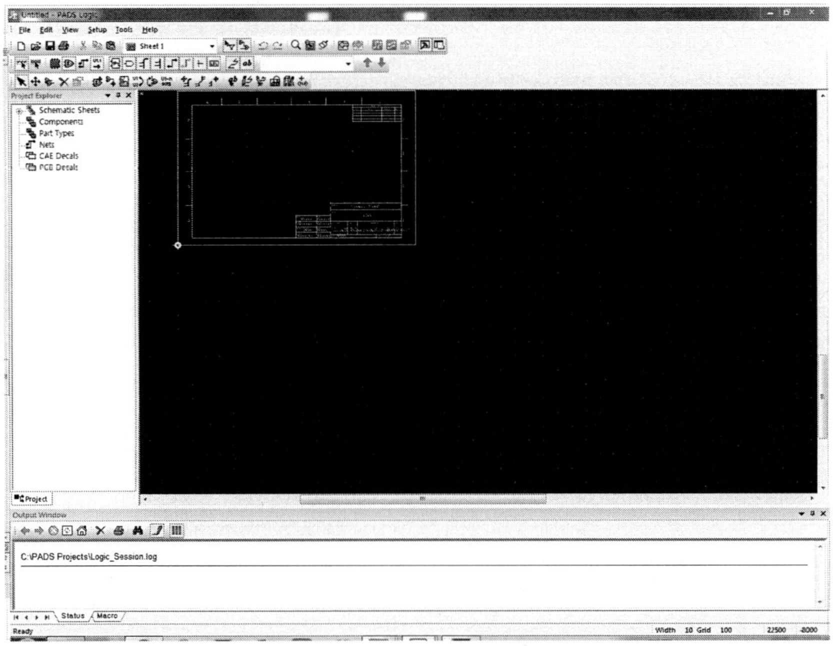

- Menu Bar에서 Tools > Part Editor를 선택하면 Part Editor 창이 나타난다.

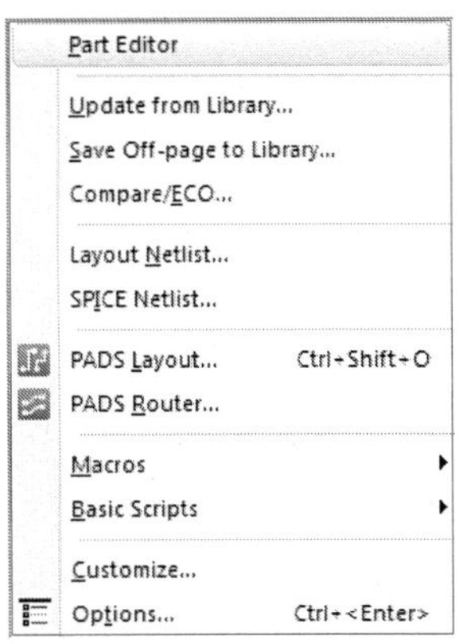

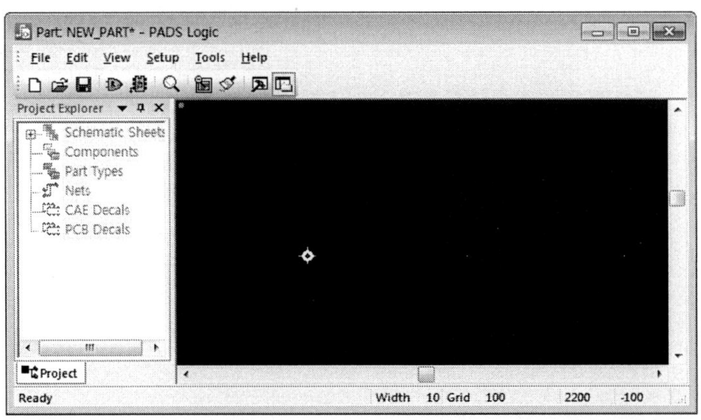

- Part Editor 창에서 File > New를 선택한다.
- Select type of editing item 팝업 창에서 CAE Decal을 체크하고 OK 버튼을 클릭한다.

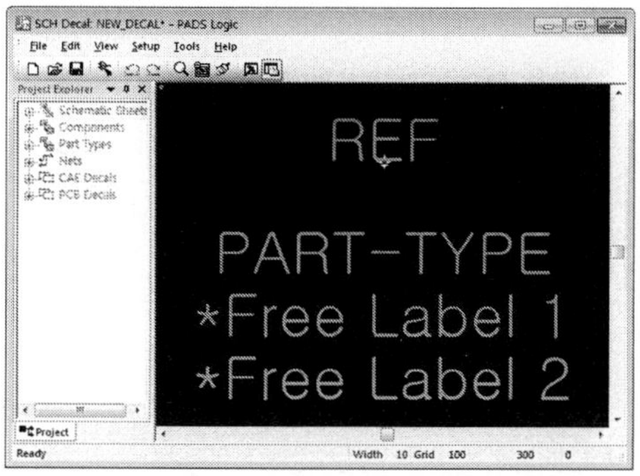

- Modeless Command로 키보드에서 g100을 입력하고 엔터키를 누른다.
- Modeless Command로 키보드에서 gd100을 입력하고 엔터키를 누른다.
- Decal Editing toolbar 를 선택한다.
- Create 2D Line 아이콘 을 클릭한다.
- 마우스 오른쪽 버튼을 클릭한다.
- 팝업창에서 Rectangle을 선택하고 원점에서 600×800 크기의 사각형을 그린다.

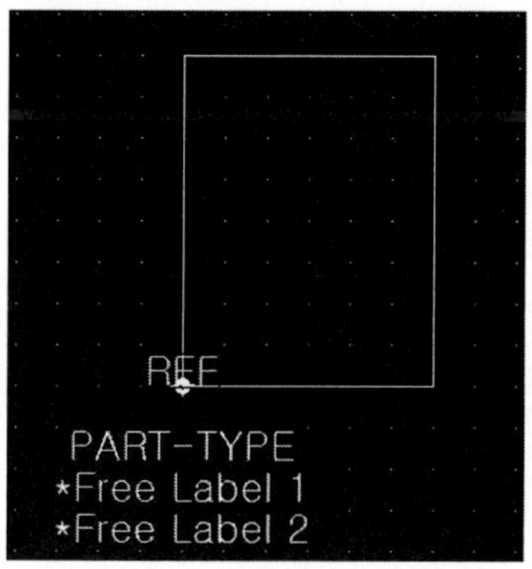

- Add Terminal 아이콘을 클릭하고, PIN을 선택한 후 OK 버튼을 클릭한다.

- Pin을 번호 순서에 따라 박스에 붙이고, REF나 PART-TYPE 등을 정리한다.

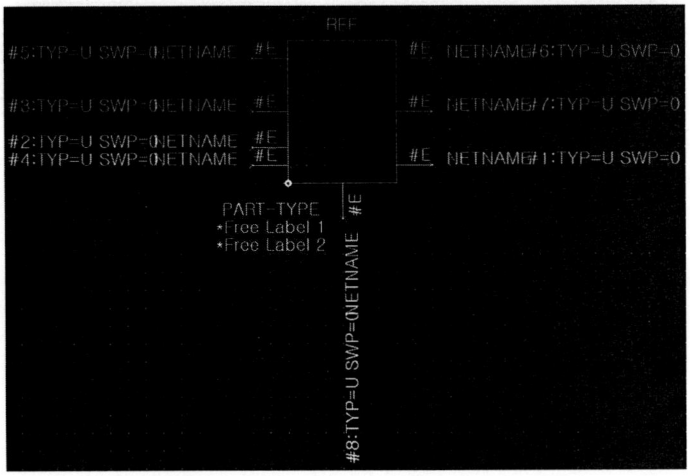

- 저장하기 위해서 Menu Bar에서 File > Save As...를 선택한다.
- 라이브러리는 usr로 선택하고 CAE Decal 이름은 NE555_A로 입력하고 OK 버튼을 클릭한다.

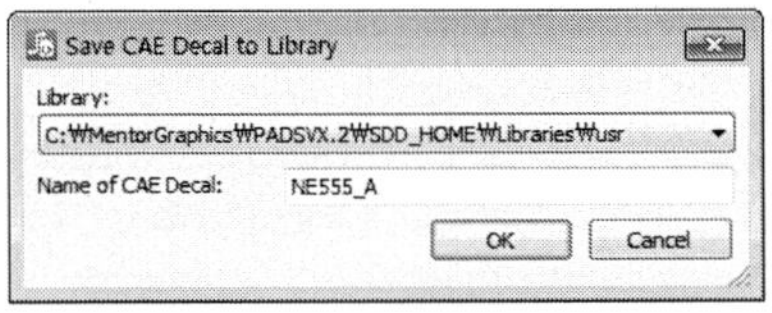

- Menu Bar에서 File > Exit를 선택하여 Decal Edit에서 빠져나온다.

▎CAE Decal를 Part Type에 등록하기

- Menu Bar에서 File > Library를 선택한다.
- Library Manager 창에서 Library: (All Library), Filter: Part를 선택하고 검색 창에 NE555*를 입력하고 Apply를 클릭한다.
  - Part types에 signetics:NE555를 확인한다.

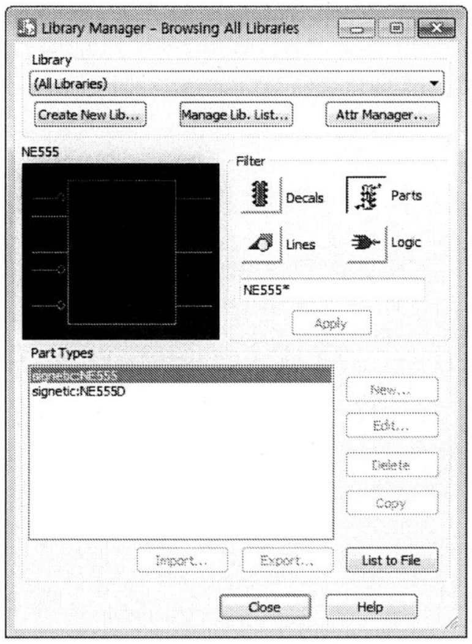

- Part types의 signetics:NE555를 더블클릭하고 Copy 버튼을 클릭한다.
- Library를 usr로 지정하고 OK 버튼을 클릭한다.

- Library Manager 창에서 Library: usr, Filter: Part로 되어있는지를 확인하고 Part Types에 NE555가 있는지 확인한다.

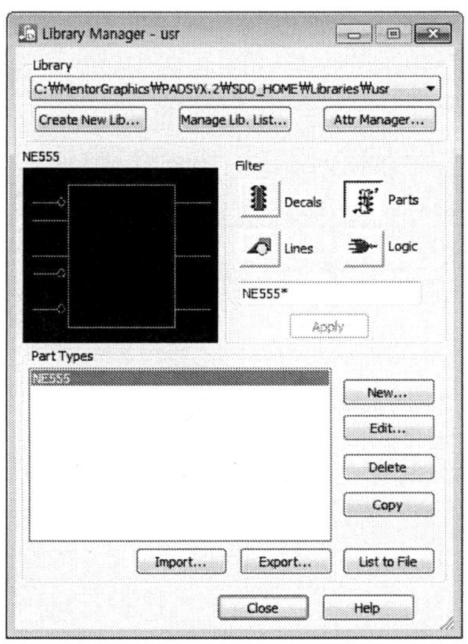

- Edit 버튼을 클릭한다.
- Part 창에서 Edit Electrical 아이콘 을 선택한다.
- Part Information for part 창에서 Gates 탭을 선택한다.
- CAE Decal2 입력란을 더블클릭하고 Assign 버튼 ... 을 클릭한다.
- 팝업 창에서 Unassigined Decals: usr:NE555_A를 Assigned Decals로 이동하기 위하여 Assign〉〉 버튼을 클릭한다.
- Up 버튼을 한 번 클릭하여 NE555를 제일 위로 올린다.

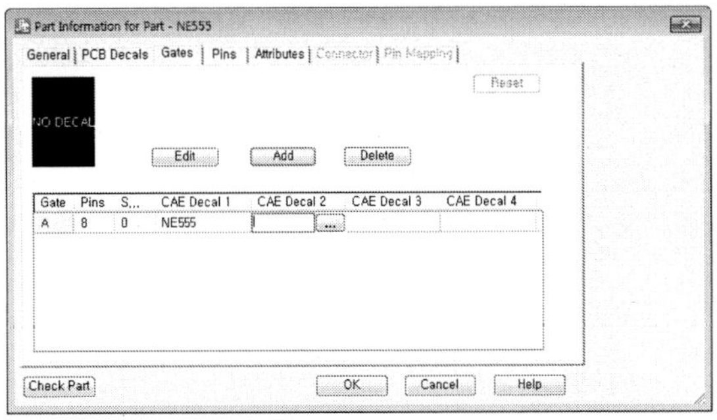

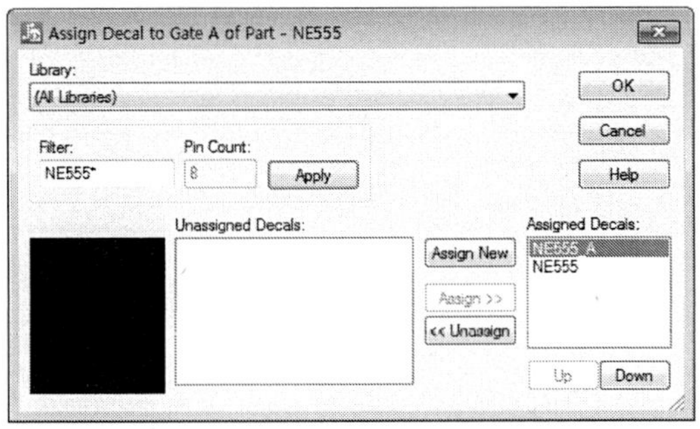

- OK 버튼을 클릭한다.
- Part Information for part 창에서 OK 버튼을 클릭한다.
- 저장하기 위하여 Menu Bar에서 File〉Save As...를 선택한다.
- Save Part and Gate Decals As 창에서 Name of Part와 CAE Decal1이 아래와 같음을 확인하고, OK 버튼을 클릭한다.
- Part type의 중복을 알리는 팝업 창에서 예(Y)를 누른다.

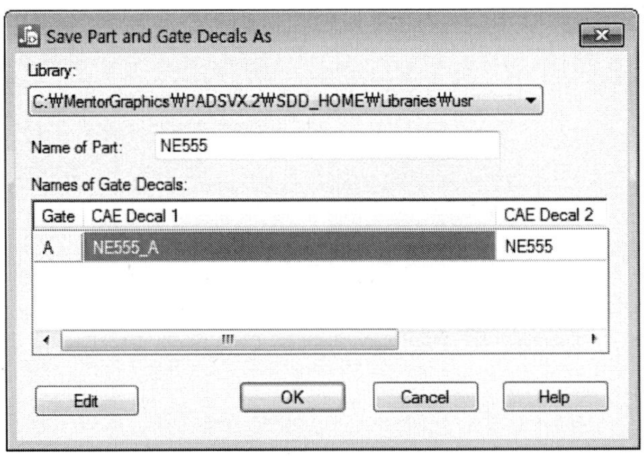

- Menu Bar에서 File〉Exit Part Edit를 선택하여 빠져나온다.

4.5 전해커패시터의 PCB Decal 만들기

PCB Decal은 PADS Layout 에서 만들 수 있다.
만들고자 하는 CE2.5MM의 도면은 다음과 같다.

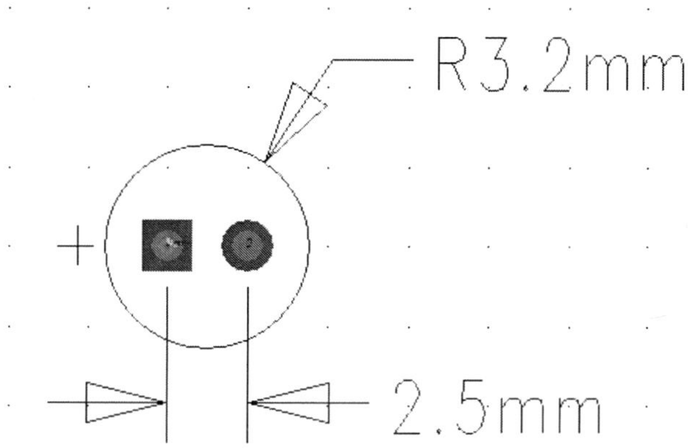

- PADS Layout 프로그램 을 연다.
- Menu Bar에서 Tools > PCB Decal Editor를 선택한다.
- Drafting Toolbar 아이콘 을 선택한다.
- Modeless Command로 umm을 입력하여 밀리미터 단위로 설정한다.
- Modeless Command로 g2.5을 입력하고
- Modeless Command로 gd2.5을 입력하여 grid 간격을 2.5mm로 설정한다.
- Terminal 아이콘 을 선택한다.
- Add Terminal 창이 나타나면 OK 버튼을 클릭한다.

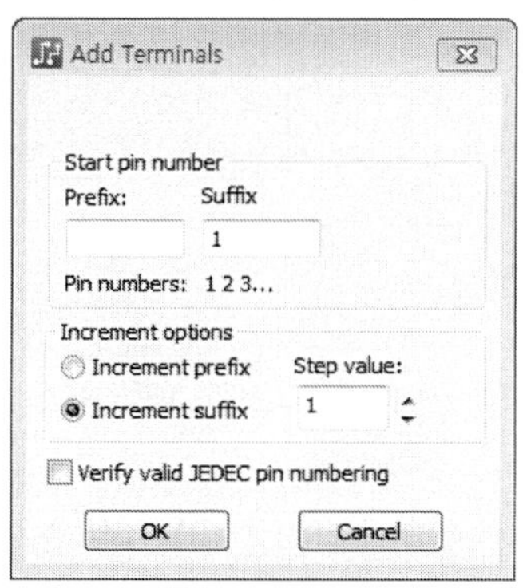

- 커서를 원점(0 0)에서 클릭하여 1번 터미널을 만든다.

- X 좌표 2.5, Y 좌표 0에서 한 번 더 클릭하여 2번 터미널을 만든다.
- 키보드에서 Esc 키를 눌러 Terminal 명령을 해제한다.
- 1번 터미널을 선택하고 마우스 오른쪽 버튼을 클릭한다.
- 팝업창에서 Pad Stacks를 선택한다.
- Pad Stack properties for Pin 창에서 Parameters를 정사각형으로 지정하고, 각 Layer에 대하여 pad의 Diameter을 1.6, Drill size를 0.9로 설정하고 OK 버튼을 클릭한다.

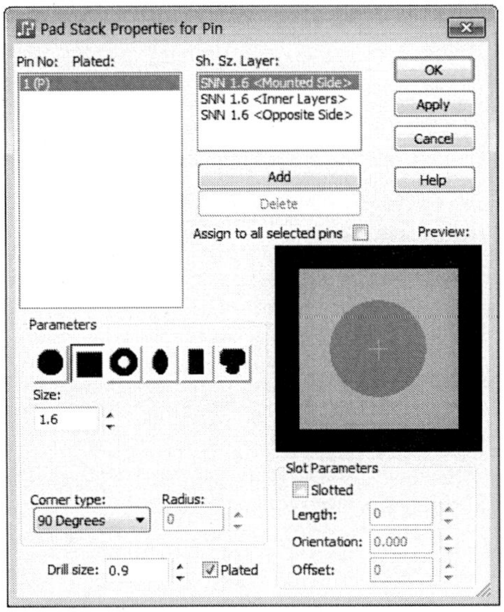

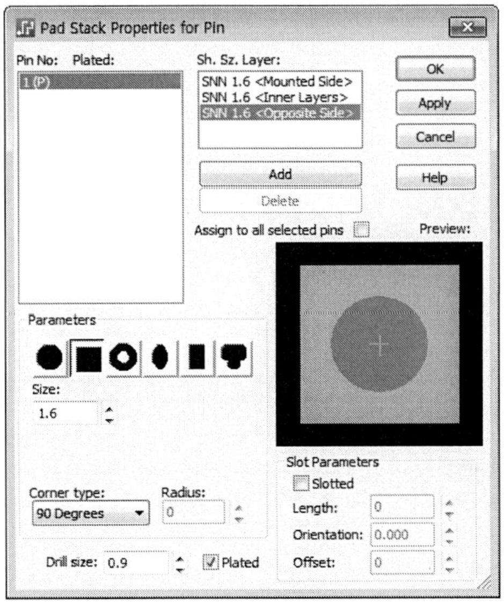

- 2번 터미널을 선택하고 Pad Stack에서 Pad의 Diameter를 1.6, Drill size를 0.9로 설정한다.

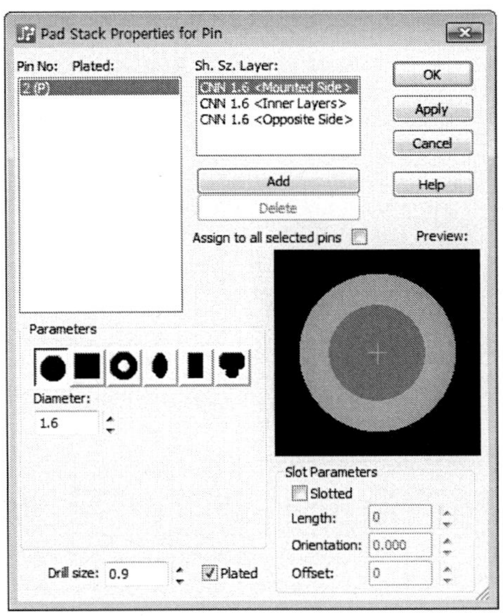

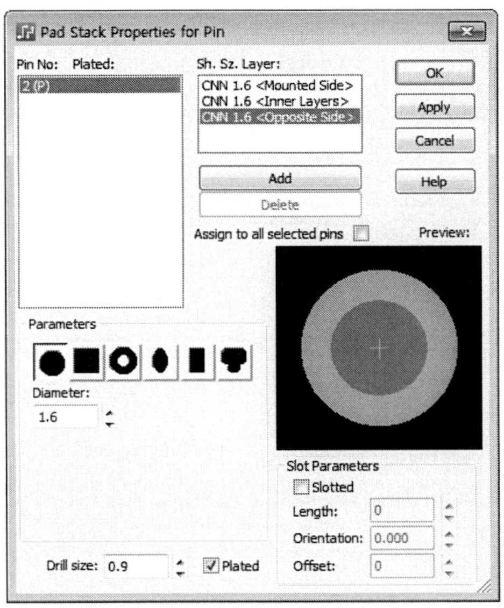

▍부품외각선 그리기

- Menu Bar에서 Tools > Options를 선택한다.
- Options 창에서 Grids and Snap/Grids 탭에서 Design grid의 Snap to grid를 체크 해제하고 OK 버튼을 클릭한다.

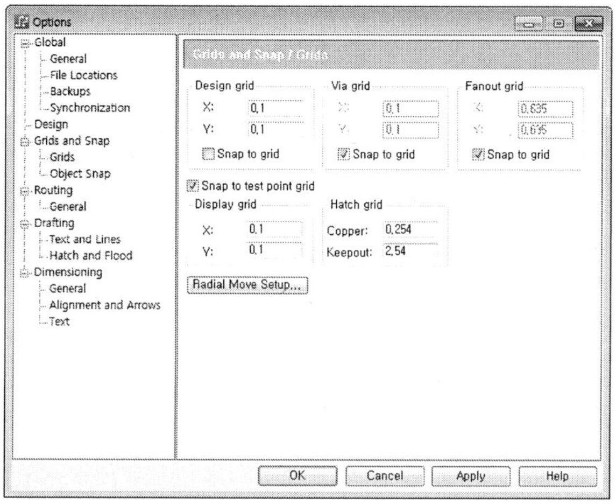

- 2D Line 아이콘을 선택한다.
- 마우스 오른쪽 버튼을 클릭하고 Circle을 선택한다.
- Modeless Command로 s1.25 0을 입력하고 엔터를 누른 후 커서를 클릭한다.
- Modeless Command로 s4.45 0을 입력하고 엔터를 누른 후 커서를 클릭한다. 외각선을 커서로 클릭하고 Properties를 선택하여 팝업 창에서 반경 3.2mm(R: 3.2)의 원임을 확인한다.
- OK 버튼을 클릭한다.
- 2D Line 아이콘을 선택한다.
- 마우스 오른쪽 버튼을 클릭하고 Path를 선택하여 1번 터미널 옆에 + 모양을 그린다.

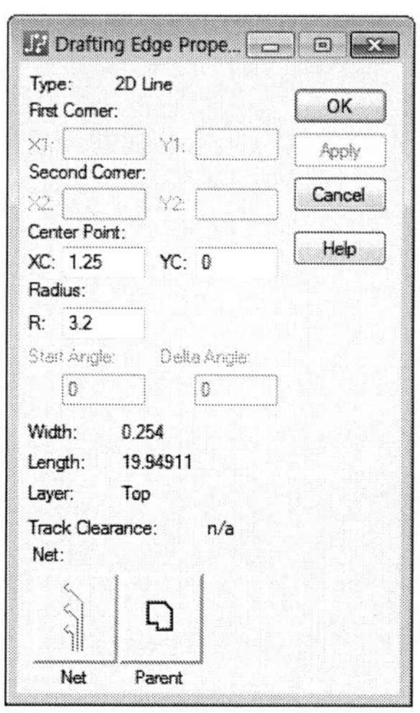

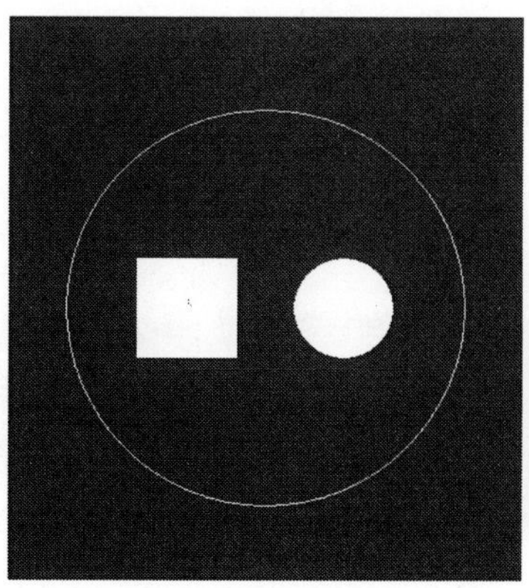

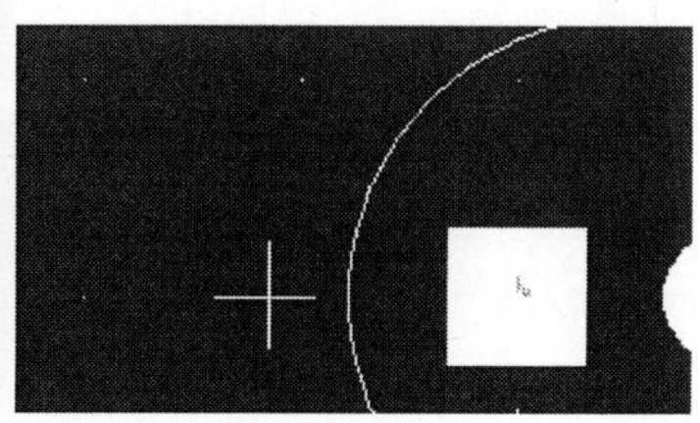

- 키보드에서 Esc 키를 눌러서 2D line 그리기를 해제한다.
- 저장하기 위하여 Menu Bar에서 File > Save As...를 선택한다.
- Library를 usr로 설정하고 Name of PCB Decal에는 CE2.5MM을 입력하고 OK 버튼을 클릭한다.

- Menu Bar에서 File > Exit Decal Editor를 선택하여 PCB Decal Editor에서 나온다.

4.6 회로도 작성하기

PADS Logic의 라이브러리에서 제공하는 부품과 새롭게 만든 부품을 사용하여 회로도를 작성한다.

Sheet Border 변경하기

PADS Logic에서는 기본으로 sheet size B와 sheet border SIZEB로 세팅되어 있다. 본 장에서는 A4 크기의 sheet와 3장에서 만든 sheet border MySIZEA4를 불러들여서 사용한다. Menu Bar에서 Tools > Options을 선택하고 Option 창의 Design 탭에서 size와 sheet를 변경한다.

Grid 설정하기

- Design grid를 설정하기 위하여 키보드에서 g100을 입력한다.
- Dot grid를 설정하기 위하여 키보드에서 gd100을 입력한다.

부품 배치와 선 연결하기

- Schematic Editing Toolbar에서 Add Part 아이콘 을 선택한다.
  - Add Part from library 창이 나타난다. 이 창에서 원하는 부품을 선택한다.
- 먼저 R1, R2, D1, C1, U1의 part type을 참조하여 부품을 추가하고 배치시킨다.
- U1은 라이브러리 usr에 있는 NE555를 불러들이고 배치시킨다.

- J1도 라이브러리 usr에 있는 PWR_CONN을 불러들이고 배치시킨다.
- 모든 부품을 추가했으므로 Add part from Library 창을 닫는다.
- 주어진 회로도와 같이 부품을 배치하고 배선한다.
- 각 부품의 ???위치를 더블클릭하여 팝업 창에서 부품 값을 입력한다.
- 부품을 지정하고 마우스 오른쪽 버튼을 클릭하여 Visibility를 선택한다.
- J1, R1, R2, D1은 Pin Numbers가 보이지 않게 설정한다.
- D1은 Pin Numbers, Part Type이 보이지 않게 설정한다.

▍전해 커패시터의 PCB Decal 변경하기

- C1를 선택해서 마우스 오른쪽 버튼을 클릭하고 Properties를 선택한다.

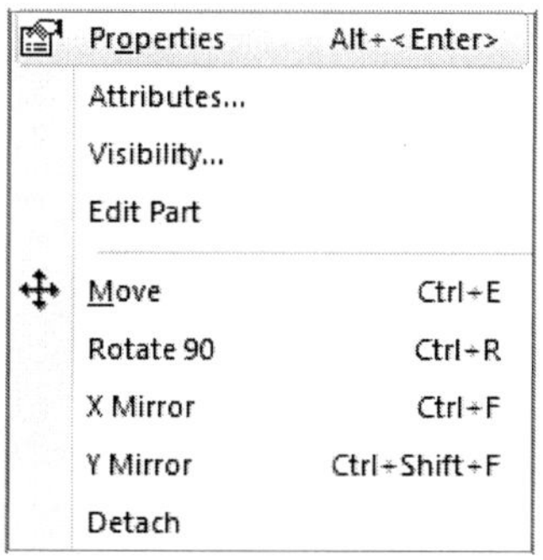

- Part Properties 창에서 PCB Decals 아이콘 

을 클릭한다.
- PCB decal Assignment 창에서 Browse 버튼을 클릭한다.

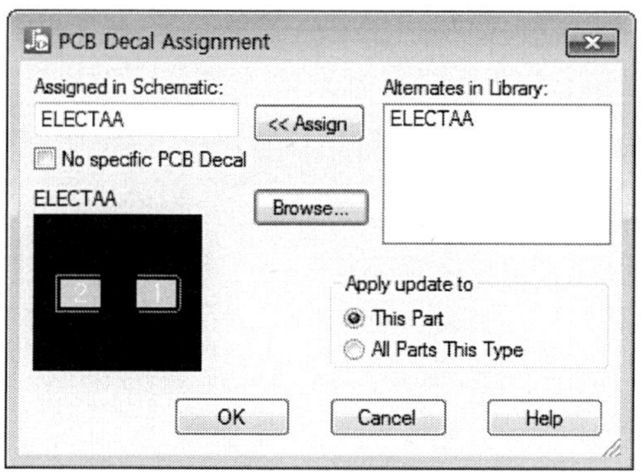

- Get PCB Decal from Library 창에서 라이브러리 usr의 CE2.5MM을 선택하고 OK 버튼을 클릭한다.

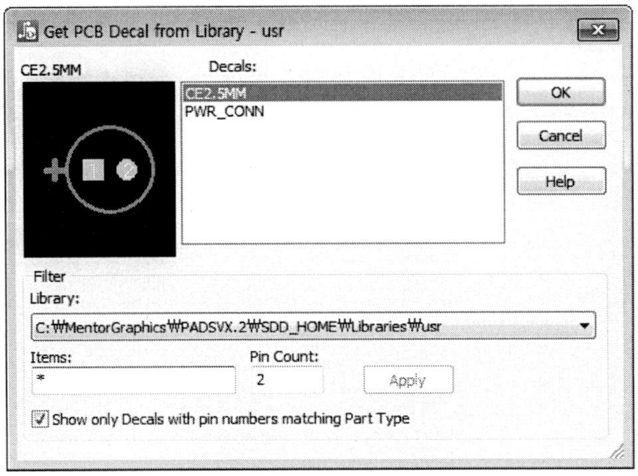

- PCB decal Assignment 창의 OK 버튼을 클릭한다.
- Part Properties 창에서 PCB Decal이 CE2.5MM인지를 확인하고 창을 닫는다.

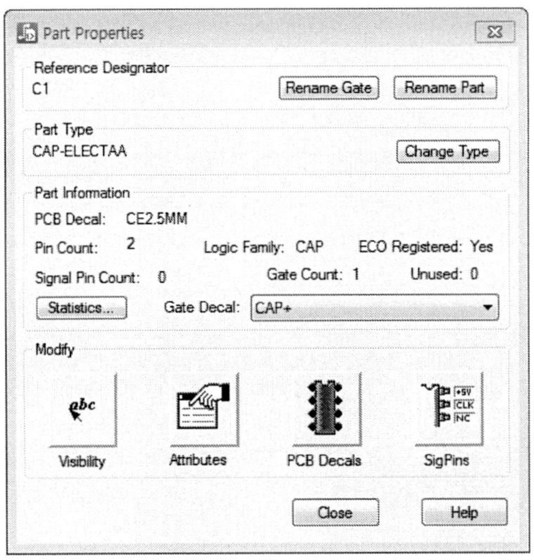

❙ 완성된 회로도 저장하기

- Menu Bar에서 File > Save As...를 선택하여 작성된 회로도를 저장한다. 여기서는 파일이름을 NE555 timer로 저장한다.
  - 기본적으로 저장되는 폴더는 C:₩PADS Projects이다.

4.7 Layout Netlist 만들기

Layout Netlist 만들기

- Menu Bar에서 Tools > Layout Netlist를 선택한다.

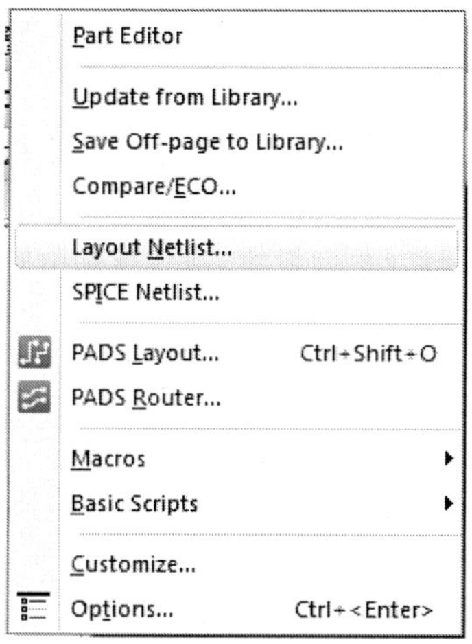

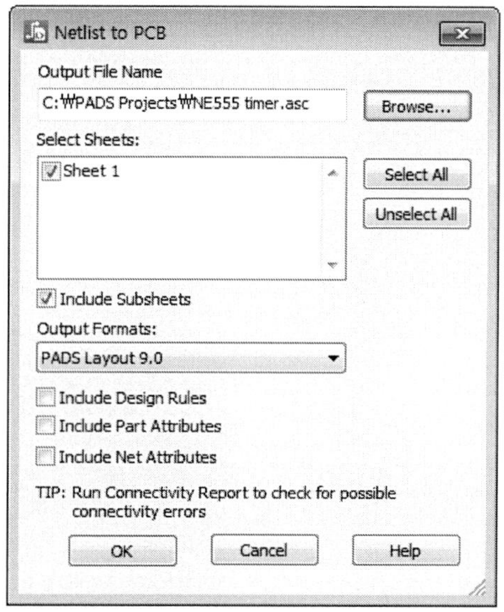

- Netlist to PCB 팝업창에서 저장할 파일 이름을 NE555 timer로 지정하고 **저장(S)** 버튼을 클릭한다.
- 메모장을 확인한다.

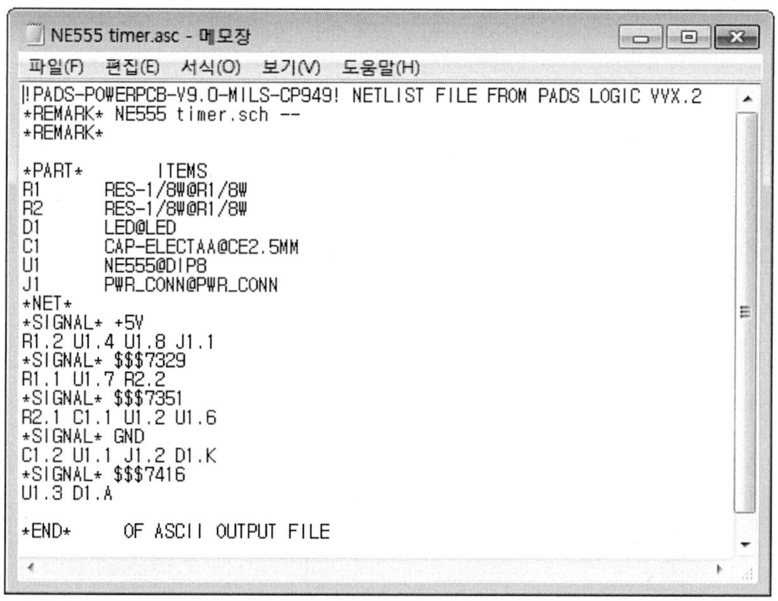


```
!PADS-POWERPCB-V9.0-MILS-CP949! NETLIST FILE FROM PADS LOGIC VVX.2
*REMARK* NE555 timer.sch --
*REMARK*

*PART*       ITEMS
R1       RES-1/8W@R1/8W
R2       RES-1/8W@R1/8W
D1       LED@LED
C1       CAP-ELECTAA@CE2.5MM
U1       NE555@DIP8
J1       PWR_CONN@PWR_CONN
*NET*
*SIGNAL* +5V
R1.2 U1.4 U1.8 J1.1
*SIGNAL* $$$7329
R1.1 U1.7 R2.2
*SIGNAL* $$$7351
R2.1 C1.1 U1.2 U1.6
*SIGNAL* GND
C1.2 U1.1 J1.2 D1.K
*SIGNAL* $$$7416
U1.3 D1.A

*END*     OF ASCII OUTPUT FILE
```

4.8 PCB 설계하기

4.8.1 Layout Netlist 파일 불러들이기

- PCB를 설계하기 위하여 PADS Layout 을 더블클릭한다.
- Menu Bar에서 File > Import를 선택한다.
- 저장된 NE555 timer.asc 파일을 연다.
- 팝업 창에서 확인 버튼을 클릭한다.
- 불러들인 부품들은 원점에 모여 있는 것을 확인할 수 있다.

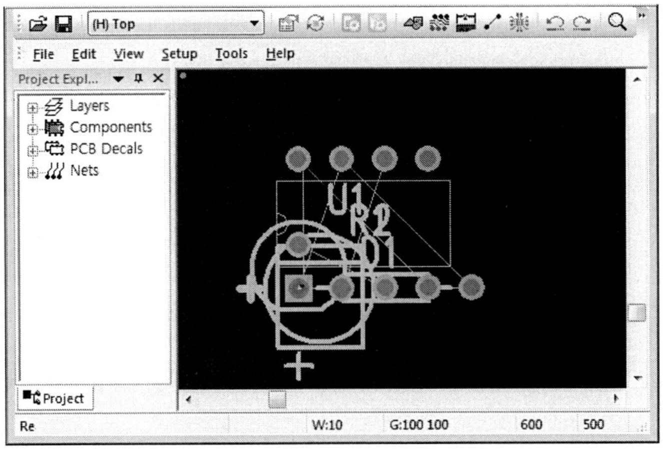

4.8.2 환경 설정하기

▎치수 단위 지정하기

PADS Layout에서 사용하는 치수 단위는 기본으로 Mils 단위로 되어 있다.

- mm 단위로 지정하기 위해서는 키보드로 Modeless Command인 umm을 입력하고 엔터키를 누른다.

❙ Design Rule 설정하기

Design Rule은 부품 단자 간을 전기적으로 연결하는 배선 폭과 배선 간의 최소 간격을 지정한다.

- Menu Bar에서 Setup > Design Rules을 선택한다.

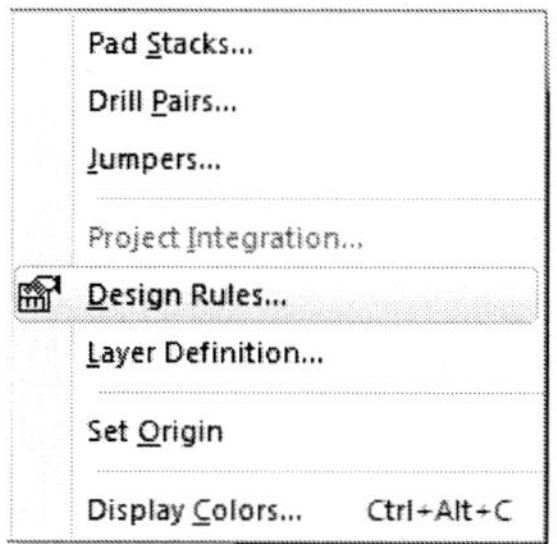

- Rules 팝업창에서 Default 아이콘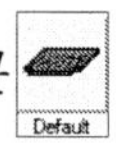을 선택하고 팝업된 Default Rules 창에서는 Clearance 아이콘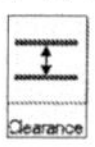을 선택한다.

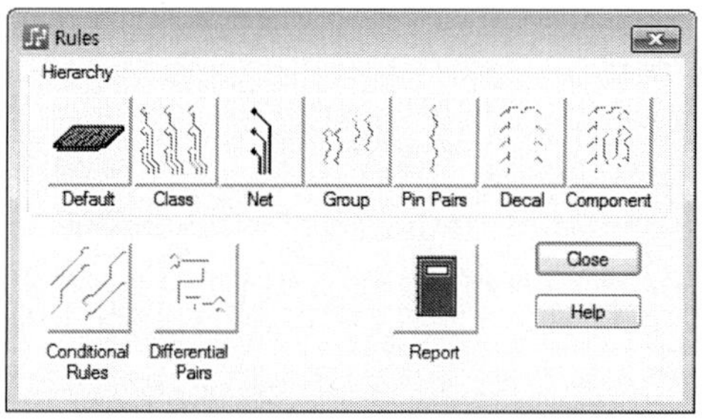

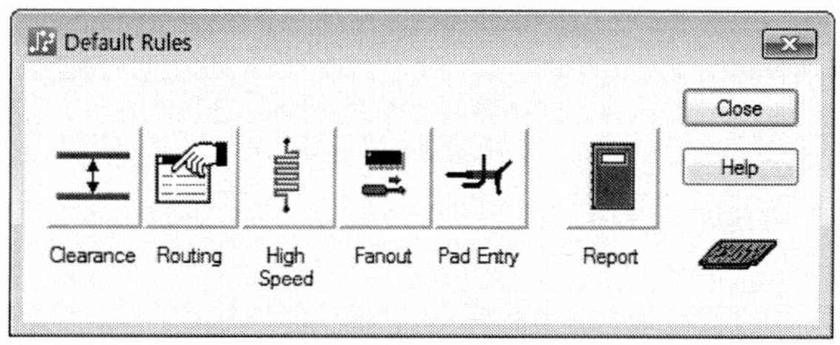

- 팝업된 Clearance Rules: Defaults rules 대화창에서 배선 폭과 간격을 다음과 같이 입력한다. Same net과 Clearance의 값은 동일한 값으로 한 번에 입력하기 위하여 All 버튼을 선택하여 팝업된 Input Clearance Value 창에 값을 입력하고 OK 버튼을 클릭한다.

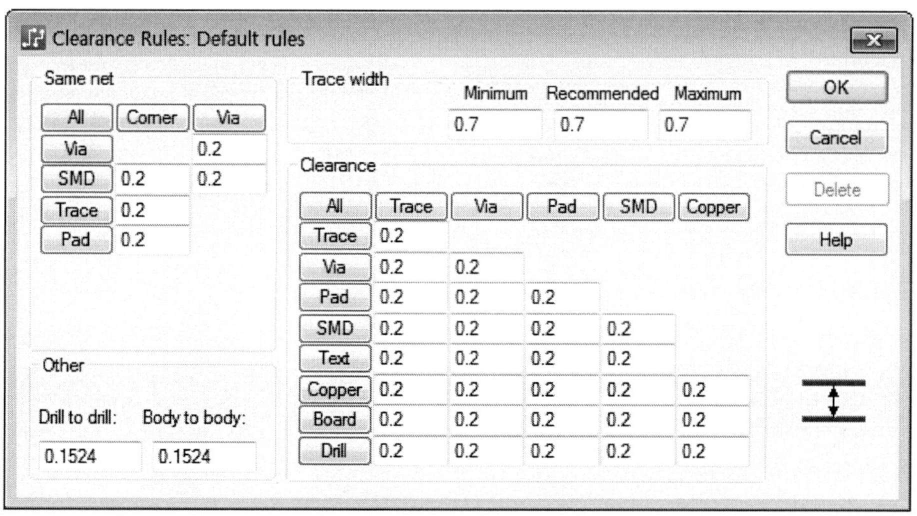

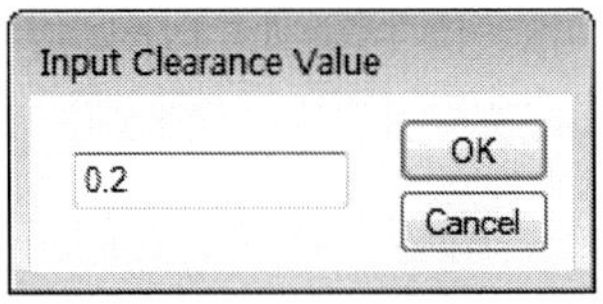

- Clearance Rules: Defaults rules 대화창을 닫는다.
- Defaults rules 창을 닫는다.
- Rules 팝업창에서 Net 아이콘 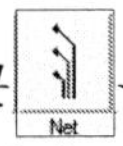 을 선택한다.
- 팝업된 Net Rules 창에서는 설정하고자 하는 Nets 중에서 +5V와 GND를 지정한 후 Clearance 아이콘 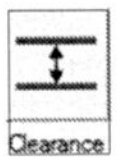 을 선택한다.

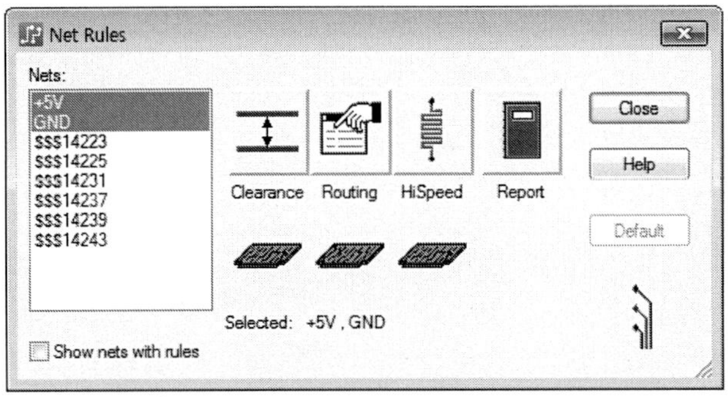

- Clearance Rules: +5V, GND 대화창에서 배선 폭과 간격을 다음과 같이 입력한다. Same net과 Clearance의 값을 동일한 값으로 한 번에 입력하기 위하여 All 버튼을 선택하여 값을 입력하고 OK 버튼을 클릭한다.

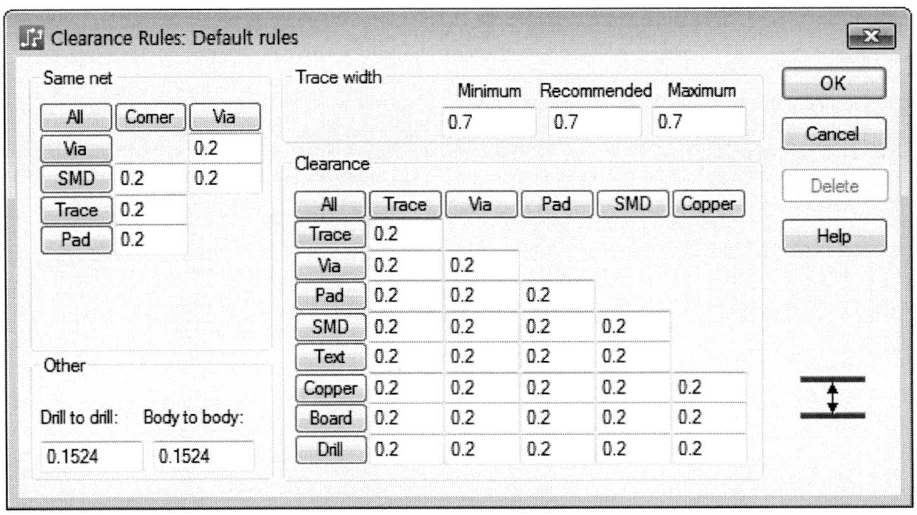

- Clearance Rules: +5V, GND 대화창을 닫는다.
- Net Rules 창을 닫는다.
- Rules 창을 닫는다.

4.8.3 PCB 외각선 그리기

- 키보드로 Modeless Command인 g1을 입력하고 엔터키를 누른다.
- Modeless Command로 gd1을 입력하고 엔터키를 누른다.
- Standard Toolbar에서 Drafting Toolbar 아이콘 을 클릭한다.
- Drafting Toolbar를 확인하고 Board Outline and Cut Out 아이콘  을 클릭한다.

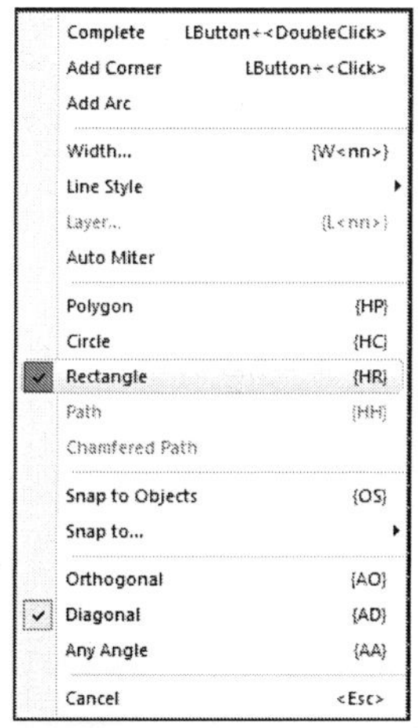

- 마우스 오른쪽 버튼을 클릭하고 팝업창에서 Rectangle을 선택한다.
- Modeless Command로 s0 0을 입력하고 엔터키를 누른다. 커서를 클릭한다.
- Modeless Command로 키보드에서 s40 40을 입력하고 엔터키를 한 번 누른 후에 마우스 왼쪽 버튼을 클릭한다.
- 그림과 같이 PCB 외각선이 나타남을 확인한다.

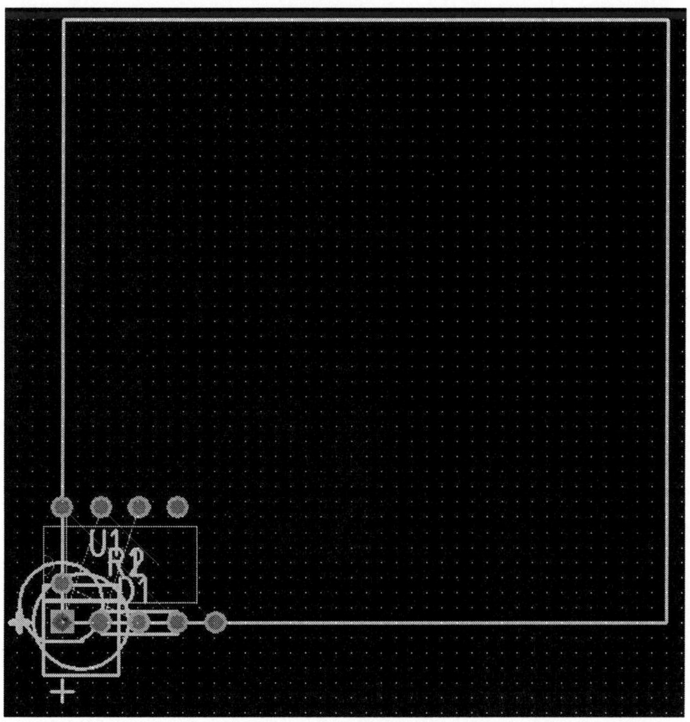

4.8.4 부품 배치하기

본 예제에서 사용되는 모든 부품을 top 면에 배치한다.

▍부품 풀어헤치기

- 원점에 모여 있는 부품을 풀어헤치기 위해 Menu Bar에서 Tools > Disperse Component를 선택하고 팝업창에서 예(Y)를 클릭한다.

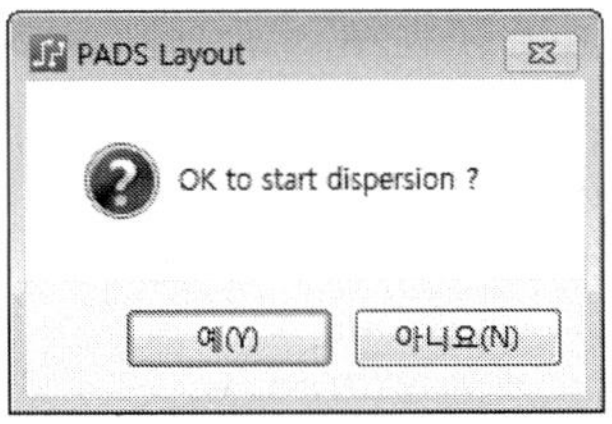

- 아래와 같이 부품이 풀어헤쳐져 있는 것을 확인한다.

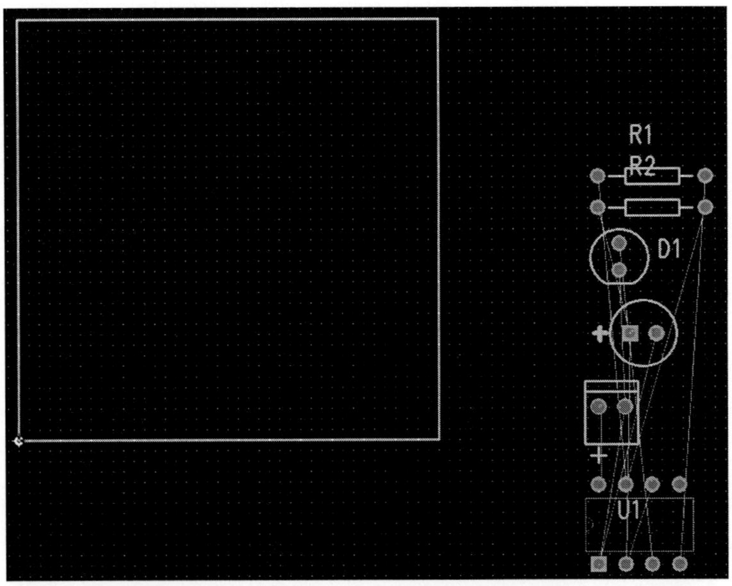

▍Top 전체 ground 처리하기

Bottom 면은 부품 간을 연결하는 배선을 하고 top 면은 전체를 ground 처리하여 bottom 면의 ground와 through hole을 통하여 상호 연결한다.

- Layer를 top 면으로 지정한다.
- Standard Toolbar에서 Drafting Toolbar 아이콘 을 클릭한다.

- Drafting Toolbar를 확인하고 Copper Pour 아이콘 을 클릭한다.
- 마우스 오른쪽 버튼을 클릭하고 팝업창에서 Rectangle을 선택한다.
- 기판의 외각선과 동일한 사각형을 원점에서 그린다.
- 아래와 같이 Add Drafting 창이 나타난다.
- Add Drafting 창에서 Layer를 Top으로 지정하고, Net Assignment는 GND로 지정한다.

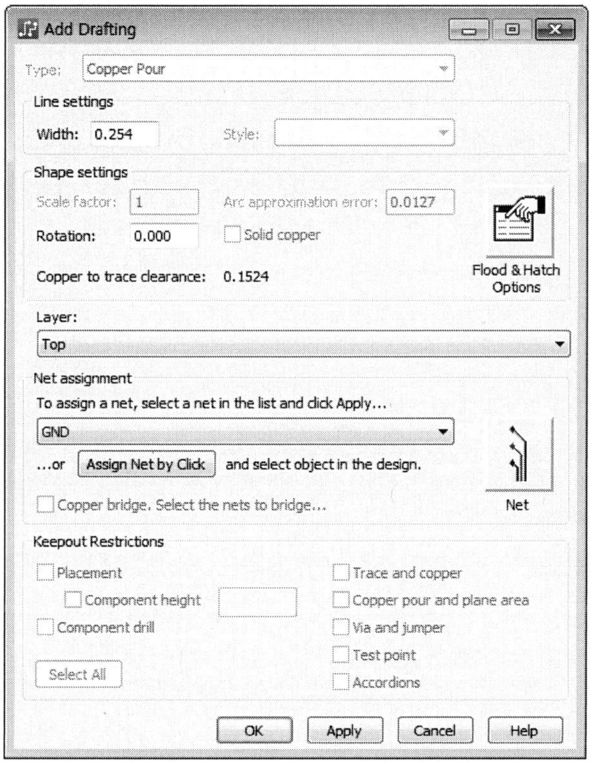

- OK 버튼을 클릭한다.

❙ 부품 배치하기

- 부품의 방향은 단축키 Ctrl + R을 사용하여 정하고 부품들을 배치한다.
- J1은 X 좌표 7, Y 좌표 9에 배치시키기 위하여 J1을 움직인 상태에서 Modeless Commend s7 9를 입력한다.

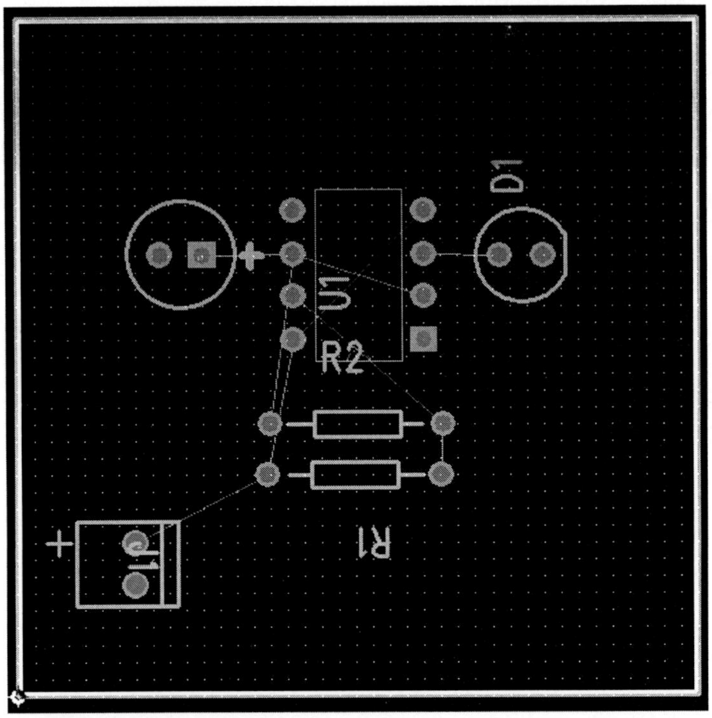

- J1을 선택하고 마우스 오른쪽 버튼을 클릭한다.
- Component properties 창에서 Glued를 체크하여 커넥터 J1을 고정시킨다.

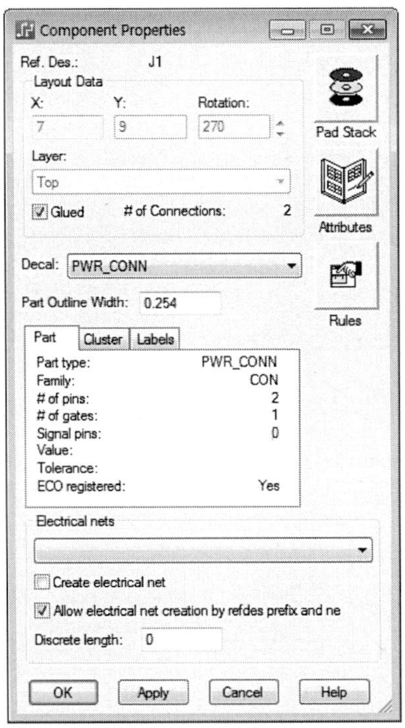

- OK 버튼을 클릭한다.

4.8.5 배선하기

부품 단자 간 연결하는 배선(route)은 bottom 면에서 수행한다.

- 배치 완료한 부품간의 가는 흰색 연결선은 회로도와 같이 부품이 연결된 것으로 배선할 때 가이드 역할을 한다.
  - Ground에 연결되는 부품의 단자는 top 면의 ground에 이미 연결되었으므로 흰색 선이 나타나지 않는다.
- Menu Bar에서 Tools > Options를 선택한다.
- Options 창에서 Grids and Snap > Grids 탭에서 Design grid의 Snap to grid를 해제하고 OK 버튼을 클릭한다.
- Design Toolbar 아이콘 을 선택한다.
- 배선하고자 하는 Layer를 Bottom으로 선택한다.
- Design Toolbar에서 Add Route 아이콘 을 선택하고 배선한다. 또는 키보드에서 Function 키 F2를 한 번 누른다. 이는 토글 기능을 가지고 있어 누를 때마다 route와 unroute가 된다.
- 각 참조번호를 선택하고 단축키 Ctrl + R을 사용하여 방향을 변경한다.

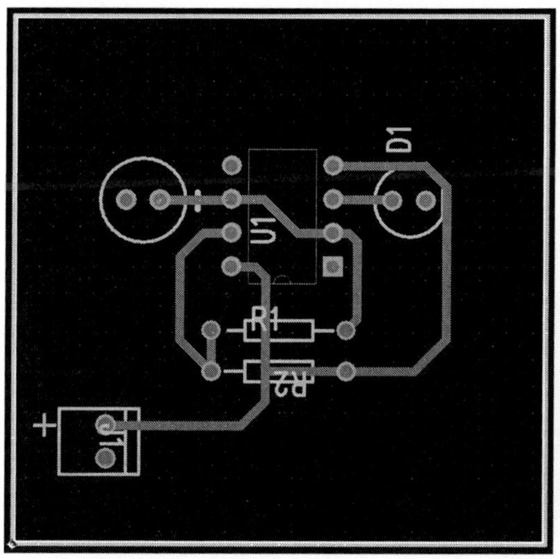

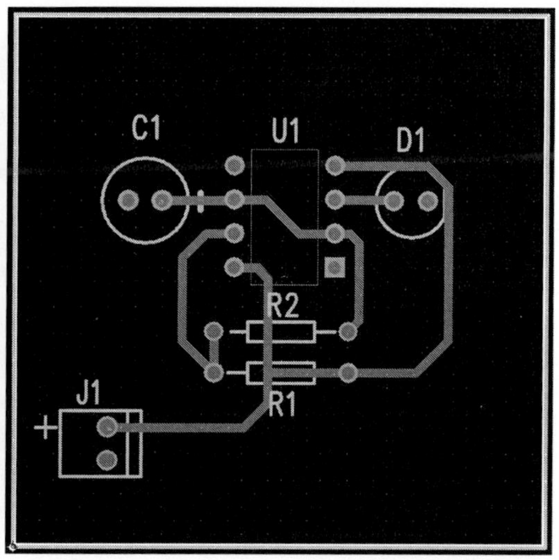

4.8.6 Copper pour 수행하기

- Menu Bar에서 Tools > Pour Manager...를 선택한다.
- Pour Manager 창에서 Start 버튼을 클릭한다.

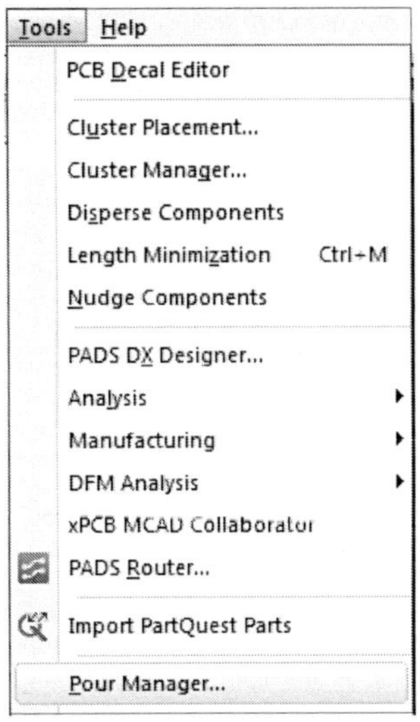

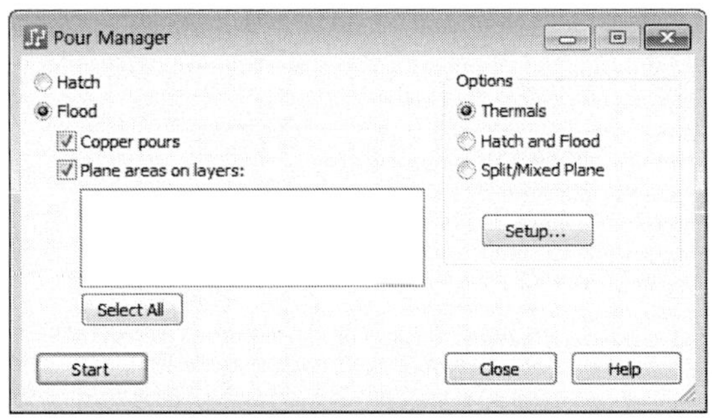

- Pour Manager 창을 닫는다.
- 작업 layer를 top 면으로 바꾼다. 

- Top 면이 ground 처리되었음을 확인한다.
- Ground 처리된 단자가 thermal pad로 되었음을 확인한다.

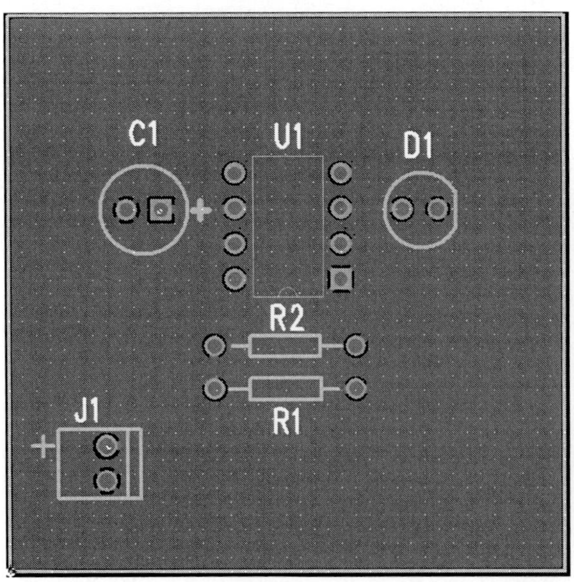

- Copper 처리된 면을 보이지 않고 외각만 나타내기 위해서는 Modeless Command로 키보드에서 po를 입력하고 엔터키를 누른다.
- Modeless Command로 키보드에서 po를 한 번 더 누르면 원 상태인 copper 면을 볼 수 있다.

4.8.7 PCB 검정하기

PCB의 배선은 바르게 연결되었는지, 배선 간격이 Design Rule에 지정된 것과 같이 최소 간격 이상인지를 확인한다. Copper pour가 수행된 후에 검정한다.

- Menu Bar에서 Tools > Verify Design을 선택한다.

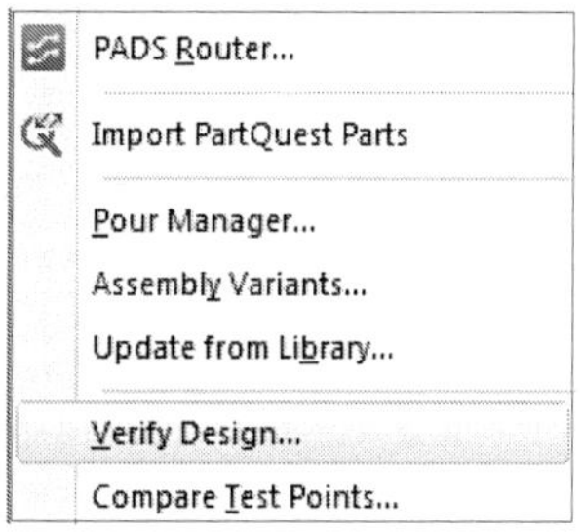

- Verify Design 팝업창에서 Clearance를 선택하고 Start 버튼을 클릭한다. 메시지 창에서 에러 유무를 확인하고 확인 버튼을 클릭한다.

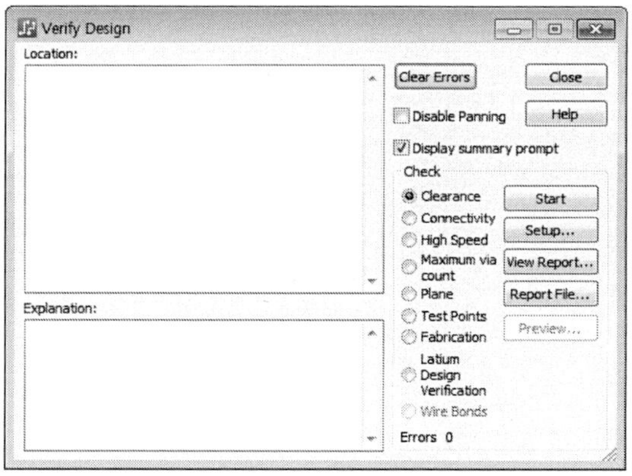

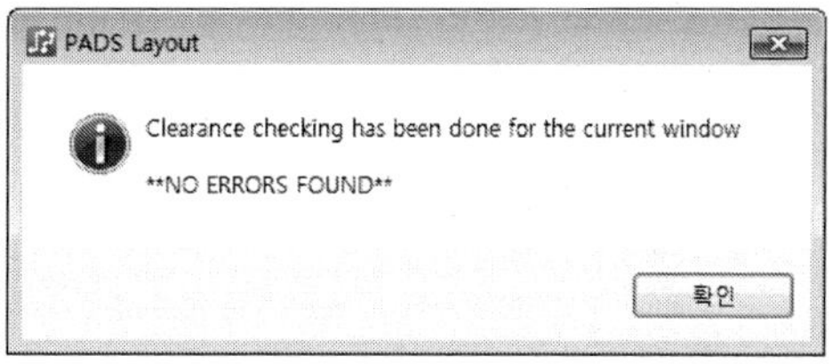

- Verify Design 팝업창에서 Connectivity를 선택하고 Start 버튼을 클릭한다. 메시지 창에서 에러 유무를 확인하고 확인 버튼을 클릭한다.

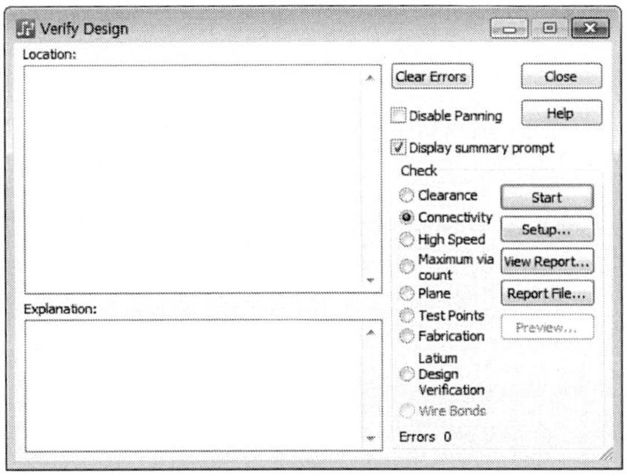

- Verify Design 팝업창을 닫는다.

4.8.8 치수 측정하기

보드 외각선의 치수를 측정한다.

- Standard Toolbar에서 Dimensioning Toolbar 아이콘 을 선택한다.
- 마우스 오른쪽 버튼을 눌러 Quick Filter에서 Select Board Outline을 선택한다.

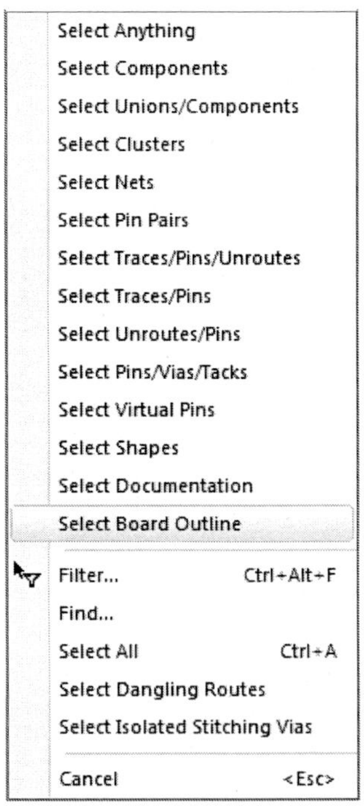

- Dimensioning Toolbar에서 Horizontal 아이콘 을 선택한다.
- 보드 상단 외각선을 클릭하여 치수를 확인한다.

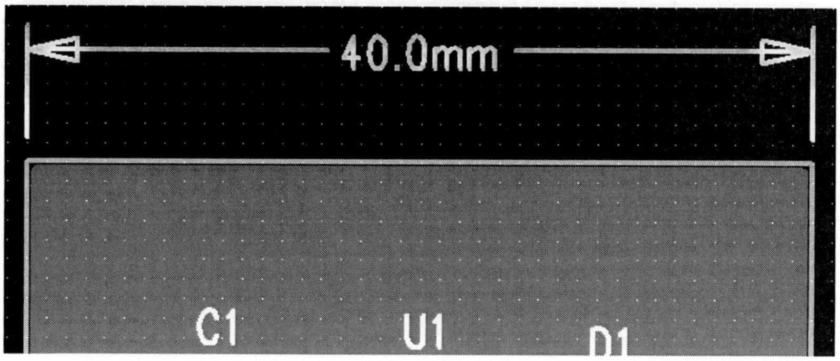

- Dimensioning Toolbar에서 Vertical 아이콘 을 선택한다.
- 보드 우측 외곽선을 클릭하여 치수를 확인한다.

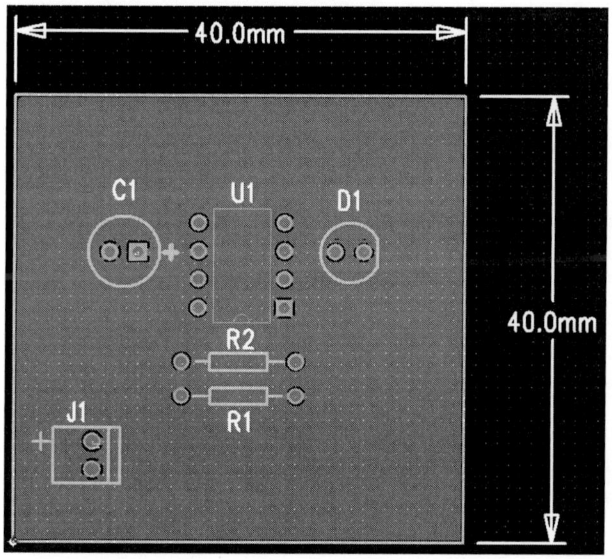

- 키보드에서 Esc 키를 눌러서 Dimensioning tool를 해제한다.
- 치수선을 삭제하고자 하는 경우는 마우스 오른쪽을 누른 Filter 창에서 Select Anything을 선택하거나 또는 Documentation을 선택한다.
- 삭제하고자 하는 선을 클릭하고 키보드에서 Ctrl + X를 클릭한다.
- Menu Bar에서 File > Save As...를 선택하여 설계한 PCB를 저장한다. 여기서는 파일이름을 NE555 timer로 입력한다.

- 기본적으로 저장되는 폴더는 C:₩PADS Project이다.

4.9 PCB 제작 의뢰하기

4.9.1 CAM data 만들기

만들고자 하는 CAM 데이터는 다음과 같다.

Document name	Document Type	Fabrication layer	Remark
top_pattern	Routing/Split Plane	Top	Top 면 패턴
bot_pattern	Routing/Split Plane	Bottom	Bottom 면 패턴
top_mask	Solder Mask	Solder Mask Top	Top 면 Solder Mask
bot_mask	Solder Mask	Solder Mask Bottom	Bottom 면 Solder Mask
top_silk	Silkscreen	Silkscreen Top	Top 면 Silkscreen
drill	Drill Drawing	Unassigned	Drill
nc_drill	NC Drill	Unassigned	NC Drill

- Menu Bar에서 File > CAM...을 선택하여 7개의 CAM 데이터를 만든다.

▍top_pattern CAM 데이터 만들기

- Add Document 창에서 Documentation Name, Document Type, Layer를 설정하고 Preview Selections로 top 면 패턴 도면을 확인한다.

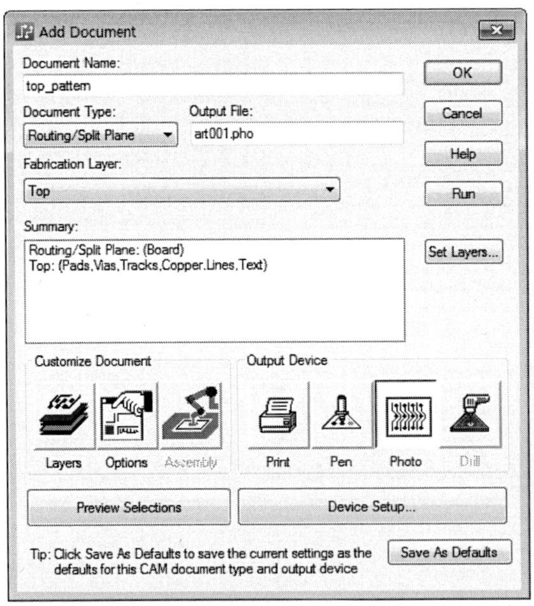

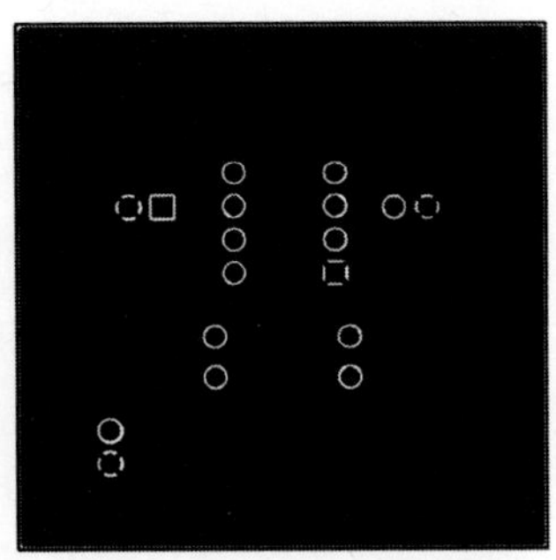

bot_pattern CAM 데이터 만들기

- Add Document 창에서 Documentation Name, Document Type, Layer를 설정하고 Option  에서 X offset을 60, Mirror Image를 체크한 후 Preview Selections로 bottom 면 패턴 도면을 확인한다.

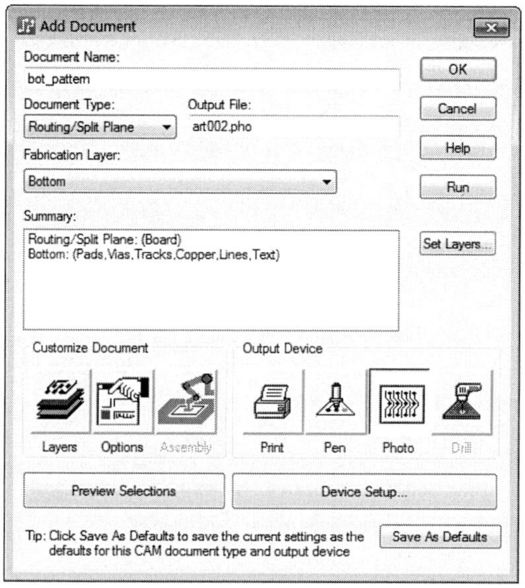

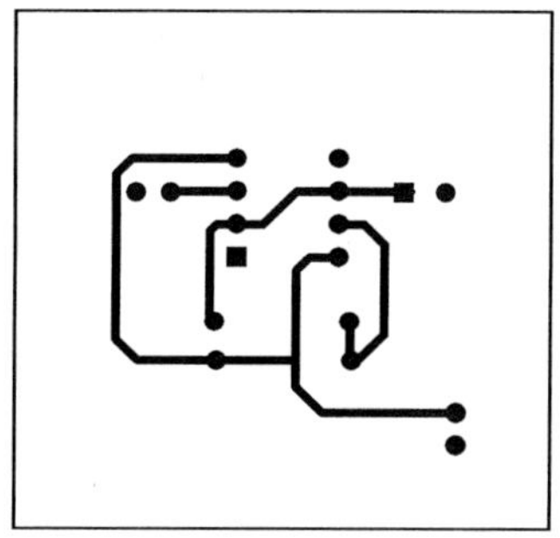

top_mask CAM 데이터 만들기

- Add Document 창에서 Documentation Name, Document Type, Layer를 설정하고 Preview Selections로 top 면 Solder Mask 도면을 확인한다.

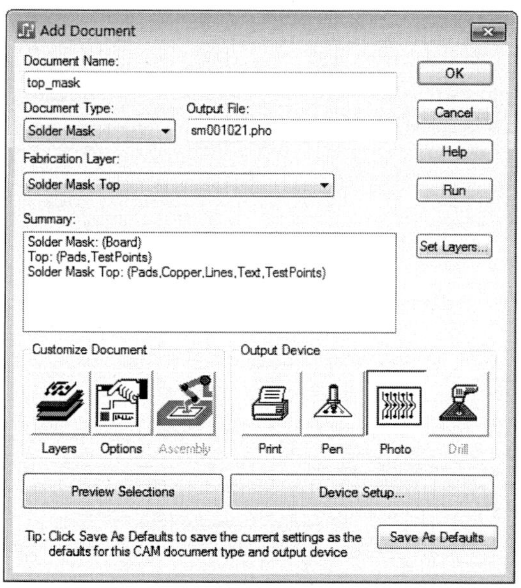

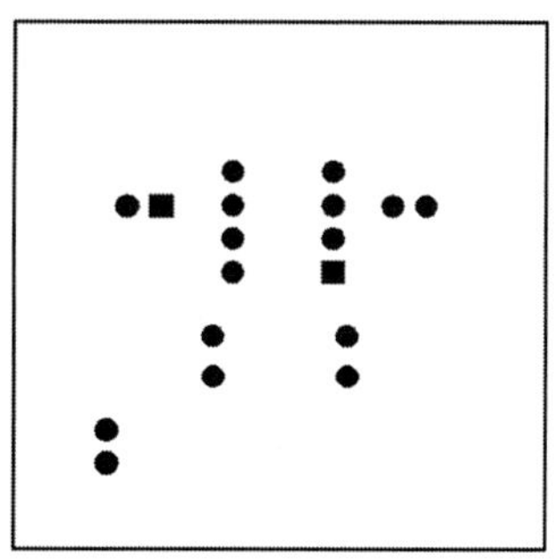

▍bot_mask CAM 데이터 만들기

- Add Document 창에서 Documentation Name, Document Type, Layer를 설정하고 Option에서 X offset을 60, Mirror Image를 체크한 후 Preview Selections로 bottom 면 Solder Mask 도면을 확인한다.

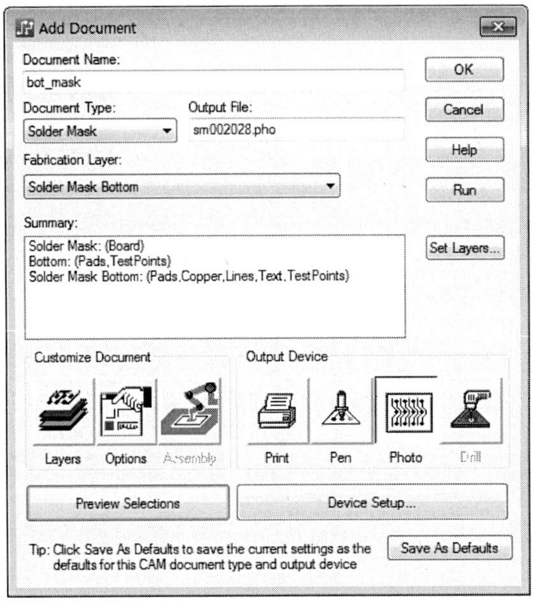

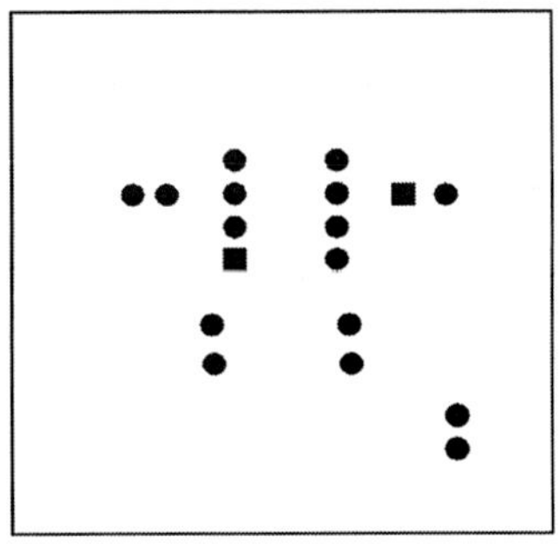

▍top_silk CAM 데이터 만들기

- Add Document 창에서 Documentation Name, Document Type, Layer를 설정한다.

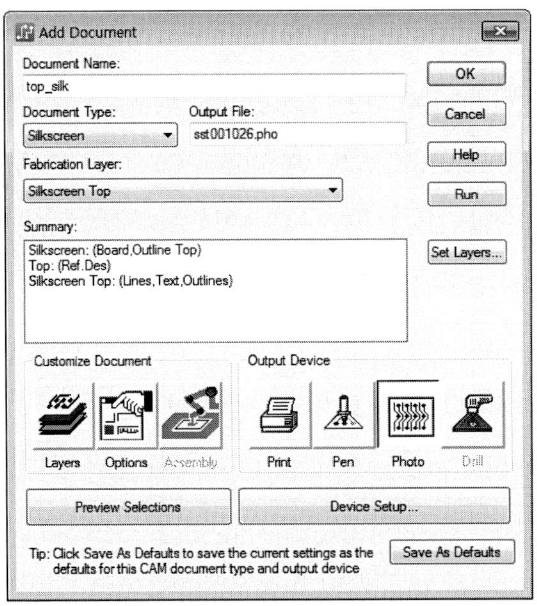

- Add Document 창의 Customize Document 탭에서 layers 아이콘 

을 클릭한다.

- Select Items 창에서 Selected: Top을 다음과 같이 설정하고 top 면 Silkscreen 도면을 확인한다.

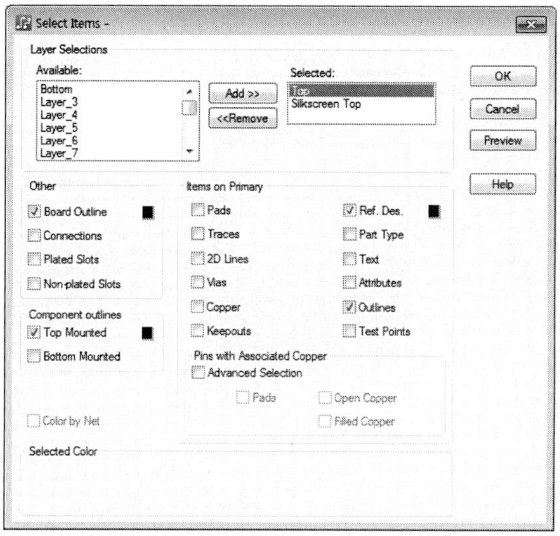

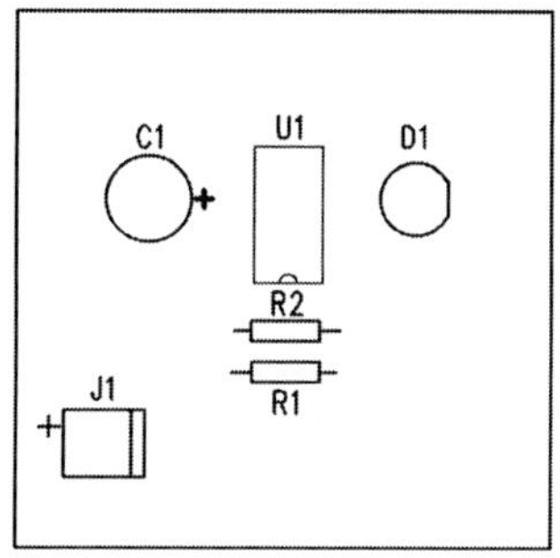

drill CAM 데이터 만들기

- Add Document 창에서 Documentation Name, Document Type을 설정한다.

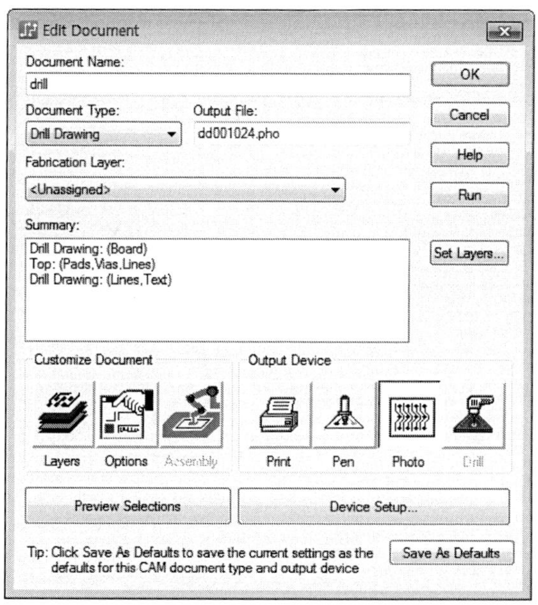

- Add Document 창의 Customize Document 탭에서 Option 아이콘  을 클릭한다.

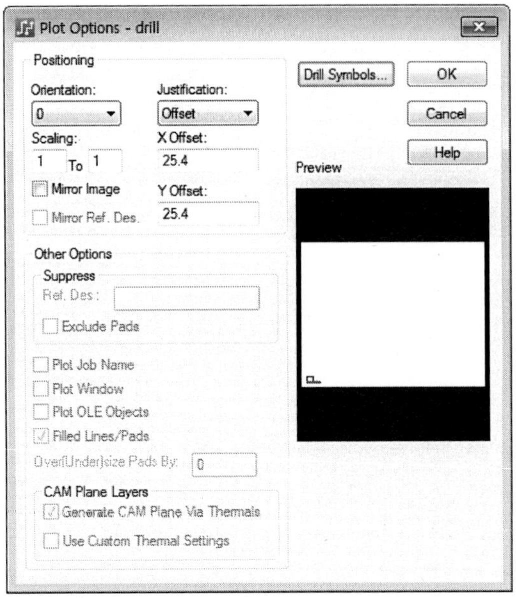

- Plot Option–Drill 창에서 Drill Symbols... 버튼을 클릭한다.
- Drill Drawing Options 창에서 Drill Chart의 X Location 값을 60으로 입력하고, Show Through/Partial column을 체크한 후 OK 버튼을 클릭한다.

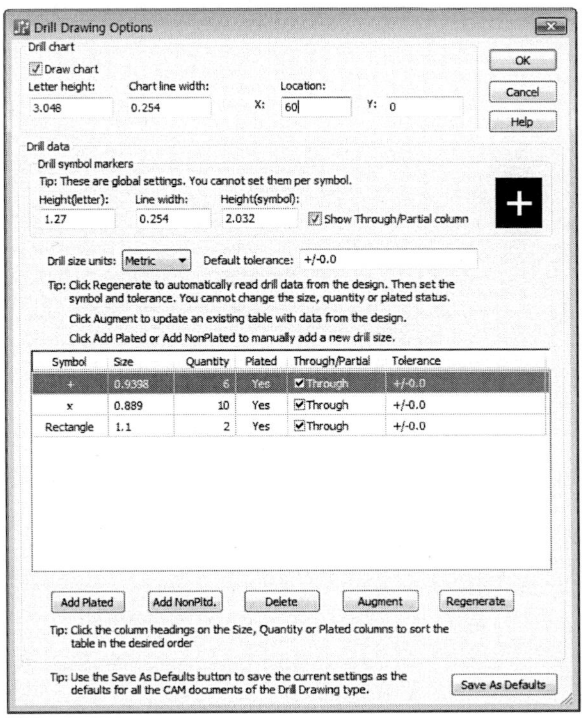

- Plot Option-Drill 창에서 OK 버튼을 클릭한다.
- Add Document 창에서 Preview 버튼을 클릭하고 Drill 도면을 확인한다.

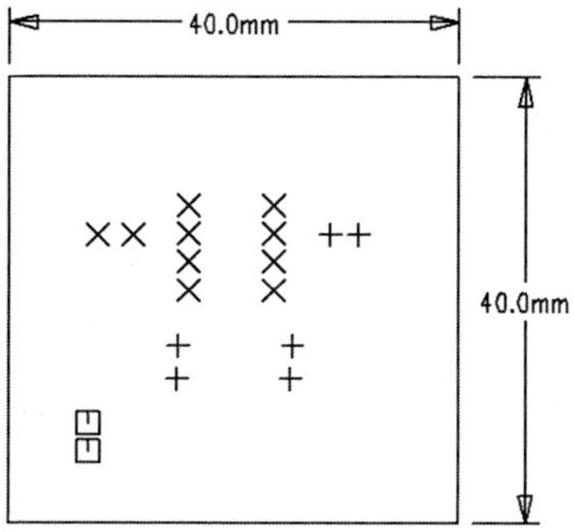

SIZE	QTY	SYM	PLATED	THR/PRTL	TOL
0.9398	6	+	YES	THR	+/-0.0
0.889	10	×	YES	THR	+/-0.0
1.1	2	⊓	YES	THR	+/-0.0

- CAM Preview 창을 닫는다.
- Add Document 창에서 OK 버튼을 클릭한다.

▌nc_drill CAM 데이터 만들기

- Add Document 창에서 Documentation Name, Document Type을 설정하고 Preview Selections로 NC Drill 도면을 확인한다.

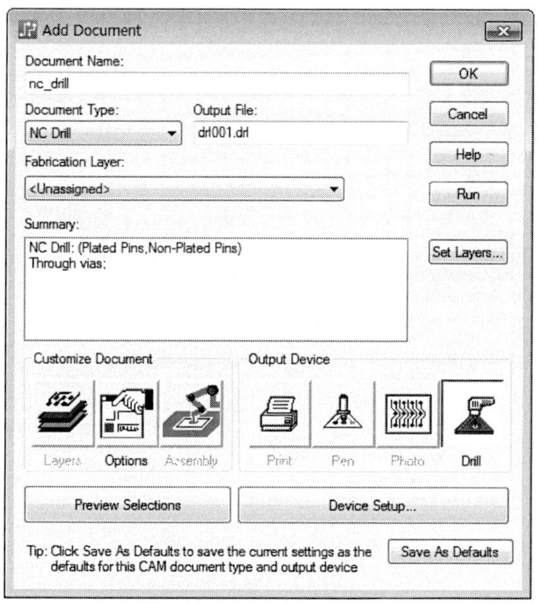

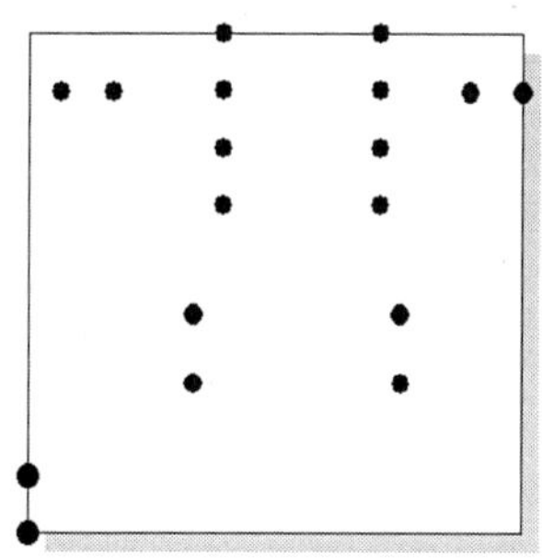

- Define CAM Document 창에서 CAM Document 모두를 선택하고 Save 버튼을 클릭한다.

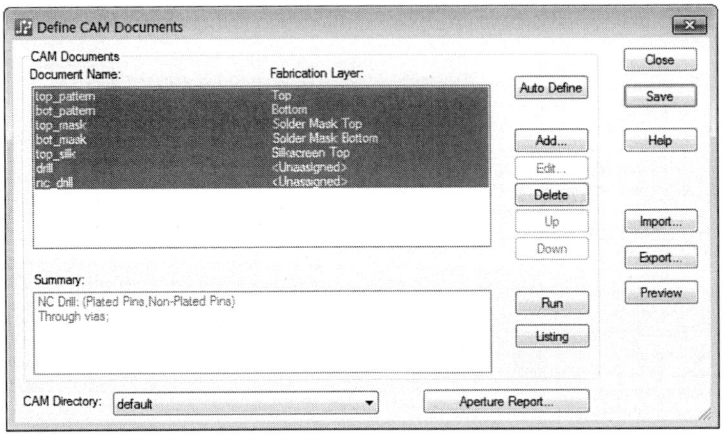

CAM 데이터 저장하기

- Define CAM Document 창에서 CAM Directory를 〈Create〉로 지정한다.

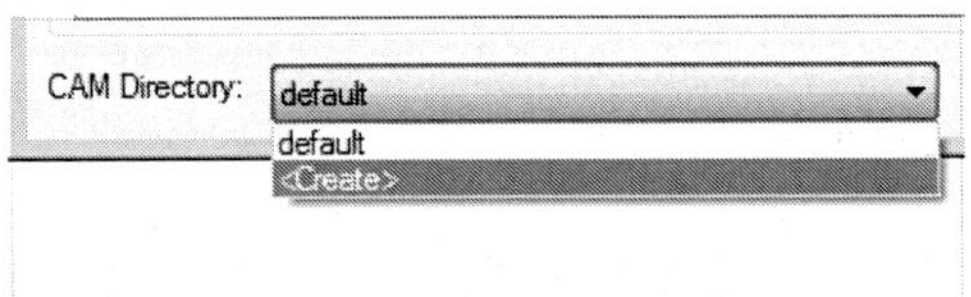

- CAM Question 팝업창에서 서브디렉토리 이름으로 NE555 timer를 입력하고 OK 버튼을 클릭한다.

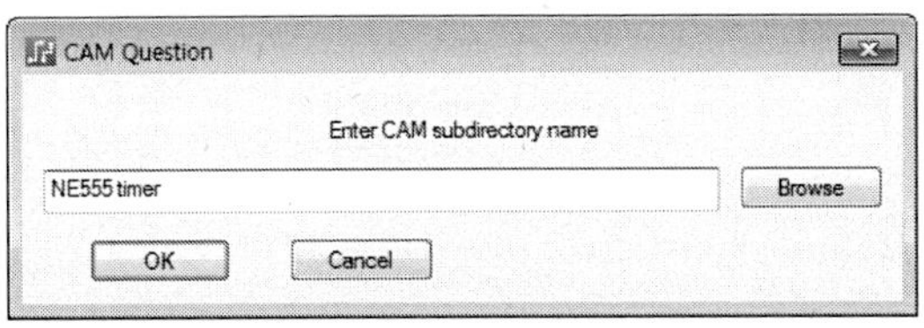

- 윈도우 탐색기로 C:₩PADS Projects₩Cam에 생성된 폴더를 확인한다.
- Define CAM Document 창에서 모든 CAM 데이터를 선택하고 Run 버튼을 클릭한다.

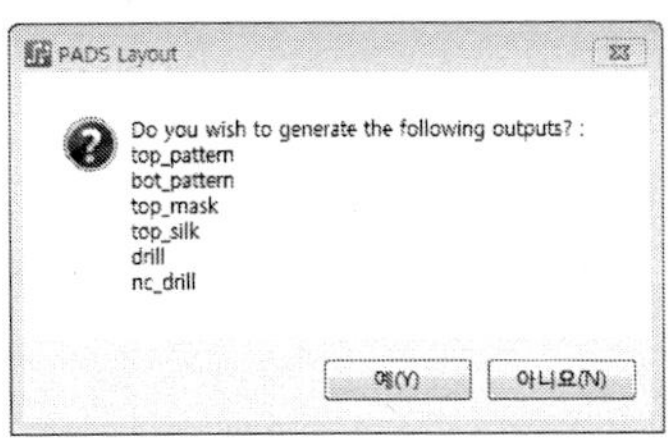

- 팝업창에서 예(Y) 버튼을 클릭한다.

- 윈도우 탐색기로 생성된 CAM 데이터를 확인한다.

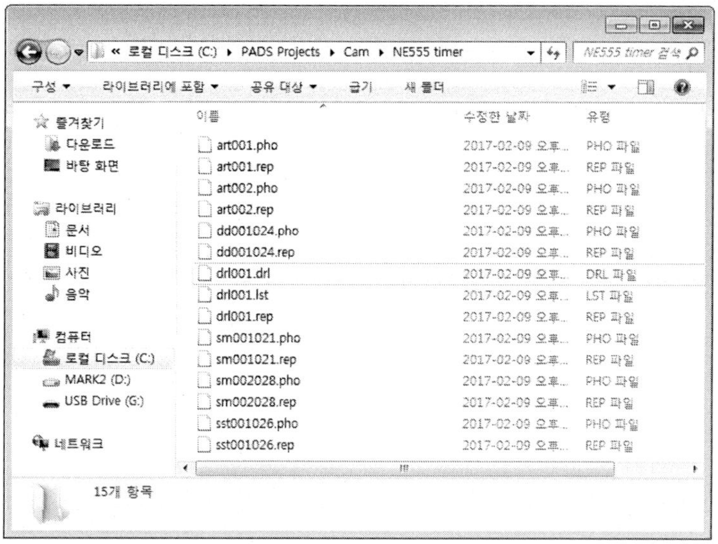

- PADS Layout에서 PCB파일을 저장한다.(File > Save)

4.9.2 PCB 제작 의뢰하기

PCB 제작을 의뢰하기 위해서는 CAM(Gerber) 데이터 파일과 PCB 사양 정보를 제작처에 보내야 한다.

PCB 사양 정보는 다음과 같다.

레이어 : 양면
사이즈 : 40mm × 40mm
재질 : FR-4
두께 : 1.6mm
실크 : 데이터기준
실크색 : 흰색
솔더색 : 녹색유광
표면처리 : HASL
수량 :
납기일 :

4.9.3 제작된 PCB

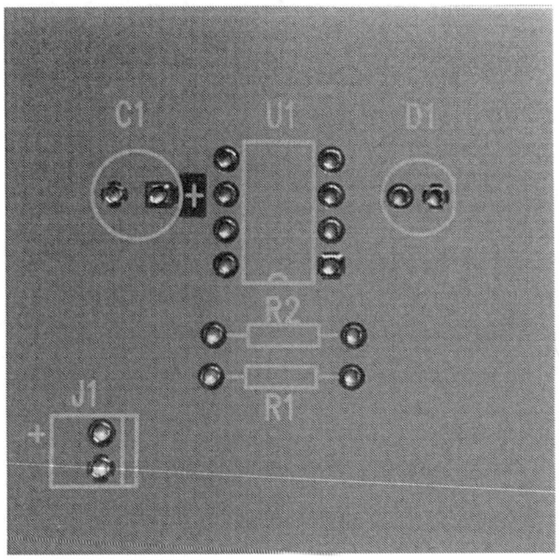

〈Top 면 사진〉

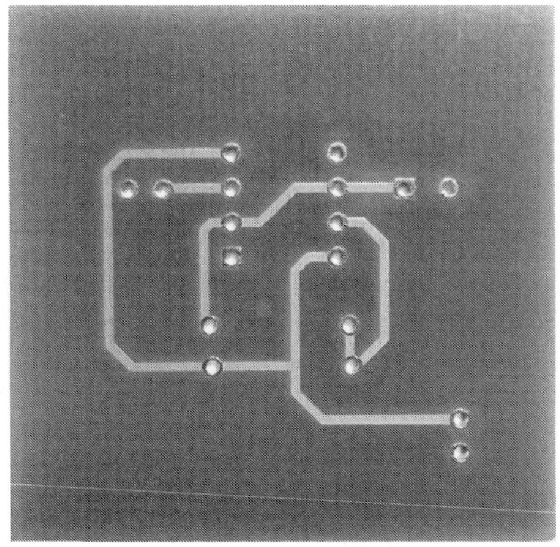

〈Bottom 면 사진〉

4.9.4 조립하기

모든 부품은 top 면에서 조립하고 bottom 면에서 납땜한다.

▌ 부품표

번호	부품명	부품 번호	규격	수량	부품배치면
1	저항	R1	1/8W, 6.8k	1	top
2	저항	R2	1/8W, 10k	1	top
3	LED	D1	RED, 5Φ	1	top
4	전해커패시터	C1	100uF/16V	1	top
5	IC	U1	NE555	1	top
6	커넥터	J1	5045-02 (2pin)	1	top

▎조립도면

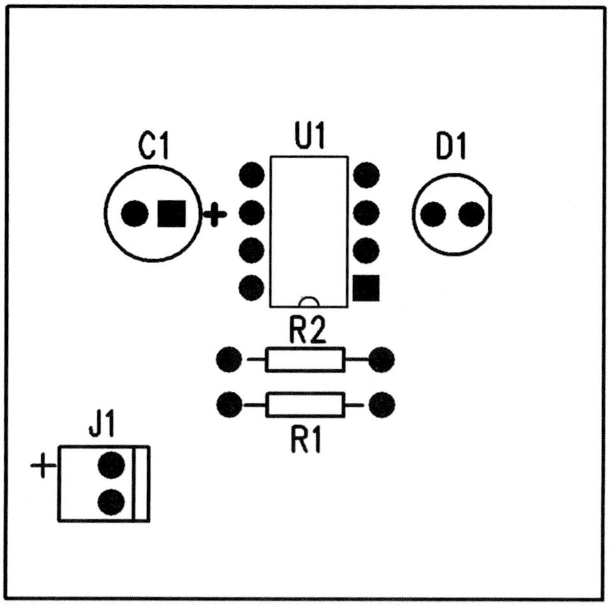

〈Top 면〉

▎조립된 PCB

〈Top 면 사진〉

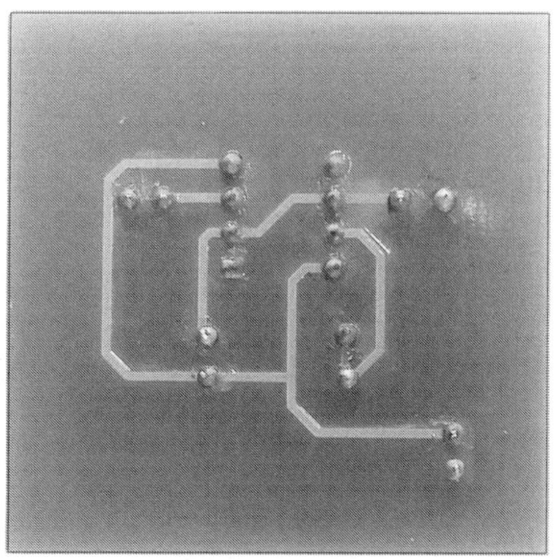

〈Bottom 면 사진〉

제 5 장 | 카운터 회로

5.1 설계 요구 사항

카운터 회로도를 작성하고 PCB를 설계한다. PCB 제작 의뢰에 필요한 CAM데이터 파일(Gerber file)을 만든다. PADS Logic과 PADS Layout 라이브러리에 있는 부품의 심벌과 PCB Decal을 사용하여 설계한다. 2장에서 만든 PWR_CONN을 사용한다. PCB의 크기는 가로 60mm, 세로 50mm이며 양면 기판으로 설계하고, 부품은 bottom 면에 배치하고 일부 부품은 top 면에 배치한다. Top 면은 모두 ground 처리한다.

5.2 회로도

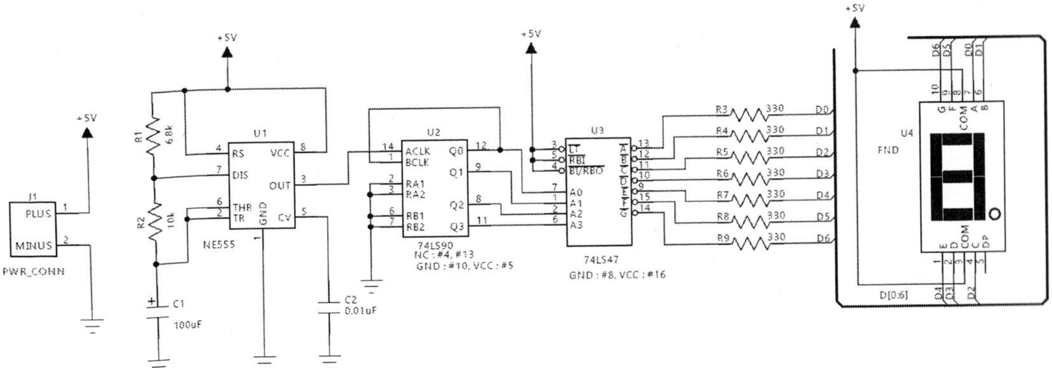

| 제 5 장 |

카운터 회로

5.3 사용 부품

사용 부품은 다음과 같다.

부품 번호	부품명	부품 규격	수량	부품배치면
R1	저항	1/8W, 6.8k	1	bottom
R2	저항	1/8W, 10k	1	bottom
R3-9	저항	1/8W, 330	7	bottom
C1	전해커패시터	100uF/16V	1	bottom
C2	세라믹커패시터	0.01uF	1	bottom
U1	IC	NE555	1	bottom
U2	IC	74LS90	1	bottom
U3	IC	74LS47	1	bottom
U4	FND	FND507	1	top
J1	커넥터	5045-02 (2pin)	1	top

각 부품에 대한 Part Type, CAE Decal, PCB Decal은 다음과 같다.

Ref. Des	Part Type	CAE Decal	PCB Decal
R1	RES-1/8W	RESZ_H	R1/8W
R2	RES-1/8W	RESZ_H	R1/8W
R3-9	RES-1/8W	RESZ_H	R1/8W
C1	CAP-ELECTAA	CAP+	CE2.5MM*
C2	CAP-CK05	CAP	CK05
U1	NE555	NE555_A*	DIP8
U2	74LS90	74LS90	DIP14
U3	74LS47	74LS47	DIP16
U4	FND**	FND_CA**	FND**
J1	PWR_CONN*	PWR_CONN*	PWR_CONN*

* J1에 대한 Part Type, CAE Decal, PCB Decal은 3장에서 만든 것을 사용하고, U1에 대한 CAE Decal과 C1에 대한 PCB Decal은 4장에서 만든 것을 사용한다.

** U4에 대한 Part Type, CAE Decal, PCB Decal은 본 장에서 만든다.

5.4 FND 부품 만들기(Part Type, CAE Decal)

- 회로도를 작성하는 PADS Logic 프로그램 을 연다.
- Menu Bar에서 Tools > Part Editor를 선택하면 Part Editor 창이 나타난다.

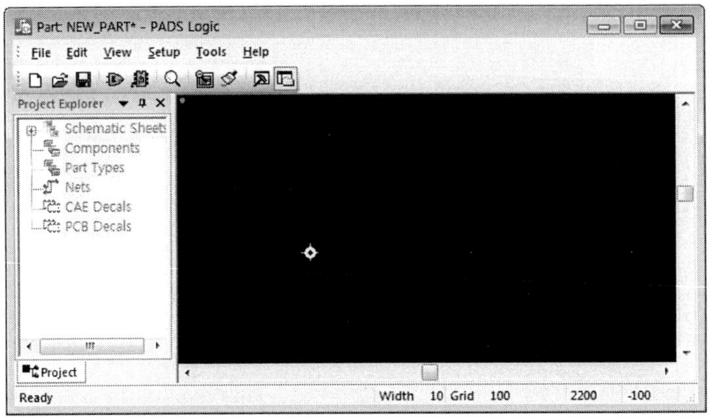

- Part Editor Toolbar에서 Edit Electrical 아이콘 을 클릭한다.
- 팝업된 Part Information for Part–New_PART 창의 General 탭에서 Logic Family의 스크롤 바를 움직여 ANA를 선택하고 Ref Prefix가 U임을 확인한다.

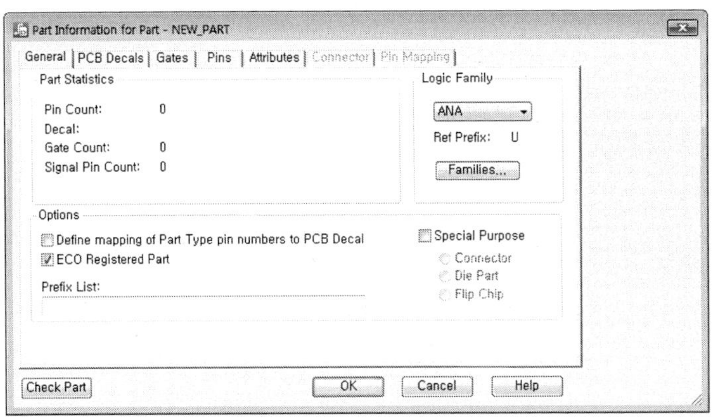

- Part Information for Part–New_PART 창의 PCB Decals 탭에서 Library를 usr로 지정한다.

- Assign New 버튼을 클릭하여 FND을 입력하고 OK 버튼을 클릭한다.

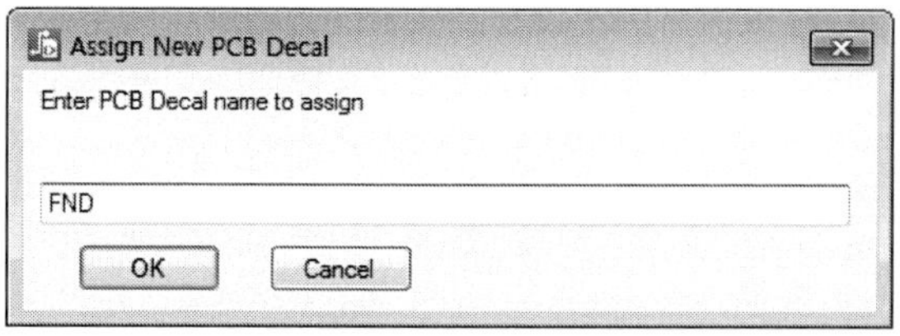

- Assigned Decals에 FND를 확인한다.

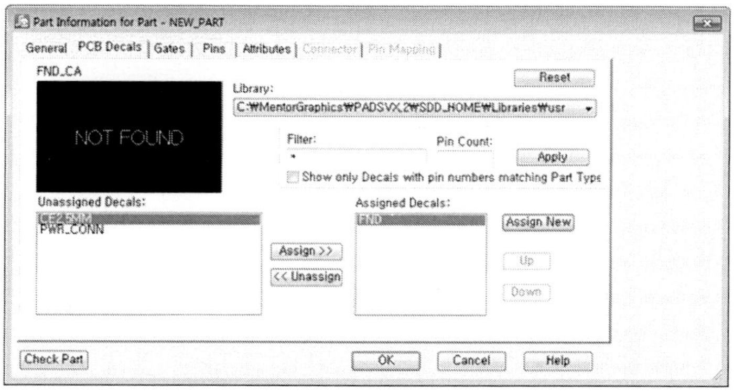

- PCB Decal은 PADS Layout에서 만드는 것으로 Part Type에서 미리 PCB Decal 이름만 지정해 둔다.

- Part Information for Part-New_PART 창의 Gates 탭에서 Add 버튼을 클릭하고 CAE Decal1 난에 더블클릭을 하고 FND_CA를 입력한다.

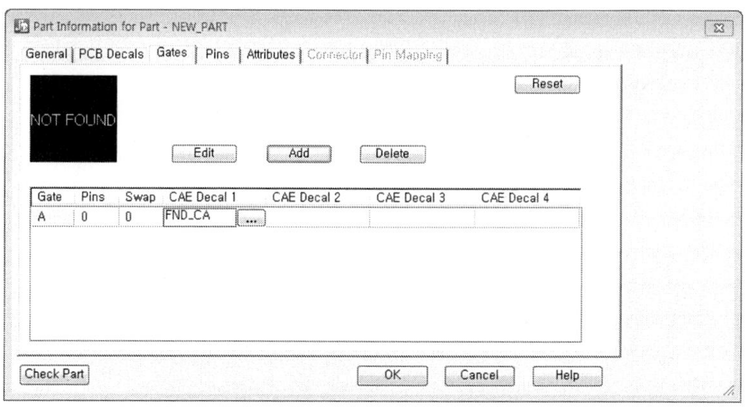

- OK 버튼을 클릭한다.

- 두 개의 warning 메시지가 나타나지만 앞으로 만들게 되므로 문제는 없다.

- 메모장을 닫는다.
- Part Editor Toolbar에서 Edit Graphics 아이콘 을 클릭한다.
- Select Gate Decal 창에서 Gate A의 Decal이 FND_CA임을 확인하고 OK 버튼을 클릭한다.

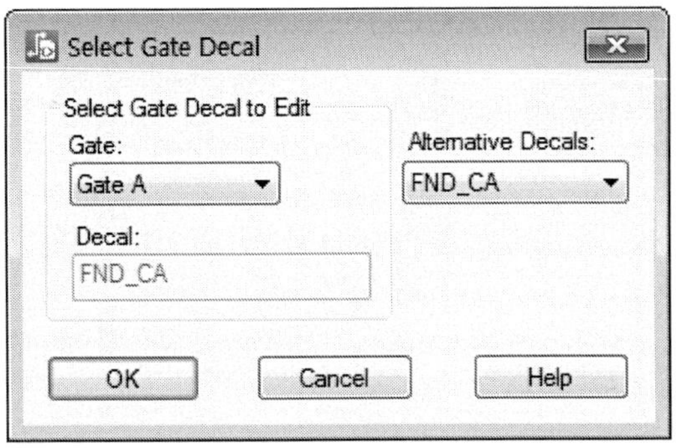

- 다음 창이 나타나면 확인 버튼을 누른다.

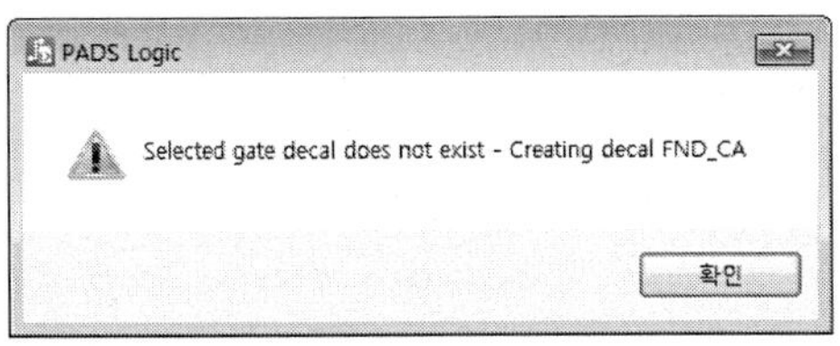

- CAE Decal을 그릴 수 있는 창을 확인한다.

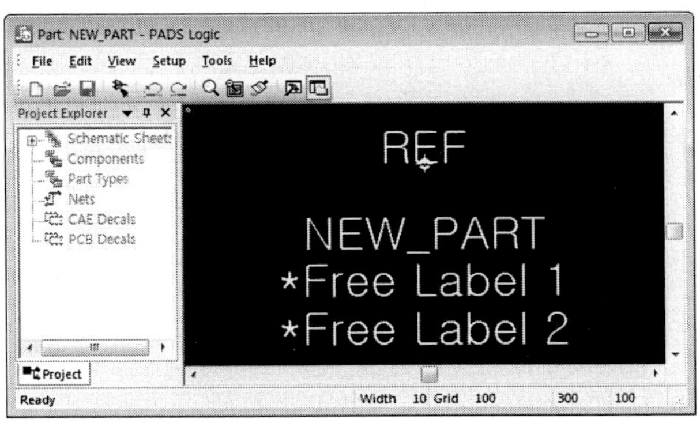

- Decal Editing Toolbar 아이콘 을 클릭한다.
- Modeless Command로 키보드에서 g100을 입력하고 엔터키를 누른다.
- Modeless Command로 키보드에서 gd100을 입력하고 엔터키를 누른다.

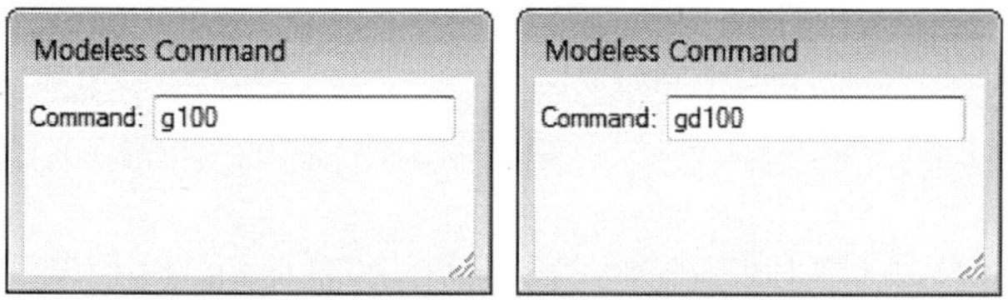

- Create 2D Line 아이콘 을 클릭한다.
- 마우스 오른쪽 버튼을 클릭한다.
- 팝업창에서 Rectangle을 선택하고 원점에서 800×1400 크기의 사각형을 그린다.

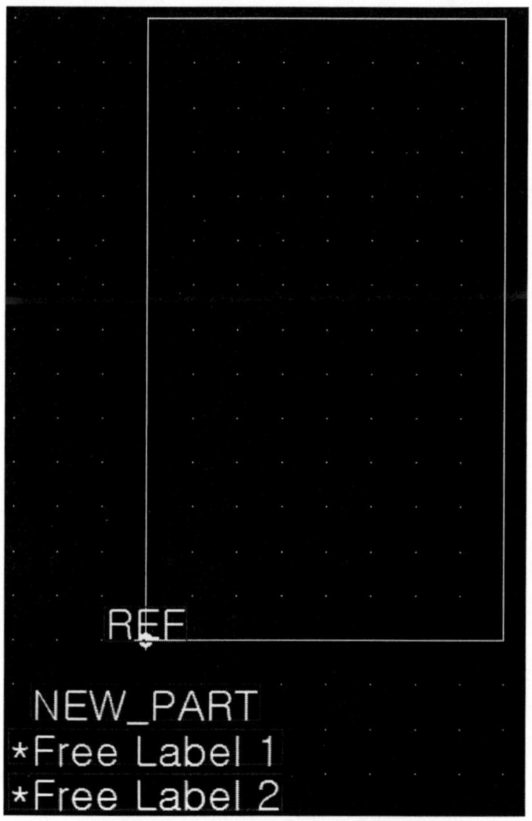

- Create 2D Line 으로 작은 사각형을 그린다.
- Modeless Command로 g10을 입력하고

- Modeless Command로 gd10을 입력하여 grid를 설정한다.
- 좌표(100 300)에서 좌표(200 690)까지 직사각형 100×390을 만든다.
- 컴퓨터 키보드에서 Esc 키를 눌러 2D Line 그리기에서 빠져나온다.
- 방금 만든 직사각형을 선택하고 마우스 오른쪽 버튼을 클릭하여 팝업 창에서 Properties를 선택한다.
- Filled를 체크한다.

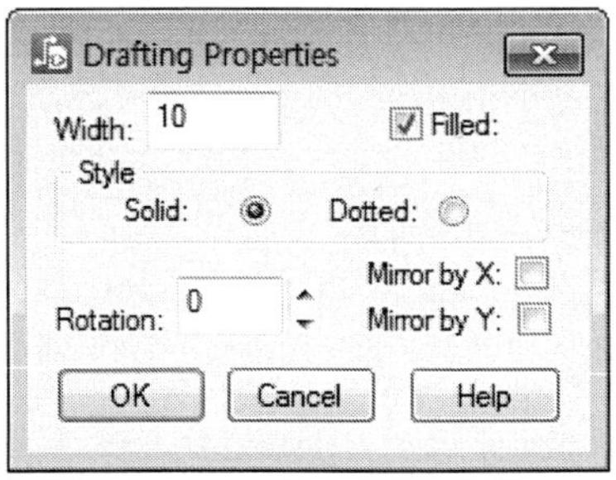

- 사각형이 채워짐을 알 수 있다.

- 채워진 사각형을 선택하고 마우스 오른쪽 버튼을 누르고 팝업 창에서 Duplicate를 선택한다.
- 복제된 직사각형의 왼쪽 아래의 위치가 좌표(100 710)되는 지점에 둔다.
- 마찬가지로 복제된 직사각형의 왼쪽 아래의 위치가 좌표(500 300)과 좌표(500 710)되는 지점에 각각 둔다.

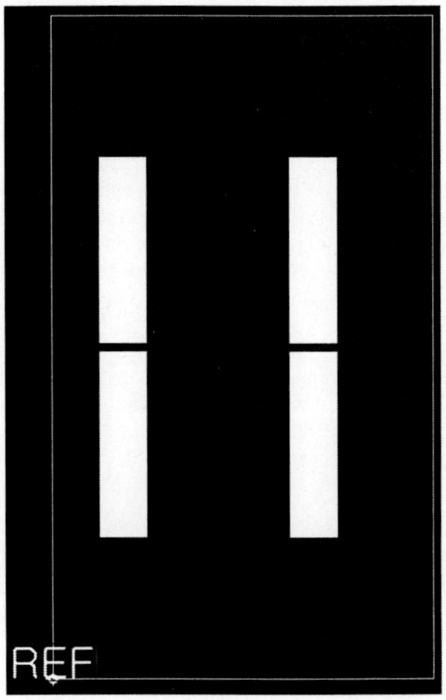

- 컴퓨터 키보드에서 Esc 키를 누른다.
- Create 2D Line 을 선택하고 Rectangle를 지정한다.
- Modeless Command로 s220 300을 입력하고 커서를 클릭한다.
- Modeless Command로 s480 400을 입력하고 커서를 클릭한다.
- 키보드에서 Esc 키를 누른다.
- 만들어진 사각형을 선택하고 마우스 오른쪽 버튼을 클릭하여 팝업 창에서 Properties를 선택한다.
- Filled를 체크한다.
- 키보드에서 Esc 키를 누른다.

- 복제된 직사각형의 왼쪽 아래의 위치가 좌표(220 650)되는 지점에 둔다.
- 마찬가지로 복제된 직사각형의 왼쪽 아래의 위치가 좌표(220 1000)되는 지점에 둔다.
- 컴퓨터 키보드에서 Esc 키를 누른다.
- 사각박스 7개가 만들어짐을 확인한다.

- 키보드에서 Esc 키를 누른다.
- Menu Bar에서 Tools > Options...을 선택하고
- Options 창에서 General 탭에 있는 Snap to Grid의 체크를 해제하고 OK 버튼을 클릭한다.

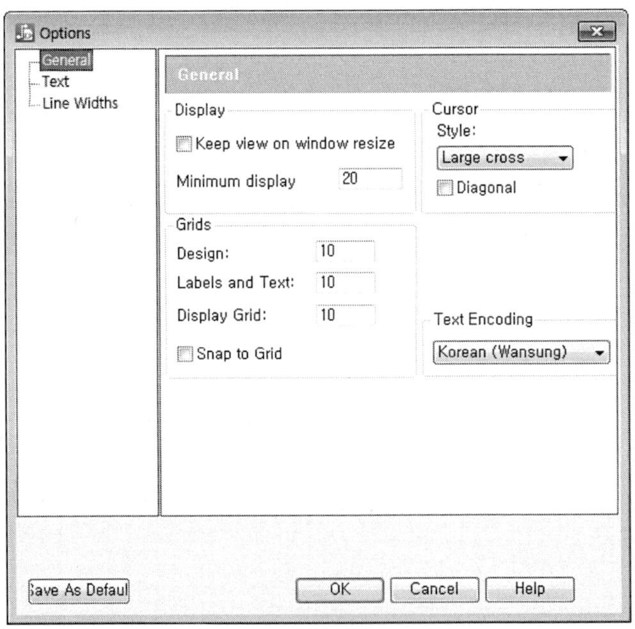

- 오른쪽 하단 원을 그리기 위하여 Create 2D Line 을 선택하고 Circle을 지정한다.
- Modeless Command로 s700 350을 입력하고 커서를 클릭하고
- Modeless Command로 s725 350을 입력하고 커서를 클릭한다.
- 키보드에서 Esc 키를 누른다.
- 만들어진 원을 선택하고 마우스 오른쪽 버튼을 클릭하여 팝업 창에서 Properties를 선택한다.
- Width를 50으로 설정하고 OK 버튼을 클릭한다.
- 키보드에서 Esc 키를 누른다.

- Menu Bar에서 Tools > Options...을 선택하고
- Options 창에서 General 탭에 있는 Snap to Grid를 체크하고 OK 버튼을 클릭한다.
- Modeless Command로 g100을 입력하고
- Modeless Command로 gd100을 입력하여 grid를 재설정한다.

Terminal 붙이기

- Add Terminal 아이콘 을 클릭하고, PIN을 선택한 후 OK 버튼을 클릭한다.
- Pin방향을 90도 변경하기 위하여 단축키 Ctrl + R을 누른다.
- 아래와 같은 번호 순대로 핀을 붙인다.

- 키보드에서 Esc 키를 누른다.
- Add Terminal 아이콘 을 클릭하고, PIN을 선택한 후 OK 버튼을 클릭한다.
- PIN 방향을 90도 변경하기 위하여 마우스 오른쪽 버튼을 누르고 Rotate 90을 선택한다.
- 다시 마우스 오른쪽 버튼을 누르고 Y Mirror를 선택한다.
- 아래와 같은 번호 순대로 핀을 붙인다.

- 키보드에서 Esc 키를 누른다.
- 텍스트 REF, NEW_PART 등의 위치를 변경하기 위하여 마우스 오른쪽 버튼을 클릭하고 Filter 창에서 Select Label을 선택한다.

- 아래와 같이 텍스트의 위치를 옮긴다.

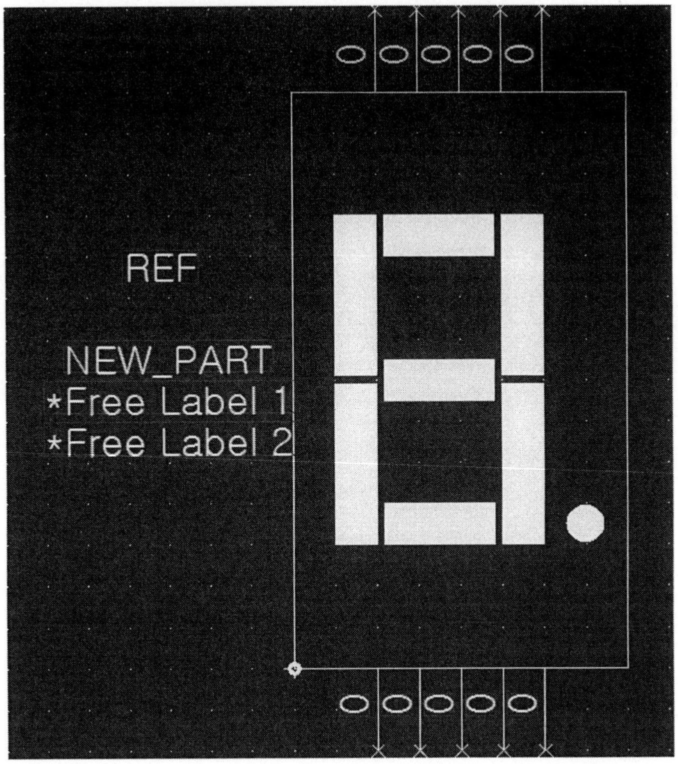

▎핀 번호 설정하기

- Set Pin Number 아이콘 을 클릭하고, Set Pin Numbers 창에서 OK 버튼을 클릭한다.

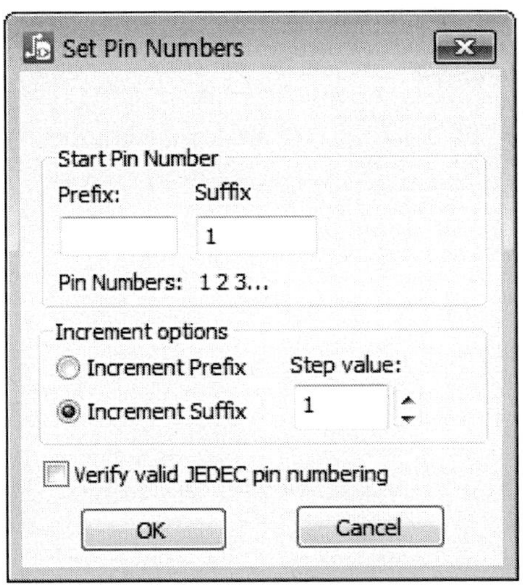

- 아래와 같이 핀 번호에 커서로 클릭하여 번호를 순서대로 부여한다.

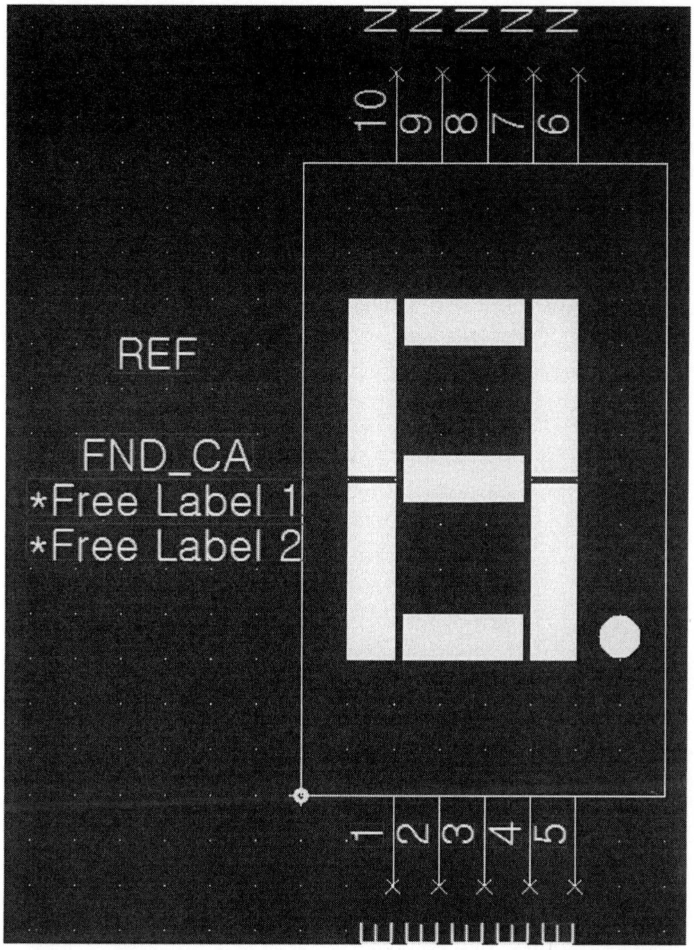

▌ 핀 이름 설정하기

- Set Pin Name 아이콘 을 클릭한다.
- Start name of a Terminal 창에서 A를 입력하고 OK 버튼을 클릭한다.

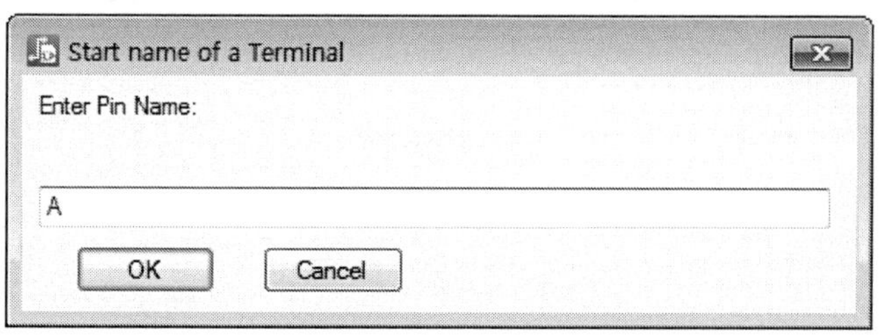

- 커서를 7번 핀에 클릭한다.

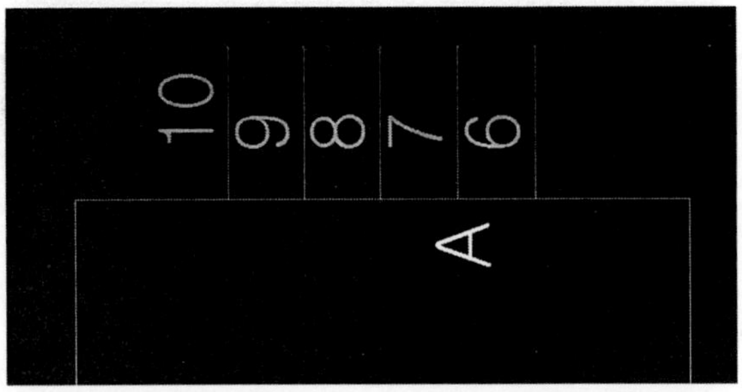

- 핀 번호 6, 4, 2, 1, 9, 10번 순서로 핀 번호를 클릭한다.

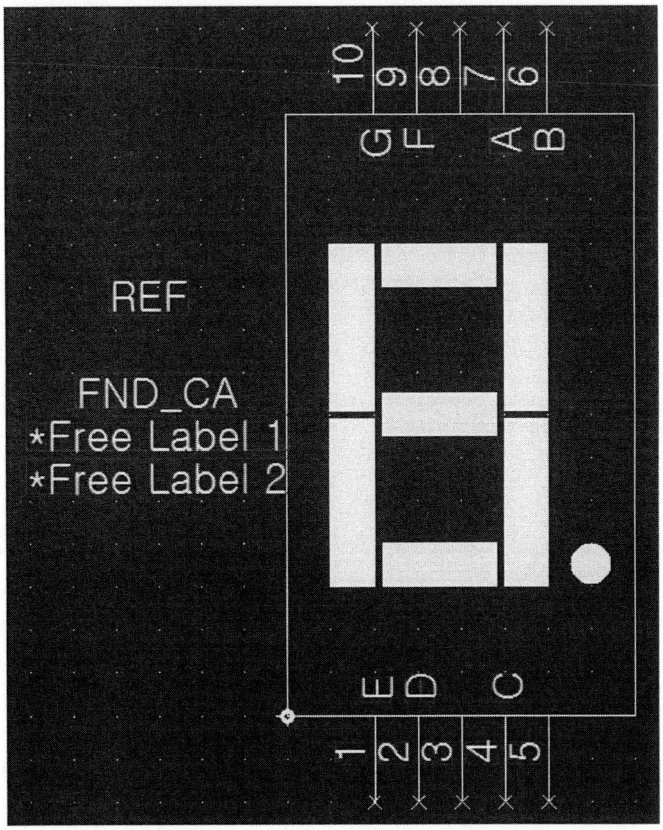

- Change Pin Name 아이콘 을 클릭한다.
- 커서로 3번 핀을 클릭한다.
- Pin Name 창에서 COM을 입력하고 OK 버튼을 클릭한다.
- 커서로 5번 핀을 클릭하고 대화창에서 DP를 입력하고 OK 버튼을 클릭한다.

- 커서로 8번 핀을 클릭하고 대화창에서 COM을 입력하고 OK 버튼을 클릭한다.

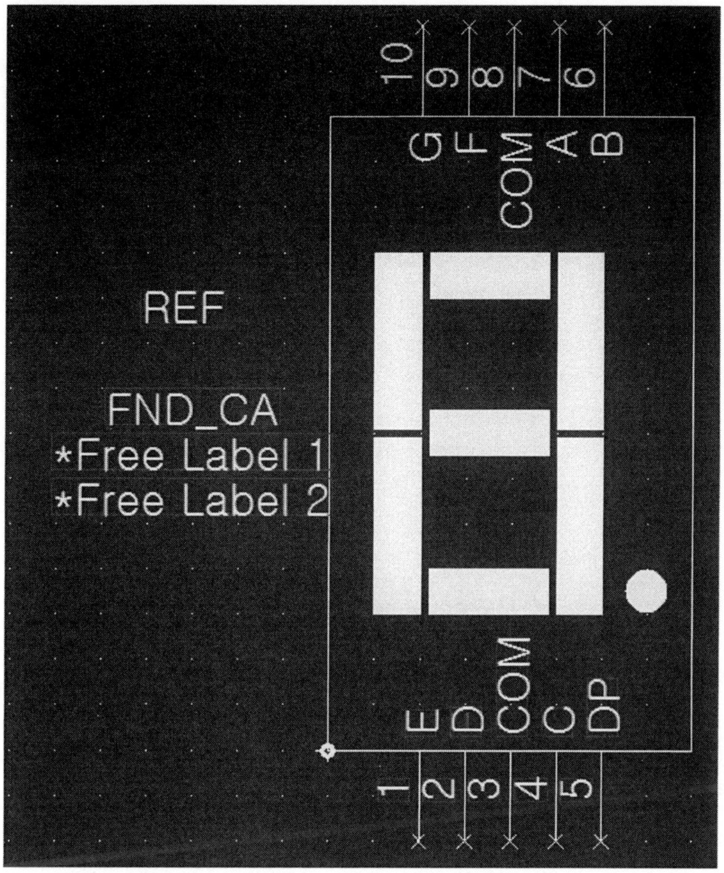

- Menu Bar에서 File > Return to Part를 선택하고 예(Y)를 누른다.

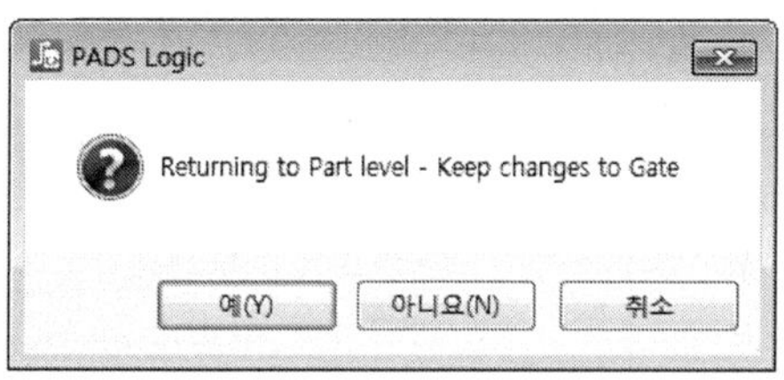

- Menu Bar에서 File > Save As...를 선택한다.
- Save Part and Gate Decals As 창에서 Name of Part에 FND를 입력하고 OK 버튼을 클릭한다.
  - 나타난 메모장의 warning은 무시한다.

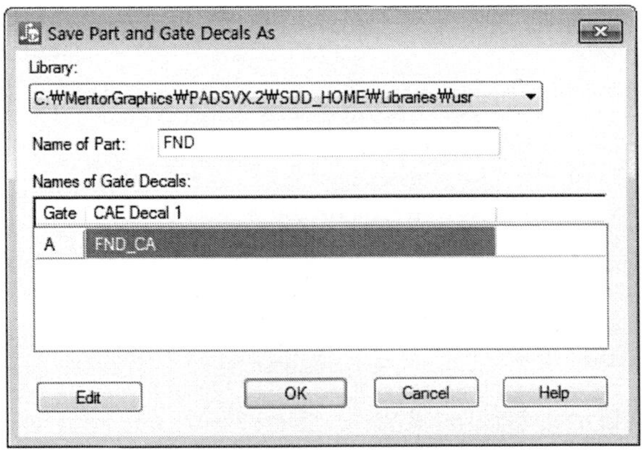

- Menu Bar에서 File > Exit Part Editor를 클릭한다.

5.5 FND PCB Decal 만들기

PCB Decal은 PADS Layout 에서 만들 수 있다.

만들고자 하는 FND의 도면은 다음과 같다.

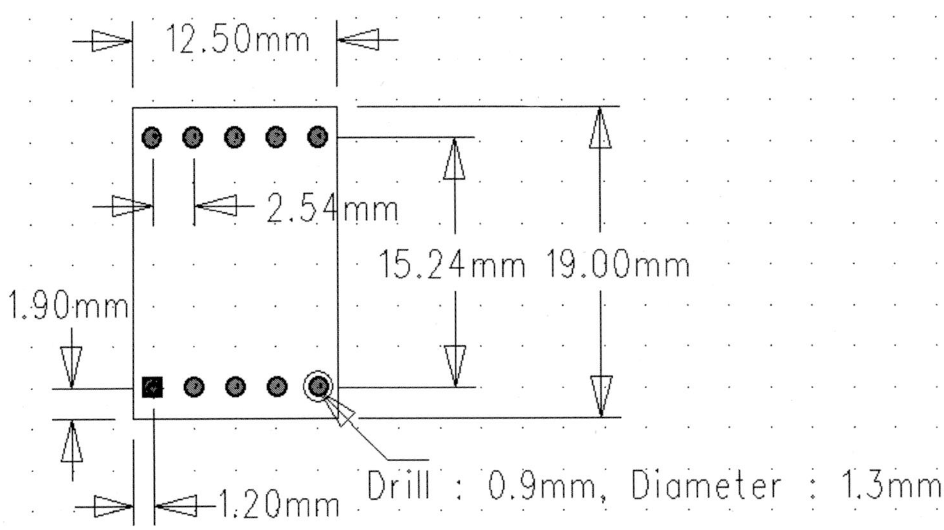

▎Terminal 만들기

- PADS Layout 프로그램 을 연다.
- Menu Bar에서 Tools > PCB Decal Editor를 선택한다.
- Drafting Toolbar 아이콘 을 선택한다.
- Modeless Command로 umm을 입력하여 밀리미터 단위로 설정한다.
- Modeless Command로 g2.54을 입력한다.
- Modeless Command로 gd2.54을 입력하여 grid 간격을 2.54mm로 설정한다.
- Terminal 아이콘 을 선택한다.
- Add Terminal 창이 나타나면 OK 버튼을 클릭한다.

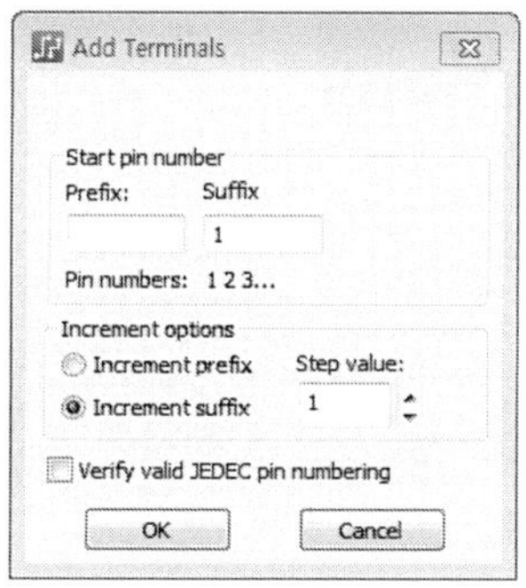

- 커서를 원점(0 0)에서 클릭하여 1번 터미널을 만든다.
- 키보드에서 Esc 키를 누른다.
- 1번 터미널을 선택하고 마우스 오른쪽 버튼을 클릭한다.
- Pad Stacks...을 선택한다.

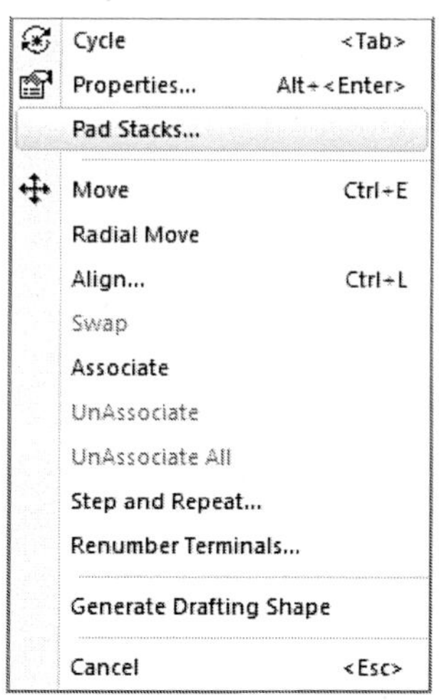

- Pad Stack Properties for Pin 창에서 각 layer의 Diameter를 1.3, Drill size를 0.9로 설정하고 OK 버튼을 클릭한다.

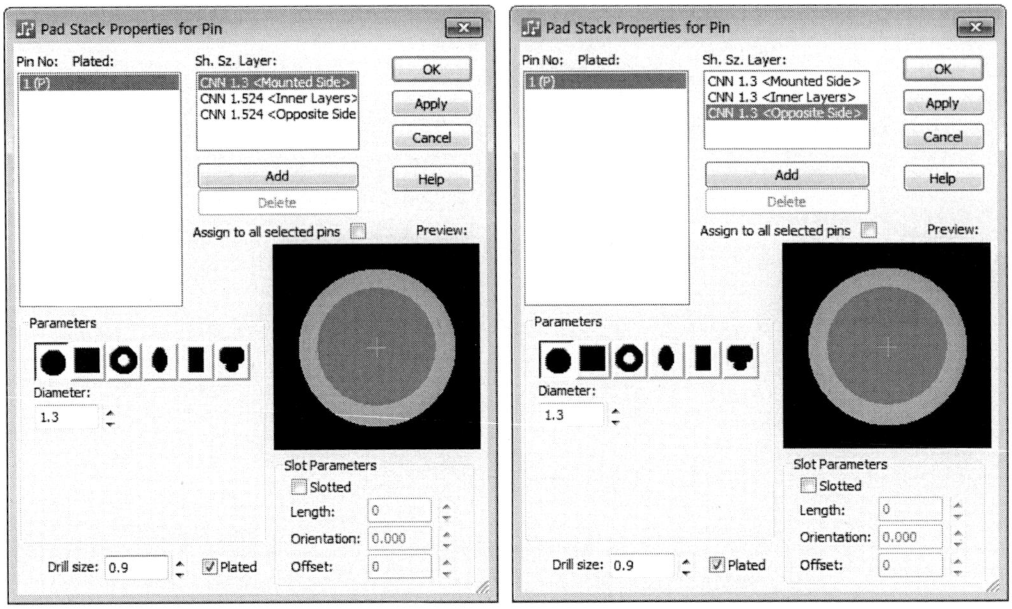

- 1번 터미널을 선택하고 마우스 오른쪽 버튼을 클릭한다.
- Step and Repeat...를 선택한다.

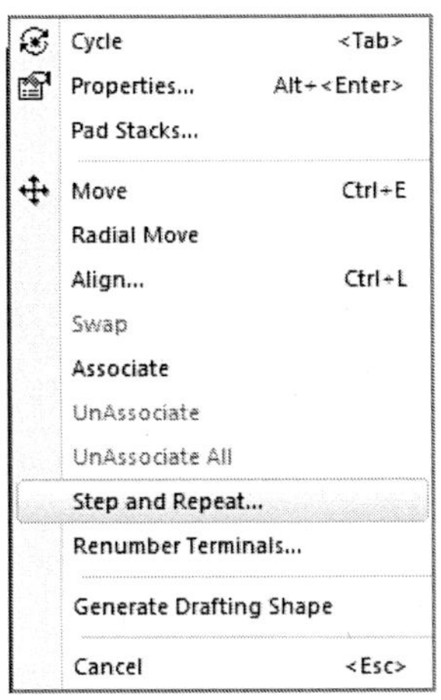

- Step and Repeat...창에서 Direction: Right, Count: 4, Distance: 2.54, Suffix: 2로 지정하고 입력한 후 OK 버튼을 클릭한다.

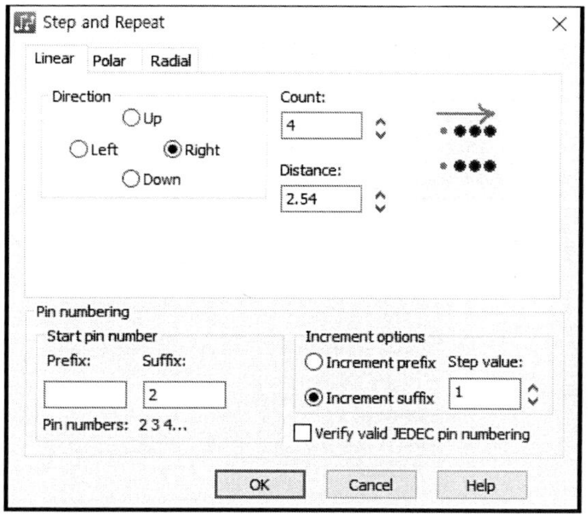

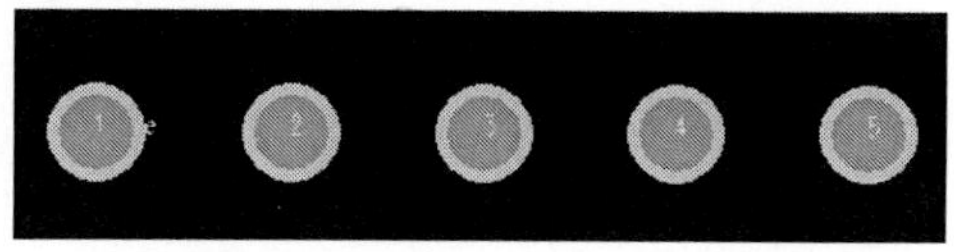

- 5번 터미널을 선택하고 마우스 오른쪽 버튼을 클릭한다.
- Step and Repeat...를 선택한다.
- Step and Repeat...창에서 Direction: Up, Count: 1, Distance: 15.24, Suffix: 6으로 지정하고 입력한 후 OK 버튼을 클릭한다.

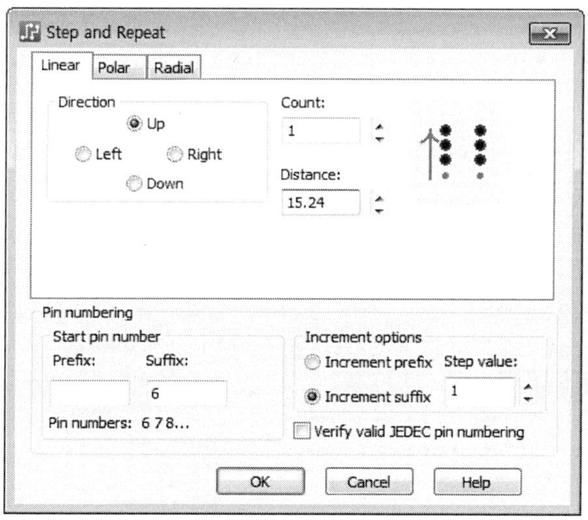

- 6번 터미널을 선택하고 마우스 오른쪽 버튼을 클릭한다.
- Step and Repeat...를 선택한다.

- Step and Repeat...창에서 Direction: Left, Count: 4, Distance: 2.54를 지정하고 입력한 후 OK 버튼을 클릭한다.

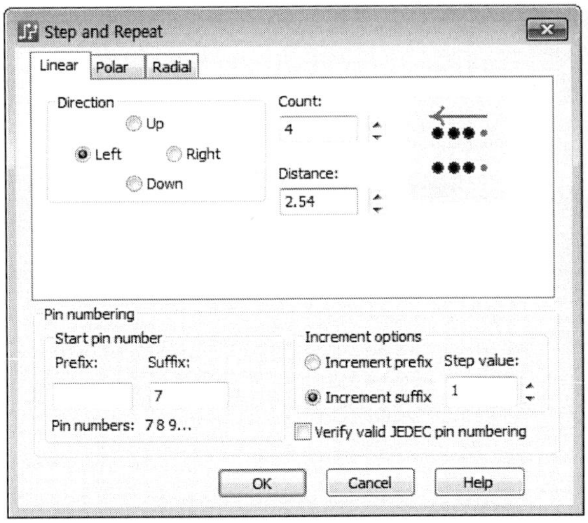

- 1번 터미널을 선택하고 마우스 오른쪽 버튼을 클릭한다.
- Pad Stacks...를 선택한다.
- Pad Stack Properties for Pin 창에서 각 layer의 Parameters의 모양을 정사각형으로 지정하고 OK 버튼을 클릭한다.

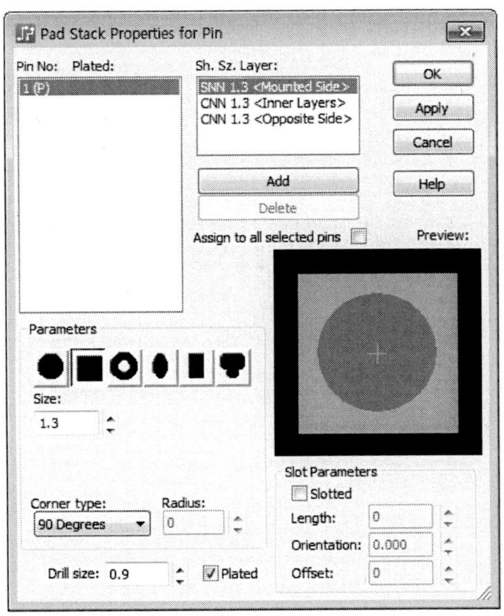

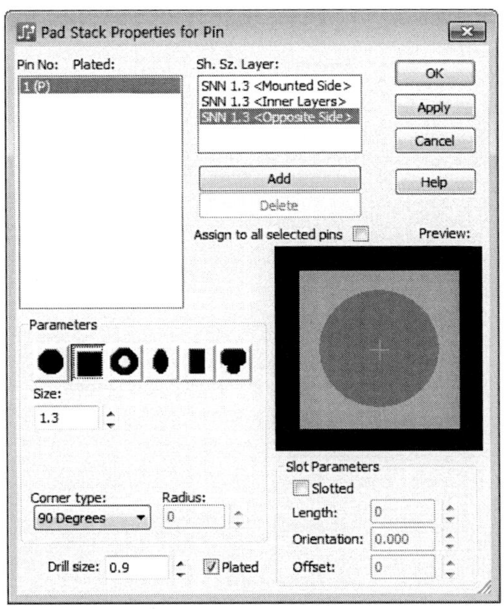

- 키보드에서 Esc 키를 눌러 Terminal 명령을 해제한다.

▌외각선 그리기

- Modeless Command로 g0.1을 입력하고
- Modeless Command로 gd0.1을 입력하여 grid를 재설정한다.
- Create 2D Line 아이콘 을 클릭한다.
- 마우스 오른쪽 버튼을 클릭한다.
- 팝업창에서 Rectangle을 선택한다.
- Modeless Command s-1.2 -1.9를 입력하고 커서를 클릭한다.
- Modeless Command s11.3 17.1을 입력하고 커서를 클릭한다.

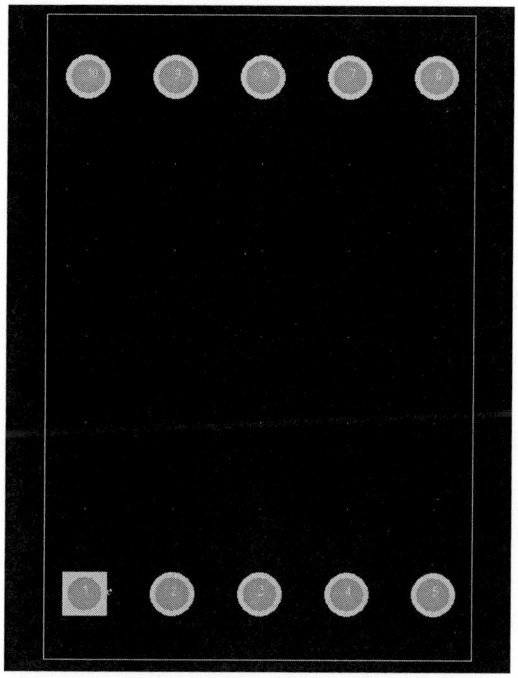

- 저장하기 위하여 Menu Bar에서 File > Save Decal As...를 선택한다.
- Library를 usr로 설정하고 Name of PCB Decal에는 FND을 입력하고 OK 버튼을 클릭한다.
- Part Type은 앞에서 만들었으므로 새로운 Part Type를 만들 것인가를 묻는 팝업 창에서 아니오(N)를 선택한다.

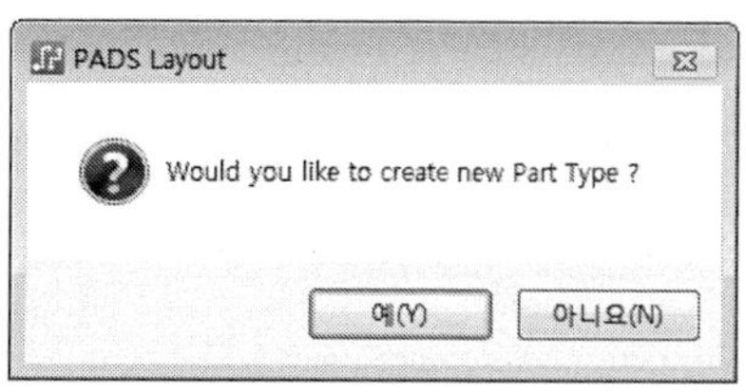

- Menu Bar에서 File > Exit Decal Editor를 선택하여 PCB Decal Editor에서 나온다.

5.6 회로도 작성하기

PADS Logic의 라이브러리에서 제공하는 부품과 새롭게 만든 부품을 사용하여 회로도를 작성한다.

- 회로도를 작성하는 PADS Logic 프로그램 을 연다.

Sheet Border 변경하기

PADS Logic에서는 기본으로 sheet size B와 sheet border SIZEB로 세팅되어 있다.

본 장에서는 A4 크기의 sheet와 3장에서 만든 sheet border MySIZEA4를 불러들여서 사용한다. Menu Bar에서 Tools > Options을 선택하고 Option 창의 Design 탭에서 size와 sheet를 변경한다.

Grid 설정하기

- Design grid를 설정하기 위하여 키보드에서 g100을 입력한다.
- Dot grid를 설정하기 위하여 키보드에서 gd100을 입력한다.

부품 배치와 선 연결하기

- Schematic Editing Toolbar에서 Add Part 아이콘 을 선택한다.
  - Add Part from library 창이 나타난다. 이 창에서 원하는 부품을 선택한다.
- 먼저 R, C, U1-3는 part type을 참조하여 All Library에서 검색하여 부품을 추가하고 배치시킨다.
- J1은 라이브러리 usr에 있는 PWR_CONN을 불러들이고 배치시킨다.
- U4도 라이브러리 usr에 있는 FND을 불러들이고 배치시킨다.
- 모든 부품을 추가했으므로 Add part from Library 창을 닫는다.
- 주어진 회로도와 같이 부품을 배치한다.
- 각 부품의 ???위치를 더블클릭하여 팝업 창에서 부품 값을 입력한다.
- 부품을 지정하고 마우스 오른쪽 버튼을 클릭하여 Visibility를 선택한다.
- J1, R은 Pin Number가 보이지 않게 설정한다.

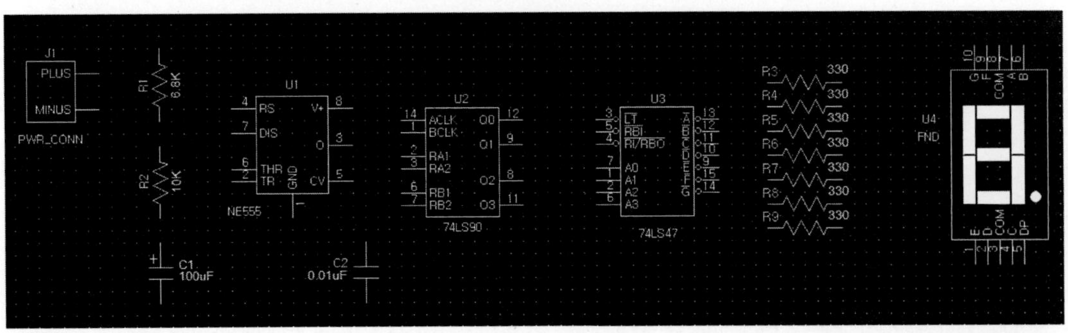

▍버스 선 그리기

- Schematic Editing Toolbar에서 Add Bus 아이콘 을 선택한다.
- 아래와 같이 R3에서 R9의 오른쪽의 임의의 좌표에 커서를 클릭한다.
- 두꺼운 선이 그려지면 방향 전환하는 지점에서 마우스 왼쪽 버튼을 클릭한다.
- 버스 선이 완료되는 지점에서는 더블클릭하면 Add Bus 창이 나타난다.
- Bus Name에 D[0:6]를 입력하고 OK 버튼을 클릭한다.

- 커서 임의의 위치에 두고 마우스 왼쪽 버튼을 클릭한다.

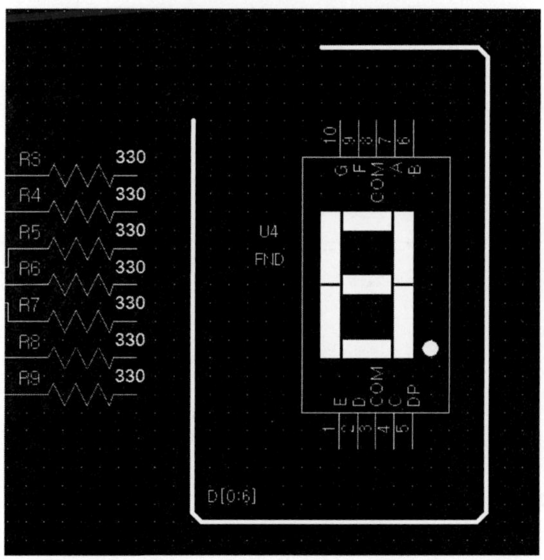

- 일반 연결선을 그리기 위하여 Function 키 F2를 클릭하고 연결하고자 하는 부품 단자와 Bus를 연결한다.

- 팝업 창에 Net Name, D0를 확인하고 OK 버튼을 클릭한다.

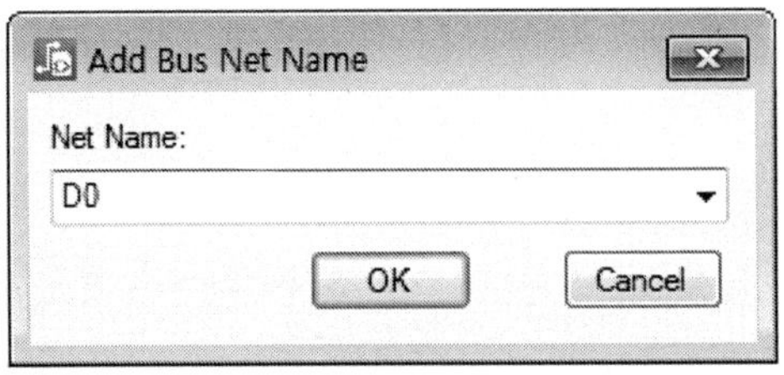

- 두 번째 선을 연결하면 계속하여 Add Bus Net Name에 Net Name이 1씩 증가됨을 알 수 있다.

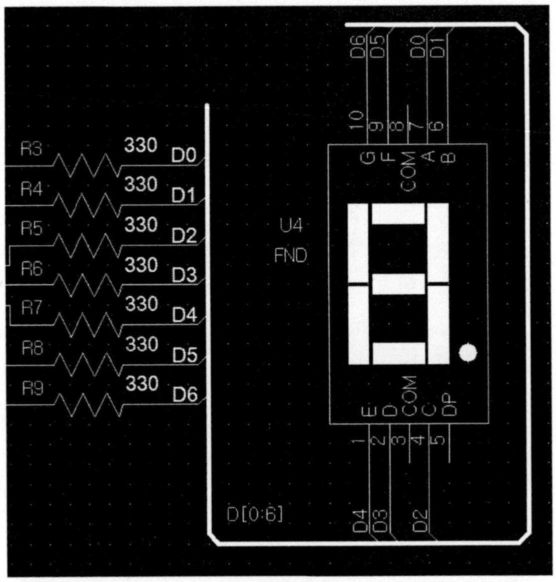

- Net Name을 변경하고자 할 때는 오른쪽의 선택 단자를 클릭하고 원하는 이름을 선택한다.

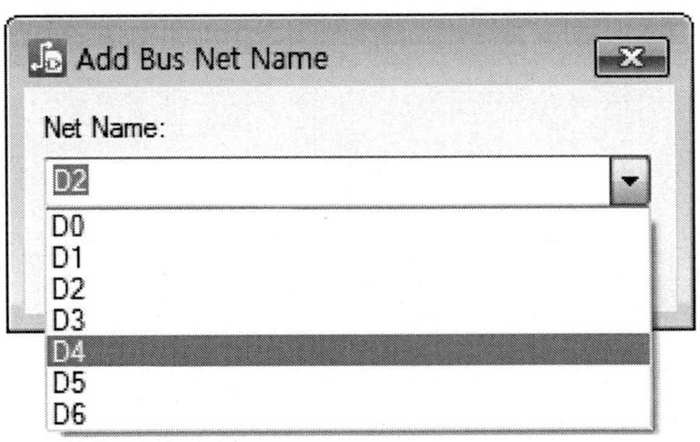

- Power와 ground를 연결하고 텍스트도 입력하고 완성한다.

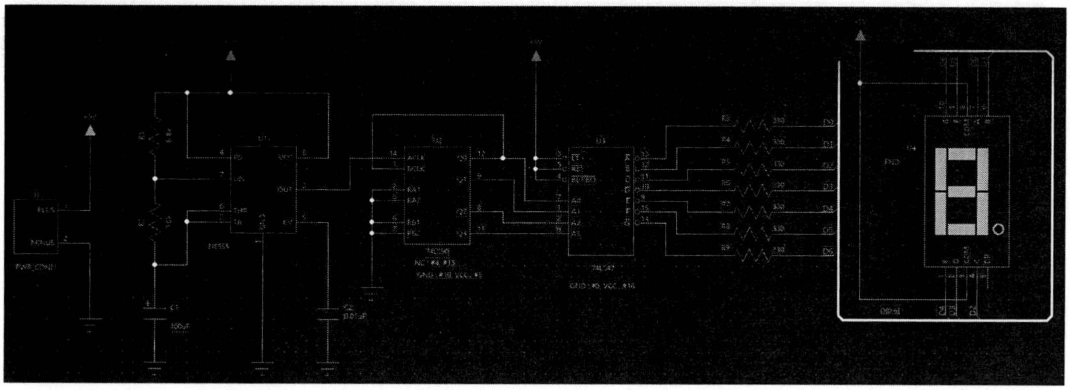

▌완성된 회로도 저장하기

- Menu Bar에서 File > Save As...를 선택하여 작성된 회로도를 저장한다. 여기서는 파일이름을 FndUpCounter로 저장한다.
  - 기본적으로 저장되는 폴더는 C:₩PADS Projects이다.

5.7 Layout Netlist 만들기

▌Layout Netlist 만들기

- Menu Bar에서 Tools > Layout Netlist를 선택한다.

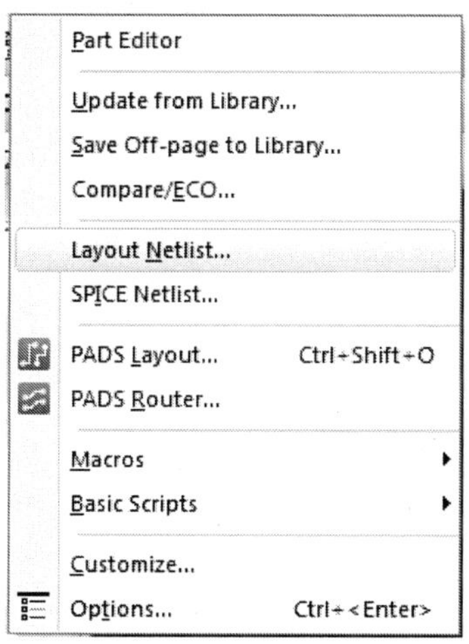

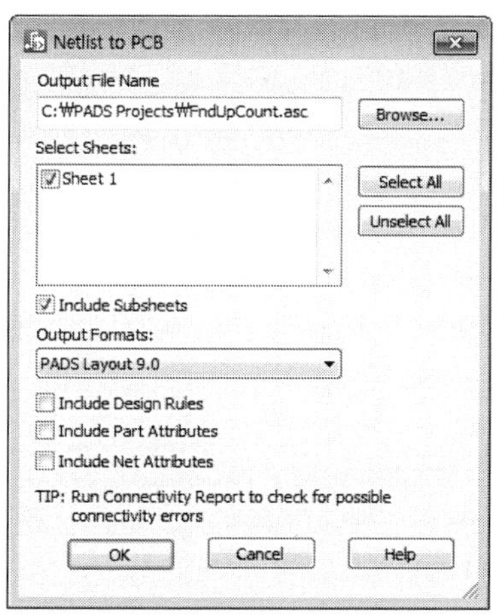

- Netlist to PCB 팝업창에서 저장할 파일 이름을 FndUpCounter로 지정하고 **저장(S)** 버튼을 클릭한다.
- 메모장을 확인한다.

5.8 PCB 설계하기

5.8.1 Layout Netlist 파일 불러들이기

- PCB를 설계하기 위하여 PADS Layout 아이콘  을 더블클릭한다.
- Menu Bar에서 File > Import를 선택한다.
- 저장된 FndUpCounter.asc 파일을 연다.
- 팝업 창에서 확인 버튼을 클릭한다.
- 불러들인 부품들은 원점에 모여 있는 것을 확인할 수 있다.

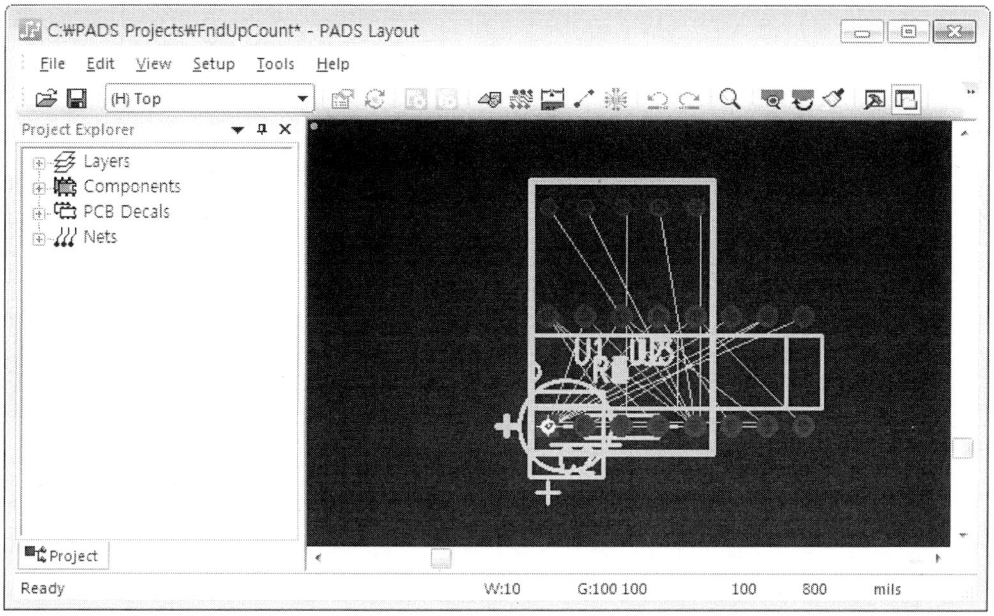

5.8.2 환경 설정하기

▎치수 단위 지정하기

PADS Layout에서 사용하는 치수 단위는 기본으로 Mils 단위로 되어 있다.

- mm 단위로 지정하기 위해서는 키보드로 Modeless Command인 umm을 입력하고 엔터키를 누른다.

▎Design Rule 설정하기

Design Rule은 부품 단자 간을 전기적으로 연결하는 배선 폭과 배선간의 최소 간격을 지정한다.

- Menu Bar에서 Setup > Design Rules을 선택한다.

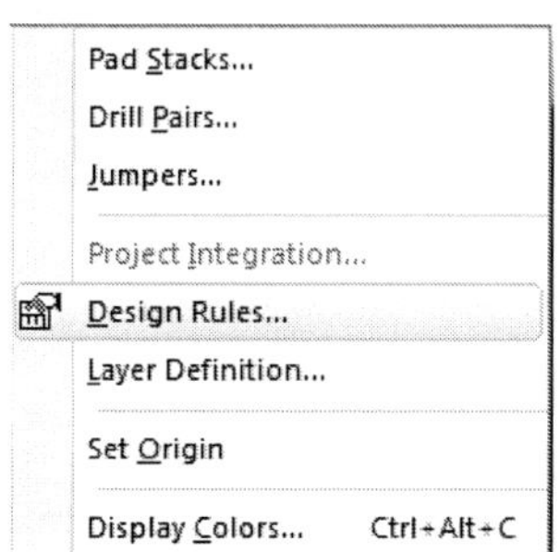

- Rules 팝업창에서 Default 아이콘 

을 선택하고 팝업된 Default Rules 창에서는 Clearance 아이콘 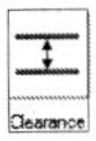

을 선택한다.

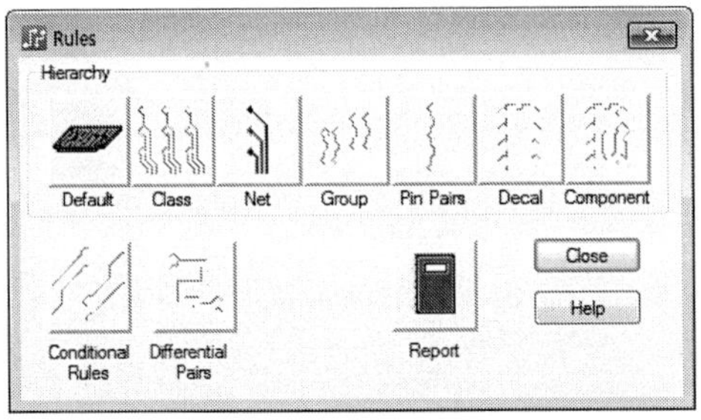

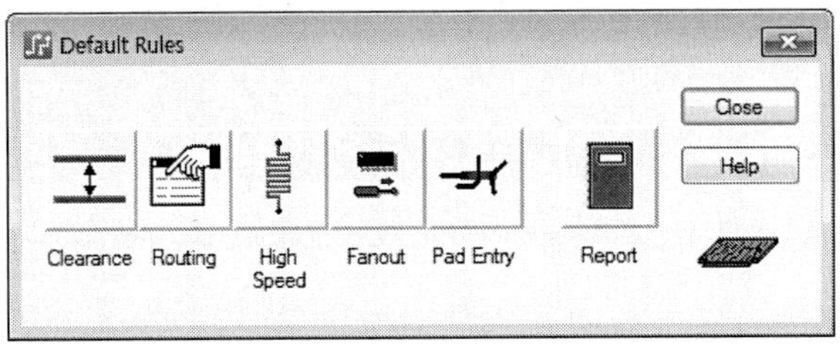

- 팝업된 Clearance Rules: Defaults rules 대화창에서 배선 폭과 간격을 다음과 같이 입력한다. Same net과 clearance의 값은 동일한 값으로 한 번에 입력하기 위하여 All 버튼을 선택하여 팝업된 Input Clearance Value 창에 값을 입력하고 OK 버튼을 클릭한다.

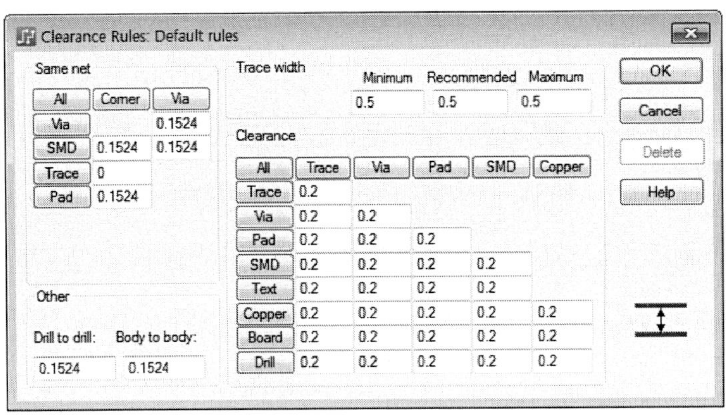

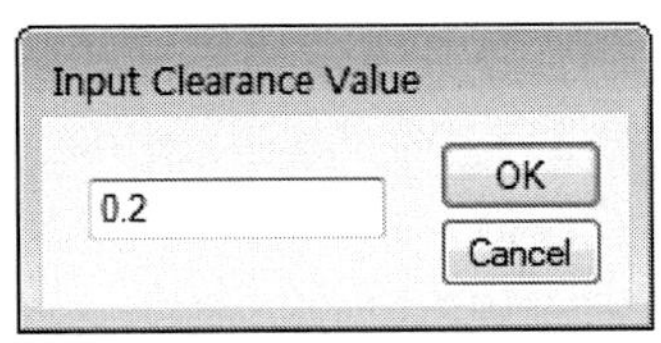

- Clearance Rules: Defaults rules 대화창을 닫는다.
- Defaults rules 창을 닫는다.
- Rules 팝업창에서 Net 아이콘 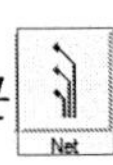

을 선택한다.

- 팝업된 Net Rules 창에서는 설정하고자 하는 Nets 중에서 +5V와 GND를 지정한 후 Clearance 아이콘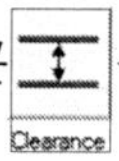을 선택한다.

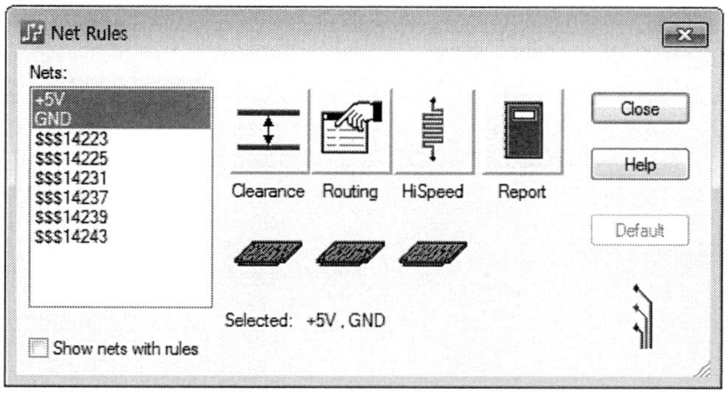

- Clearance Rules: +5V, GND 대화창에서 배선 폭과 간격을 다음과 같이 입력한다. Same net과 Clearance의 값을 동일한 값으로 한 번에 입력하기 위하여 All 버튼을 선택하여 값을 입력하고 OK 버튼을 클릭한다.

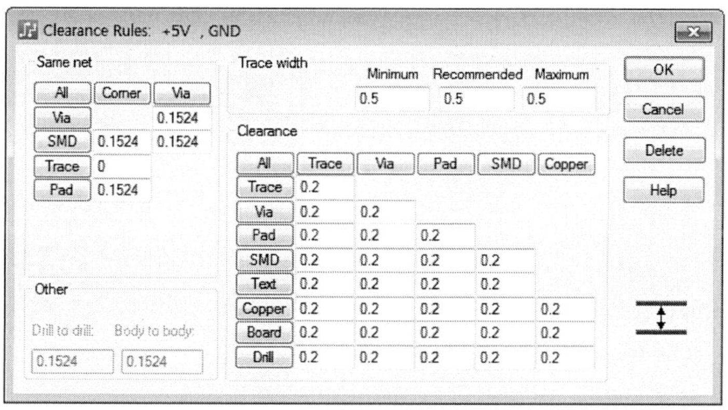

- Clearance Rules: +5V, GND 대화창을 닫는다.
- Net Rules 창을 닫는다.
- Rules 창을 닫는다.

5.8.3 PCB 외각선 그리기

- 키보드로 Modeless Command인 g1을 입력하고 엔터키를 누른다.
- Modeless Command로 gd1을 입력하고 엔터키를 누른다.
- Standard Toolbar에서 Drafting Toolbar 아이콘을 클릭한다.
- Drafting Toolbar를 확인하고 Board Outline and Cut Out 아이콘 을 클릭한다.
- 마우스 오른쪽 버튼을 클릭하고 팝업창에서 Rectangle을 선택한다.

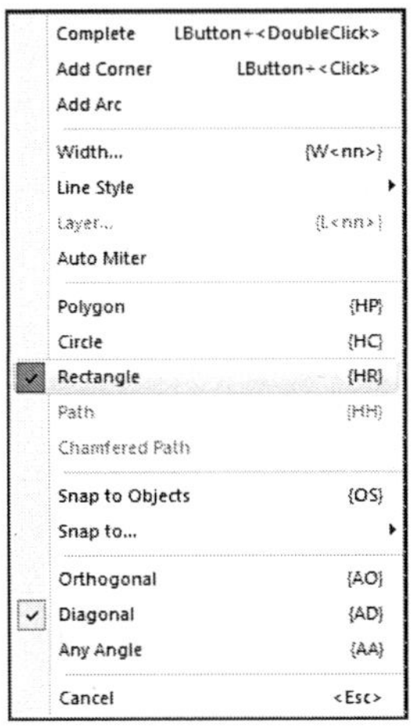

- Modeless Command로 s0 0을 입력하고 엔터키를 누른다. 커서를 클릭한다.
- Modeless Command로 키보드에서 s60 50을 입력하고 엔터키를 한번 누른 후에 마우스 왼쪽 버튼을 클릭한다.
- 아래와 같이 PCB 외각선이 나타남을 확인한다.

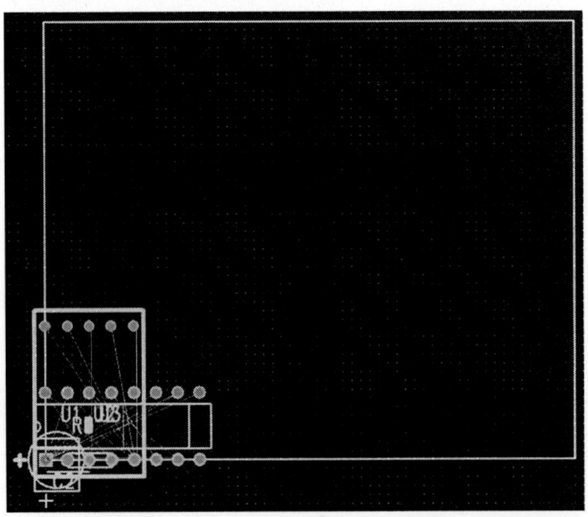

5.8.4 부품 배치하기

❙ Top 전체 ground 처리하기

Bottom 면은 부품 간을 연결하는 배선을 하고 top 면은 전체를 ground 처리하여 Bottom 면의 ground하고 through hole을 사용하여 상호 연결한다.

- Layer를 top 면으로 지정한다.
- Standard Toolbar에서 Drafting Toolbar 아이콘 을 클릭한다.
- Drafting Toolbar를 확인하고 Copper Pour 아이콘 을 클릭한다.
- 마우스 오른쪽 버튼을 클릭하고 팝업창에서 Rectangle을 선택한다.
- 기판의 외각선과 동일한 사각형을 원점에서 그린다.
- 아래와 같이 Add Drafting 창이 나타난다.
- Add Drafting 창에서 Layer를 Top으로 지정하고, Net Assignment는 GND로 지정한다.

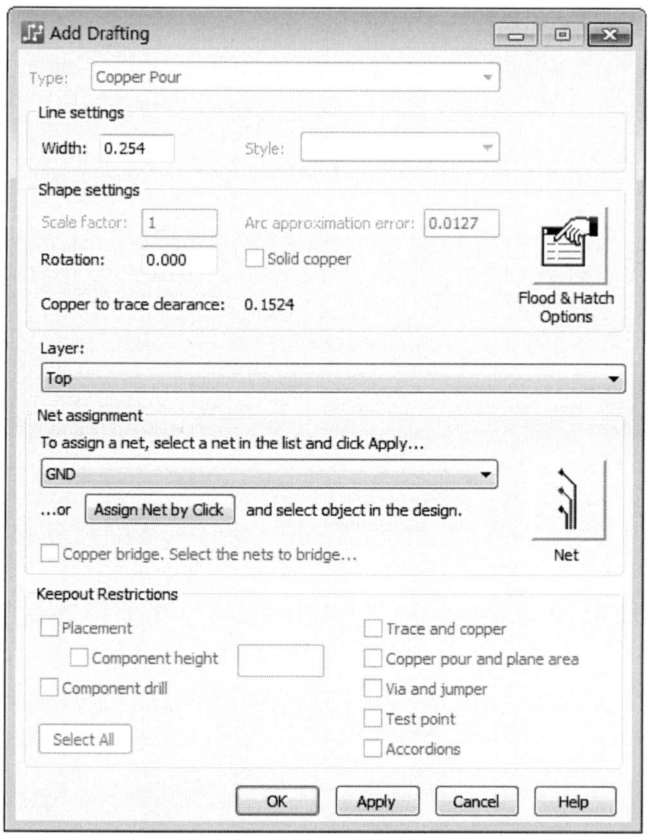

- OK 버튼을 클릭한다.

부품 풀어헤치기

- 원점에 모여 있는 부품을 풀어헤치기 위해 Menu Bar에서 Tools > Disperse Component를 선택하고 팝업창에서 예(Y)를 클릭한다.

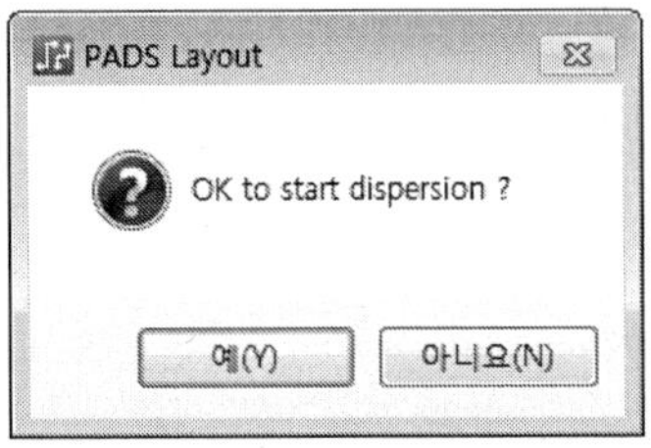

- 아래와 같이 부품이 풀어헤쳐져 있는 것을 확인한다.

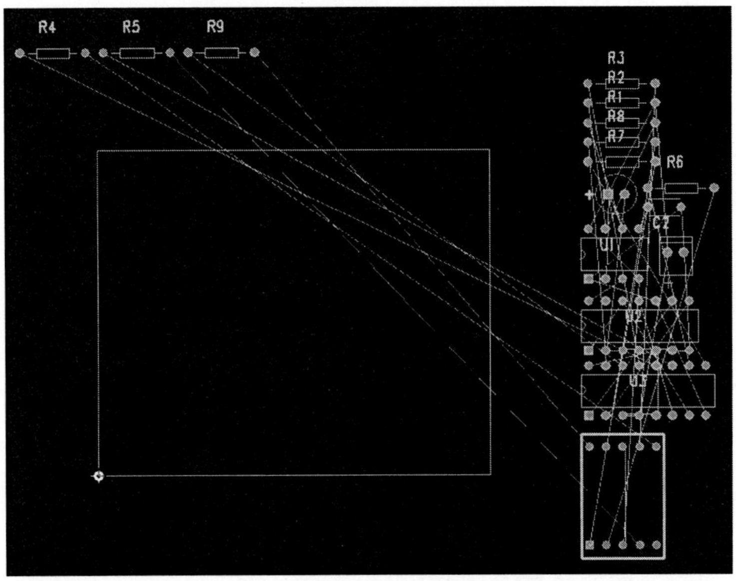

부품 배치하기

본 예제에서는 J1과 U4는 top 면에 나머지 부품들은 bottom 면에 배치한다.

- J1과 U4를 제외한 나머지 부품들을 선택한다.
- 마우스 오른쪽 버튼을 클릭하여 Flip Group을 선택하고 작업창에 클릭한다.
  - Filp Group한 부품들의 참조번호가 뒤집어짐을 알 수 있다. 또는 한 개의 부품을 선택하면 창의 왼쪽 하단에 bottom 면으로 배치되었음을 알 수 있다.

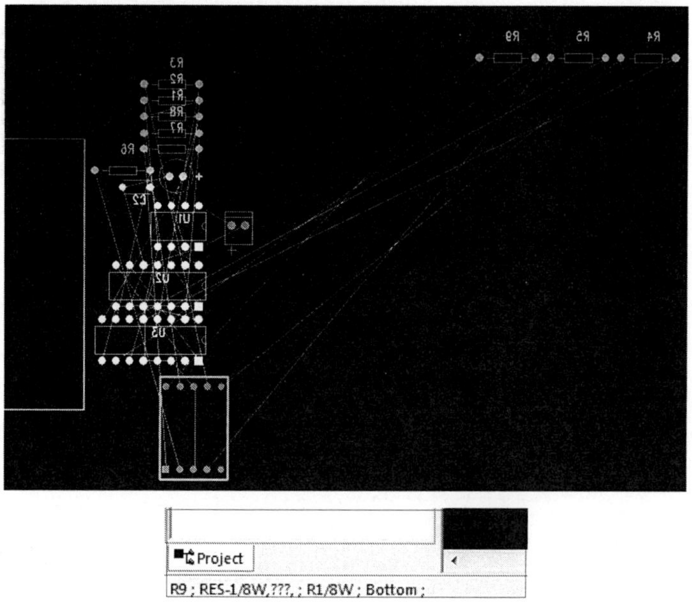

- 부품의 방향은 단축키 Ctrl + R을 사용하면서 부품들을 배치한다.

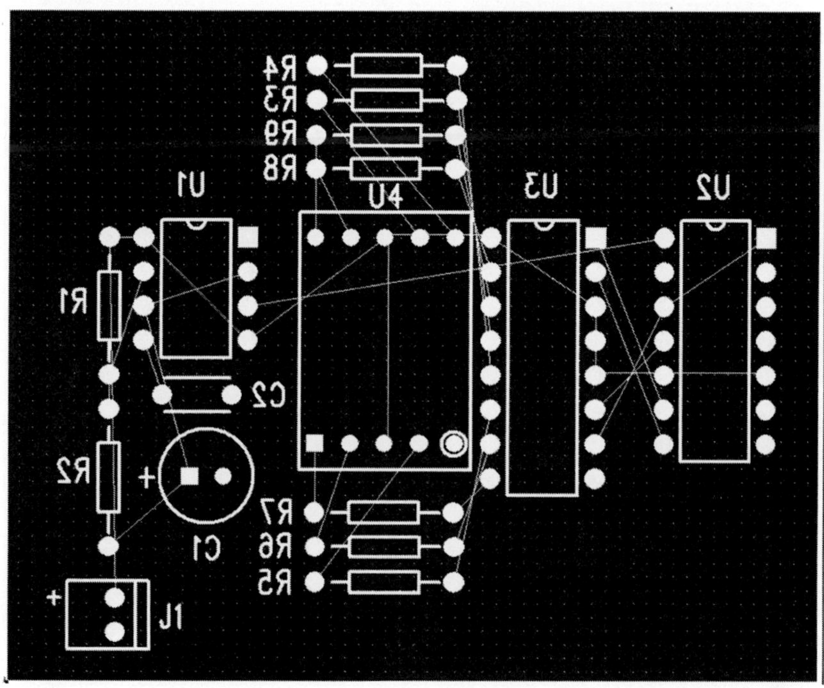

5.8.5 배선하기

부품 단자 간 연결하는 배선(route)은 본 예제에서는 모두 bottom 면에서 수행한다.

- 배치 완료한 부품 간의 가는 흰색 연결선은 회로도와 같이 부품이 연결된 것으로 배선할 때 가이드 역할을 한다.
- ground에 연결되는 부품의 단자는 top 면의 ground에 이미 연결되었으므로 흰색 선이 나타나지 않는다.
- Menu Bar에서 Tools > Options를 선택한다.
- Options 창에서 Grids and Snap > Grids 탭에서 Design grid의 Snap to Grid를 해제하고 OK 버튼을 클릭한다.
- Design Toolbar 아이콘 을 선택한다.
- 배선하고자 하는 Layer를 Bottom으로 선택한다.

o Design Toolbar에서 Add Route 아이콘 을 선택하고 배선한다. 또는 키보드에서 Function 키 F2를 한 번 누른다. 이는 토글 기능을 가지고 있어 누를 때마다 route와 unroute가 된다.

- 아래 그림은 배선을 완료하고 참조번호를 정리한 것이다.

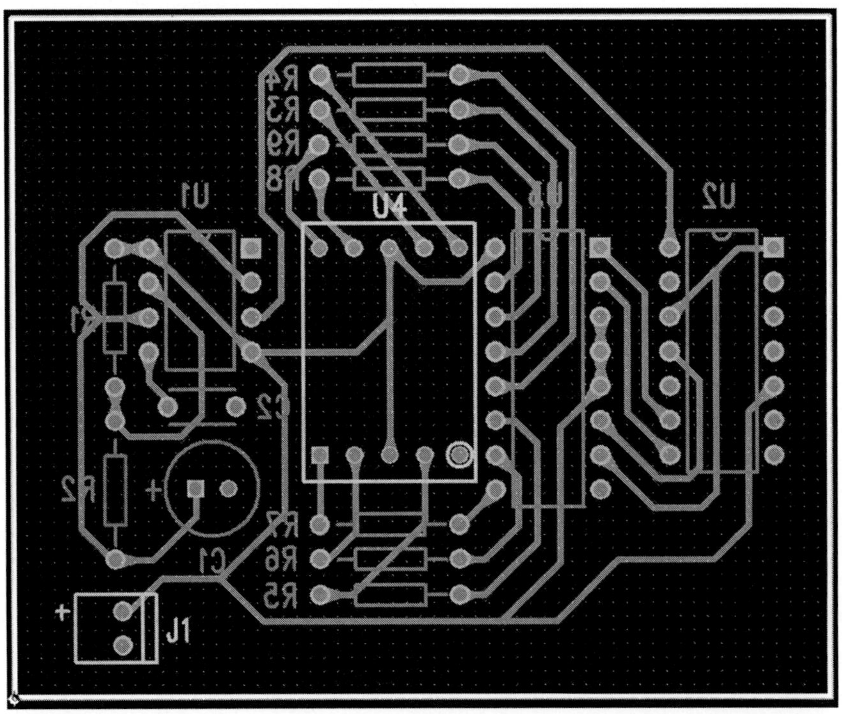

- Function 키 F2를 한 번 누르거나 Esc 키를 눌러서 route 기능을 해제한다.

▎텍스트 입력하기

top 면에 텍스트를 입력한다.

- Drafting Toolbar에서 Text 아이콘 **abl**을 선택하여 Add Free Text 창에서 FndUpCounter를 입력한다.

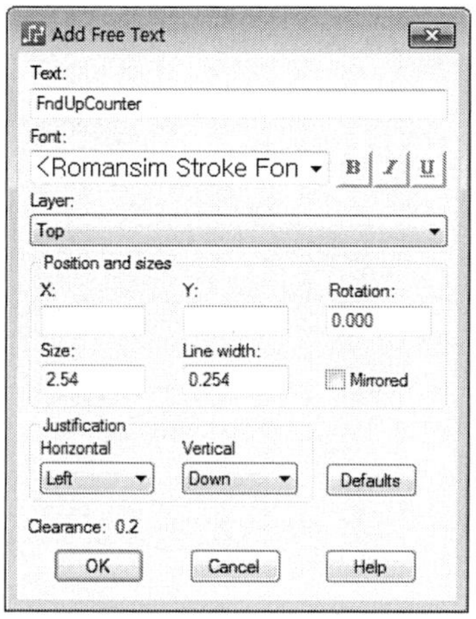

5.8.6 Copper pour 수행하기

- Menu Bar에서 Tools > Pour Manager...를 선택한다.
- Pour Manager 창에서 Start 버튼을 클릭한다.

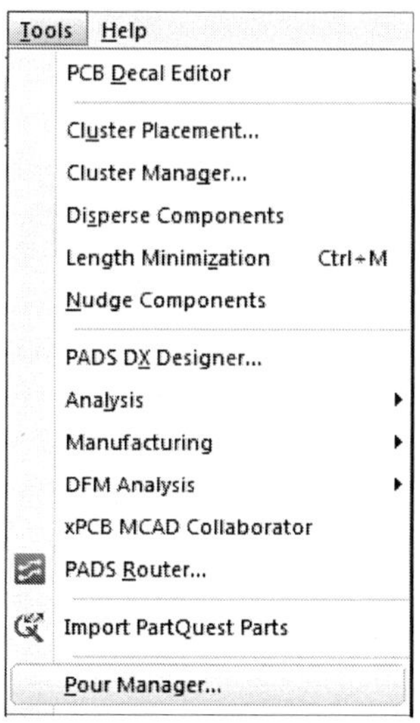

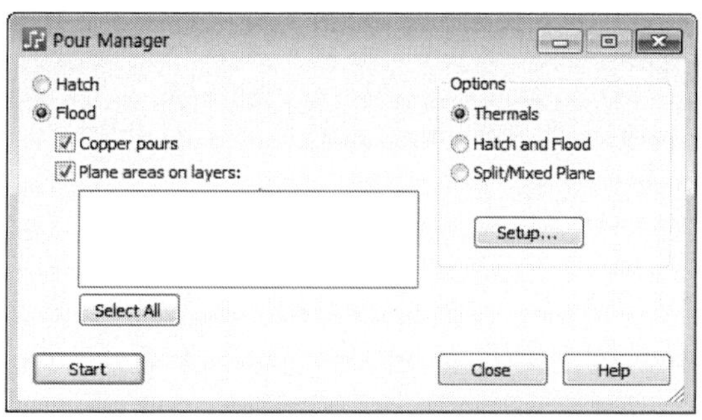

- Pour Manager 창을 닫는다.

- 작업 layer를 top 면으로 바꾼다. 

- Top 면이 ground 처리되었음을 확인한다.
- ground 처리된 단자가 Thermal pad로 되었음을 확인한다.

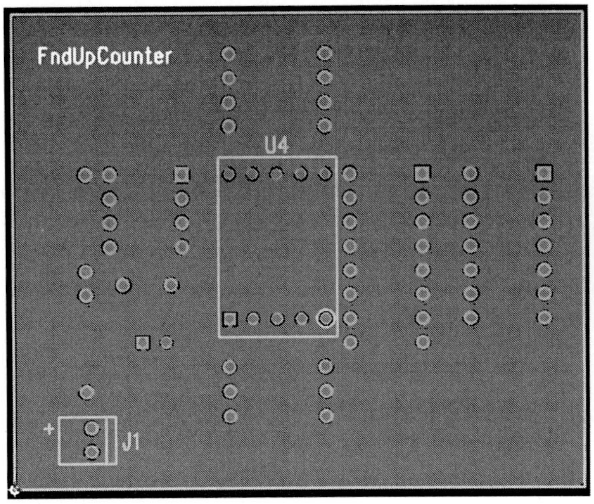

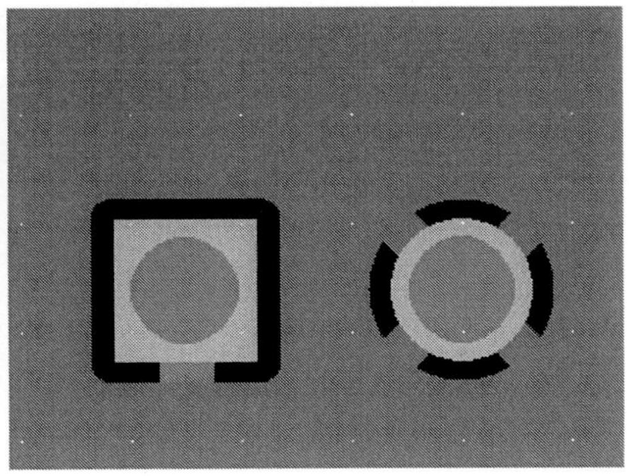

- Copper 처리된 면을 보이지 않고 외각만 나타내기 위해서는 Modeless Command로 키보드에서 po를 입력하고 엔터키를 누른다.
- Modeless Command로 키보드에서 po를 한 번 더 누르면 원 상태인 copper 면을 볼 수 있다.

5.8.7 PCB 검정하기

PCB의 배선은 바르게 연결되었는지, 배선 간격이 Design Rule에 지정된 것과 같이 최소 간격 이상인지를 확인한다. Copper pour가 수행된 후에 검정한다.

- Menu Bar에서 Tools > Verify Design을 선택한다.

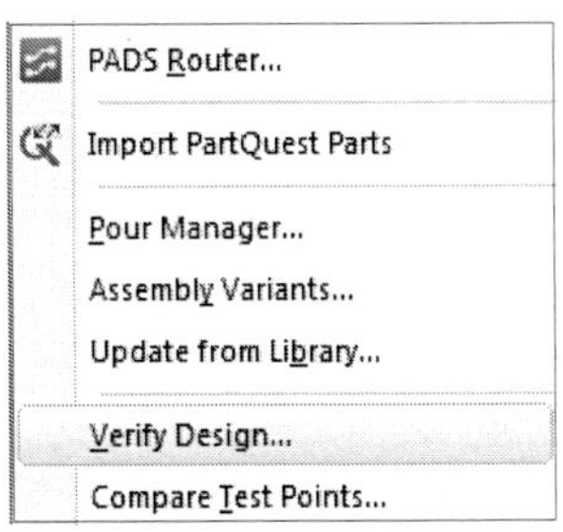

- Verify Design 팝업창에서 Clearance를 선택하고 Start 버튼을 클릭한다. 메시지 창에서 에러 유무를 확인하고 확인 버튼을 클릭한다.

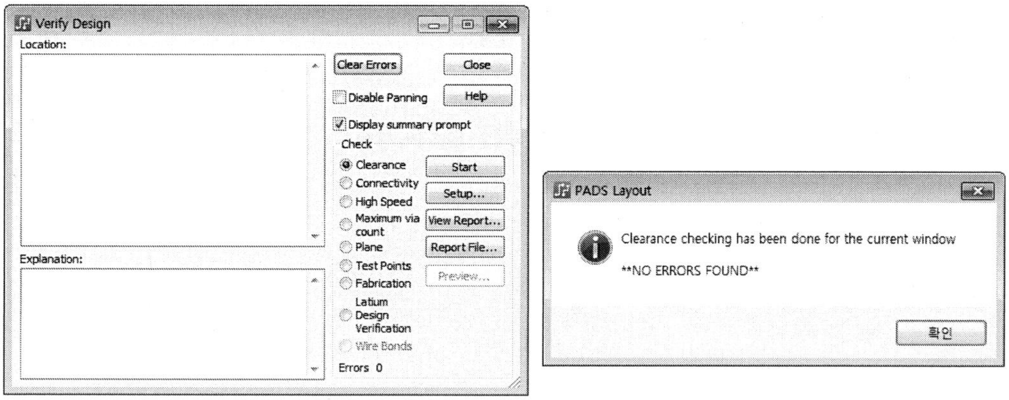

- Verify Design 팝업창에서 Connectivity를 선택하고 Start 버튼을 클릭한다. 메시지 창에서 에러 유무를 확인하고 확인 버튼을 클릭한다.

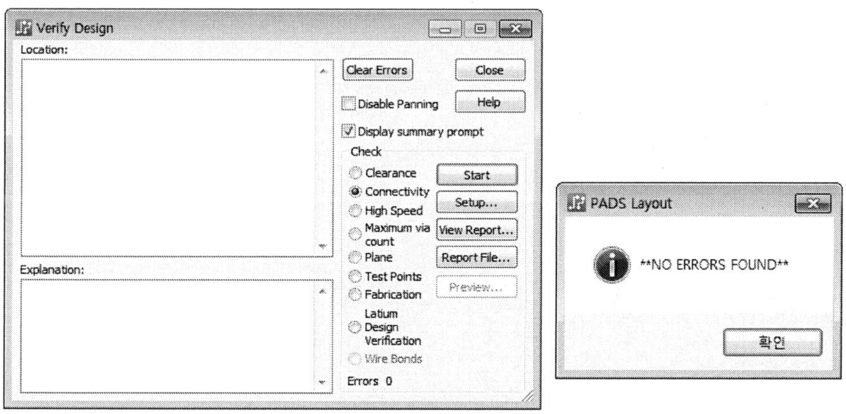

- Verify Design 팝업 창을 닫는다.

5.8.8 치수 측정하기

보드 외각선의 치수를 측정한다.

- Standard Toolbar에서 Dimensioning Toolbar 아이콘 을 선택한다.
- 마우스 오른쪽 버튼을 눌러 Quick Filter에서 Select Board Outline을 선택한다.

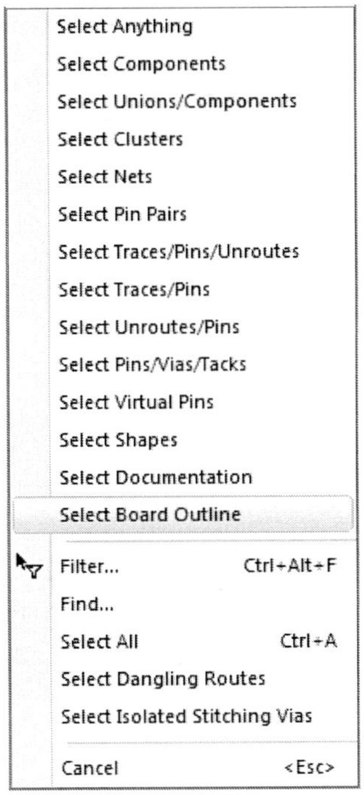

- Dimensioning Toolbar에서 Horizontal 아이콘 을 선택한다.
- 보드 상단 외각선을 클릭하여 치수를 확인한다.

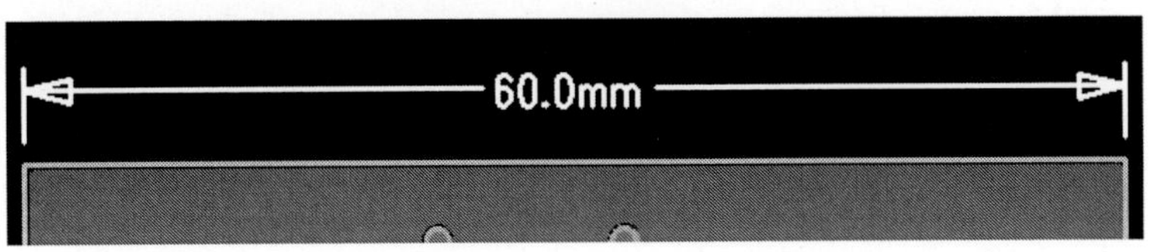

- Dimensioning Toolbar에서 Vertical 아이콘 을 선택한다.

• 보드 우측 외각선을 클릭하여 치수를 확인한다.

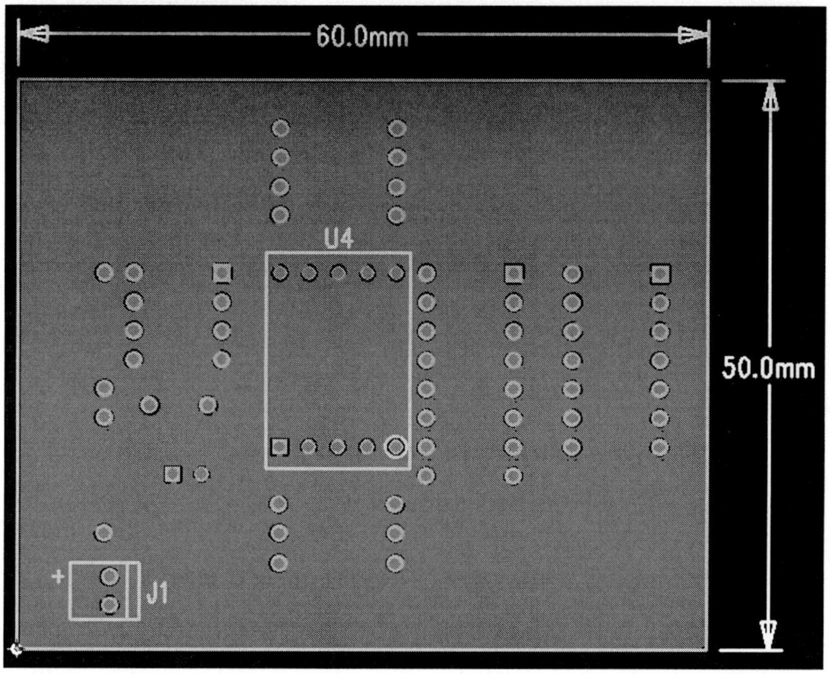

• 키보드에서 Esc 키를 눌러서 Dimensioning Tool를 해제한다.
• 치수선을 삭제하고자 하는 경우는 마우스 오른쪽을 누른 Quick Filter 창에서 Select Anything을 선택하거나 또는 Documentation을 선택한다.
• 삭제하고자 하는 선을 클릭하고 키보드에서 Ctrl + X를 클릭한다.
• Menu Bar에서 File > Save As...를 선택하여 설계한 PCB를 저장한다. 여기서는 파일이름을 FndUpCounter로 입력한다.
  - 기본적으로 저장되는 폴더는 C:₩PADS Project이다

5.9 PCB 제작 의뢰하기

5.9.1 CAM data 만들기

본 예제의 CAM 데이터는 top 면과 bottom 면 모두 silkscreen 처리한다.

Document name	Document Type	Fabrication layer	Remark
top_pattern	Routing/Split Plane	Top	Top 면 패턴
bot_pattern	Routing/Split Plane	Bottom	Bottom 면 패턴
top_mask	Solder Mask	Solder Mask Top	Top 면 Solder Mask
bot_mask	Solder Mask	Solder Mask Bottom	Bottom 면 Solder Mask
top_silk	Silkscreen	Silkscreen Top	Top 면 Silkscreen
bot_silk	Silkscreen	Silkscreen Bottom	Bottom 면 Silkscreen
drill	Drill Drawing	Unassigned	Drill
nc_drill	NC Drill	Unassigned	NC Drill

- Menu Bar에서 File > CAM...을 선택하여 8개의 CAM 데이터를 만든다.

❙ top_pattern CAM 데이터 만들기

- Add Document 창에서 Documentation Name, Document Type, Layer를 설정하고 Preview Selections로 top 면 패턴 도면을 확인한다.

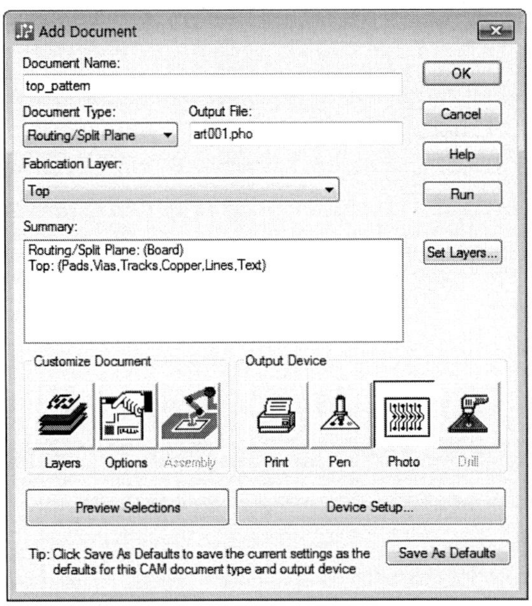

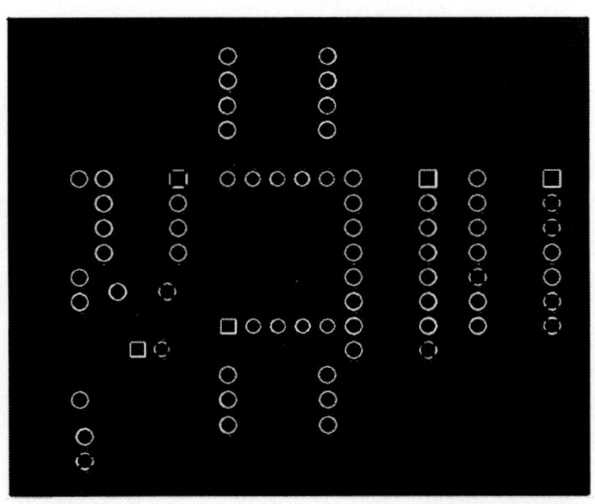

▌ bot_pattern CAM 데이터 만들기

- Add Document 창에서 Documentation Name, Document Type, Layer를 설정하고 Option 에서 X offset을 80, Mirror Image를 체크한 후 Preview Selections로 bottom 면 패턴 도면을 확인한다.

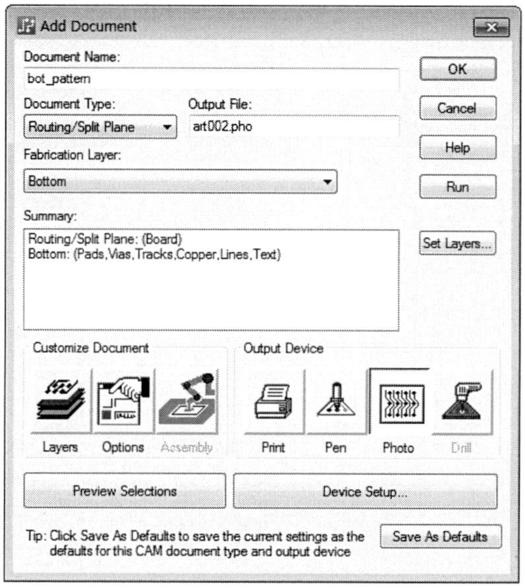

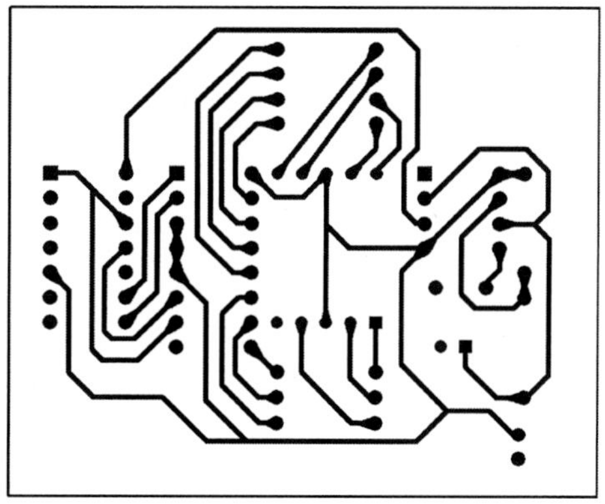

▌ top_mask CAM 데이터 만들기

- Add Document 창에서 Documentation Name, Document Type, Layer를 설정하고 Preview Selections로 top 면 Solder Mask 도면을 확인한다.

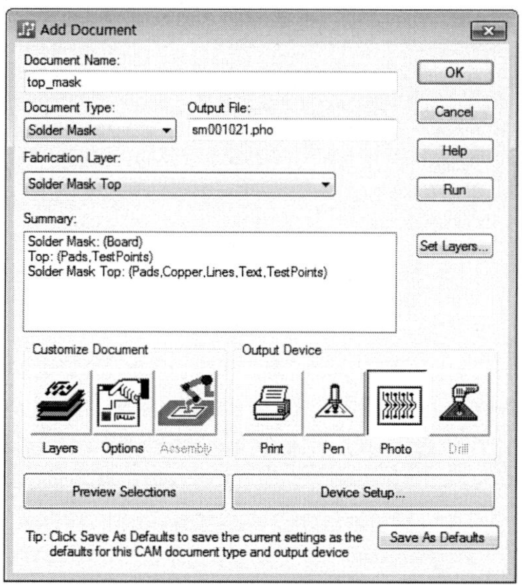

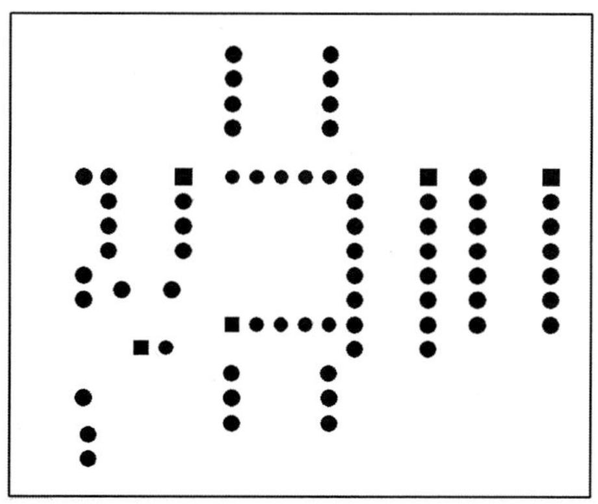

▌bot_mask CAM 데이터 만들기

- Add Document 창에서 Documentation Name, Document Type, Layer를 설정하고 Option 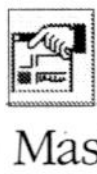에서 X offset을 80, Mirror Image를 체크한 후 Preview Selections로 bottom 면 Solder Mask 도면을 확인한다.

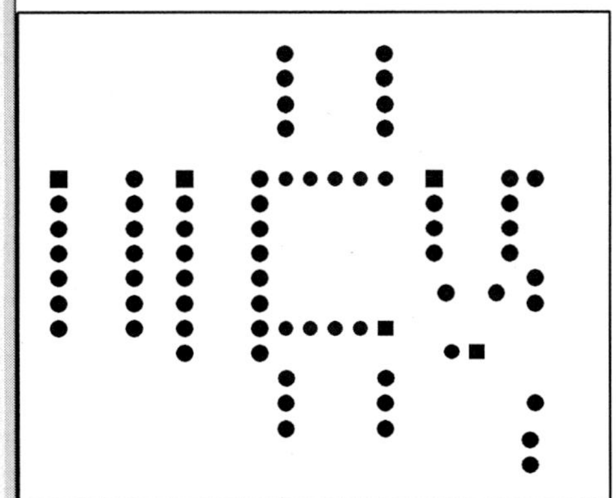

▌top_silk CAM 데이터 만들기

- Add Document 창에서 Documentation Name, Document Type, Layer를 설정한다.

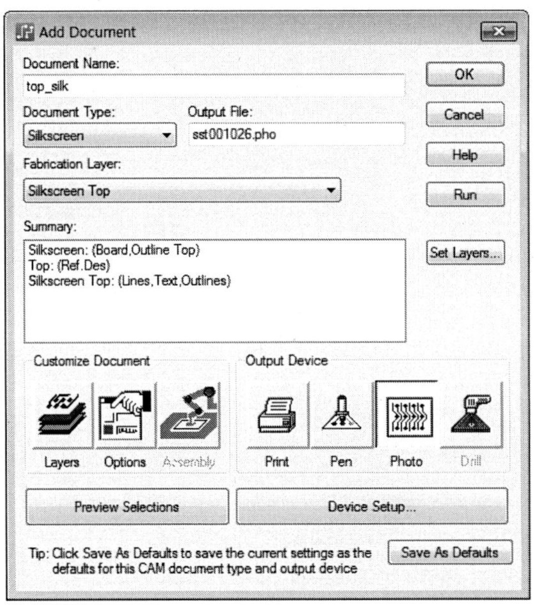

- Add Document 창의 Customize Document 탭에서 layers 아이콘을 클릭한다.
- Select Items 창에서 Selected: Top을 다음과 같이 설정하고 top 면 Silkscreen 도면을 확인한다.

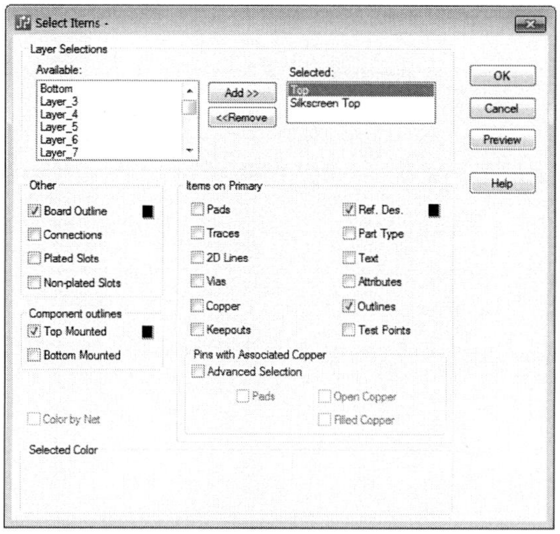

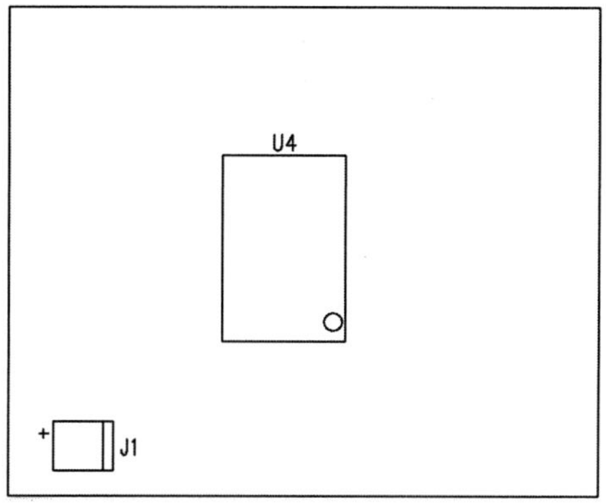

▌bot_silk CAM 데이터 만들기

- Add Document 창에서 Documentation Name, Document Type, Layer를 설정한다.

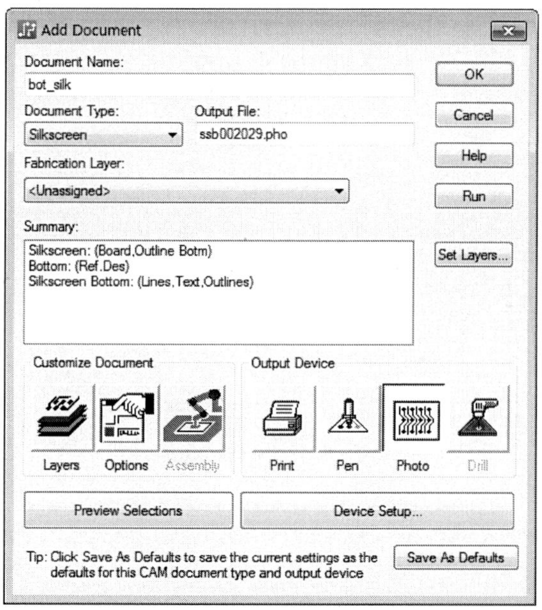

- Add Document 창의 Customize Document 탭에서 Layers 아이콘

을 클릭한다.
- Select Items 창에서 Selected: Bottom을 다음과 같이 설정하고 OK 버튼을 클릭한다.

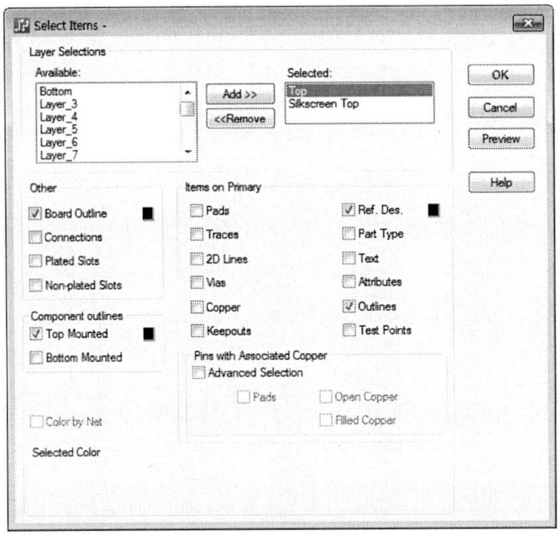

- Add Document 창의 Option에서 X offset을 80, Mirror Image를 체크한 후 창을 닫고 Preview에서 bottom 면의 silkscreen을 확인한다.

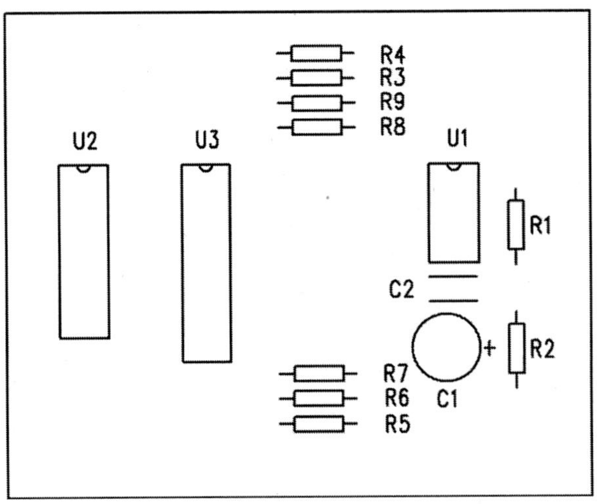

❙ drill CAM 데이터 만들기

- Add Document 창에서 Documentation Name, Document Type을 설정한다.

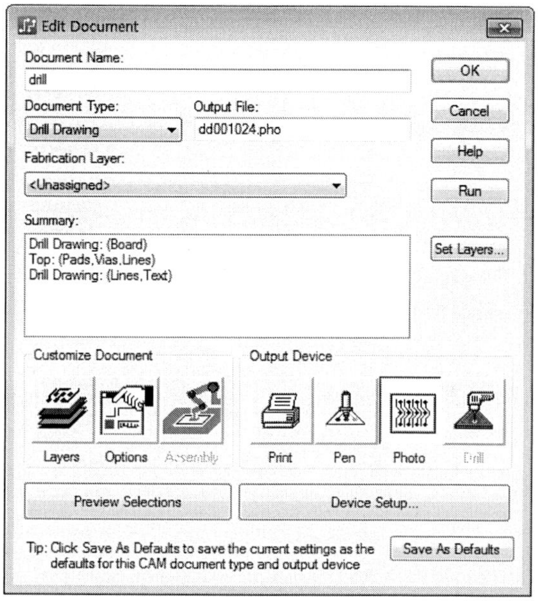

- Add Document 창의 Customize Document 탭에서 Option 아이콘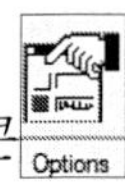을 클릭한다.

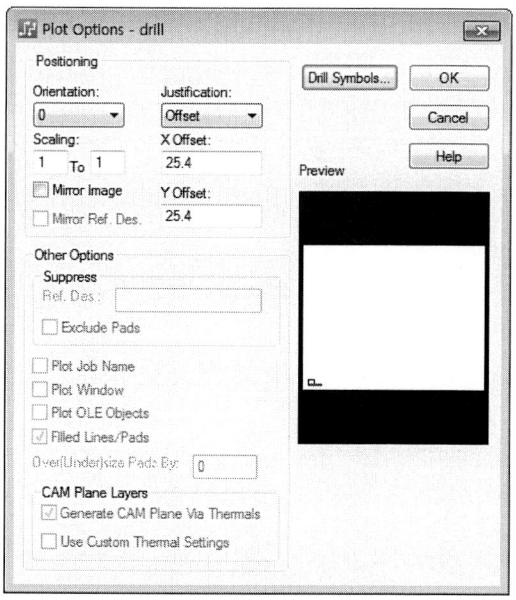

- Plot Option–Drill 창에서 Drill Symbols... 버튼을 클릭한다.
- Drill Drawing Options 창에서 Drill Chart의 X Location 값을 80으로 입력하고, Show Through/Partial column을 체크한 후 OK 버튼을 클릭한다.

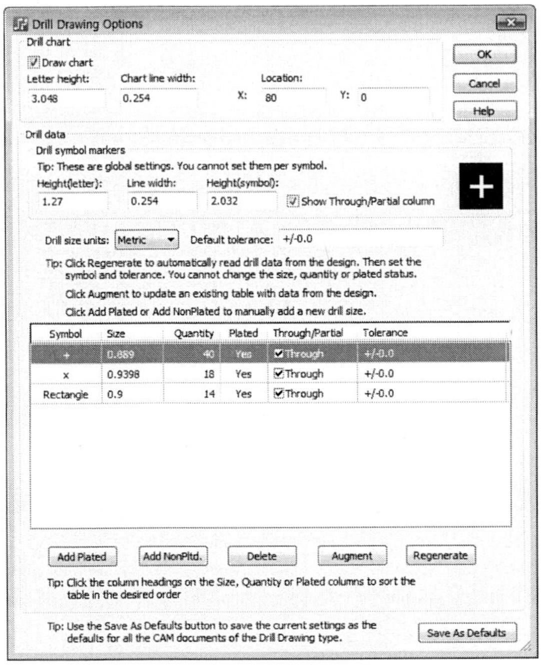

- Plot Option–Drill 창에서 OK 버튼을 클릭한다.
- Add Document 창에서 Preview 버튼을 클릭하고 Drill 도면을 확인한다.

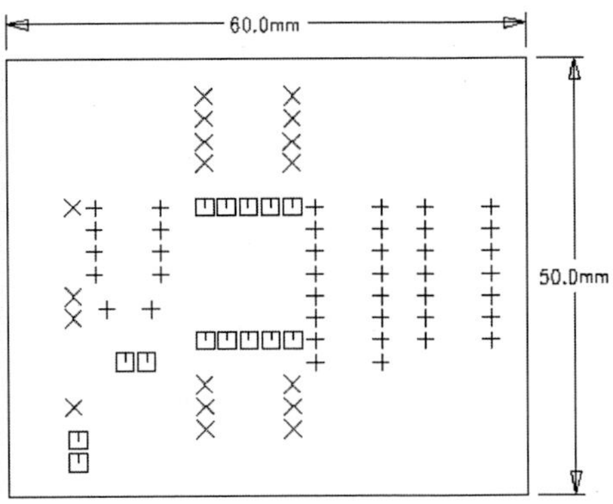

SIZE	QTY	SYM	PLATED	THR/PRTL	TOL
0.889	40	+	YES	THR	+/-0.0
0.9398	18	×	YES	THR	+/-0.0
0.9	14	□	YES	THR	+/-0.0

- CAM Preview 창을 닫는다.
- Add Document 창에서 OK 버튼을 클릭한다.

▎nc_drill CAM 데이터 만들기

- Add Document 창에서 Documentation Name, Document Type을 설정하고 Preview Selections로 NC Drill 도면을 확인한다.

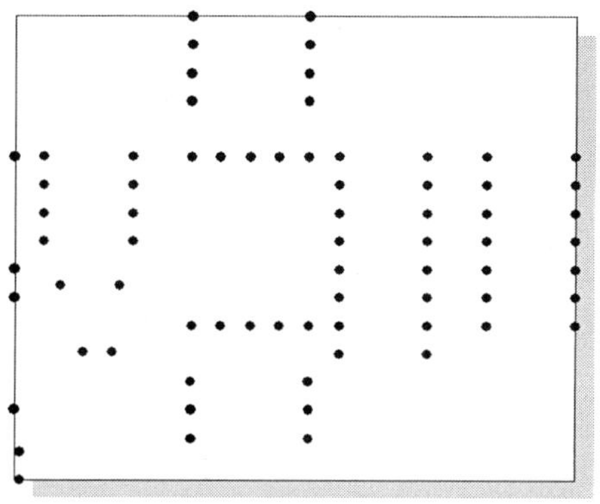

- Define CAM Document 창에서 CAM Document 모두를 선택하고 Save 버튼을 클릭한다.

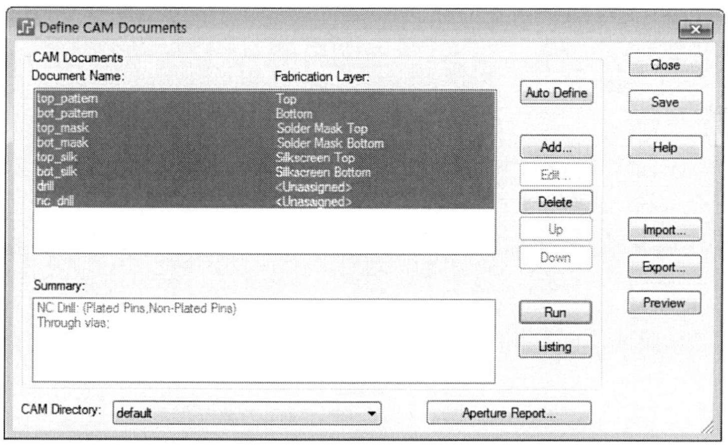

CAM 데이터 저장하기

- Define CAM Document 창에서 CAM Directory를 〈Create〉로 지정한다.

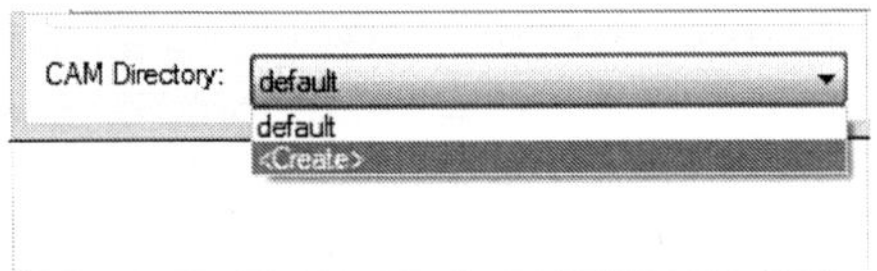

- CAM Question 팝업창에서 서브디렉토리 이름으로 FndUpCounter을 입력하고 OK 버튼을 클릭한다.

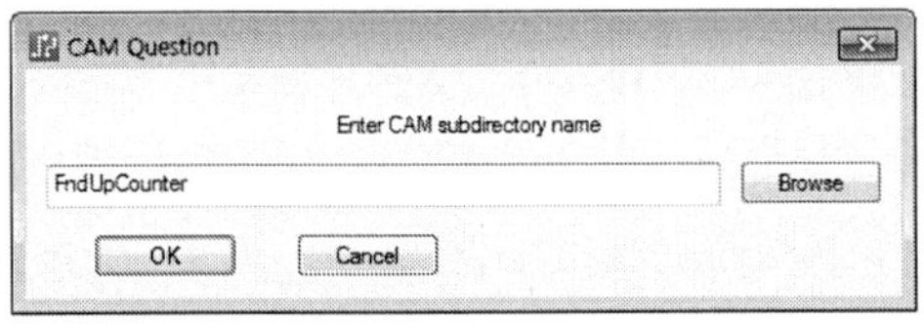

- 윈도우 탐색기로 C:₩PADS Projects₩Cam에 생성된 폴더를 확인한다.
- Define CAM Document 창에서 모든 CAM 데이터를 선택하고 Run 버튼을 클릭한다.

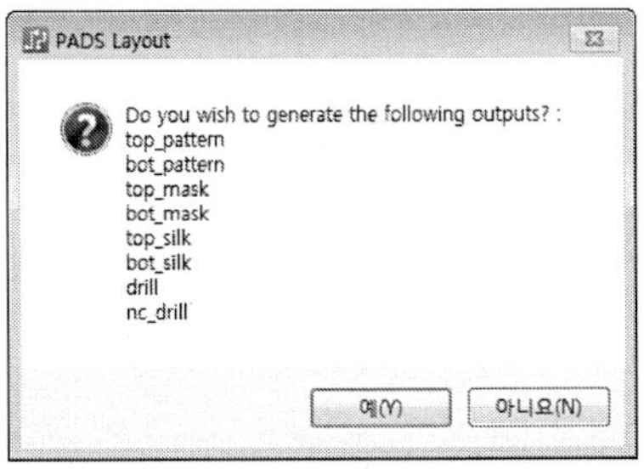

- 팝업창에서 예(Y) 버튼을 클릭한다.
- 윈도우 탐색기로 생성된 CAM 데이터를 확인한다.

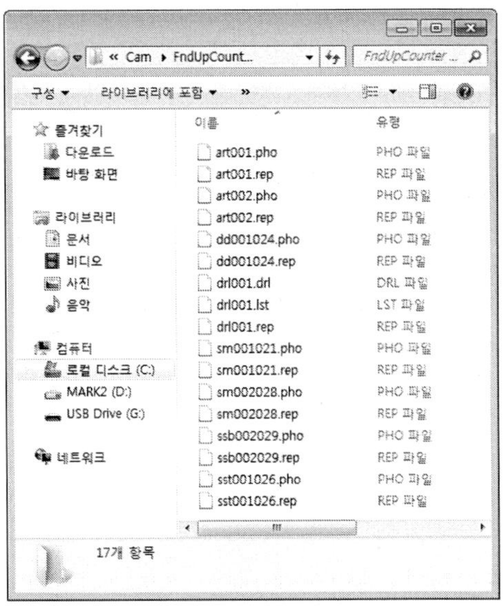

- PADS Layout에서 PCB파일을 저장한다.(File 〉 Save)

5.9.2 PCB 제작 의뢰하기

PCB 제작을 의뢰하기 위해서는 CAM 데이터 파일과 PCB 사양 정보를 제작처에 보내야 한다. PCB 사양 정보는 다음과 같다.

레이어 : 양면
사이즈 : 60mm × 50mm
재질 : FR-4
두께 : 1.6mm
실크 : 데이터기준
실크색 : 흰색
솔더색 : 녹색유광
표면처리 : HASL
수량 :
납기일 :

5.9.3 제작된 PCB

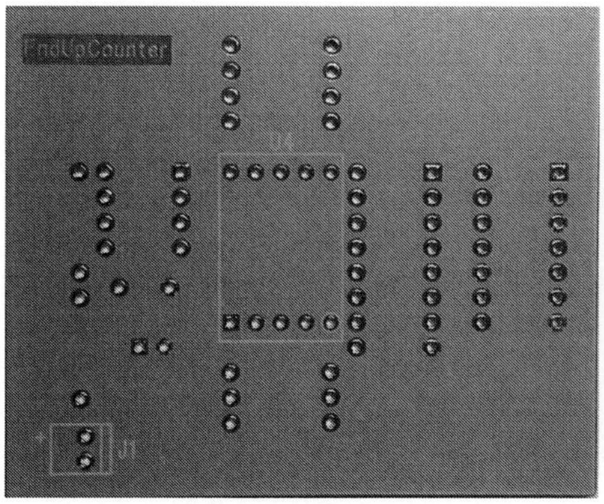

〈Top 면 사진〉

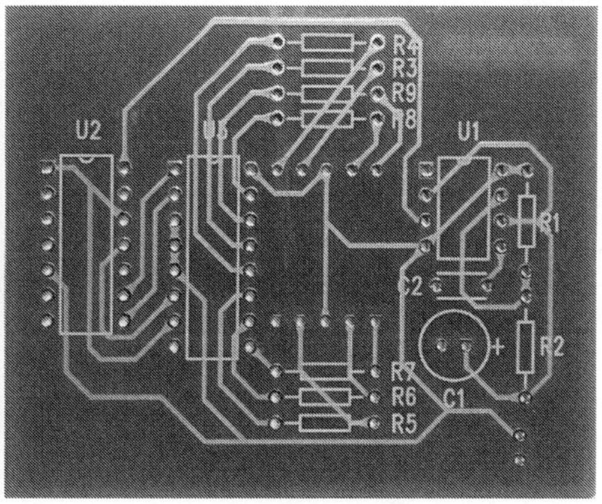

〈Bottom 면 사진〉

5.9.4 조립하기

부품 J1과 U4는 top 면에서 조립하고 bottom 면에서 납땜하며, 나머지 부품은 bottom 면에서 조립하고 top면에서 납땜한다.

❙ 부품표

번호	부품명	부품 번호	규격	수량	부품배치면
1	저항	R1	1/8W, 6.8k	1	bottom
2	저항	R2	1/8W, 10k	1	bottom
3	저항	R3-9	1/8W, 330	7	bottom
4	전해커패시터	C1	100uF/16V	1	bottom
5	세라믹커패시터	C2	0.01uF	1	bottom
6	IC	U1	NE555	1	bottom
7	IC	U2	74LS90	1	bottom
8	IC	U3	74LS47	1	bottom
9	FND	U4	FND507	1	top
10	커넥터	J1	5045-02 (2pin)	1	top

❙ 조립도면

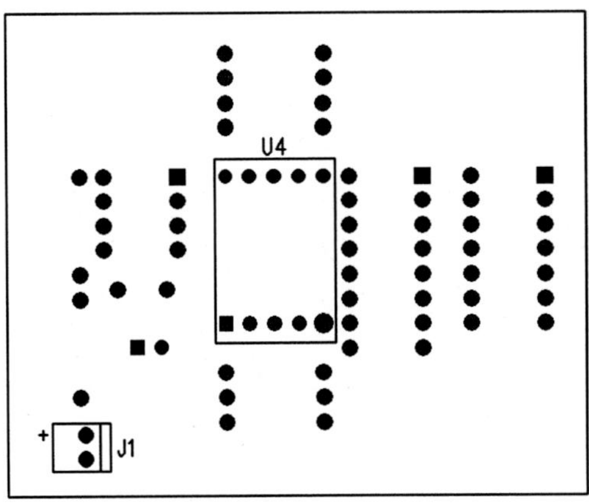

〈Top 면〉

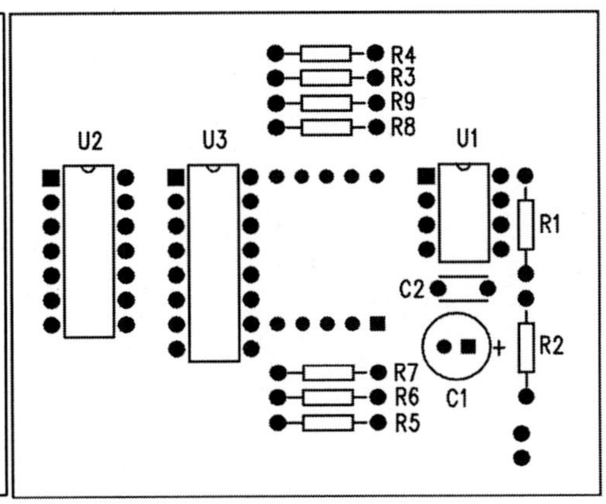

〈Bottom 면〉

▌조립된 PCB

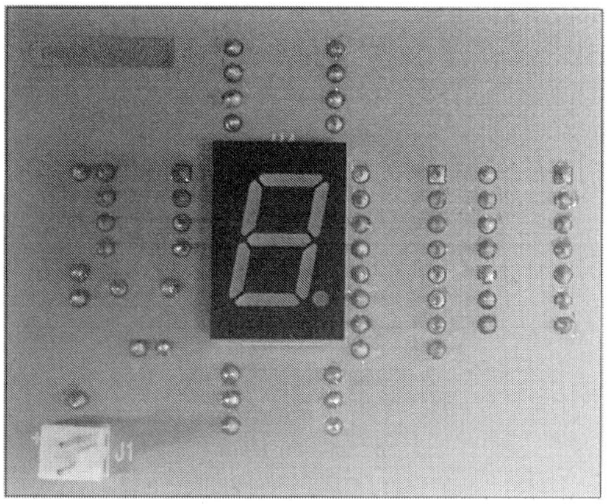

〈Top 면 사진〉

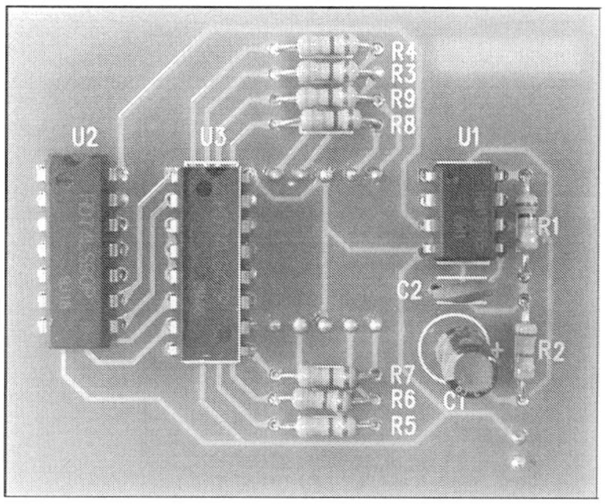

〈Bottom 면 사진〉

| 제 6 장 |

디지털시계 회로(DIP)

제 6 장 | 디지털시계 회로(DIP)

6.1 설계 요구 사항

디지털시계(DIP) 회로도를 작성하고 DIP type 부품을 사용하여 PCB를 설계한다. PCB 제작 의뢰에 필요한 CAM데이터 파일(Gerber file)을 만든다. PADS Logic과 PADS Layout 라이브러리에 있는 부품의 심벌과 PCB Decal을 사용하고 없는 것은 새로 만든다. PCB의 크기는 가로 60mm, 세로 90mm이며 양면 기판으로 설계하고, 부품은 top 면에 배치하고 일부 부품은 bottom 면에 배치한다. Top 면은 모두 ground 처리한다.

6.2 회로도

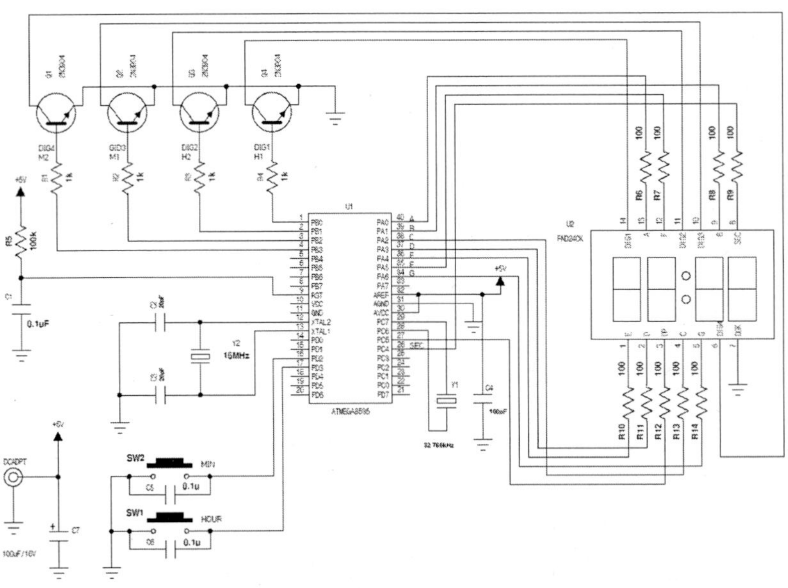

6.3 사용 부품

사용 부품은 다음과 같다.

부품 번호	부품명	부품 규격	수량	부품배치면
R1-4	저항	1/8W, 1k	4	top
R5	저항	1/8W, 100k	1	top
R6-14	저항	1/8W, 100	9	top
C1,5,6	세라믹커패시터	0.1uF	3	top
C2,3	세라믹커패시터	20pF	2	top
C4	세라믹커패시터	100pF	1	top
C7	전해커패시터	100uF/16V	1	top
Q1-4	트랜지스터	2N3904	4	top
U1	IC	ATMEGA8535	1	top
U2	FND	S-5462CSR2/C	1	bottom
Y1	수정진동자	16MHz	1	top
Y2	수정진동자	32.768kHz	1	bottom
J1	커넥터	DC Adaptor	1	top
SW1, 2	스위치	Tack, 2pin	2	bottom

각 부품에 대한 Part Type, CAE Decal, PCB Decal은 다음과 같다.

Ref. Des	Part Type	CAE Decal	PCB Decal
R1-4	RES-1/8W	RESZ_H	R1/8W
R5	RES-1/8W	RESZ_H	R1/8W
R6-14	RES-1/8W	RESZ_H	R1/8W
C1,5,6	CAP-CK06	CAP	CK06
C2,3	CAP-CK06	CAP	CK06
C4	CAP-CK06	CAP	CK06
C7	CAP-ELECTAA	CAP+	CE2.5MM*
Q1-4	2N3904	NPN	TO-92M**
U1	ATMEGA8535**	ATMEGA8535**	DIP40-600
U2	FND24CK**	FND24CK**	FND24CK**
Y1	XTAL1	XTAL	XTAL16**
Y2	XTAL1	XTAL	XTAL32**
J1	DCAPT**	DCAPT**	DCAPT**
SW1, 2	TACK2P**	TACK2P**	TACK2P**

* C1에 대한 PCB Decal은 4장에서 만든 것을 사용함
** 본 장에서 만드는 Part Type, CAE Decal, PCB Decal임

6.4 ATMEGA8535 부품 만들기(Part Type, CAE Decal)

- 회로도를 작성하는 PADS Logic 프로그램을 연다.

Part Type 만들기

- Menu Bar에서 Tools > Part Editor를 선택한다.
- Part Editor Toolbar에서 Edit Electrical 아이콘 을 클릭한다.
- 팝업된 Part Information for Part-New_PART 창의 General 탭에서 Logic Family의 스크롤 바를 움직여 DIP을 선택하고 Ref Prefix가 U임을 확인한다.

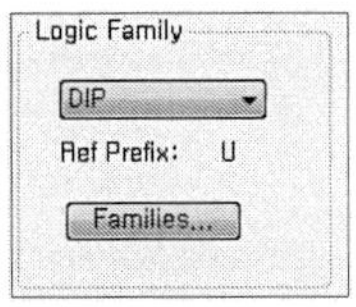

- PCB Decals 탭에서 Library를 All Libraries로 지정하고
- Filter에 DIP40-600을 입력하고 Apply 버튼을 클릭한다.
- Unassigned Decals에 DIP40-600을 확인한다.
- Asign>> 버튼을 클릭하여 Assigned Decals로 DIP40-600을 이동시킨다.

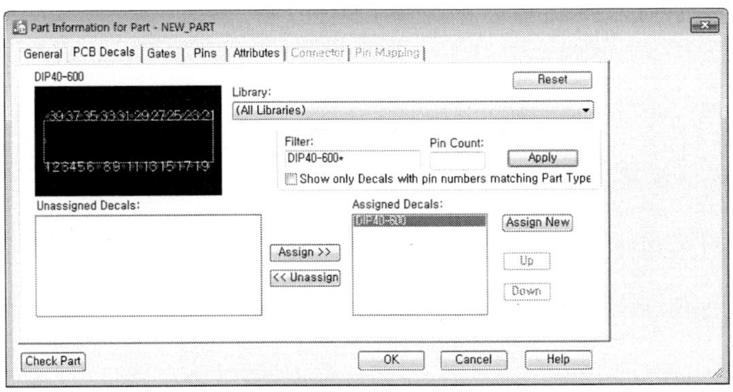

- Gates 탭에서 Add 버튼을 클릭하고 CAE Decal 1 난에 더블클릭을 하고 ATMEGA8535를 입력한다.
- Pins 탭에서 아래와 같이 Pin Group은 Gate-A로 선택하고, Type에는 값을 입력한다.

Pin Group	Number	Name	Type	Swap	Seq.
Gate-A	1	PB0	Undefined	0	1
Gate-A	2	PB1	Undefined	0	2
Gate-A	3	PB2	Undefined	0	3
Gate-A	4	PB3	Undefined	0	4
Gate-A	5	PB4	Undefined	0	5
Gate-A	6	PB5	Undefined	0	6
Gate-A	7	PB6	Undefined	0	7
Gate-A	8	PB7	Undefined	0	8
Gate-A	9	RST	Undefined	0	9
Gate-A	10	VCC	Undefined	0	10
Gate-A	11	GND	Undefined	0	11
Gate-A	12	XTAL2	Undefined	0	12
Gate-A	13	XTAL1	Undefined	0	13
Gate-A	14	PD0	Undefined	0	14
Gate-A	15	PD1	Undefined	0	15
Gate-A	16	PD2	Undefined	0	16
Gate-A	17	PD3	Undefined	0	17
Gate-A	18	PD4	Undefined	0	18
Gate-A	19	PD5	Undefined	0	19
Gate-A	20	PD6	Undefined	0	20

Pin Group	Number	Name	Type	Swap	Seq.
Gate-A	21	PD7	Undefined	0	21
Gate-A	22	PC0	Undefined	0	22
Gate-A	23	PC1	Undefined	0	23
Gate-A	24	PC2	Undefined	0	24
Gate-A	25	PC3	Undefined	0	25
Gate-A	26	PC4	Undefined	0	26
Gate-A	27	PC5	Undefined	0	27
Gate-A	28	PC6	Undefined	0	28
Gate-A	29	PC7	Undefined	0	29
Gate-A	30	AVCC	Undefined	0	30
Gate-A	31	AGND	Undefined	0	31
Gate-A	32	AREF	Undefined	0	32
Gate-A	33	PA7	Undefined	0	33
Gate-A	34	PA6	Undefined	0	34
Gate-A	35	PA5	Undefined	0	35
Gate-A	36	PA4	Undefined	0	36
Gate-A	37	PA3	Undefined	0	37
Gate-A	38	PA2	Undefined	0	38
Gate-A	39	PA1	Undefined	0	39
Gate-A	40	PA0	Undefined	0	40

- Check Part 버튼과 OK 버튼을 클릭한다.
  - 경고 메시지는 무시한다.

❙ CAE Decal 만들기

- Part Editor Toolbar에서 Edit Graphics 아이콘을 클릭한다.
- Select Gate Decal 창에서 Gate A의 Decal이 ATMEGA8535임을 확인하고 OK 버튼을 클릭한다.
- 팝업 창에서 확인 버튼을 누른다.
- Decal Editing Toolbar 아이콘 을 클릭한다.
- Modeless Command로 키보드에서 g100을 입력하고 엔터키를 누르고
- Modeless Command로 키보드에서 gd100을 입력하고 엔터키를 누른다.
- Create 2D Line 아이콘 을 클릭한다.
- 마우스 오른쪽 버튼을 클릭한다.
- 팝업창에서 Rectangle을 선택하고 원점에서 900×2100 크기의 사각형을 그린다.
- 키보드에서 Esc 키를 누른다.
- Add Terminal 아이콘 을 클릭하고, PIN을 선택한 후 OK 버튼을 클릭한다.
- 아래와 같이 번호 순으로 핀을 붙이고 REF와 NEW_PART 등을 이동한다.

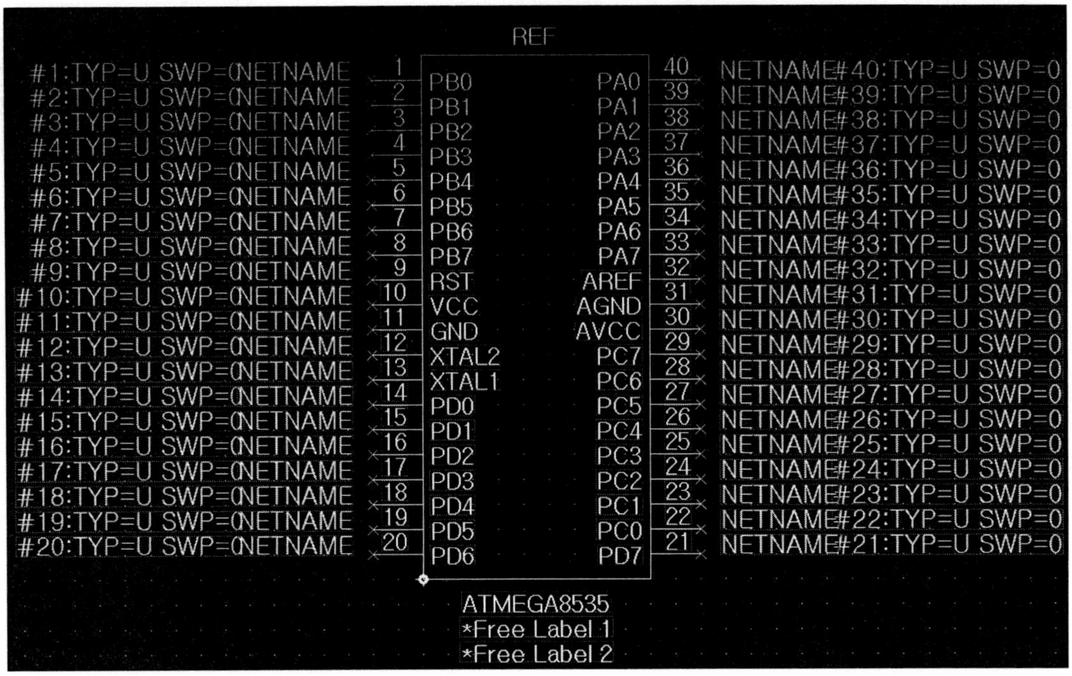

- Menu Bar에서 File > Return to Part를 선택하고 예(Y)를 누른다.
- Menu Bar에서 File > Save As...를 선택한다.
- Save Part and Gate Decals As 창에서 Name of Part에 ATMEGA8535를 입력하고 OK 버튼을 클릭한다.
- Menu Bar에서 File > Exit Part Editor를 클릭한다.

6.5 FND24CK 부품 만들기(Part Type, CAE Decal)

Part Type 만들기

- Menu Bar에서 Tools > Part Editor를 선택한다.
- Part Editor Toolbar에서 Edit Electrical 아이콘 을 클릭한다.
- 팝업된 Part Information for Part–New_PART 창의 General 탭에서 Logic Family의 스크롤바를 움직여 DIP을 선택하고 Ref Prefix가 U임을 확인한다.
- PCB Decals 탭에서 Library를 usr로 지정한다.
- Assign New 버튼을 클릭하여 FND24CK를 입력하고 OK 버튼을 클릭한다.
- Gates 탭에서 Add 버튼을 클릭하고 CAE Decal 1 난에 더블클릭을 하고 FND24CK를 입력한다.

- Pins탭에서 Add Pin 버튼을 클릭하여 pin을 14개 만든다.
- 아래와 같이 Pin Group은 Gate–A로 선택하고, Number와 Type에는 값을 입력한다.

Pin Group	Number	Name	Type	Swap	Seq.
Gate-A	1	E	Undefined	0	1
Gate-A	2	D	Undefined	0	2
Gate-A	3	DP	Undefined	0	3
Gate-A	4	C	Undefined	0	4
Gate-A	5	G	Undefined	0	5
Gate-A	6	DIG4	Undefined	0	6
Gate-A	7	DGK	Undefined	0	7
Gate-A	8	SEC	Undefined	0	8
Gate-A	9	B	Undefined	0	9
Gate-A	10	DIG3	Undefined	0	10
Gate-A	11	DIG2	Undefined	0	11
Gate-A	12	F	Undefined	0	12
Gate-A	13	A	Undefined	0	13
Gate-A	14	DIG1	Undefined	0	14

- Check Part 버튼과 OK 버튼을 클릭한다.
  - Warning 메시지는 무시한다.

▎CAE Decal 만들기

- Part Editor Toolbar에서 Edit Graphics 아이콘 을 클릭한다.
- Select Gate Decal 창에서 Gate A의 Decal이 FND24CK임을 확인하고 OK 버튼을 클릭한다.
- 팝업 창에서 확인 버튼을 누른다.
- Decal Editing Toolbar 아이콘 을 클릭한다.
- Modeless Command로 키보드에서 g100을 입력하고 엔터키를 누르고
- Modeless Command로 키보드에서 gd100을 입력하고 엔터키를 누른다.
- Create 2D Line 아이콘 을 클릭한다.
- 마우스 오른쪽 버튼을 클릭한다.
- 팝업창에서 Rectangle을 선택하고 원점에서 2000×1200 크기의 사각형을 그린다.
- 키보드에서 Esc 키를 누른다.
- Add Terminal 아이콘 을 클릭하고, PIN을 선택한 후 OK 버튼을 클릭한다.
- Pin 방향을 90도 변경하기 위하여 마우스 오른쪽 버튼을 누르고 Rotate 90을 선택한다.
- 아래와 같이 번호 순으로 핀을 붙이고 REF와 NEW_PART 등을 이동한다.

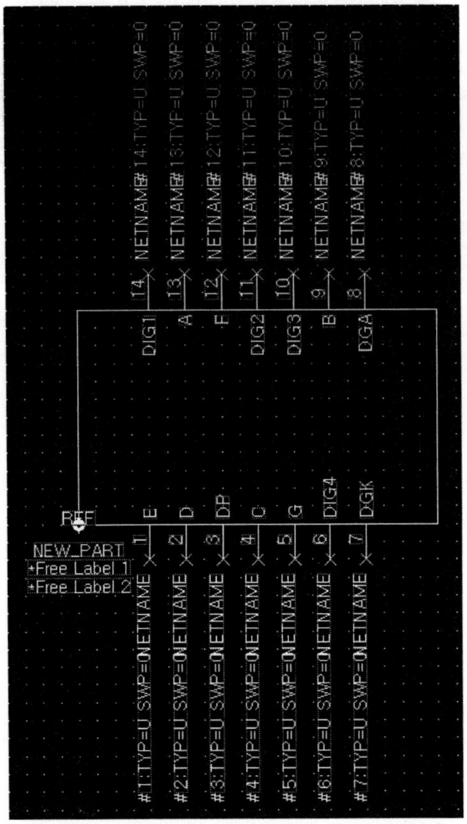

- Modeless Command로 키보드에서 g20을 입력하고 엔터키를 누르고
- Modeless Command로 키보드에서 gd20을 입력하고 엔터키를 누른다.
- Create 2D Line 아이콘 을 선택하고, Rectangle, Circle을 이용하여 아래와 같이 그린다.

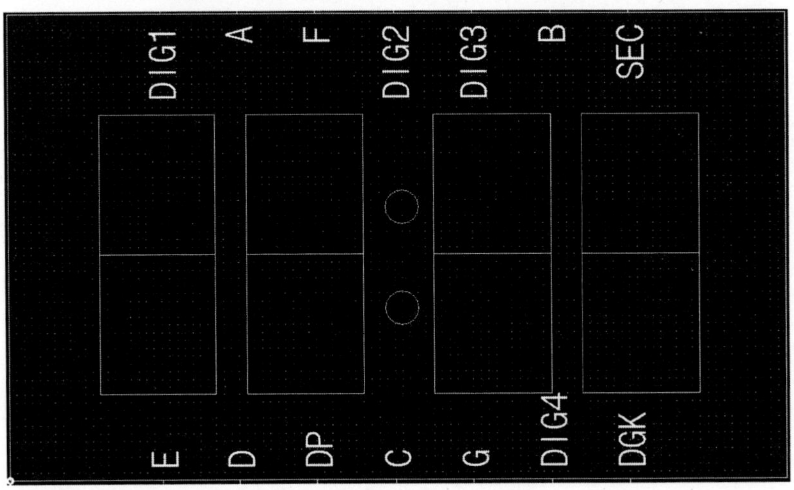

- 텍스트 REF와 NEW_PART 등을 이동한다.

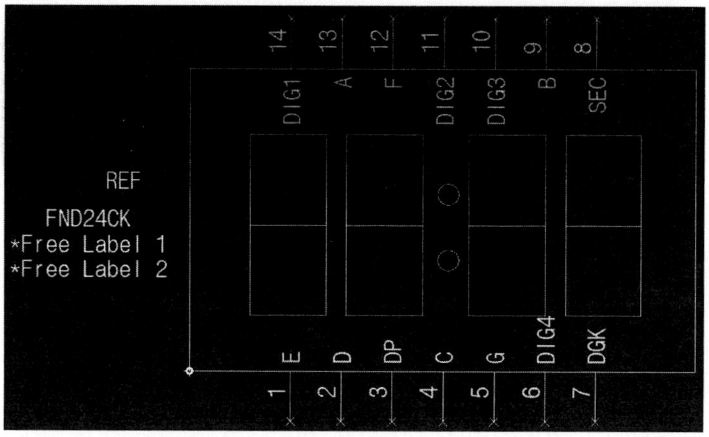

- Menu Bar에서 File > Return to Part를 선택하고 예(Y)를 누른다.
- Menu Bar에서 File > Save As...를 선택한다.
- Save Part and Gate Decals As 창에서 Name of Part에 FND24CK를 입력하고 OK 버튼을 클릭한다.
  - Warnig 메시지는 무시한다.
- Menu Bar에서 File > Exit Part Editor를 클릭한다.

6.6 DCAPT 부품 만들기(Part Type, CAE Decal)

Part Type 만들기

- Menu Bar에서 Tools > Part Editor를 선택한다.
- Part Editor Toolbar에서 Edit Electrical 아이콘 을 클릭한다.
- 팝업된 Part Information for Part-New_PART 창의 General 탭에서 Logic Family의 스크롤바를 움직여 CON을 선택하고 Ref Prefix가 J임을 확인한다.
- PCB Decals 탭에서 Library를 usr로 지정한다.
- Assign New 버튼을 클릭하여 DCAPT를 입력하고 OK 버튼을 클릭한다.
- Gates 탭에서 Add 버튼을 클릭하고 CAE Decal 1 난에 더블클릭을 하고 DCAPT를 입력한다.
- Pins탭에서 Add Pin 버튼을 클릭하여 pin을 2개 만든다.
- 아래와 같이 Pin Group은 Gate-A로 선택하고, Number 값을 입력한다.

Pin Group	Number	Name	Type	Swap	Seq.
Gate-A	1		Undefined	0	1
Gate-A	2		Undefined	0	2

- Check Part 버튼과 OK 버튼을 클릭한다.
  - Warning 메시지는 무시한다.

▌ CAE Decal 만들기

- Part Editor Toolbar에서 Edit Graphics 아이콘 을 클릭한다.
- Select Gate Decal 창에서 Gate A의 Decal이 DCAPT임을 확인하고 OK 버튼을 클릭한다.
- 팝업 창에서 확인 버튼을 누른다.
- Decal Editing Toolbar 아이콘 을 클릭한다.
- Modeless Command로 키보드에서 g100을 입력하고 엔터키를 누르고
- Modeless Command로 키보드에서 gd100을 입력하고 엔터키를 누른다.
- Create 2D Line 아이콘 을 클릭한다.
- 마우스 오른쪽 버튼을 클릭한다.
- 팝업창에서 Circle을 선택하고 원점에서 반경 100과 200인 원 2개를 그린다.
- 키보드에서 Esc 키를 누른다.
- Add Terminal 아이콘 을 클릭하고, PIN을 선택한 후 OK 버튼을 클릭한다.
- 마우스 오른쪽 버튼을 누르고 X Mirror과 Rotate 90을 선택하여 핀을 원에 붙인다.
- REF와 NEW_PART 등을 이동한다.

- Menu Bar에서 File > Return to Part를 선택하고 예(Y)를 누른다.
- Menu Bar에서 File > Save As...를 선택한다.
- Save Part and Gate Decals As 창에서 Name of Part에 DCAPT를 입력하고 OK 버튼을 클릭한다.
  - Warnig 메시지는 무시한다.

- Menu Bar에서 File > Exit Part Editor를 클릭한다.

6.7 TACK2P 부품 만들기(Part Type, CAE Decal)

▍Part Type 만들기

- Menu Bar에서 Tools > Part Editor를 선택한다.
- Part Editor Toolbar에서 Edit Electrical 아이콘 을 클릭한다.
- 팝업된 Part Information for Part–New_PART 창의 General 탭에서 Logic Family의 스크롤 바를 움직여 CON을 선택하고 Ref Prefix가 J임을 확인한다.
- PCB Decals 탭에서 Library를 usr로 지정한다.
- Assign New 버튼을 클릭하여 TACK2P를 입력하고 OK 버튼을 클릭한다.
- Gates 탭에서 Add 버튼을 클릭하고 CAE Decal 1 난에 더블클릭을 하고 TACK2P를 입력한다.
- Pins탭에서 Add Pin 버튼을 클릭하여 pin을 2개 만든다.
- 아래와 같이 Pin Group은 Gate–A로 선택하고, Number 값을 입력한다.

Pin Group	Number	Name	Type	Swap	Seq.
Gate-A	1		Undefined	0	1
Gate-A	2		Undefined	0	2

- Check Part 버튼과 OK 버튼을 클릭한다.
  - Warning 메시지는 무시한다.

▍CAE Decal 만들기

- Part Editor Toolbar에서 Edit Graphics 아이콘 을 클릭한다.
- Select Gate Decal 창에서 Gate A의 Decal이 TACK2P임을 확인하고 OK 버튼을 클릭한다.
- 팝업 창에서 확인 버튼을 누른다.
- Decal Editing Toolbar 아이콘 을 클릭한다.
- Modeless Command로 키보드에서 g50을 입력하고 엔터키를 누르고
- Modeless Command로 키보드에서 gd50을 입력하고 엔터키를 누른다.
- Create 2D Line 아이콘 을 클릭한다.
- 마우스 오른쪽 버튼을 클릭한다.
- 팝업창에서 Rectangle을 선택하고 좌표(100 100) 지점에서 좌표(600 150) 지점까지 500×50 크기의 직사각형을 그리고 내부를 채운다.

- 좌표(200 150) 지점에서 좌표(500 200) 지점까지 300×50 크기의 직사각형을 그리고 내부를 채운다.
- REF와 NEW_PART 등을 이동한다.

- 키보드에서 Esc 키를 누른다.
- Add Terminal 아이콘을 클릭하고, PINB을 선택한 후 OK 버튼을 클릭한다.
  - 여기서는 PINB의 기능을 이용하는 것이 아니고 모양만 이용한다.
- 마우스 오른쪽 버튼을 누르고 X Mirror를 선택하여 핀을 붙인다.

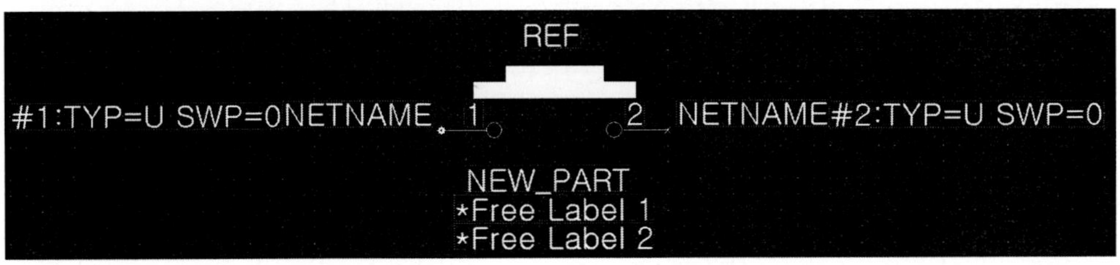

- Menu Bar에서 File > Return to Part를 선택하고 예(Y)를 누른다.
- Menu Bar에서 File > Save As...를 선택한다.
- Save Part and Gate Decals As 창에서 Name of Part에 TACK2P를 입력하고 OK 버튼을 클릭한다.
  - Warnig 메시지는 무시한다.
- Menu Bar에서 File > Exit Part Editor를 클릭한다.

6.8 TO-92M PCB Decal 만들기

PCB Decal은 PADS Layout 에서 만들 수 있다.

❙ 라이브러리 복사하기

- Menu Bar에서 File > Libraries...를 선택한다.
- Library Manager 창에서 Library는 All Library를 지정한다.
- Filter는 Decals로 선택하고 TO-92*를 입력하고 Apply 버튼을 클릭한다.
- PCB Decals의 TO-92를 클릭하고 Copy 버튼을 클릭한다.
- Save PCB Decal to Library 창에서 Library는 usr로 지정하고
- Name of PCB Decal에는 TO-92M을 입력하고 OK 버튼을 클릭한다.

- Library Manager 창에서 Library는 usr을 지정한다.
- PCB Decal, TO-92를 선택하고 Edit 버튼을 클릭한다.

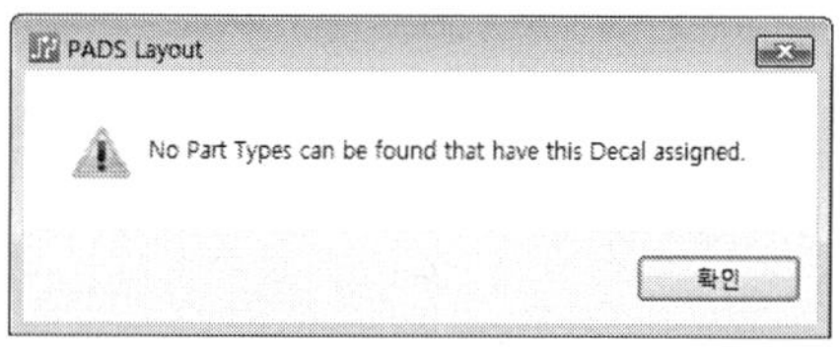

- 확인 버튼을 누른다.

❙ PCB Decal 변경하기

- PCB Decal, TO-92M의 2번 터미널을 그림과 같이 이동시킨다.

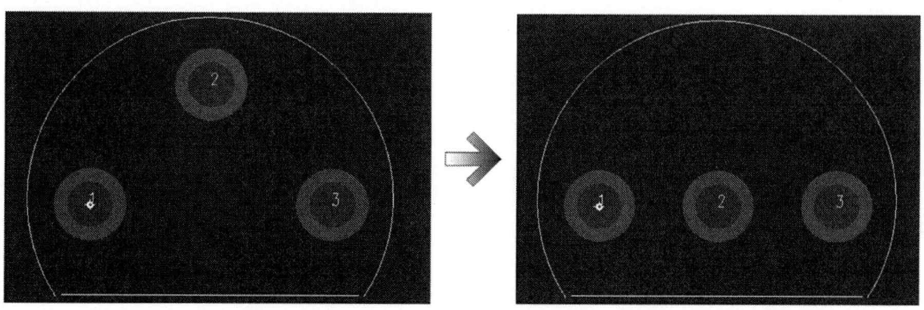

- 저장하기 위하여 Menu Bar에서 File > Save를 선택한다.
- Menu Bar에서 File > Exit Decal Editor를 선택한다.
  - 회로도 작성에서 2N3904에 대한 PCB Decal을 TO-92M으로 변경한다.

6.9 FND24CK PCB Decal 만들기

FND24CK에 대한 도면은 다음과 같다.

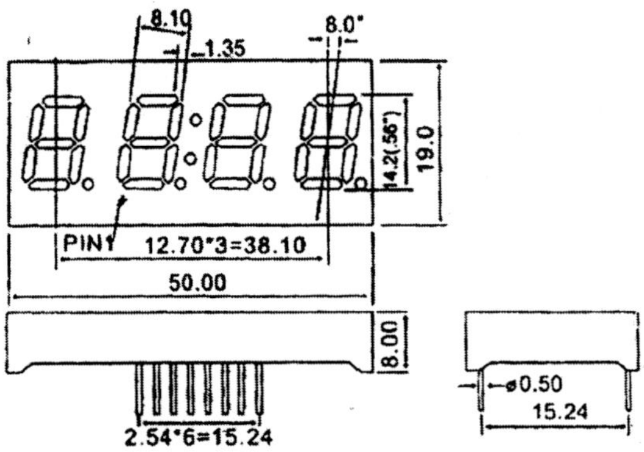

Terminal 만들기

- Menu Bar에서 Tools > PCB Decal Editor를 선택한다.
- Drafting Toolbar 아이콘 을 선택한다.
- Modeless Command로 umm을 입력하여 밀리미터 단위로 설정한다.
- Modeless Command로 g2.54을 입력한다.
- Modeless Command로 gd2.54을 입력하여 grid 간격을 2.54mm로 설정한다.
- Terminal 아이콘 을 선택한다.
- Add Terminal 창이 나타나면 OK 버튼을 클릭한다.
- 커서를 원점(0 0)에서 클릭하여 1번 터미널을 만든다.
- 키보드에서 Esc 키를 누른다.
- 1번 터미널을 선택하고 마우스 오른쪽 버튼을 클릭한다.
- Pad Stacks...를 선택한다.
- Pad Stack Properties for Pin 창에서 각 layer의 Diameter를 1.3, Drill size를 0.9로 설정하고 OK 버튼을 클릭한다.

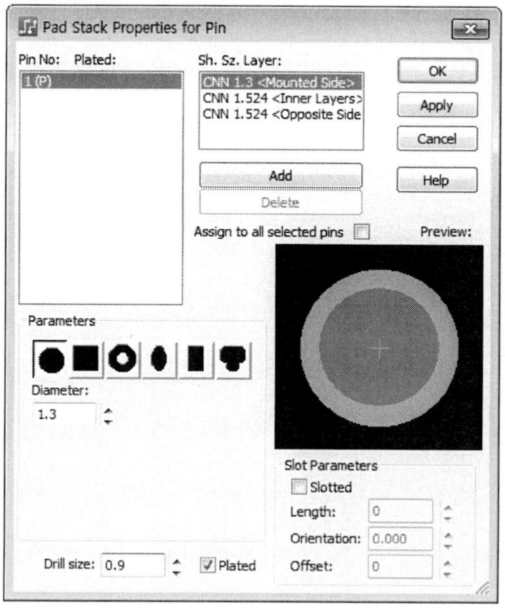

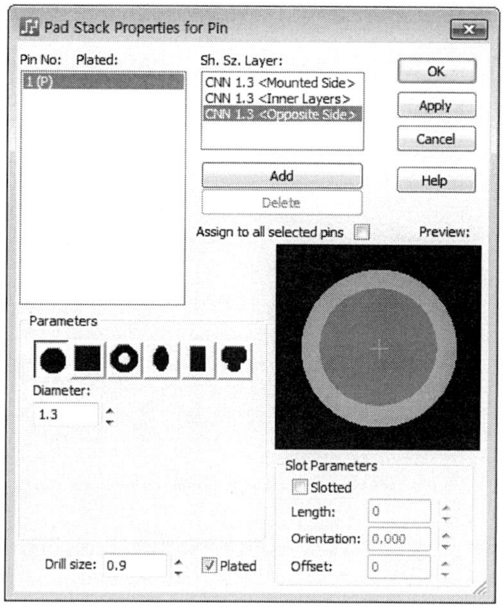

- 1번 터미널을 선택하고 마우스 오른쪽 버튼을 클릭한다.
- Step and Repeat...를 선택한다.
- Step and Repeat...창에서 Direction을 Right, Count 6, Distance 2.54를 지정하고 입력한 후 OK 버튼을 클릭한다.

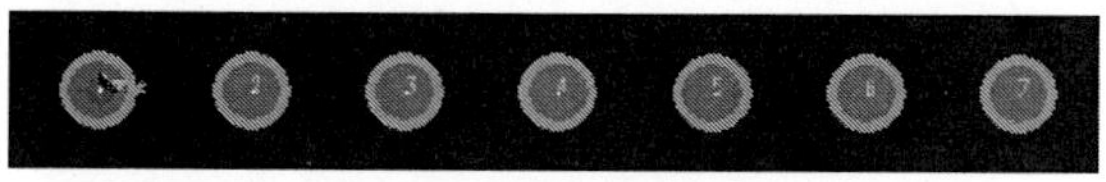

- 7번 터미널을 선택하고 마우스 오른쪽 버튼을 클릭한다.
- Step and Repeat...를 선택한다.
- Step and Repeat...창에서 Direction을 Up, Count 1, Distance 15.24를 지정하고 입력한 후 OK 버튼을 클릭한다.

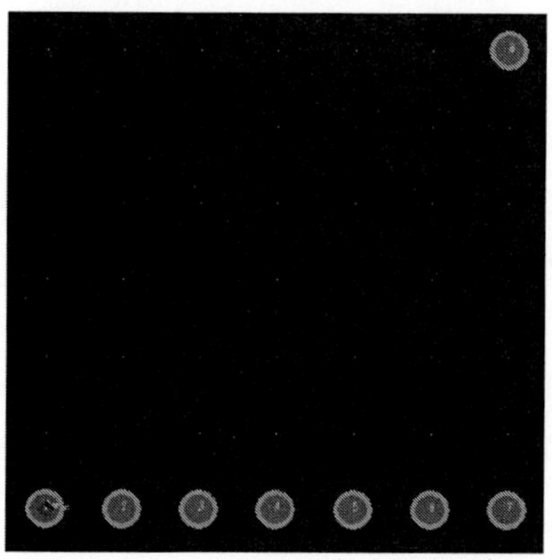

- 8번 터미널을 선택하고 마우스 오른쪽 버튼을 클릭한다.
- Step and Repeat...를 선택한다.
- Step and Repeat...창에서 Direction을 Left, Count 6, Distance 2.54를 지정하고 입력한 후 OK 버튼을 클릭한다.

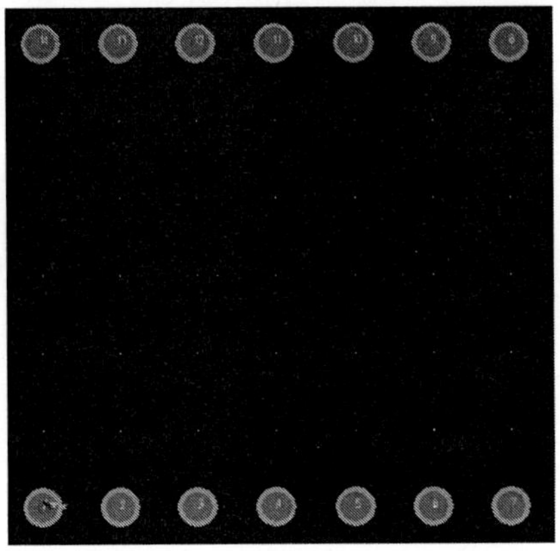

- 1번 터미널을 선택하고 마우스 오른쪽 버튼을 클릭한다.
- Pad Stacks...를 선택한다.
- Pad Stack Properties for Pin 창에서 각 layer의 Parameters의 모양을 정사각형으로 지정하고 OK 버튼을 클릭한다.

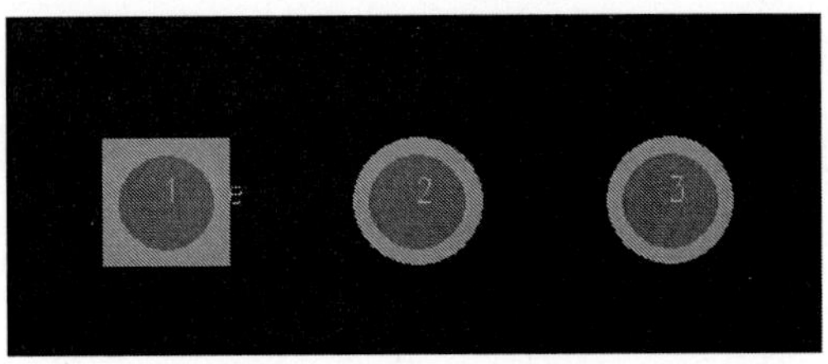

- 키보드에서 Esc 키를 눌러 Terminal 명령을 해제한다.

▌외각선 그리기

- Modeless Command로 g0.1을 입력하고
- Modeless Command로 gd0.1을 입력하여 grid를 재설정한다.
- 2D Line 아이콘  을 클릭한다.
- 마우스 오른쪽 버튼을 클릭한다.
- 팝업창에서 Rectangle을 선택한다.
- Modeless Command s0 0을 입력하고 커서를 클릭한다.

- Modeless Command s50 19을 입력하고 커서를 클릭하여 가로 50mm, 세로 19mm 크기의 직사각형을 그린다.
- 키보드에서 Esc 키를 누른다.
- 마우스 오른쪽 버튼을 클릭하여 Select Shapes를 선택한다.
- 외각선을 선택하고 커서를 이동시킨다.
- Modeless Command s-17.2 -1.9을 입력하고 커서를 클릭한다.

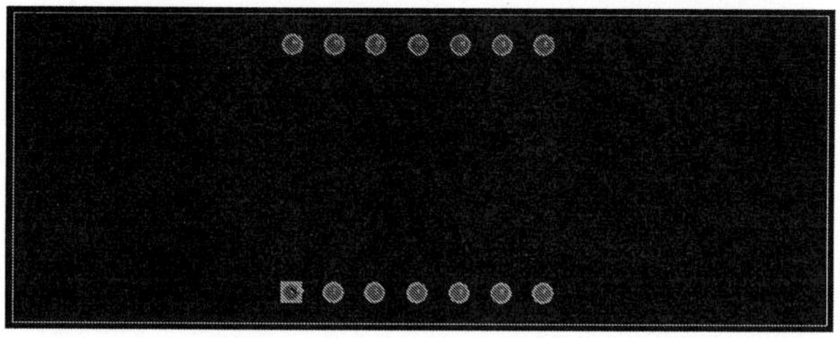

- 2D Line 아이콘 을 클릭하고 Rectangle, Circle을 이용하여 다음과 같은 임의의 도형을 그린다.

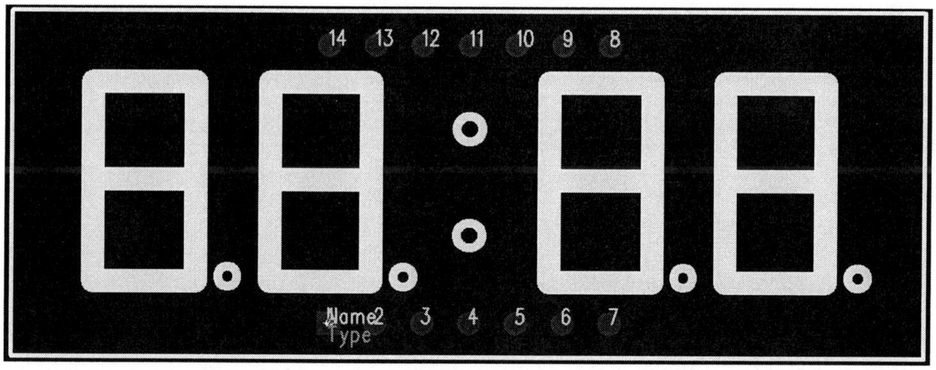

- 저장하기 위하여 Menu Bar에서 File > Save Decal As...를 선택한다.
- Library를 usr로 설정하고 Name of PCB Decal에는 FND24CK를 입력하고 OK 버튼을 클릭한다.
- Menu Bar에서 File > Exit Decal Editor를 선택하여 PCB Decal Editor에서 나온다.

6.10 XTAL16 PCB Decal 만들기

XTAL16에 대한 도면은 다음과 같다.

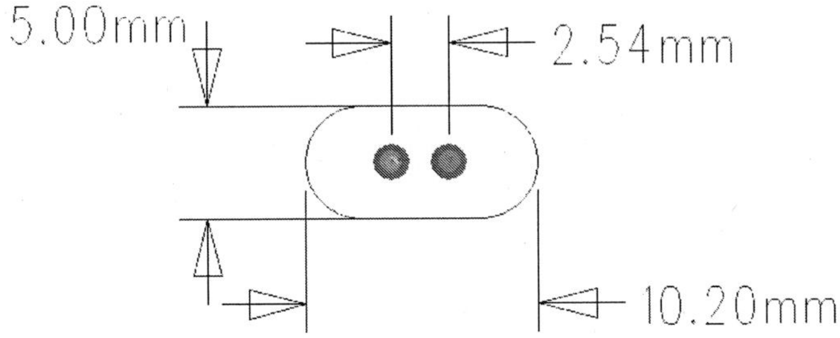

Terminal 만들기

- Menu Bar에서 Tools > PCB Decal Editor를 선택한다.
- Drafting Toolbar 아이콘 을 선택한다.
- Modeless Command로 umm을 입력하여 밀리미터 단위로 설정한다.
- Modeless Command로 g2.54을 입력한다.
- Modeless Command로 gd2.54을 입력하여 grid 간격을 2.54mm로 설정한다.
- Terminal 아이콘 을 선택한다.
- Add Terminal 창이 나타나면 OK 버튼을 클릭한다.
- 커서를 원점(0 0)에서 클릭하여 1번 터미널과 X방향으로 2.54.mm 떨어진 지점에서 2번 터미널을 만든다.
- 각 터미널의 Diameter를 1.6, Drill size를 0.9로 설정한다.

❙ 외각선 그리기

- Modeless Command로 g0.1을 입력하고
- Modeless Command로 gd0.1을 입력하여 grid를 재설정한다.
- 2D Line 아이콘 을 클릭한다.
- 마우스 오른쪽 버튼을 클릭한다.
- 팝업창에서 Polygon을 선택한다.
- 좌표(-1.3 2.5)에서 클릭하고 좌표(3.9 2.5)에서 클릭하여 직선을 긋고
- 마우스 오른쪽 버튼을 클릭하여 Add Arc를 선택한다.
- 아래 방향으로 속도감 있게 커서를 이동시켜서 오른쪽에 반원이 나타나면 좌표(3.9 -2.5)에서 클릭한다.
- 마우스 오른쪽 버튼을 클릭하여 Add Arc를 해제한다.
- 좌표(3.9 -2.5)에서 좌표(-1.3 -2.5)까지 직선을 긋고 클릭한다.
- 마우스 오른쪽 버튼을 클릭하여 Add Arc를 선택한다.
- 위 방향으로 속도감 있게 커서를 이동시켜서 왼쪽에 반원이 나타나면 좌표(-1.3 2.5)에서 더블클릭한다.

- 저장하기 위하여 Menu Bar에서 File > Save Decal As...를 선택한다.
- Library를 usr로 설정하고 Name of PCB Decal에는 XTAL16을 입력하고 OK 버튼을 클릭한다.

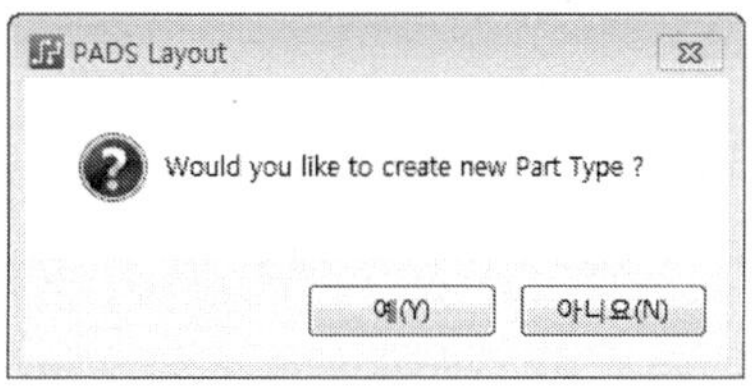

- 팝업창에서 아니오(N)를 선택한다.
- Menu Bar에서 File > Exit Decal Editor를 선택하여 PCB Decal Editor에서 나온다.

6.11 XTAL32 PCB Decal 만들기

XTAL32에 대한 도면은 다음과 같다.

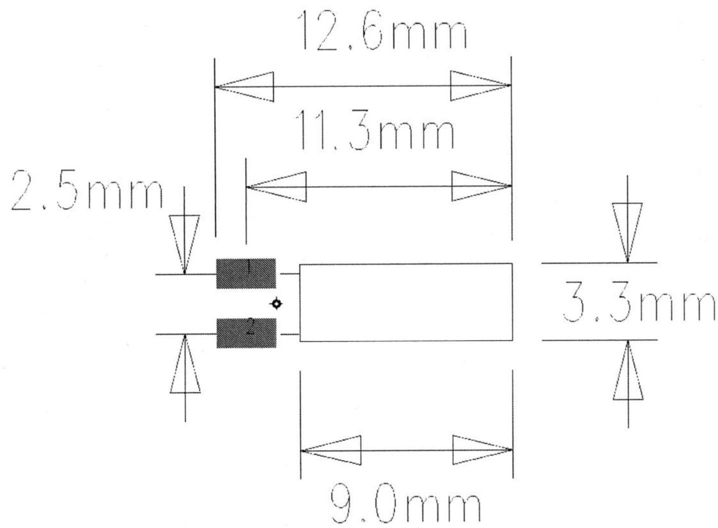

Terminal 만들기

- Menu Bar에서 Tools > PCB Decal Editor를 선택한다.
- Drafting Toolbar 아이콘 을 선택한다.
- Modeless Command로 umm을 입력하여 밀리미터 단위로 설정한다.
- Modeless Command로 g0.1을 입력한다.
- Modeless Command로 gd0.1을 입력하여 grid 간격을 0.1mm로 설정한다.
- Terminal 아이콘 을 선택한다.
- Add Terminal 창이 나타나면 OK 버튼을 클릭한다.
- 커서를 좌표(-1.3 1.3)에서 클릭하여 1번 터미널을 만든다.
- 커서를 좌표(-1.3 -1.3)에서 클릭하여 2번 터미널을 만든다.
- 1, 2번 터미널에 대한 Pads Stack은 다음과 같이 동일한 형태로 설정한다.

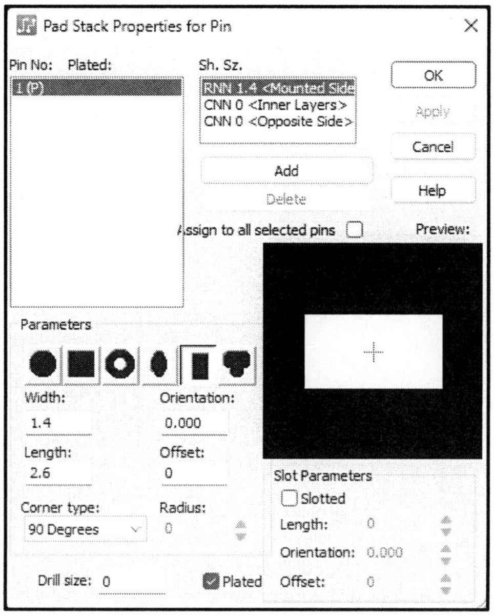

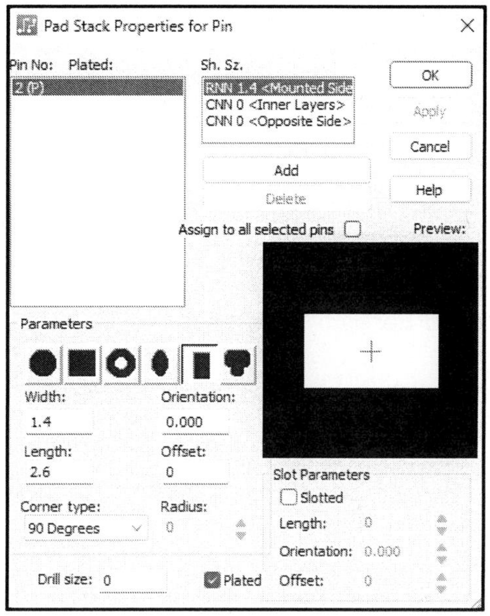

▎외각선 그리기

- Modeless Command로 g0.1을 입력하고
- Modeless Command로 gd0.1을 입력하여 grid를 재설정한다.
- 2D Line 아이콘  클릭한다.
- 마우스 오른쪽 버튼을 클릭한다.
- 팝업창에서 Polygon을 선택한다.
- 좌표(1.0 1.6), 좌표(10.0 1.6), 좌표(10.0 -1.6), 좌표(1.0 -1.6)을 잇는 직사각형을 그린다.
- 2D Line의 Path를 선택하여 2개 선을 그린다.

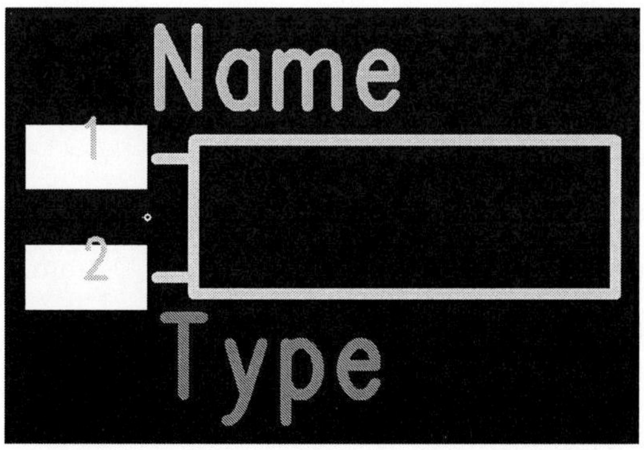

- 저장하기 위하여 Menu Bar에서 File > Save Decal As...를 선택한다.
- Library를 usr로 설정하고 Name of PCB Decal에는 XTAL32을 입력하고 OK 버튼을 클릭한다.

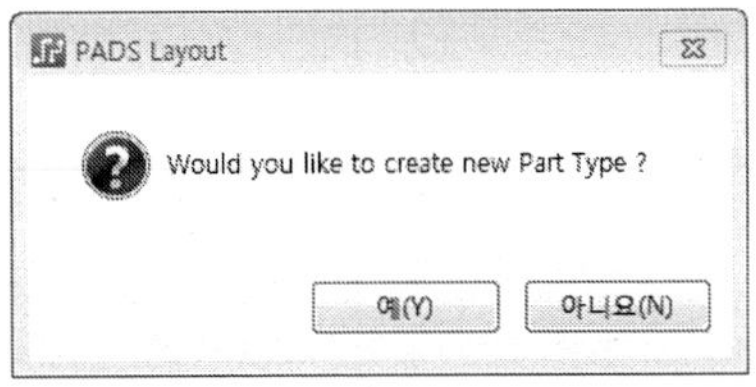

- 팝업창에서 아니오(N)를 선택한다.
- Menu Bar에서 File > Exit Decal Editor를 선택하여 PCB Decal Editor에서 나온다.

6.12 DCAPT PCB Decal 만들기

DCAPT에 대한 도면은 다음과 같다.

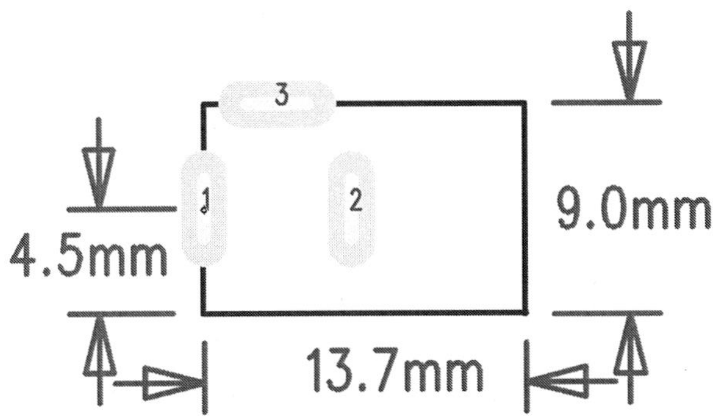

Terminal 만들기

- Menu Bar에서 Tools > PCB Decal Editor를 선택한다.
- Drafting Toolbar 아이콘 을 선택한다.
- Modeless Command로 umm을 입력하여 밀리미터 단위로 설정한다.
- Modeless Command로 g0.1을 입력한다.
- Modeless Command로 gd0.1을 입력하여 grid 간격을 0.1mm로 설정한다.
- Terminal 아이콘 을 선택한다.
- Add Terminal 창이 나타나면 OK 버튼을 클릭한다.
- 3개의 터미널 간 간격은 다음과 같다.

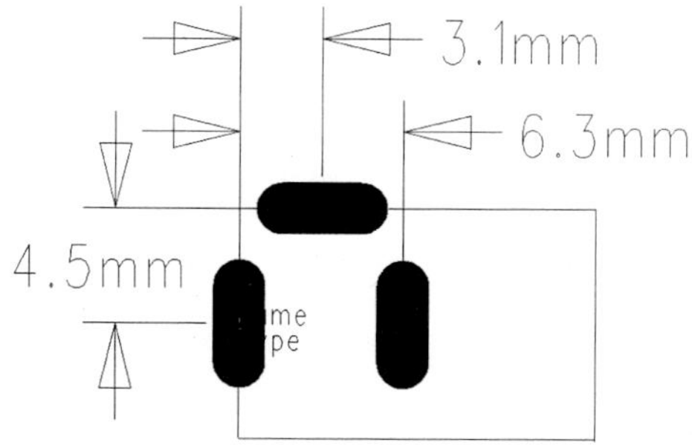

- 1, 2번 터미널에 대한 Pads Stack은 다음과 같이 설정한다.

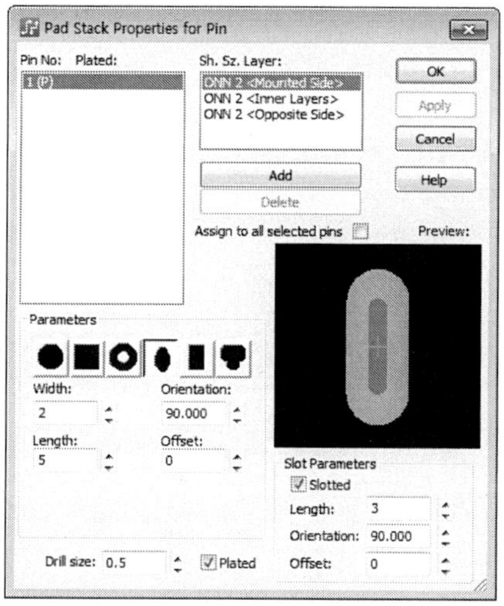

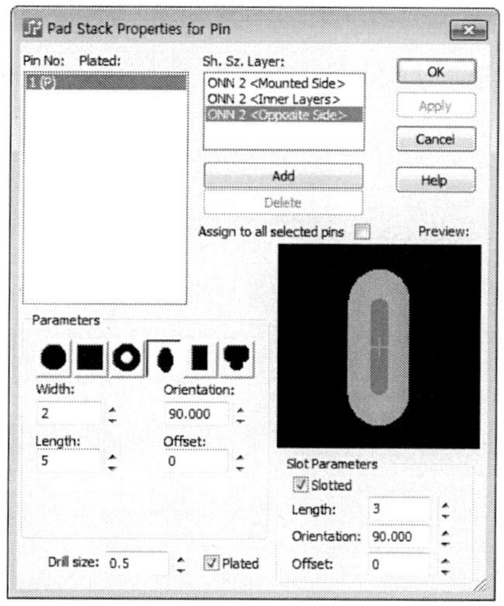

- 3번 터미널에 대한 Pads Stack은 다음과 같이 설정한다.

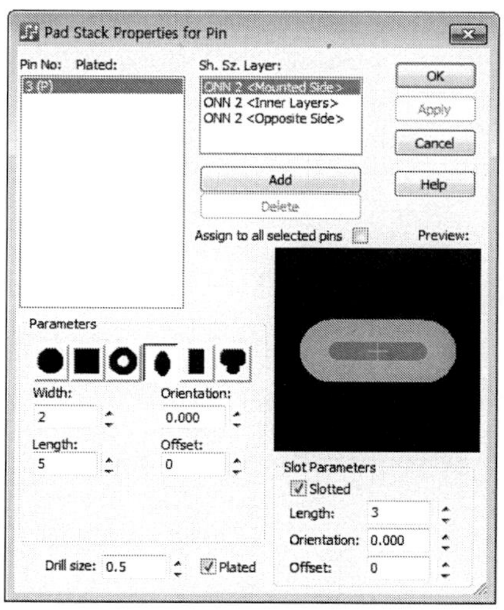

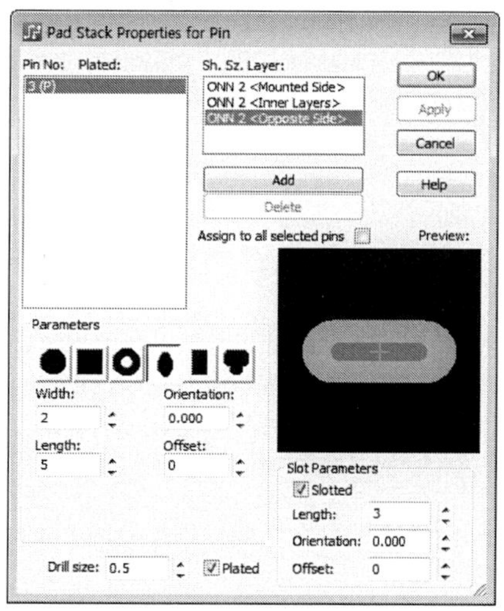

외각선 그리기

- 2D Line 아이콘 을 클릭한다.
- Line의 형태는 Path를 선택한다.
- 좌표(0 4.5)에서 좌표(13.7 -4.5)까지의 직사각형을 그리듯이 path로 작업하지만 terminal과는 겹치지 않도록 한다.

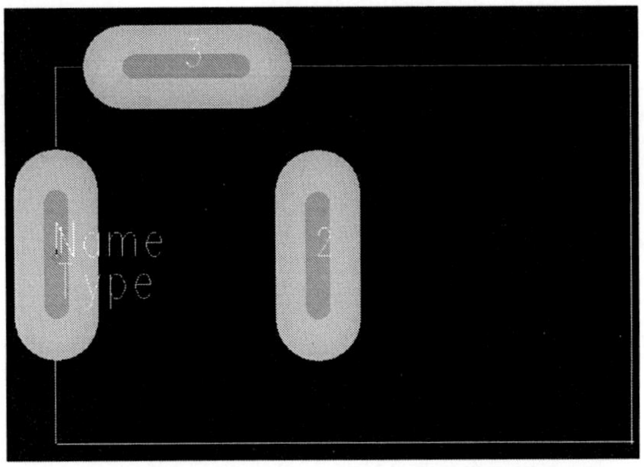

- 저장하기 위하여 Menu Bar에서 File > Save Decal As...를 선택한다.
- Library를 usr로 설정하고 Name of PCB Decal에는 DCAPT를 입력하고 OK 버튼을 클릭한다.
- Menu Bar에서 File > Exit Decal Editor를 선택하여 PCB Decal Editor에서 나온다.

6.13 SW6P PCB Decal 만들기

SW6P에 대한 도면은 다음과 같다.

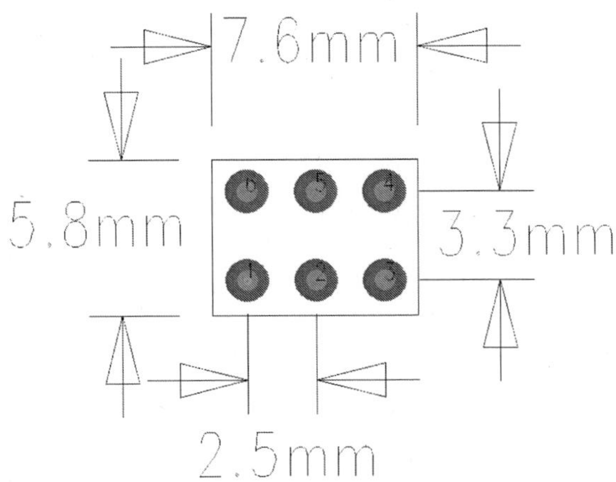

Terminal 만들기

- Menu Bar에서 Tools > PCB Decal Editor를 선택한다.
- Drafting Toolbar 아이콘 을 선택한다.
- Modeless Command로 umm을 입력하여 밀리미터 단위로 설정한다.
- Modeless Command로 g0.1을 입력한다.
- Modeless Command로 gd0.1을 입력하여 grid 간격을 0.1mm로 설정한다.
- Terminal 아이콘 을 선택한다.
- Add Terminal 창이 나타나면 OK 버튼을 클릭한다.
- 도면과 같이 pad간 간격을 2.5mm, 3.3mm로 하여 6개 pad를 번호 순으로 만든다.

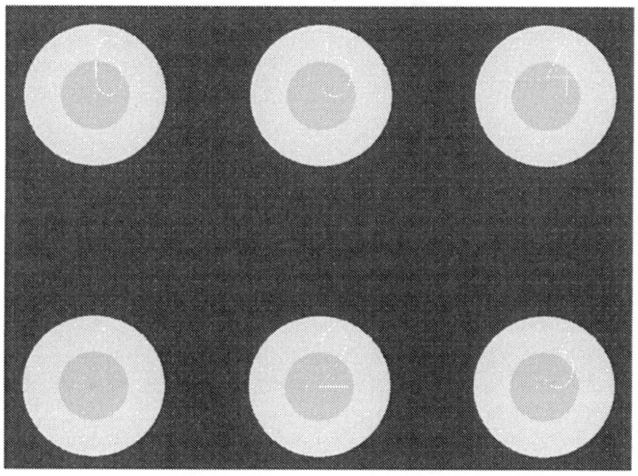

- Pad Stack 창에서 다음과 같이 설정한다.

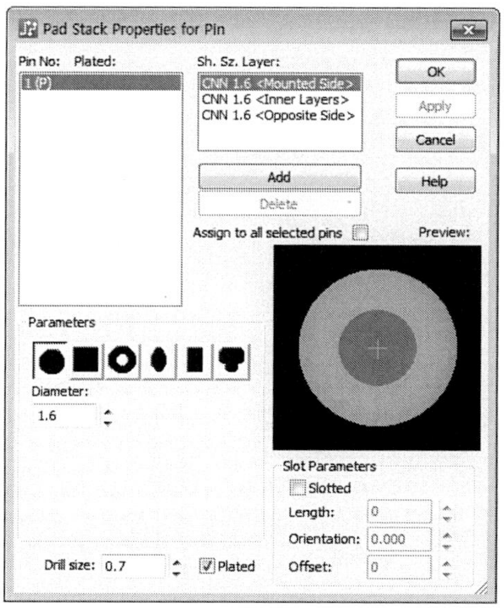

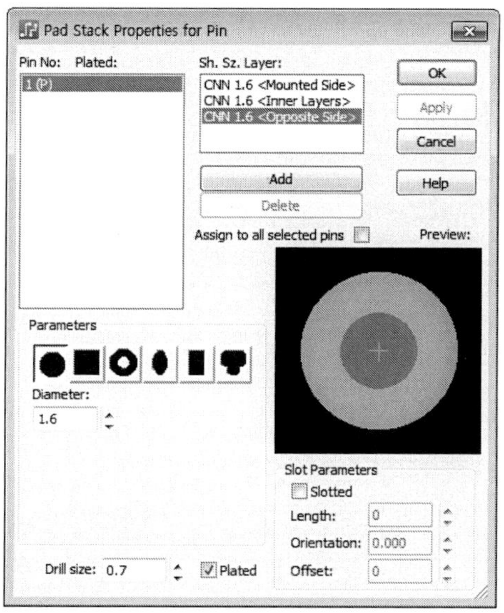

❙ 외각선 그리기

- 2D Line 아이콘 을 클릭한다.
- Line의 형태는 Rectangle을 선택한다.
- 좌표(-1.3 -1.3)에서 좌표(6.3 4.5)까지의 직사각형을 그린다.

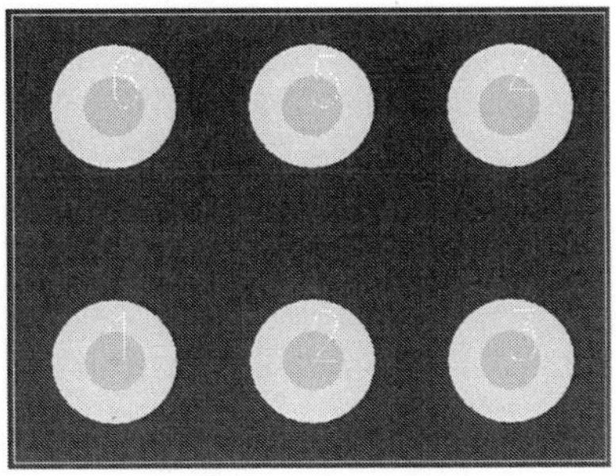

- 저장하기 위하여 Menu Bar에서 File > Save Decal As...를 선택한다.
- Library를 usr로 설정하고 Name of PCB Decal에는 SW6P를 입력하고 OK 버튼을 클릭한다.
- Menu Bar에서 File > Exit Decal Editor를 선택하여 PCB Decal Editor에서 나온다.

6.14 TACK2P PCB Decal 만들기

TACKSW에 대한 도면은 다음과 같다.

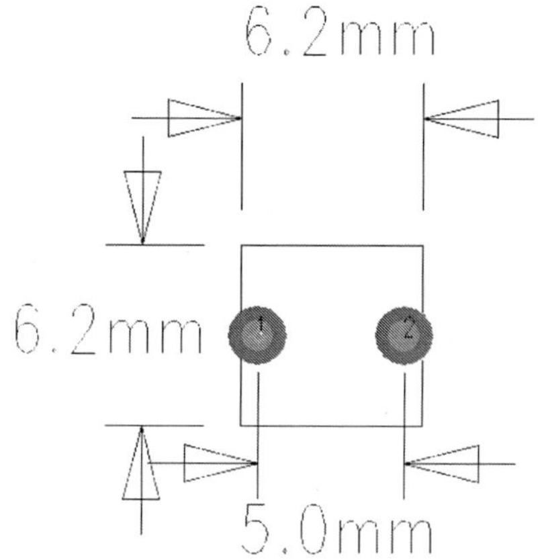

Terminal 만들기

- Menu Bar에서 Tools > PCB Decal Editor를 선택한다.
- Drafting Toolbar 아이콘을 선택한다.
- Modeless Command로 umm을 입력하여 밀리미터 단위로 설정한다.
- Modeless Command로 g0.1을 입력한다.
- Modeless Command로 gd0.1을 입력하여 grid 간격을 0.1mm로 설정한다.
- Terminal 아이콘을 선택한다.
- Add Terminal 창이 나타나면 OK 버튼을 클릭한다.
- 도면과 같이 pad간 간격을 5.0mm로 하여 2개 pad를 번호 순으로 만든다.

- Pad Stack 창에서 다음과 같이 설정한다.

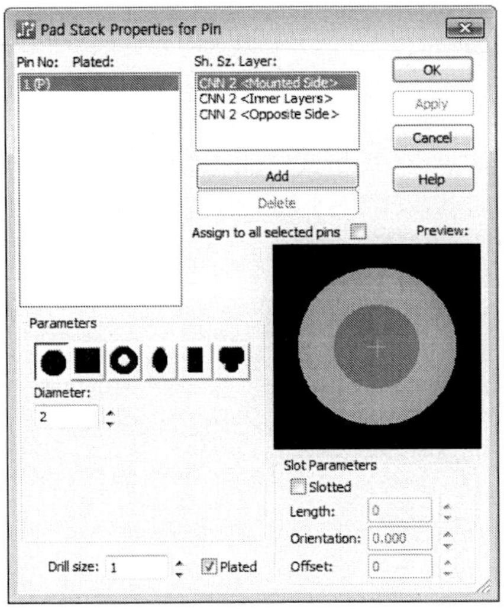

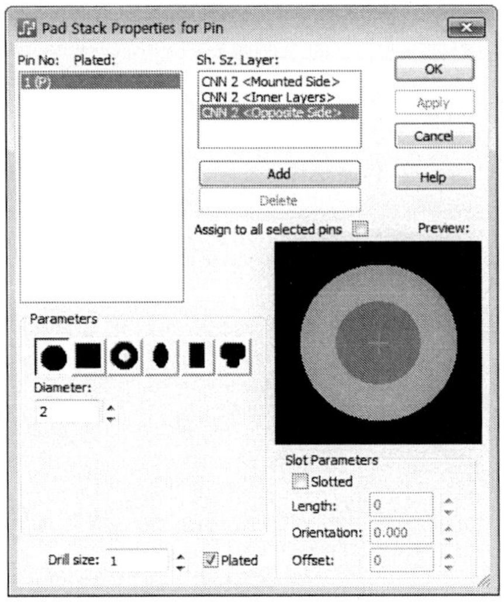

외각선 그리기

- 2D Line 아이콘  을 클릭한다.
- line의 형태는 Path를 선택한다.
- 좌표(-0.3 -3.1)에서 좌표(5.6 3.1)까지의 직사각형 모양으로 pad와 겹치지 않게 선을 그린다.

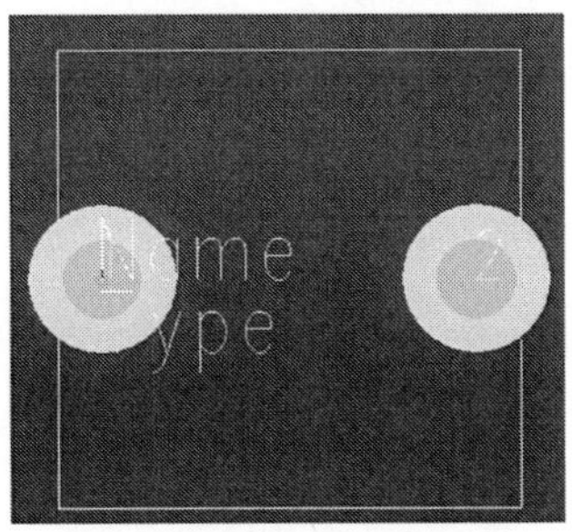

- 저장하기 위하여 Menu Bar에서 File > Save Decal As...를 선택한다.
- Library를 usr로 설정하고 Name of PCB Decal에는 TACK2P를 입력하고 OK 버튼을 클릭한다.
- Menu Bar에서 File > Exit Decal Editor를 선택하여 PCB Decal Editor에서 나온다.

6.15 회로도 작성하기

PADS Logic의 라이브러리에서 제공하는 부품과 새롭게 만든 부품을 사용하여 회로도를 작성한다.

- 회로도를 작성하는 PADS Logic 프로그램 을 연다.
- 본 장에서는 A4 크기의 sheet와 3장에서 만든 sheet border MySIZEA4를 불러들여서 사용한다. Menu Bar에서 Tools > Options을 선택하고 Option 창의 Design 탭에서 size와 sheet를 변경한다.
- Design grid를 설정하기 위하여 키보드에서 g100을 입력한다.
- Dot grid를 설정하기 위하여 키보드에서 gd100을 입력한다.
- Schematic Editing Toolbar에서 Add Part 아이콘 을 선택한다.
  - Add Part from Library 창이 나타난다. 이 창에서 원하는 부품을 선택한다.
- 먼저 R, C, Q, XTAL1, SWITCH는 part type을 참조하여 All Library에서 검색하여 부품을 추가하고 배치시킨다.
- 나머지 부품은 part type을 참조하여 usr에서 검색하여 부품을 추가하고 배치시킨다.
- 각 부품의 ???위치를 더블클릭하여 팝업 창에서 부품 값을 입력한다.
- 부품을 지정하고 마우스 오른쪽 버튼을 클릭하여 Visibility를 선택한다.
- Power와 ground를 연결하고 텍스트도 입력하고 완성한다.

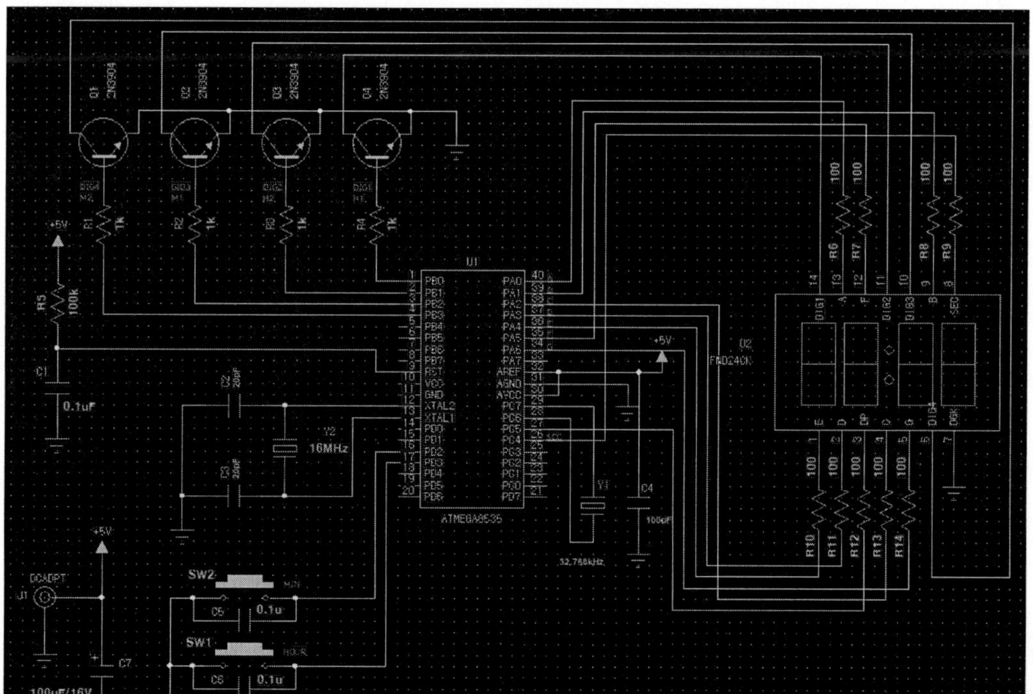

▎완성된 회로도 저장하기

- Menu Bar에서 File > Save As...를 선택하여 작성된 회로도를 저장한다. 여기서는 파일이름을 Digital_CLK_DIP으로 저장한다.
  - 기본적으로 저장되는 폴더는 C:₩PADS Projects이다.

6.16 Layout Netlist 만들기

▎Layout Netlist 만들기

- Menu Bar에서 Tools > Layout Netlist를 선택한다.
- Netlist to PCB 팝업창에서 저장할 파일 이름을 Digital_CLK_DIP로 지정하고 저장(S) 버튼을 클릭한다.
- 메모장을 확인한다.

6.17 PCB 설계하기

6.17.1 Layout Netlist 파일 불러들이기

- PCB를 설계하기 위하여 PADS Layout 아이콘 을 더블클릭한다.
- Menu Bar에서 File > Import를 선택한다.
- 저장된 Digital_CLK_DIP.asc 파일을 연다.

6.17.2 환경 설정하기

- 키보드로 umm을 입력하여 mm 단위로 지정한다.
- 키보드로 g1, gd1을 각각 입력한다.

▎Design Rule 설정하기

- Menu Bar에서 Setup > Design Rules를 선택한다.

• Rules 팝업창에서 Default 와 Net (+5V, GND)는 모두 아래와 같이 동일하게 설정한다.

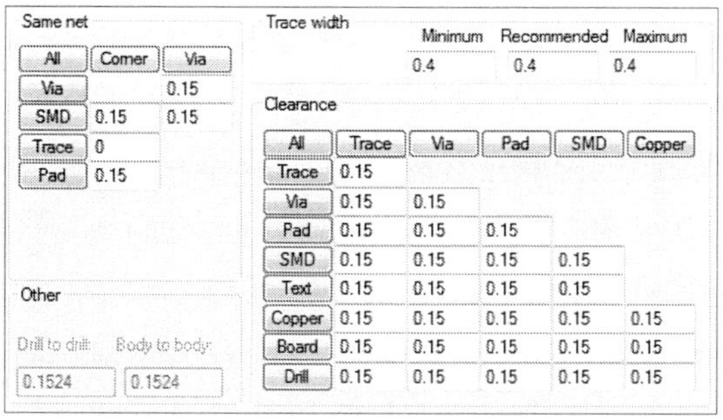

Same net

	All	Corner	Via
Via			0.15
SMD		0.15	0.15
Trace		0	
Pad		0.15	

Trace width

Minimum	Recommended	Maximum
0.4	0.4	0.4

Clearance

All	Trace	Via	Pad	SMD	Copper
Trace	0.15				
Via	0.15	0.15			
Pad	0.15	0.15	0.15		
SMD	0.15	0.15	0.15	0.15	
Text	0.15	0.15	0.15	0.15	
Copper	0.15	0.15	0.15	0.15	0.15
Board	0.15	0.15	0.15	0.15	0.15
Drill	0.15	0.15	0.15	0.15	0.15

Other

Drill to drill:	Body to body:
0.1524	0.1524

6.17.3 PCB 외각선 그리기

• Standard Toolbar에서 Drafting Toolbar 아이콘 을 클릭한다.
• Drafting Toolbar를 확인하고 Board Outline and Cut Out 아이콘 을 클릭한다.
• 외곽선으로 가로 60mm, 세로 90mm 크기의 직사각형을 그린다.

6.17.4 부품 배치하기

▌ 부품 풀어헤치기

• Menu Bar에서 Tools > Disperse Component를 선택하여 원점에 모여 있는 부품을 풀어헤친다.

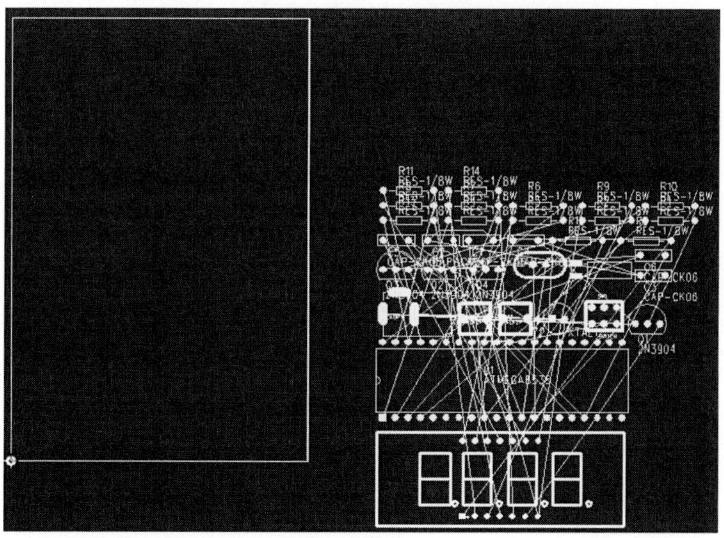

Top 면 ground 처리하기

- Layer를 Top 면으로 지정한다.
- Standard Toolbar에서 Drafting Toolbar 아이콘 을 클릭한다.
- Drafting Toolbar를 확인하고 Copper Pour 아이콘 을 클릭한다.
- 기판의 외각선과 동일한 사각형을 원점에서 그린다.
- Add Drafting 팝업 창에서 layer를 top으로 지정하고, Net Assignment는 GND로 지정한다.

부품 배치하기

본 예제에서는 U2, SW1, SW2, SW3, Y2는 bottom 면에 배치하고, 나머지 부품들은 top 면에 배치한다.

- U2, SW1, SW2, SW3, Y2를 선택하고 마우스 오른쪽 버튼을 클릭한 후 Flip Side를 선택하면 bottom 면에 부품을 배치할 수 있다. Flip Side를 선택 할 때 마다 bottom, top 면이 토글된다.
- U2는 좌표(37.5 66.5), SW1은 좌표(30 5), SW2는 좌표(12 18), SW3는 좌표(20 18)에 위치시킨다.
- U1은 좌표(25 60), J1은 좌표(16 8)에 위치시킨다.
- 나머지 부품은 임의의 위치에 둔다.

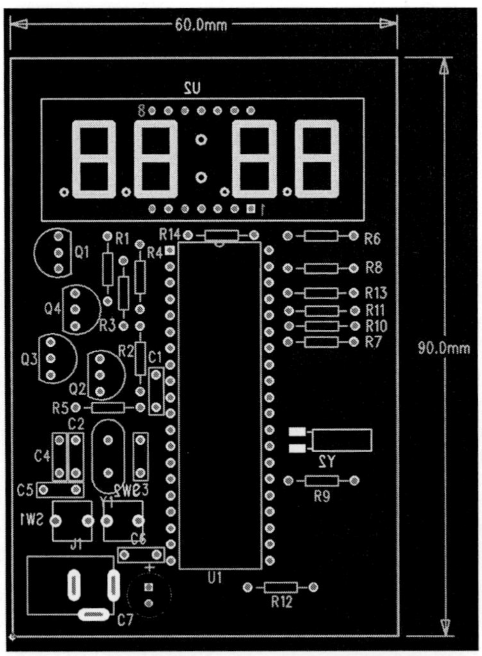

6.17.5 배선하기

부품 단자 간 연결하는 배선(route)은 본 예제에서는 모두 bottom 면에서 수행한다.

- Menu Bar에서 Tools > Options를 선택한다.
- Options 창에서 Grids and Snap > Grids 탭에서 Design Grid의 Snap to Grid를 해제하고 OK 버튼을 클릭한다.
- Design Toolbar 아이콘 을 선택한다.
- 배선하고자 하는 layer를 bottom으로 선택한다.
- Design Toolbar에서 Add Route 아이콘 을 선택하고 배선한다.
- 아래 그림은 배선을 완료하고 bottom 면에 텍스트, CLK_M을 입력한다.
- Standard Toolbar에서 Dimensioning Toolbar 아이콘 을 선택 PCB의 크기를 나타낸다.

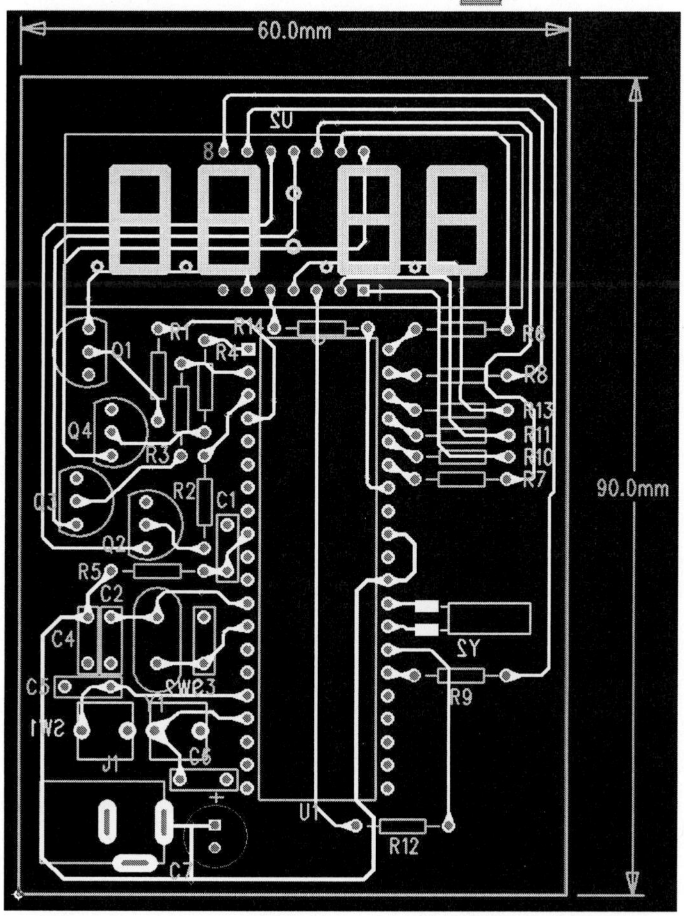

6.17.6 Copper pour 수행하기

- Menu Bar에서 Tools > Pour Manager...를 선택한다.
- Pour Manager 창에서 Start 버튼을 클릭한다.

6.17.7 PCB 검정하기

- Menu Bar에서 Tools > Verify Design을 선택하여 Clearance와 Connectivity를 검정한다.
- Menu Bar에서 File > Save As...를 선택하여 설계한 PCB를 저장한다. 여기서는 파일이름을 Digital_CLK_DIP로 입력한다.

- 기본적으로 저장되는 폴더는 C:₩PADS Project이다.

6.18 PCB 제작 의뢰하기

6.18.1 CAM data 만들기

본 예제의 CAM 데이터는 top 면과 bottom 면 모두 silkscreen 인쇄한다.

Document name	Document Type	Fabrication layer	Remark
top_pattern	Routing/Split Plane	Top	Top 면 패턴
bot_pattern	Routing/Split Plane	Bottom	Bottom 면 패턴
top_mask	Solder Mask	Solder Mask Top	Top 면 Solder Mask
bot_mask	Solder Mask	Solder Mask Bottom	Bottom 면 Solder Mask
top_silk	Silkscreen	Silkscreen Top	Top 면 Silkscreen
bot_silk	Silkscreen	Silkscreen Bottom	Bottom 면 Silkscreen
drill	Drill Drawing	Unassigned	Drill
nc_drill	NC Drill	Unassigned	NC Drill

- Menu Bar에서 File > CAM...을 선택하여 8개의 CAM 데이터를 만든다.

top_pattern CAM 데이터 만들기

- Add Document 창에서 Documentation Name, Document Type, Layer를 설정하고 Preview Selections로 top 면 패턴 도면을 확인한다.
    - Document name: top_pattern
    - Document Type: Routing/Split Plane
    - Fabrication Layer: top

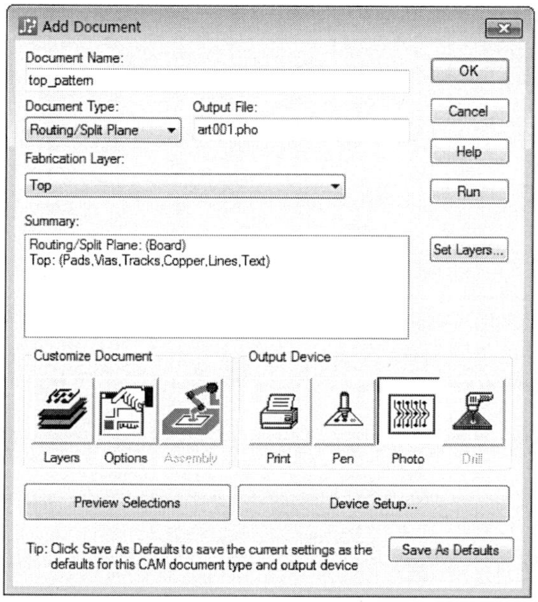

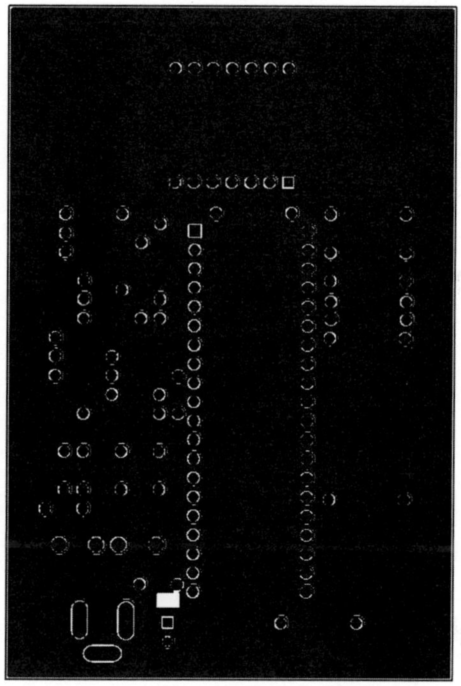

bot_pattern CAM 데이터 만들기

- Add Document 창에서 Documentation Name, Document Type, Layer를 설정하고 Preview Selections로 bottom 면 패턴 도면을 확인한다.
    - Document name: bot_pattern
    - Document Type: Routing/Split Plane
    - Fabrication Layer: bottom
- Option  에서 X offset을 80, Mirror Image를 체크한 후 Preview Selections로 Bottom 면 패턴 도면을 확인한다.

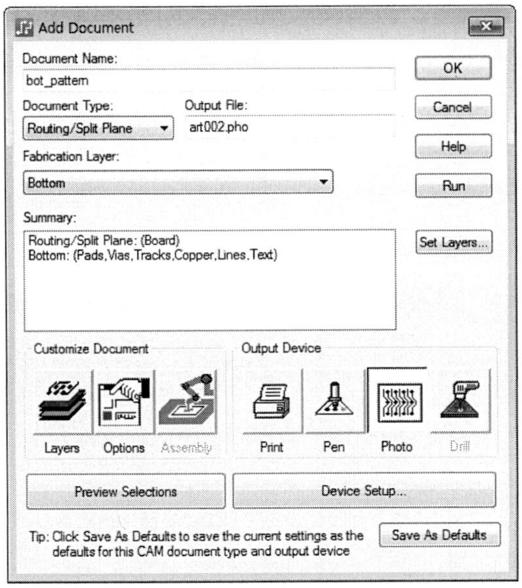

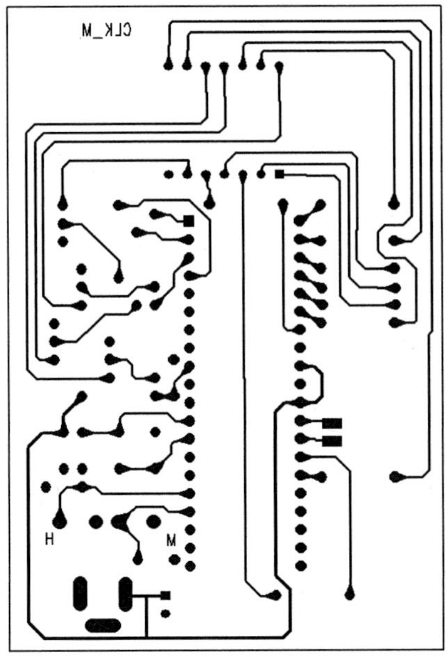

▍top_mask CAM 데이터 만들기

- Add Document 창에서 Documentation Name, Document Type, Layer를 설정하고 Preview Selections로 Top 면 Solder Mask 도면을 확인한다.
  - Document name: top_mask
  - Document Type: Solder Mask
  - Fabrication Layer: Solder mask top

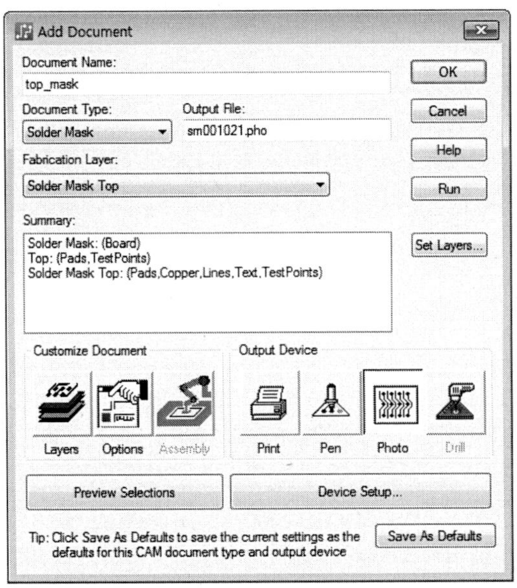

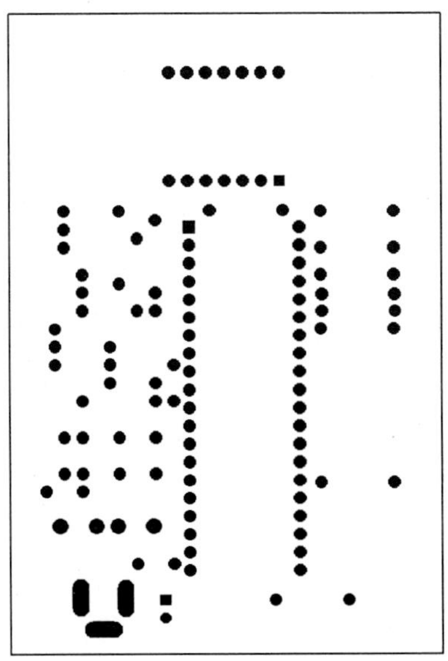

bot_mask CAM 데이터 만들기

- Add Document 창에서 Documentation Name, Document Type, Layer를 설정하고 Preview Selections로 bottom 면 Solder Mask 도면을 확인한다.
  - Document name: bot_mask
  - Document Type: Solder Mask
  - Fabrication Layer: Solder mask bottom
  - Customize Document 탭 > Layers에서 top 면을 선택하고 Pads 만을 체크함
- Option  에서 X offset을 80, Mirror Image를 체크한 후 Preview Selections로 bottom 면 solder mask 도면을 확인한다.

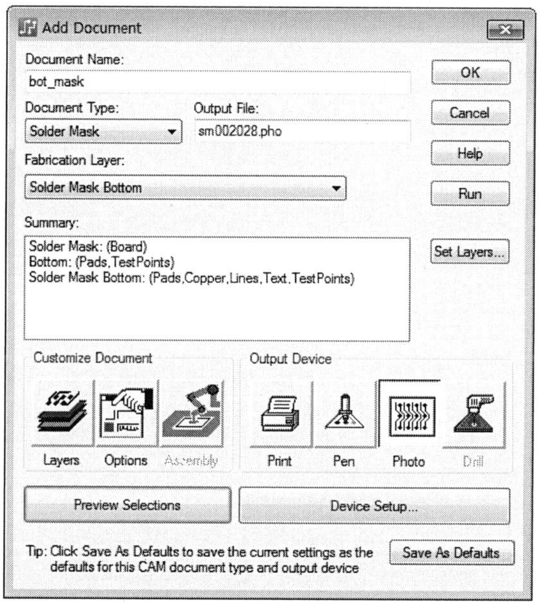

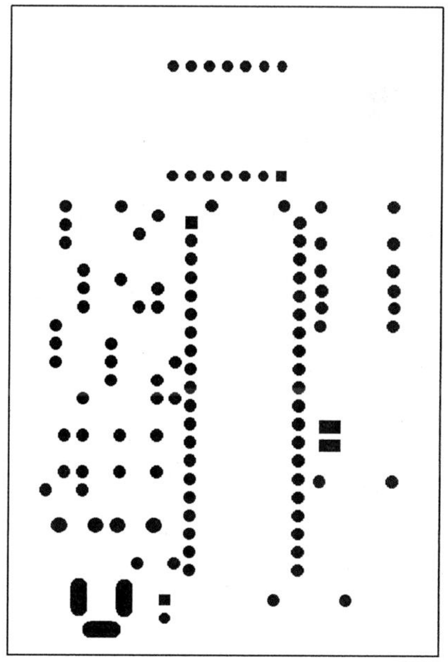

top_silk CAM 데이터 만들기

- Add Document 창에서 Documentation Name, Document Type, Layer를 설정한다.
  - Document name: top_silk
  - Document Type: Silksceen
  - Fabrication Layer: Silkscreen top

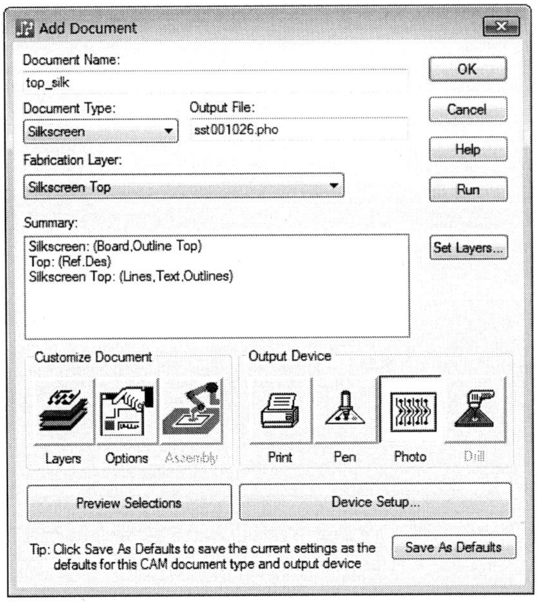

- Add Document 창의 Customize Document 탭에서 layers 아이콘  을 클릭한다.
- Select Items 창에서 Selected: Top을 다음과 같이 설정하고 top 면 Silkscreen 도면을 확인한다.

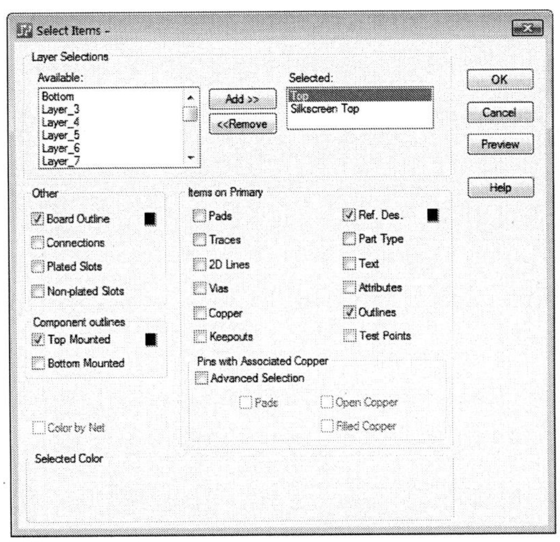

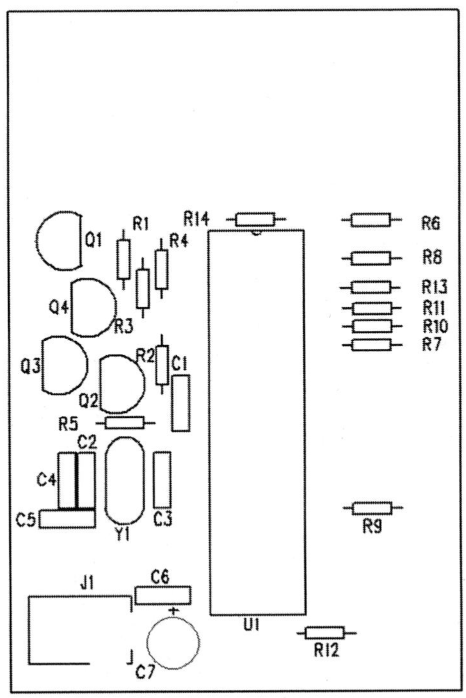

▎bot_silk CAM 데이터 만들기

- Add Document 창에서 Documentation Name, Document Type, Layer를 설정한다.

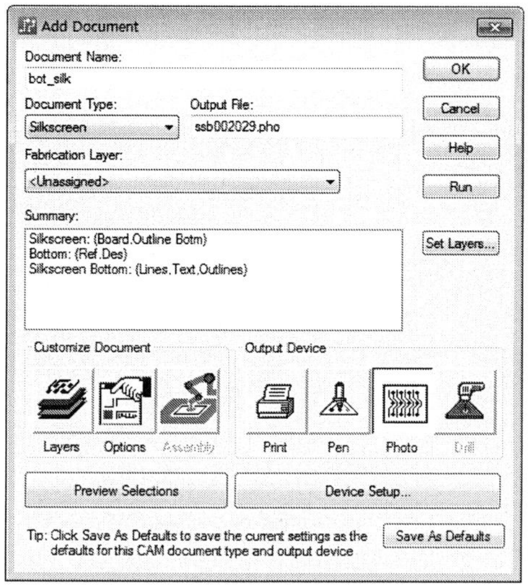

- Add Document 창의 Customize Document 탭에서 Layers 아이콘을 클릭한다.
- Select Items 창에서 Selected: Bottom을 다음과 같이 설정한다.

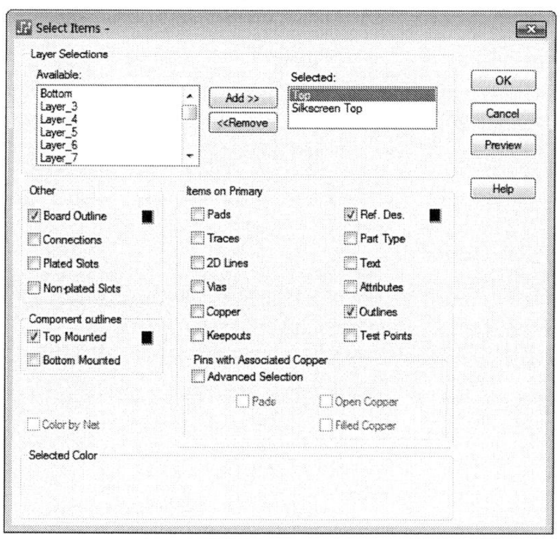

- Add Document 창의 Option에서 X offset을 80, Mirror Image를 체크한 후 창을 닫고 Preview에서 bottom 면의 silkscreen을 확인한다.

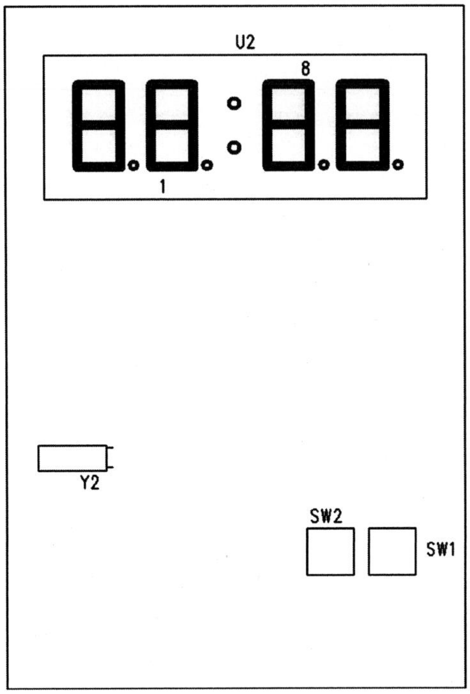

drill CAM 데이터 만들기

- Add Document 창에서 Documentation Name, Document Type을 설정한다.

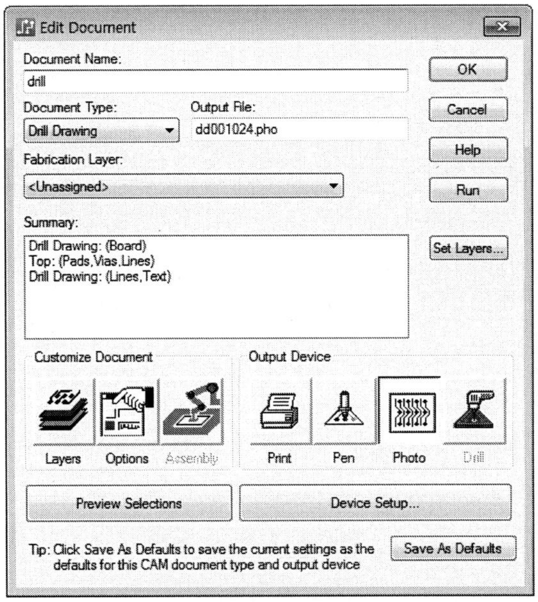

- Add Document 창의 Customize Document 탭에서 Option 아이콘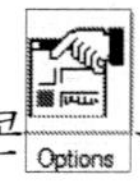을 클릭한다.

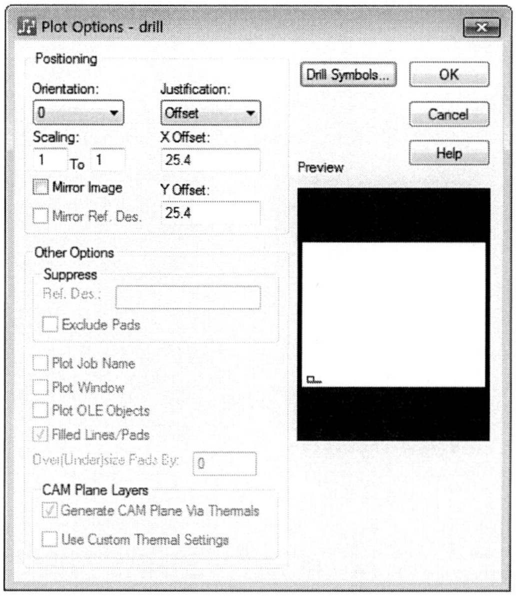

- Plot Option–Drill 창에서 Drill Symbols... 버튼을 클릭한다.
- Drill Drawing Options 창에서 Drill Chart의 X Location 값을 80으로 입력하고, Show Through/Partial column을 체크한 후 OK 버튼을 클릭한다.

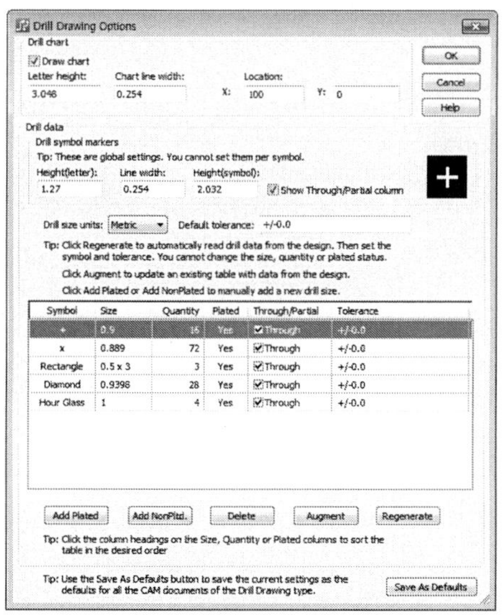

- Plot Option–Drill 창에서 OK 버튼을 클릭한다.

- Add Document 창에서 Preview 버튼을 클릭하고 Drill 도면을 확인한다.

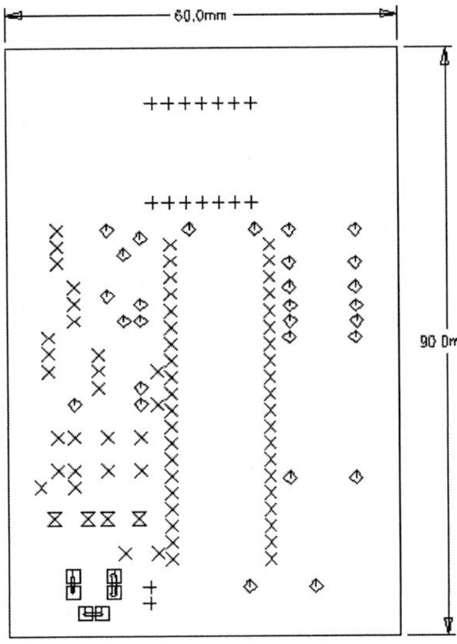

SIZE	QTY	SYM	PLATED	THR/PRTL	TOL
0.9	16	+	YES	THR	+/-0.0
0.889	66	×	YES	THR	+/-0.0
0.5 x 3	3	□	YES	THR	+/-0.0
0.9398	28	◇	YES	THR	+/-0.0
1	4	⧗	YES	THR	+/-0.0

- CAM Preview 창을 닫는다.
- Add Document 창에서 OK 버튼을 클릭한다.

▌nc_drill CAM 데이터 만들기

- Add Document 창에서 Documentation Name, Document Type을 설정하고 Preview Selections로 NC Drill 도면을 확인한다.

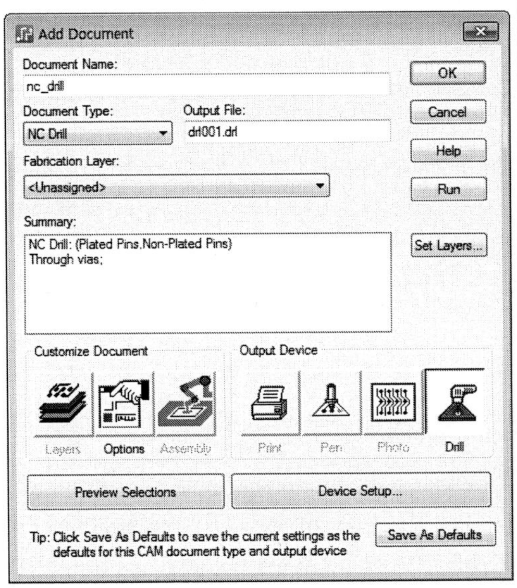

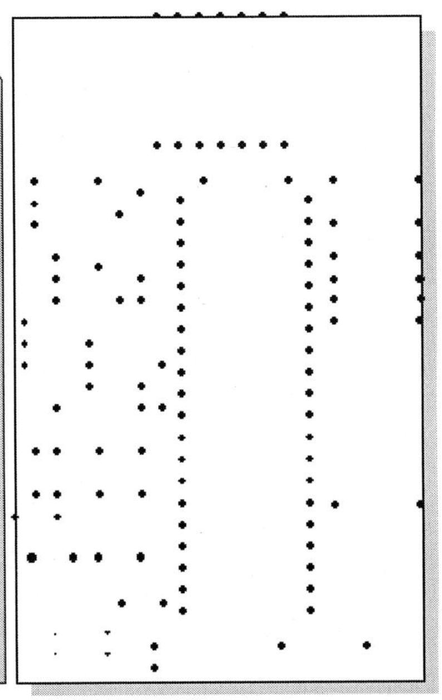

- Define CAM Document 창에서 CAM Document 모두를 선택하고 Save 버튼을 클릭한다.

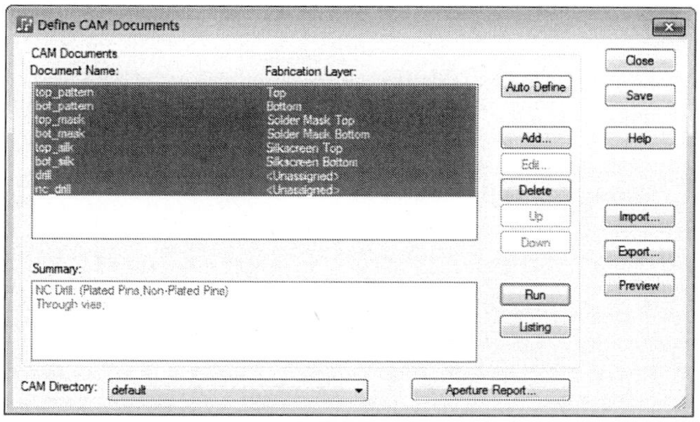

▌ CAM 데이터 저장하기

- Define CAM Document 창에서 CAM Directory를 〈Create〉로 지정한다.
- CAM Question 팝업창에서 서브디렉토리 이름으로 Digital_CLK_DIP을 입력하고 OK 버튼을 클릭한다.
- Define CAM Document 창에서 모든 CAM 데이터를 선택하고 Run 버튼을 클릭한다.
- 윈도우 탐색기로 생성된 CAM 데이터를 확인한다.
- PADS Layout에서 PCB파일을 저장한다.(File > Save)

6.18.2 PCB 제작 의뢰하기

PCB 제작을 의뢰하기 위해서는 CAM(Gerber) 데이터 파일과 PCB 사양 정보를 제작처에 보내야 한다.

PCB 사양 정보는 다음과 같다.

레이어 : 양면
사이즈 : 60mm × 90mm
재질 : FR-4
두께 : 1.6mm
실크 : 데이터기준
실크색 : 흰색
솔더색 : 녹색유광
표면처리 :HASL
수량 :
납기일 :

6.18.3 제작된 PCB

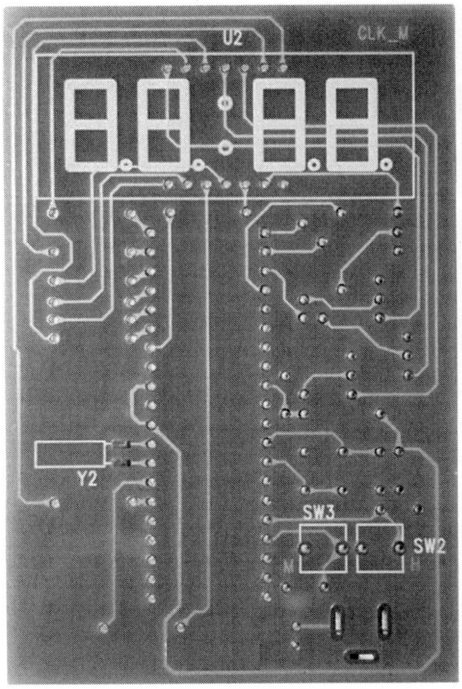

〈Top 면 사진〉

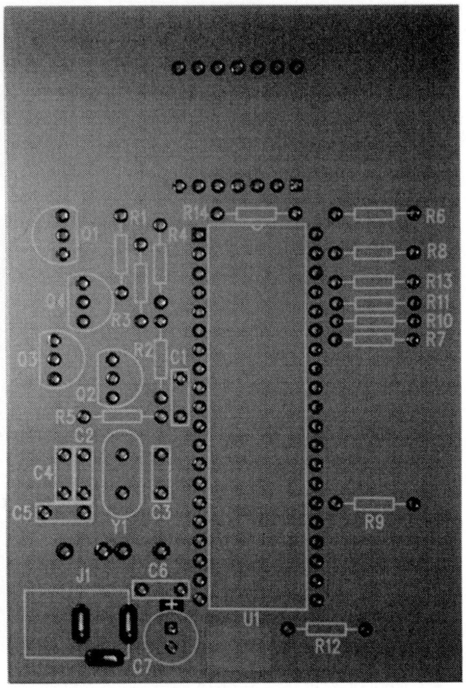

〈Bottom 면 사진〉

6.18.4 조립하기

부품 U2, SW1, SW2-3는 bottom 면에서 조립하고 top 면에서 납땜하며, Y2는 bottom 면에서 조립하고 bottom 면에서 납땜한다.

나머지 부품은 top 면에서 조립하고 bottom 면에서 납땜한다.

▎부품표

번호	부품명	부품 번호	규격	수량	부품배치면
1	저항	R1-4	1/8W, 1k	4	TOP
2	저항	R5	1/8W, 100k	1	TOP
3	저항	R6-14	1/8W, 100	9	TOP
4	세라믹커패시터	C1,5,6	0.1uF	3	TOP
5	세라믹커패시터	C2,3	20pF	2	TOP
6	세라믹커패시터	C4	100pF	1	TOP
7	전해커패시터	C7	100uF/16V	1	TOP
8	트랜지스터	Q1-4	2N3904	4	TOP
9	IC	U1	ATMEGA8535	1	TOP
10	FND	U2	S-5462CSR2/C	1	BOTTOM
11	수정진동자	Y1	16MHz	1	TOP
12	수정진동자	Y2	32.768kHz	1	BOTTOM
13	커넥터	J1	DC Adaptor	1	TOP
14	스위치	SW1, 2	Tack 2pin	2	BOTTOM

❙ 조립도면

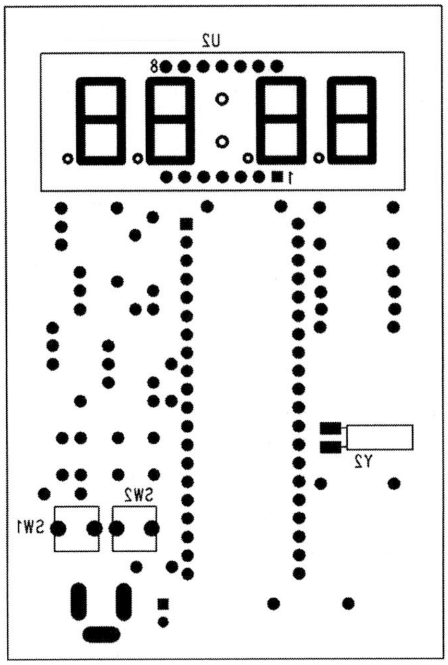

〈Bottom 면〉

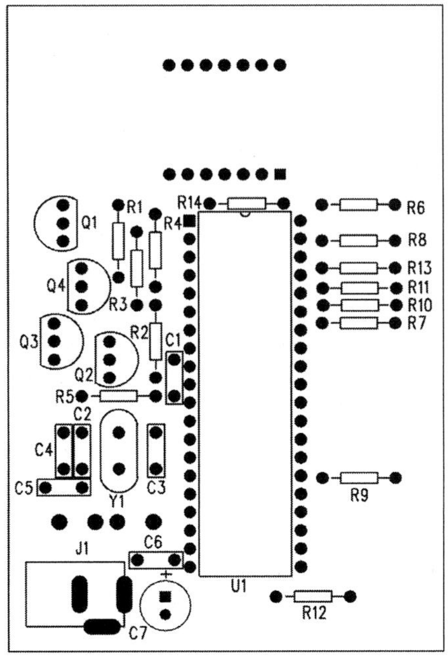

〈Top 면〉

❙ 조립된 PCB

〈Bottom 면 사진〉

〈Top 면 사진〉

| 제 7 장 |

LED 램프 회로(SMD)

제 7 장 | LED 램프 회로(SMD)

7.1 설계 요구 사항

LED 램프 회로도를 작성하고 모두 SMD type 부품을 사용하여 PCB를 설계한다. PCB 제작 의뢰에 필요한 CAM 데이터 파일(Gerber file)을 만든다. PADS Logic과 PADS Layout 라이브러리에 있는 부품의 심벌과 PCB Decal을 사용하고 없는 것은 새로 만든다. PCB의 크기는 가로 75.5mm, 세로 7mm이며 양면 기판으로 설계하고, 부품은 top 면에 배치한다.

7.2 회로도

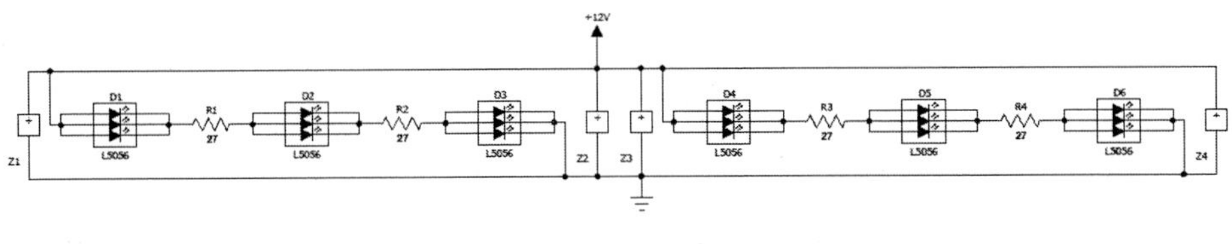

7.3 사용 부품

사용 부품은 다음과 같으며, 모두 SMD 부품이다.

부품 번호	부품명	부품 규격	수량	부품배치면
D1-6	LED	L5056	6	top
R1-4	저항	27(1206, SMD)	4	top
Z1-4	터미널		4	top

* 외부 전원 단자로 사용하기 위한 것으로 copper로 만듦

각 부품에 대한 Part Type, CAE Decal, PCB Decal은 다음과 같다.

Ref. Des	Part Type	CAE Decal	PCB Decal
D1-6	L5056*	L5056*	L5056*
R1-4	RES-1/4W	RESZ_H	1206
Z1-4	TERM*	TERM*	TERM*

* 본 장에서 만드는 Part Type, CAE Decal, PCB Decal임

7.4 L5056 부품 만들기(Part Type, CAE Decal)

- 회로도를 작성하는 PADS Logic 프로그램 을 연다.

Part Type 만들기

- Menu Bar에서 Tools > Part Editor를 선택한다.
- Part Editor Toolbar에서 Edit Electrical 아이콘 을 클릭한다.
- Part Information for Part-New_PART 창의 General 탭에서 Logic Family를 DIO로 설정하고 Ref Prefix가 D임을 아래와 같이 확인한다.

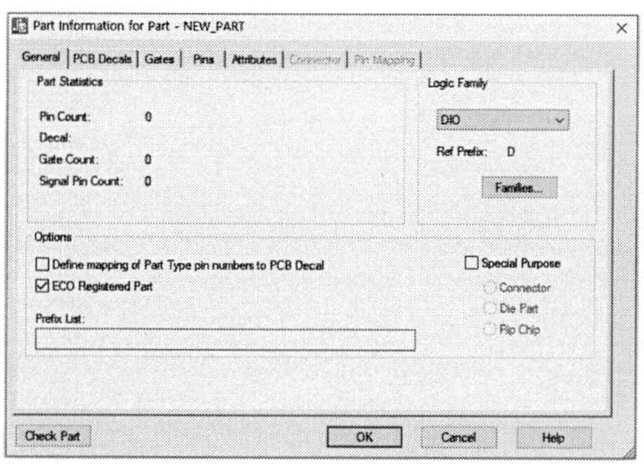

- PCB Decals 탭에서 Assign New 버튼을 클릭하고 L5056을 입력한 후, OK 버튼을 클릭한다.

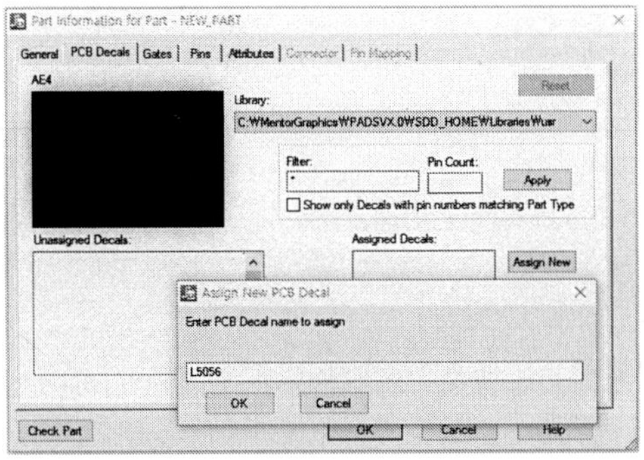

- Gates 탭에서 Add 버튼을 클릭하고 CAE Decal 1에 L5056을 입력한다.

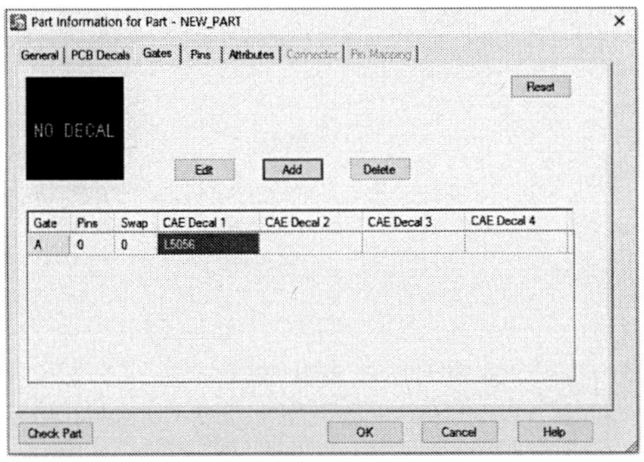

- Pins 탭에서는 Add Pin 버튼을 6번 클릭하고, Number는 1에서 6까지의 숫자를 입력한다.

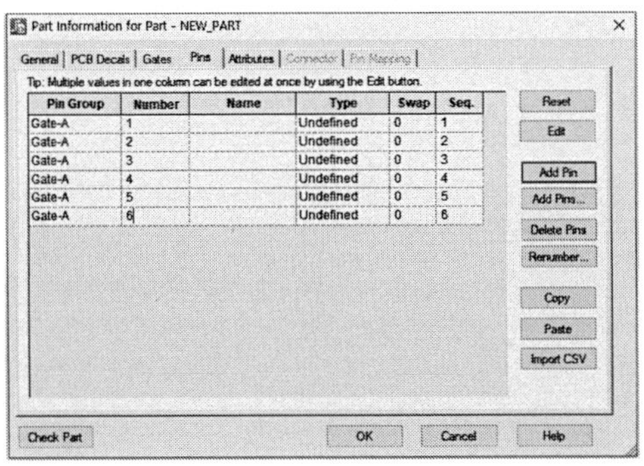

- Check Part 버튼과 OK 버튼을 클릭한다.
  - Warning 메시지는 무시한다.

▍CAE Decal 만들기

- Part Editor Toolbar에서 Edit Graphics 아이콘 을 클릭한다.
- Select Gate Decal 창에서 Gate A의 Decal이 L5056임을 확인하고 OK 버튼을 클릭한다.
- Decal Editing Toolbar 아이콘  을 클릭한다.
- Modeless Command로 키보드에서 g50을 입력하고 엔터키를 누르고
- Modeless Command로 키보드에서 gd50을 입력하고 엔터키를 누른다.
- Create 2D Line 아이콘 을 클릭하고 마우스 오른쪽 버튼을 눌러 Rectangle를 선택하여 400×400 크기인 정사각형을 그린다.
- 마우스 오른쪽 버튼을 눌러 Path를 선택하고 아래와 같이 다이오드 심벌 모양을 그린다. 삼각형을 그릴 때는 Polycon을 선택하고, 이때 사선은 Any Angle을 선택하고 그린다.

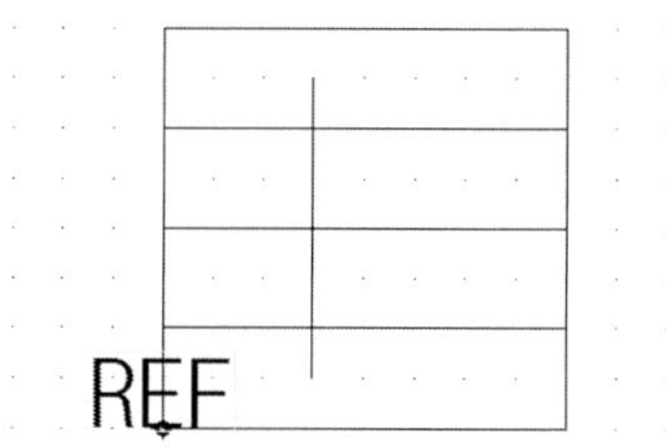

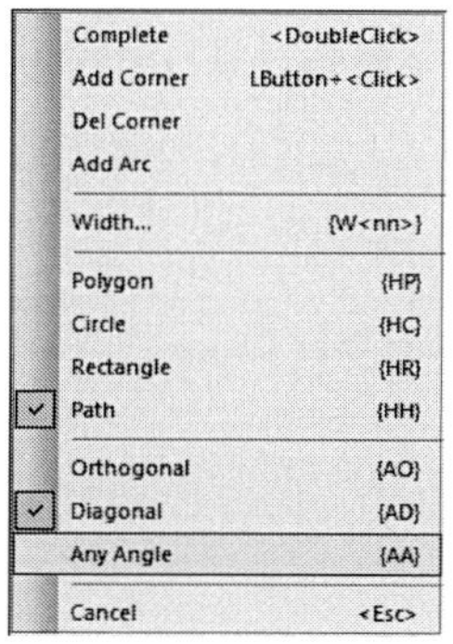

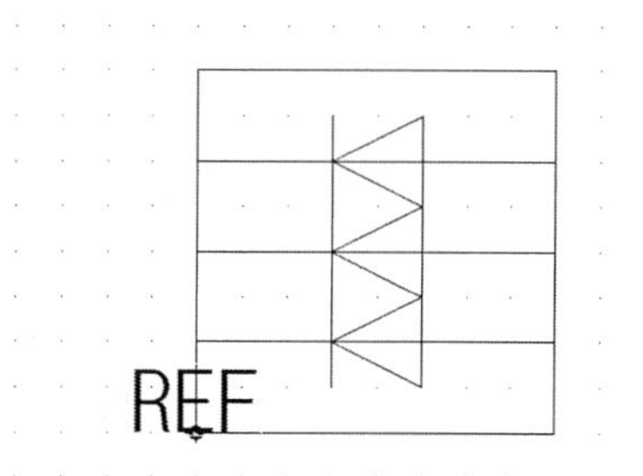

- 삼각형 모양의 내부를 채우기 위하여 삼각형 모양을 선택하고 마우스 오른쪽 버튼을 누르고 Properties를 선택하여 Drafting Properties 창에서 Filled를 지정한다.
- Modeless Command로 키보드에서 g10과 gd10을 각각 입력하고 화살표를 그린다. 이때 2D Line 그리기에서 Path를 선택하여 사용한다.

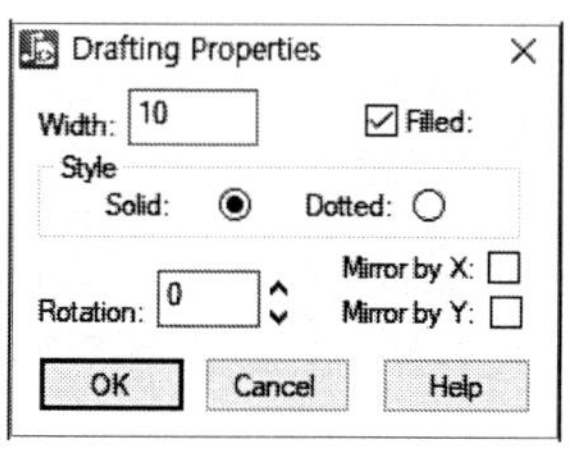

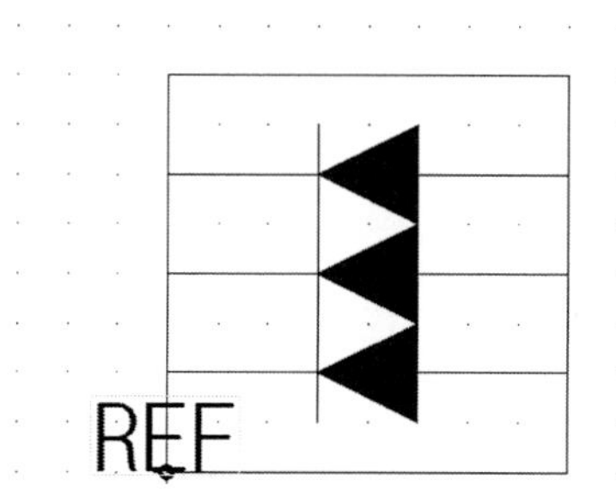

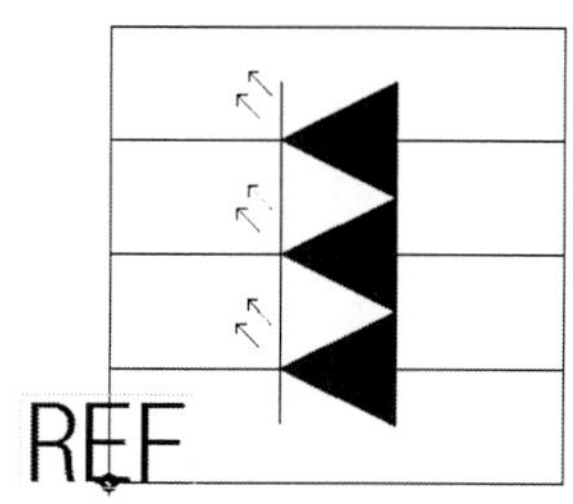

- Add Terminal 아이콘 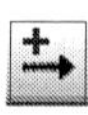을 클릭하고, PIN을 선택한 후 OK 버튼을 클릭한다.
- 아래와 같이 번호 순으로 핀을 붙이고 REF와 NEW_PART 등을 이동한다.

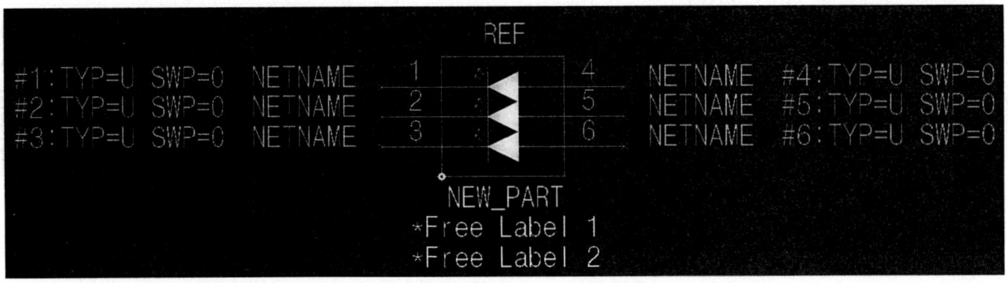

- Menu Bar에서 File > Return to Part를 선택하고 예(Y)를 누른다.
- Menu Bar에서 File > Save As...를 선택한다.
- Save Part and Gate Decals As 창에서 Name of Part에 L5056을 입력하고 OK 버튼을 클릭한다. 아직 PCB Decal을 만들지 않았으므로 경고는 무시한다.
- Menu Bar에서 File > Exit Part Editor를 클릭한다.

7.5 TERM 부품 만들기(Part Type, CAE Decal)

Part Type 만들기

- Menu Bar에서 Tools > Part Editor를 선택한다.
- Part Editor Toolbar에서 Edit Electrical 아이콘을 클릭한다.
- Part Information for Part – New_PART 창의 General 탭에서 Logic Family를 ZEN으로 선택하고 Ref Prefix가 Z임을 확인한다.

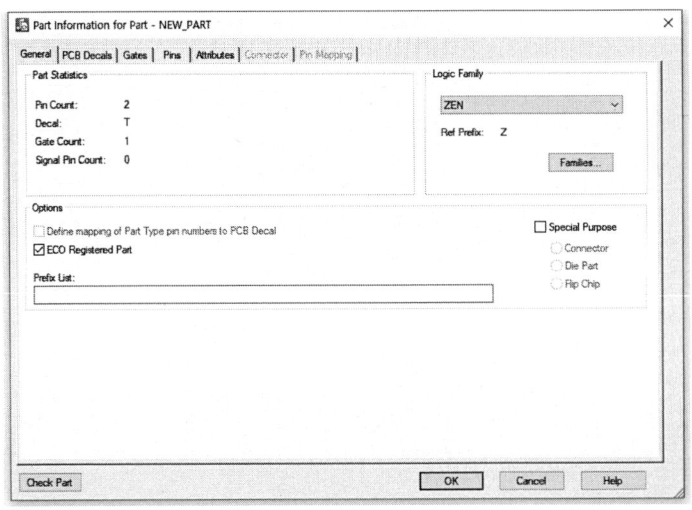

- Assign New 버튼을 클릭하여 TERM을 입력하고 OK 버튼을 클릭한다.

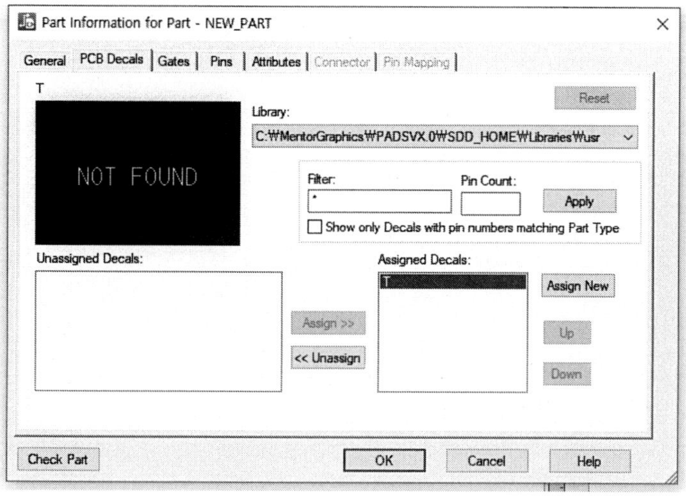

- Gates 탭에서 Add 버튼을 클릭하고 CAE Decal 1에 TERM을 입력한다.

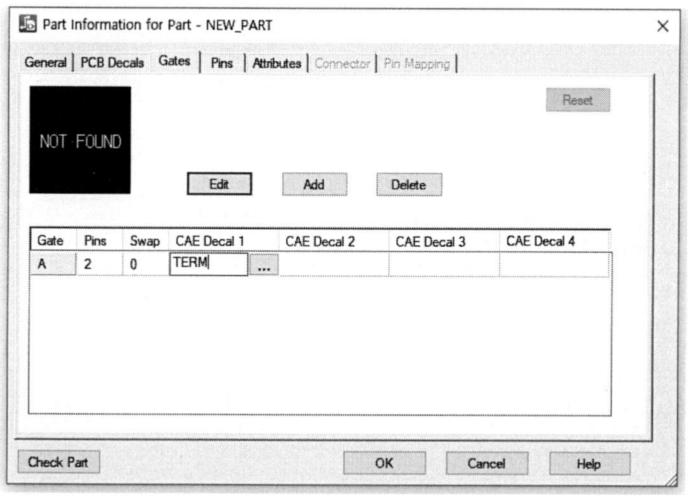

- Pins 탭에서 Add Pin을 2번 클릭하여 Pin Group은 Gate-A를 확인하고, Number와 Name에 아래와 같이 입력한다.

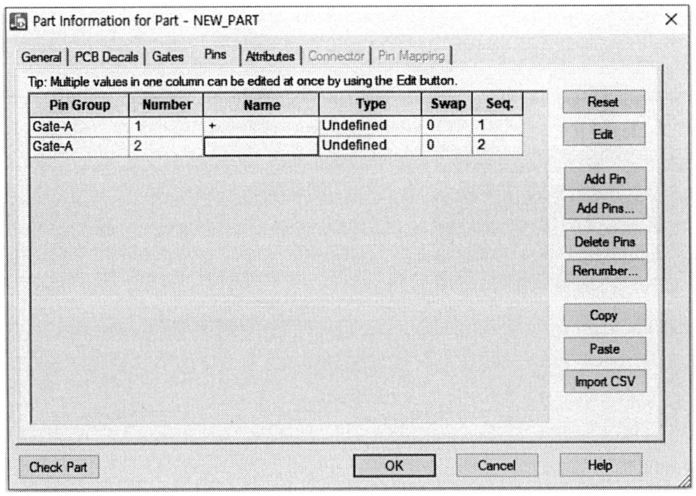

- Check Part 버튼과 OK 버튼을 클릭한다.
  - 경고 메시지는 무시한다.

❙ CAE Decal 만들기

- Part Editor Toolbar에서 Edit Graphics 아이콘을 클릭한다.
- Select Gate Decal 창에서 Gate A의 Decal이 TERM임을 확인하고 OK 버튼을 클릭한다.
- 팝업 창에서 확인 버튼을 누른다.
- Decal Editing Toolbar 아이콘 을 클릭한다.
- Modeless Command로 키보드에서 g100을 입력하고 엔터키를 누르고
- Modeless Command로 키보드에서 gd100을 입력하고 엔터키를 누른다.
- Create 2D Line 아이콘을 클릭한다.
- 마우스 오른쪽 버튼을 클릭한다.
- 팝업창에서 Rectangle을 선택하고 원점에서 200×200 크기의 사각형을 그린다.
- 키보드에서 Esc 키를 누른다.
- Add Terminal 아이콘을 클릭하고, PIN을 선택한 후 OK 버튼을 클릭한다.
- Pin 방향을 180도 변경하기 위하여 마우스 오른쪽 버튼을 누르고 X Mirror를 선택한다.
- 아래와 같이 번호 순으로 핀을 붙이고 REF와 NEW_PART 등을 이동한다.

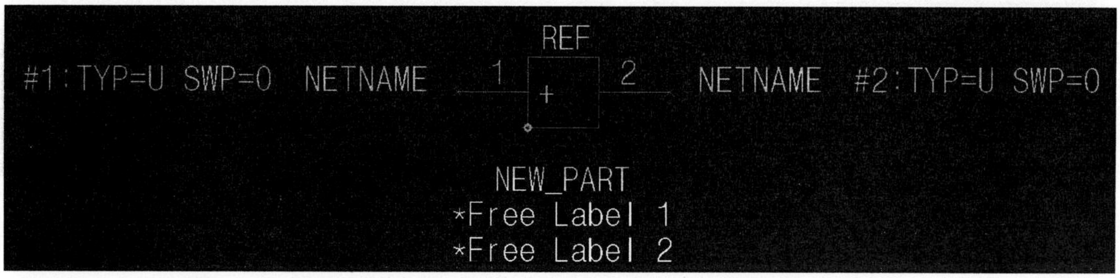

- Menu Bar에서 File > Return to Part를 선택하고 예(Y)를 누른다.
- Menu Bar에서 File > Save As...를 선택한다.
- Save Part and Gate Decals As 창에서 Name of Part에 TERM을 입력하고 OK 버튼을 클릭한다. 아직 PCB Decal을 만들지 않았으므로 경고는 무시한다.
- Menu Bar에서 File > Exit Part Editor를 클릭한다.

7.6 L5056 PCB Decal 만들기

PCB Decal 만들기는 PADS Layout 에서 작업한다.

L5056 도면(datasheet)

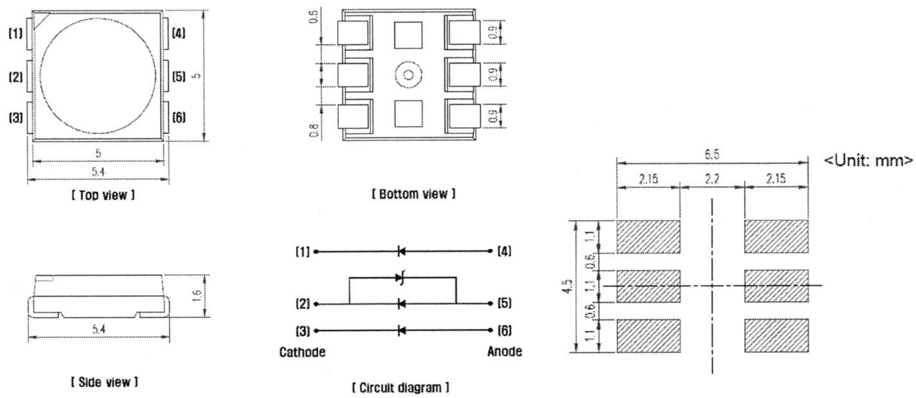

Terminal 만들기

- Menu Bar에서 Tools > PCB Decal Editor를 선택한다.
- Drafting Toolbar 아이콘 을 선택한다.
- Modeless Command로 umm을 입력하여 밀리미터 단위로 설정한다.
- Modeless Command로 g0.1을 입력한다.
- Modeless Command로 gd0.1을 입력하여 grid 간격을 0.1mm로 설정한다.
- Wizard 아이콘 을 선택한다.
- Decal Wizard 창의 Dual 탭을 아래와 같이 지정한다.

Device type: SMD　Orientation: Vertical　Origin: Pin1
Pin Counter: 6　Numbering direction: CCW
Width: 1.1　Length: 2.15
Pin pitch: 1.7
Row pitch: Center to Center　Value: 4.35
Pin 1 Shape: Rectangle　Pin shape: Rectangle
Placement outline Width: 6　Height: 5

- OK 버튼을 클릭한다.

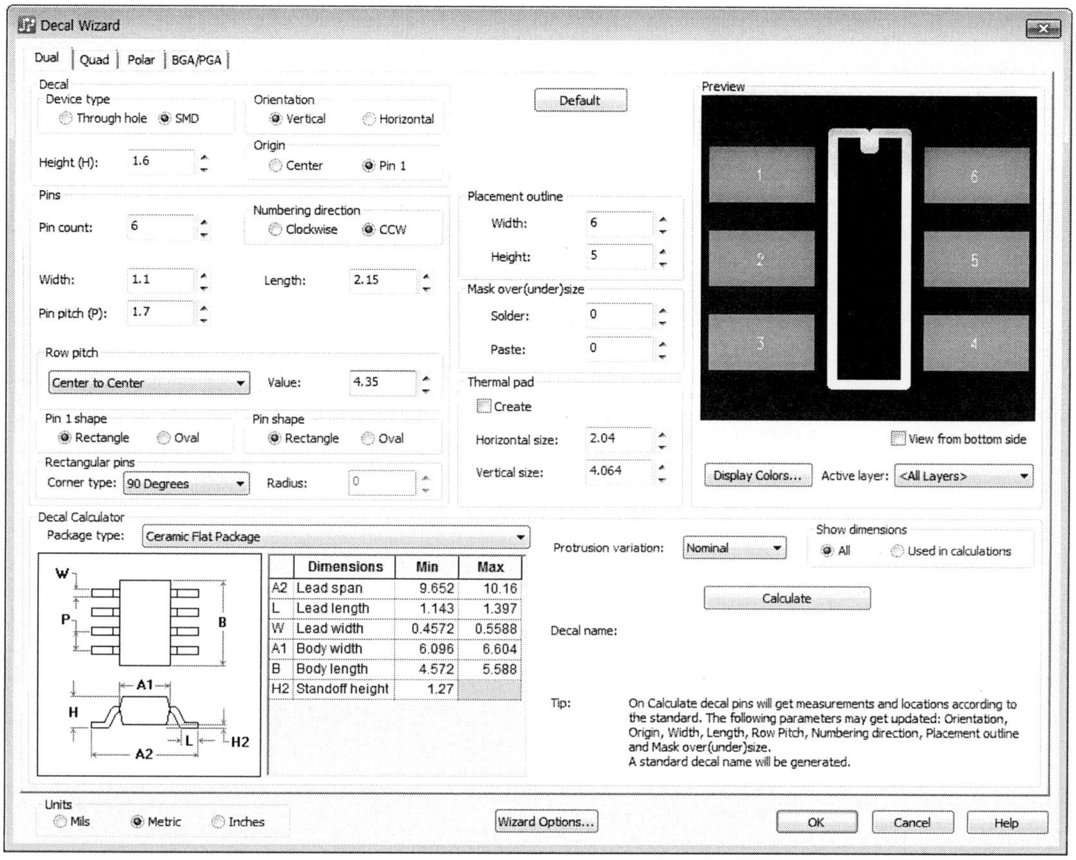

▌ 핀 번호 바꾸기

- 핀 단자를 더블클릭하여 핀 번호를 바꾼다.
  (4번 → 6번, 6번 →4번)

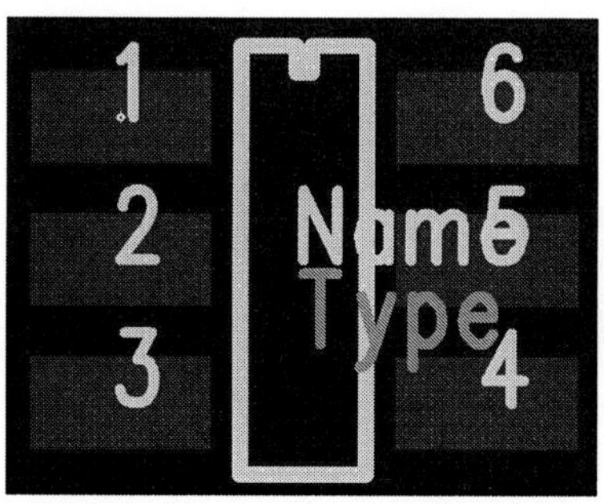

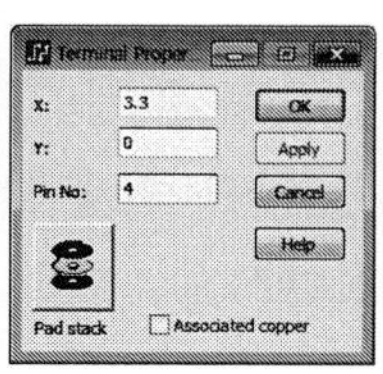

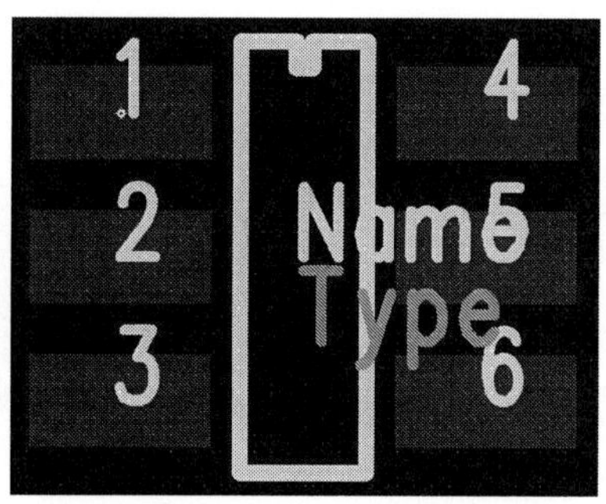

Silkscreen 바꾸기

- 내외부에 위치한 silkscreen은 모두 삭제한다.
- 2D line의 Polygon을 선택해서 내부의 선을 그림과 같이 그린다.
- 좌표는 (1.4 -0.7), (1.4 -3), (2.9 -3), (2.9 -0.4), (1.7 -0.4)이다.

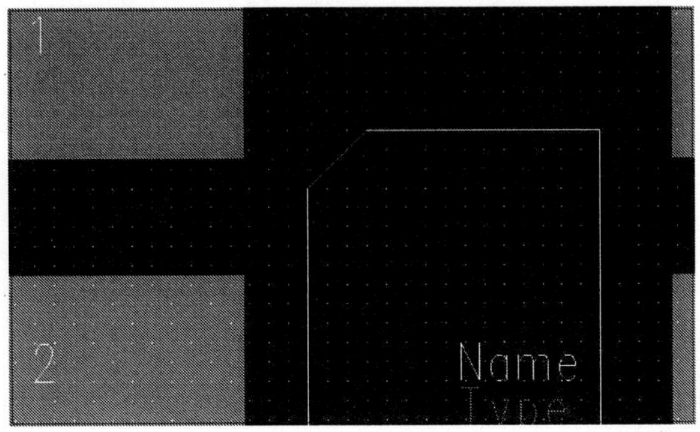

- 저장하기 위하여 Menu Bar에서 File > Save Decal As...를 선택한다.
- Library를 usr로 설정하고 Name of PCB Decal에는 L5065을 입력하고 OK 버튼을 클릭한다.

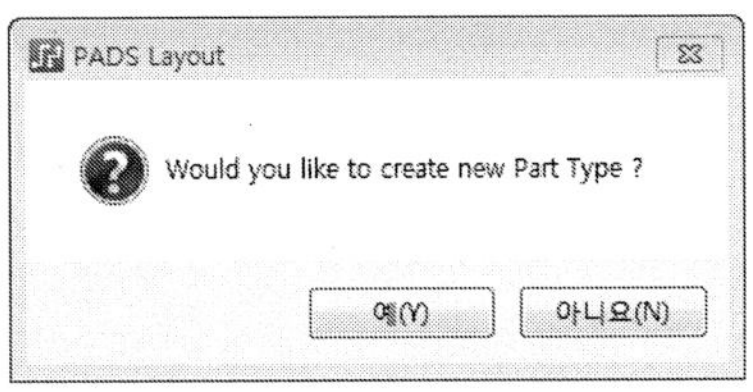

- 팝업창에서 아니오(N)를 선택한다.
- Menu Bar에서 File > Exit Decal Editor를 선택하여 PCB Decal Editor에서 빠져 나온다.

7.7 TERM PCB Decal 만들기

Terminal 만들기

- Menu Bar에서 Tools > PCB Decal Editor를 선택한다.
- Drafting Toolbar 아이콘 을 선택한다.
- Modeless Command로 umm을 입력하여 밀리미터 단위로 설정한다.
- Modeless Command로 g0.1을 입력한다.
- Modeless Command로 gd0.1을 입력하여 grid 간격을 0.1mm로 설정한다.

- Terminal 아이콘 을 선택한다.
- Add Terminal 창이 나타나면 OK 버튼을 클릭한다.
- 원점에 커서를 클릭하여 1번 터미널을 만든다.
- 키보드에서 Esc 키를 누른다.
- 만든 터미널을 지정한 후 마우스 오른쪽 버튼을 클릭하고 Pad Stacks를 선택하여 아래와 같이 pad를 변경한다.
  - Pad 모양: 정사각형 -Pad Size: 2 - Drill Size: 1

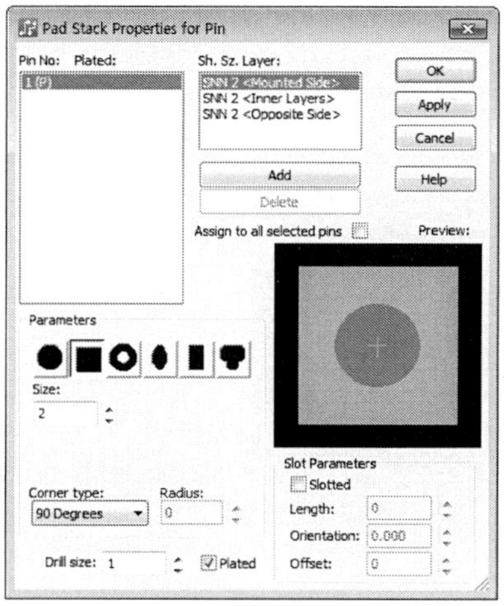

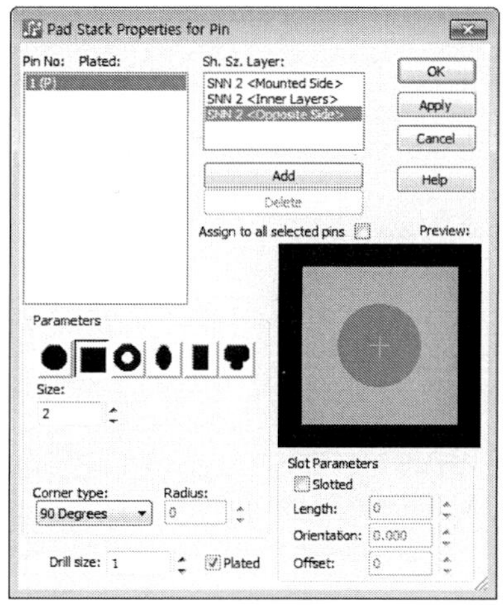

- 각 레이어에 대하여 Pad 지정이 완료되면 OK 버튼을 클릭한다.
- 정각 레이어에 대하여 Pad 지정이 완료되면 OK 버튼을 클릭한다.
- 사각형 모양으로 바뀐 터미널을 지정하고 마우스 오른쪽 버튼을 클릭한 후 Step and repeat를 선택하여 3mm 아래 방향 2번 핀을 복제한다.
  - Count: 1 - Distance: 3
- 2D line으로 + 모양을 그린다.

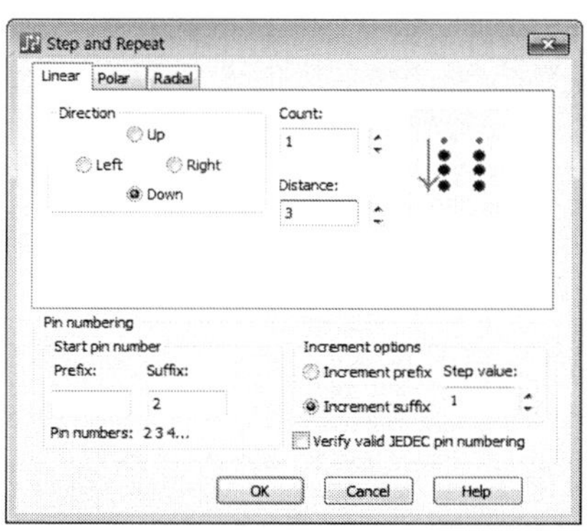

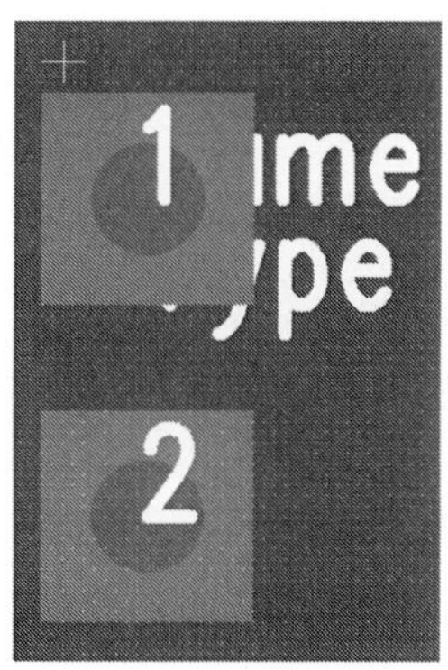

- 저장하기 위하여 Menu Bar에서 File > Save Decal As...를 선택한다.

- Library를 usr로 설정하고 Name of PCB Decal에는 TERM을 입력하고 OK 버튼을 클릭한다.
- Menu Bar에서 File > Exit Decal Editor를 선택하여 PCB Decal Editor에서 나온다.

7.8 회로도 작성하기

PADS Logic의 라이브러리에서 제공하는 부품과 새롭게 만든 부품을 사용하여 회로도를 작성한다.

- 회로도를 작성하는 PADS Logic 프로그램 을 연다.
- 본 장에서는 A4 크기의 sheet와 3장에서 만든 sheet border MySIZEA4를 불러들여서 사용한다. Menu Bar에서 Tools > Options을 선택하고 Option 창의 Design 탭에서 size와 sheet를 변경한다.
- Design grid를 설정하기 위하여 키보드에서 g100을 입력한다.
- Dot grid를 설정하기 위하여 키보드에서 gd100을 입력한다.
- Schematic Editing Toolbar에서 Add Part 아이콘 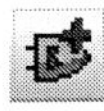을 선택한다.
  - Add Part from library 창이 나타난다. 이 창에서 원하는 부품을 선택한다.
- D, R, Z는 part type을 참조하여 All Library에서 검색하여 부품을 추가하고 배치시킨다.
- 각 부품의 ???위치를 더블클릭하여 팝업 창에서 부품 값을 입력한다.
- 부품을 지정하고 마우스 오른쪽 버튼을 클릭하여 Visibility를 선택한다.
- Power와 ground를 연결하고 텍스트도 입력하고 완성한다.

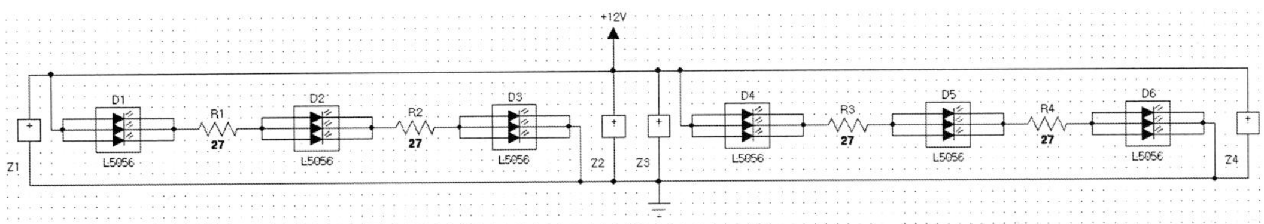

▎완성된 회로도 저장하기

- Menu Bar에서 File > Save As...를 선택하여 작성된 회로도를 저장한다. 여기서는 파일이름을 led_lamp로 저장한다.
  - 기본적으로 저장되는 폴더는 C:₩PADS Projects이다.

7.9 Layout Netlist 만들기

▌ Layout Netlist 만들기

- Menu Bar에서 Tools > Layout Netlist를 선택한다.
- Netlist to PCB 팝업창에서 저장할 파일 이름을 led_lamp로 지정하고 **저장(S)** 버튼을 클릭한다.
- 메모장을 확인한다.

7.10 PCB 설계하기

7.10.1 Layout Netlist 파일 불러들이기

- PCB를 설계하기 위하여 PADS Layout 아이콘 PADS Layout VX.2 을 더블클릭한다.
- Menu Bar에서 File > Import를 선택한다.
- 저장된 led_lamp.asc 파일을 연다.

7.10.2 환경 설정하기

- 키보드로 umm을 입력하여 mm 단위로 지정한다.
- 키보드로 g0.25, gd0.25을 각각 입력한다.

▌ Design Rule 설정하기

- Menu Bar에서 Setup > Design Rules를 선택한다.
- Rules 팝업창에서 Default Default 와 Net Net (+12V, GND)는 모두 아래와 같이 동일하게 설정한다.

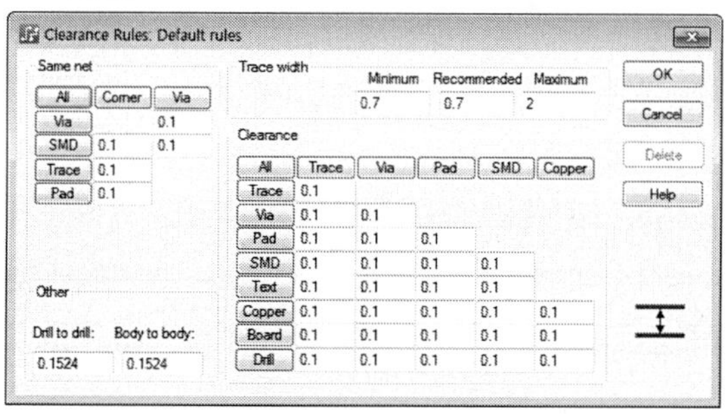

7.10.3 PCB 외각선 그리기

- Standard Toolbar에서 Drafting Toolbar 아이콘 을 클릭한다.
- Drafting Toolbar를 확인하고 Board Outline and Cut Out 아이콘 을 클릭한다.
- 외각선으로 가로 75.5mm, 세로 7mm 크기의 직사각형을 그린다.

7.10.4 부품 배치하기

▎부품 풀어헤치기

- Menu Bar에서 Tools > Disperse Component를 선택하여 원점에 모여 있는 부품을 풀어헤친다.

▎부품 배치하기

모든 부품은 top 면에 배치하며, 원점은 왼쪽 아래로 하며, 각 부품의 좌표는 다음과 같다.

Z1(1 2), Z2(36.5 2), Z3(39 2), Z4(74.5 2)
D1(3 1.25), D2(15.5 1.25), D3(28 1.25)
D4(41 1.25), D5(53.5 1.25), D6(66 1.25)
R1(12.5 3.5)90도 회전, R2(25 3.5)90도 회전,
R3(50.5 3.5)90도 회전, R4(63 3.5)90도 회전

7.10.5 배선하기

- 배선은 top 면에 있는 부품부터 작업한다.

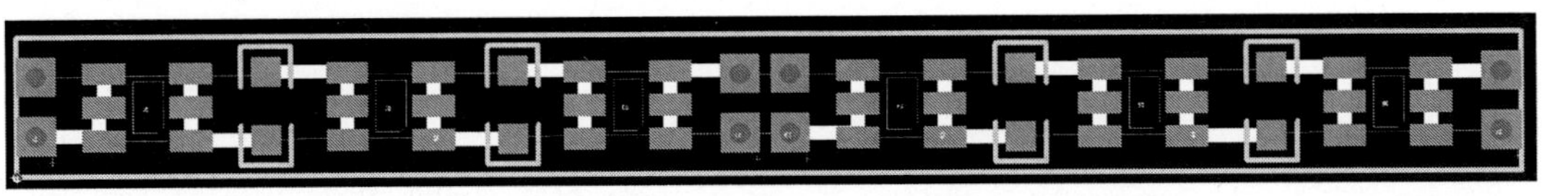

- bottom 면은 2mm 폭으로 배선하며, 전원선과 GND선을 연결한다.
- 배선의 폭은 기본의 0.7mm이므로 폭의 변경은 단축키 F2를 눌러서 커서를 움직인다.
- Modeless Command로 w2 입력하고 엔터키를 누른다.
- 폭이 변경됨을 확인하고 배선한다.

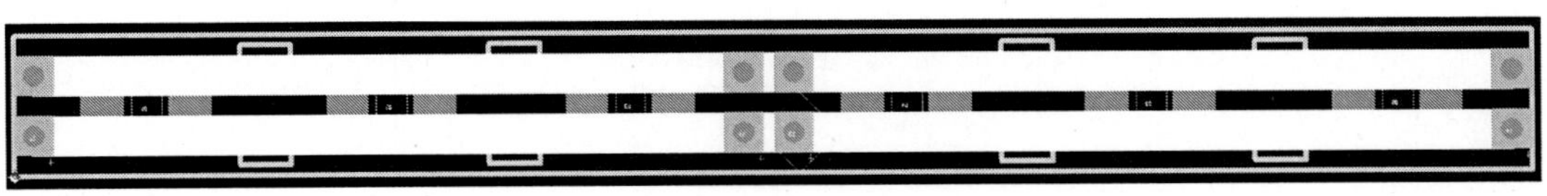

- 부품 참조번호를 정리한다.

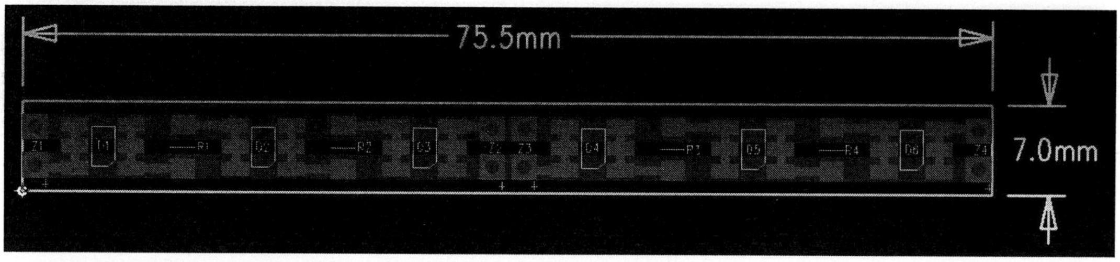

7.10.6 PCB 검정하기

- Menu Bar에서 Tools > Verify Design을 선택하여 Clearance와 Connectivity를 검정한다.
  - 에러 또는 경고 메시지가 있으면 수정한다.

- Menu Bar에서 File > Save As...를 선택하여 설계한 PCB를 저장한다. 여기서는 파일이름을 led_lamp로 입력한다.
  - 기본적으로 저장되는 폴더는 C:₩PADS Project이다.

7.11 PCB 제작 의뢰하기

7.11.1 CAM data 만들기

bottom 면은 silkscreen 인쇄하지 않는다.

Document name	Document Type	Fabrication layer	Remark
top_pattern	Routing/Split Plane	Top	Top 면 패턴
bot_pattern	Routing/Split Plane	Bottom	Bottom 면 패턴
top_mask	Solder Mask	Solder Mask Top	Top 면 Solder Mask
top_silk	Silkscreen	Silkscreen Top	Top 면 Silkscreen
drill	Drill Drawing	Unassigned	Drill
nc_drill	NC Drill	Unassigned	NC Drill

- Menu Bar에서 File > CAM...을 선택하여 7개의 CAM 데이터를 만든다.

top_pattern CAM 데이터 만들기

- Add Document 창에서 Documentation Name, Document Type, Layer를 설정하고 Preview Selections로 Top 면 패턴 도면을 확인한다.
    - Document name: top_pattern
    - Document Type: Routing/Split Plane
    - Fabrication Layer: top

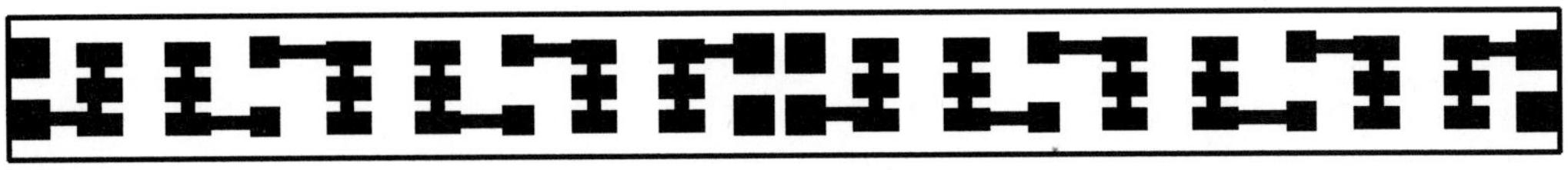

bot_pattern CAM 데이터 만들기

- Add Document 창에서 Documentation Name, Document Type, Layer를 설정한다.
    - Document name: bot_pattern
    - Document Type: Routing/Split Plane
    - Fabrication Layer: bottom
- Option에서 X offset을 100, Mirror Image를 체크한 후 Preview Selections로 bottom 면 패턴 도면을 확인한다.

top_mask CAM 데이터 만들기

- Add Document 창에서 Documentation Name, Document Type, Layer를 설정하고 Preview Selections로 top 면 Solder Mask 도면을 확인한다.
    - Document name: top_mask
    - Document Type: Solder Mask
    - Fabrication Layer: Solder mask top

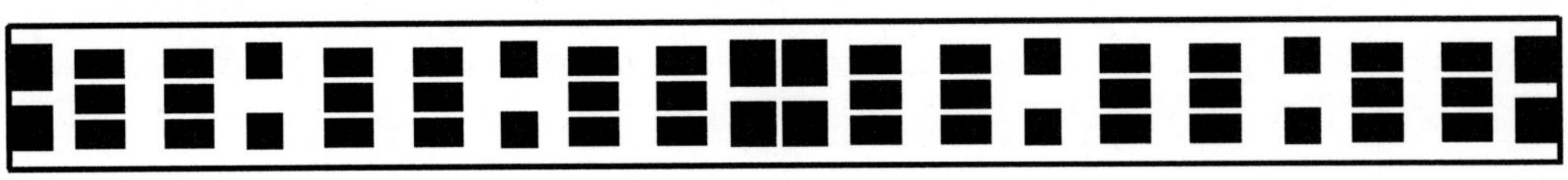

bot_mask CAM 데이터 만들기

- Add Document 창에서 Documentation Name, Document Type, Layer를 설정하고 Preview Selections로 Bottom 면 Solder Mask 도면을 확인한다.
  - Document name: bot_mask
  - Document Type: Solder Mask
  - Fabrication Layer: Solder mask bottom
  - Customize Document 탭> Layers에서 bottom 면을 선택하고 Items on Primary를 모두 선택하지 않음

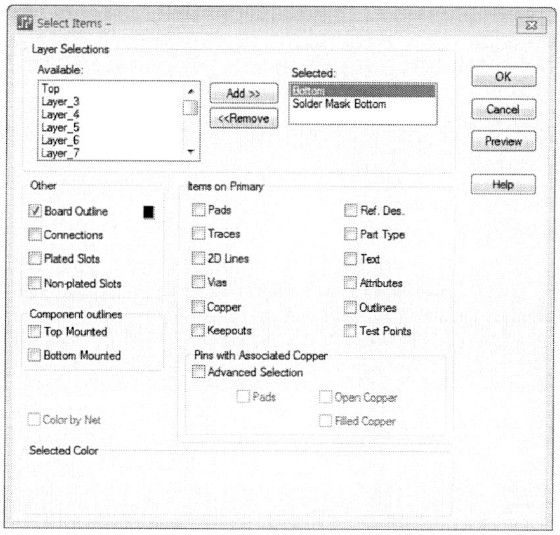

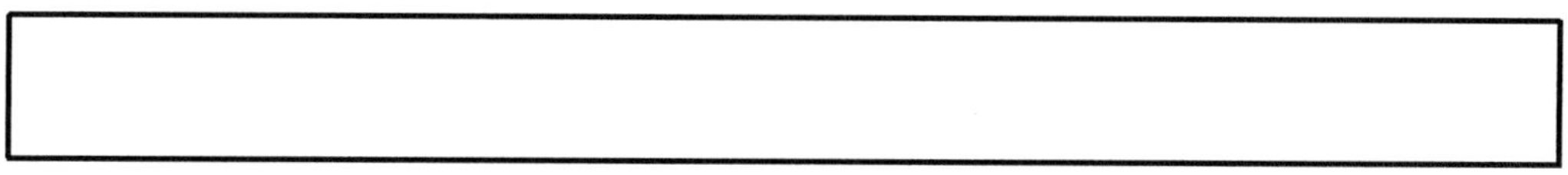

top_silk CAM 데이터 만들기

- Add Document 창에서 Documentation Name, Document Type, Layer를 설정한다.
  - Document name: top_silk
  - Document Type: Silksceen
  - Fabrication Layer: Silkscreen top
  - Customize Document 탭> Layers에서 top 면을 선택하고 2D Lines, Ref.Des, Outlines 만을 체크함

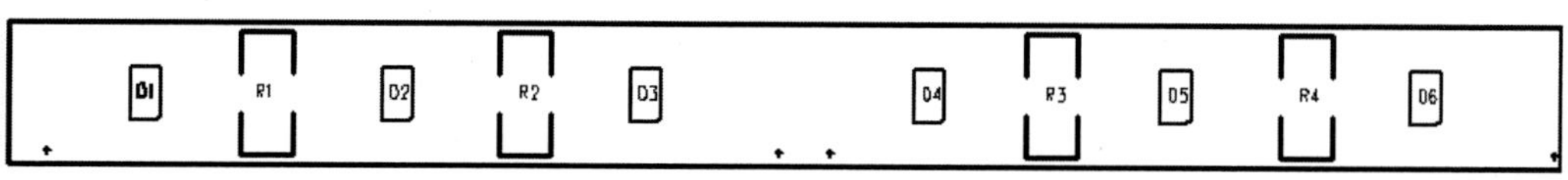

drill CAM 데이터 만들기

- Add Document 창에서 Documentation Name, Document Type을 설정한다.
  - Document name: drill
  - Document Type: drill drawing
  - Fabrication Layer: 〈Unassigned〉
  - Customize Document 탭 → Options → Drill Symbols

    Draw chart → X: 90, Y: 0

    Drill data → ☑ Show Through/Partial column

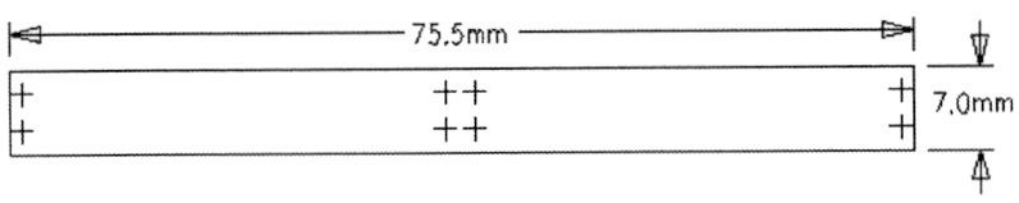

SIZE	QTY	SYM	PLATED	THR/PRTL	TOL
1	8	+	YES	THR	+/-0.0

nc_drill CAM 데이터 만들기

- Add Document 창에서 Documentation Name, Document Type을 설정하고 Preview Selections로 NC Drill 도면을 확인한다.
  - Document name: nc_drill
  - Document Type: NC drill
  - Fabrication Layer: 〈Unassigned〉

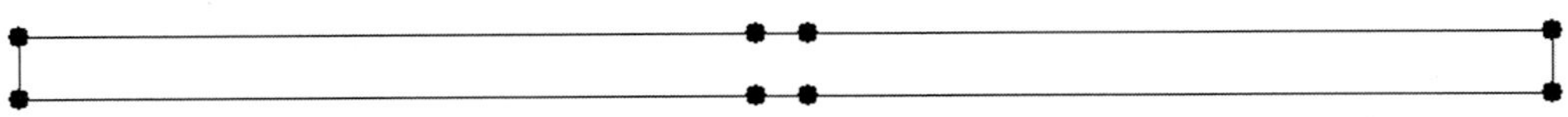

CAM 데이터 저장하기

- Define CAM Document 창에서 CAM Directory를 〈Create〉로 지정한다.
- CAM Question 팝업창에서 서브디렉토리 이름으로 led_lamp을 입력하고 OK 버튼을 클릭한다.
- Define CAM Document 창에서 모든 CAM 데이터를 선택하고 Run 버튼을 클릭한다.
- 윈도우 탐색기로 생성된 CAM 데이터를 확인한다.
- PADS Layout에서 PCB파일을 저장한다.(File 〉 Save)

7.11.2 PCB 제작 의뢰하기

PCB 제작을 의뢰하기 위해서는 CAM 데이터 파일과 PCB 사양 정보를 제작처에 보내야 한다. PCB 사양 정보는 다음과 같다.

레이어 : 양면
사이즈 : 75.5mm × 7mm
재질 : FR-4
두께 : 1.6mm
실크 : 데이터기준
실크색 : 검정색
솔더색 : 흰색유광
표면처리 : HASL
수량 :
납기일 :

7.11.3 제작된 PCB

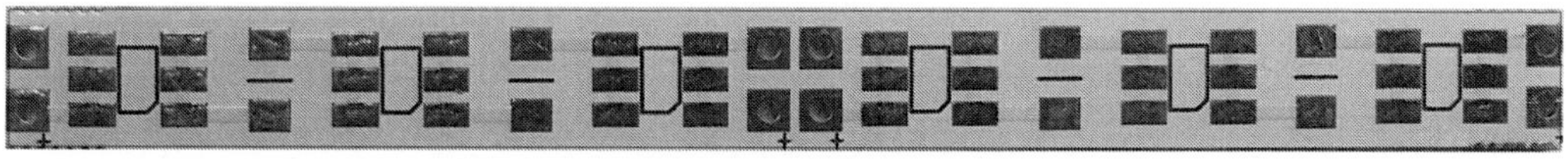

〈Top 면 사진〉

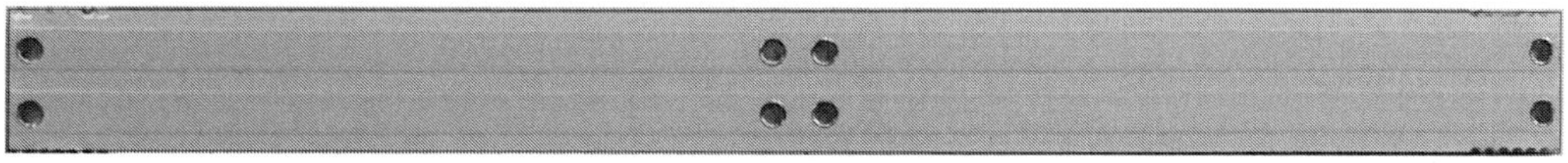

〈Bottom 면 사진〉

7.11.4 조립하기

모든 부품은 top 면에서 조립하고 납땜한다.

▌부품표

번호	부품명	부품 번호	규격	수량	부품배치면
1	LED(SMD)	D1-6	L5056	6	top
2	저항(SMD)	R1-4	27	4	top

▌조립도면

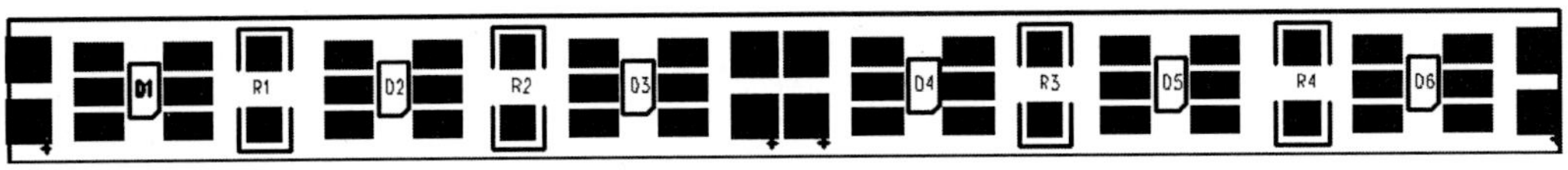

〈Top 면〉

▌조립된 PCB

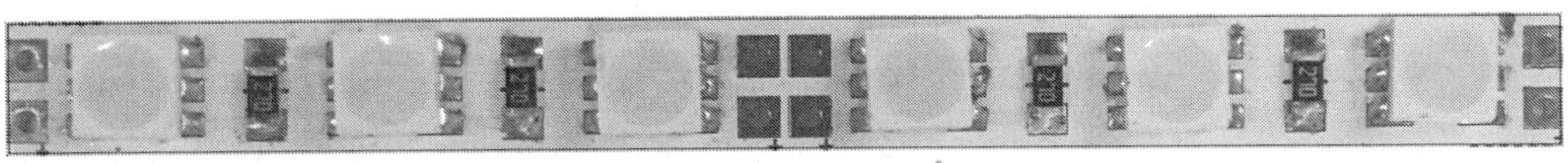

〈Top 면 사진〉

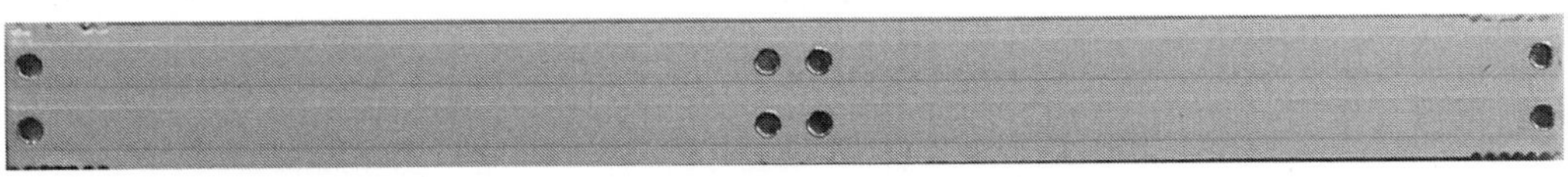

〈Bottom 면 사진〉

| 제 8 장 |

QUPID 회로(SMD)

제 8 장 | QUPID 회로(SMD)

8.1 설계 요구 사항

Qupid 회로도를 작성하고 PCB를 설계한다. PCB 제작 의뢰에 필요한 CAM 데이터 파일(Gerber file)을 만든다. PADS Logic과 PADS Layout 라이브러리에 있는 부품의 심벌과 PCB Decal을 사용하고 없는 것은 새로 만든다. PCB의 크기는 가로 70mm, 세로 70mm이며 양면 기판으로 설계한다.

8.2 회로도

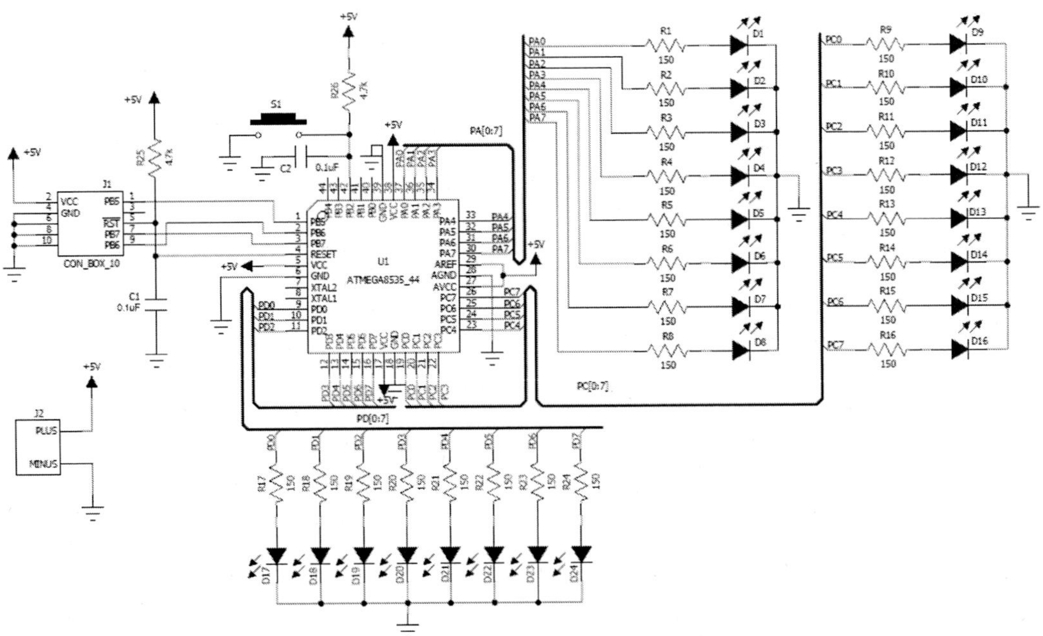

8.3 사용 부품

사용 부품은 다음과 같다.

부품 번호	부품명	부품 규격	수량	부품배치면
U1	IC	ATMEGA8535	1	bottom
C1,2	세라믹커패시터	0.1uF (0805, SMD)	2	bottom
J1	커넥터	CON_BOX_10	1	bottom
J2	커넥터	2p	1	bottom
D1-24	LED	3Φ	24	top
R1-24	저항	150 (0805, SMD)	24	bottom
R25, 26	저항	4.7k (0805, SMD)	2	bottom
S1	스위치	TACK_2P	1	top

각 부품에 대한 Part Type, CAE Decal, PCB Decal은 다음과 같다.

Ref. Des	Part Type	CAE Decal	PCB Decal
U1	ATMEGA8535TQFP*	ATMEGA8535TQFP*	44A*
C1,2	CAP0805	CAP	0805
J1	CON_BOX_10*	CON_BOX_10*	HEADER10-POL
J2	PWR_CONN	PWR_CONN	PWR_CONN
D1-24	LED	LED	LED3PI*
R1-24	RES0805	RESZ-H	0805
R25, 26	RES0805	RESZ-H	0805
S1	TACK_2P	TACK_2P	TACKSW

* 본 장에서 만드는 Part Type, CAE Decal, PCB Decal임

8.4 ATMEGA8535TQFP 부품 만들기 (Part Type, CAE Decal)

- 회로도를 작성하는 PADS Logic 프로그램 을 연다.

Part Type 만들기

- Menu Bar에서 Tools > Part Editor를 선택한다.
- Part Editor Toolbar에서 Edit Electrical 아이콘 을 클릭한다.
- Part Information for Part–New_PART 창의 General 탭에서 Logic Family를 QFP로 선택하고 Ref Prefix가 U임을 확인한다.
- PCB Decals 탭에서 Assign New 버튼을 누르고 44A를 입력한다.
- Gates 탭에서 Add 버튼을 선택한 후 CAE Decal 1에 ATMEGA8535TQFP을 입력한다.
- Pins 탭에서 아래와 같이 Pin Group은 Gate–A를 확인하고, Number, Name, Type에 입력과 지정을 한다.

Pin Group	Number	Name	Type	Swap	Seq.
Gate-A	1	PB5	Undefined	0	1
Gate-A	2	PB6	Undefined	0	2
Gate-A	3	PB7	Undefined	0	3
Gate-A	4	RESET	Undefined	0	4
Gate-A	5	VCC	Power	0	5
Gate-A	6	GND	Ground	0	6
Gate-A	7	XTAL2	Undefined	0	7
Gate-A	8	XTAL1	Undefined	0	8
Gate-A	9	PD0	Undefined	0	9
Gate-A	10	PD1	Undefined	0	10
Gate-A	11	PD2	Undefined	0	11
Gate-A	12	PD3	Undefined	0	12
Gate-A	13	PD4	Undefined	0	13
Gate-A	14	PD5	Undefined	0	14
Gate-A	15	PD6	Undefined	0	15
Gate-A	16	PD7	Undefined	0	16
Gate-A	17	VCC	Power	0	17
Gate-A	18	GND	Ground	0	18
Gate-A	19	PC0	Undefined	0	19
Gate-A	20	PC1	Undefined	0	20
Gate-A	21	PC2	Undefined	0	21
Gate-A	22	PC3	Undefined	0	22

Pin Group	Number	Name	Type	Swap	Seq.
Gate-A	23	PC4	Undefined	0	23
Gate-A	24	PC5	Undefined	0	24
Gate-A	25	PC6	Undefined	0	25
Gate-A	26	PC7	Undefined	0	26
Gate-A	27	AVCC	Power	0	27
Gate-A	28	AGND	Ground	0	28
Gate-A	29	AREF	Undefined	0	29
Gate-A	30	PA7	Undefined	0	30
Gate-A	31	PA6	Undefined	0	31
Gate-A	32	PA5	Undefined	0	32
Gate-A	33	PA4	Undefined	0	33
Gate-A	34	PA3	Undefined	0	34
Gate-A	35	PA2	Undefined	0	35
Gate-A	36	PA1	Undefined	0	36
Gate-A	37	PA0	Undefined	0	37
Gate-A	38	VCC	Undefined	0	38
Gate-A	39	GND	Ground	0	39
Gate-A	40	PB0	Undefined	0	40
Gate-A	41	PB1	Undefined	0	41
Gate-A	42	PB2	Undefined	0	42
Gate-A	43	PB3	Undefined	0	43
Gate-A	44	PB4	Undefined	0	44

- Check Part 버튼과 OK 버튼을 클릭한다.
  - 경고 메시지는 무시한다.

CAE Decal 만들기

- Part Editor Toolbar에서 Edit Graphics 아이콘 을 클릭한다.
- Select Gate Decal 창에서 Gate A의 Decal이 ATMEGA8535TQFP임을 확인하고 OK 버튼을

클릭한다.

- Decal Editing Toolbar 아이콘 을 클릭한다.
- Modeless Command로 키보드에서 g100을 입력하고 엔터키를 누르고
- Modeless Command로 키보드에서 gd100을 입력하고 엔터키를 누른다.
- Create 2D Line 아이콘 을 클릭하고
- Polygon을 사용하여 아래 모양과 같이 왼쪽 상단이 꺾인 다각형(Polygon)을 그린다.
  - 사각형의 크기는 1400×1400임
- Add Terminal 아이콘 을 클릭하고, PIN을 선택한 후 OK 버튼을 클릭한다.
- 아래와 같이 번호 순으로 핀을 붙이면 자동으로 핀 번호와 핀 이름이 나타난다.
- 1번 핀을 나타내는 왼쪽 상단 원은 Modeless Command로 g20, gd20으로 지정하고 원을 그린다.
- 원을 그린 후 그리드의 간격을 100으로 한다.(g100, gd100)
- 핀 이름의 크기는 Tools > Options>Text에서 Pin Name의 size를 5로 지정한다.
- REF와 NEW_PART 등을 이동한다.

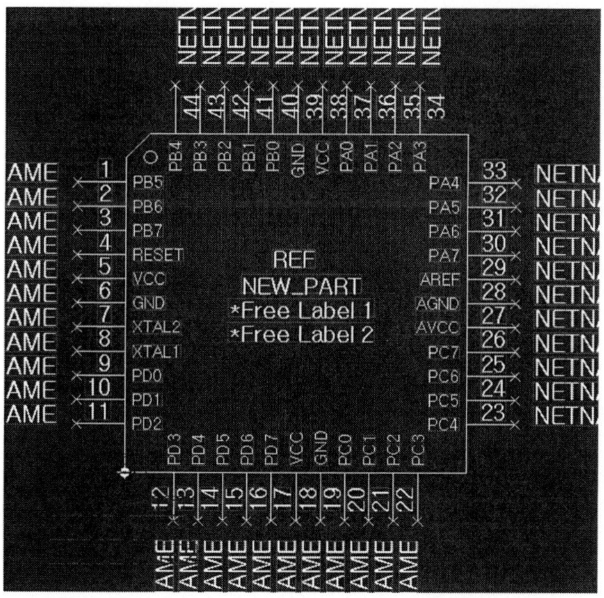

- Menu Bar에서 File > Return to Part를 선택하고 예(Y)를 누른다.
- Menu Bar에서 File > Save As...를 선택한다.
- Save Part and Gate Decals As 창에서 Name of Part에 ATMEGA8535TQFP을 입력하고 OK 버튼을 클릭한다.
- Menu Bar에서 File > Exit Part Editor를 클릭한다.

8.5 CON_BOX_10 부품 만들기(Part Type, CAE Decal)

Part Type 만들기

- Menu Bar에서 Tools > Part Editor를 선택한다.
- Part Editor Toolbar에서 Edit Electrical 아이콘 을 클릭한다.
- Part Information for Part–New_PART 창의 General 탭에서 Logic Family를 CON으로 선택하고 Ref Prefix가 J임을 확인한다.
- PCB Decals 탭에서 Library를 All Libraries로 지정한다.
- Filter에서 header10-pol을 검색하고 Assigned Decals로 지정하여 옮긴다.
- Gates 탭에서 CAE Decal 1에 CON_BOX_10을 입력한다.
- Pins 탭에서 Pin Group은 Gate–A, Number, Name을 입력한다.
  - \RST는 키보드에서 ₩RST를 입력한다.

Pin Group	Number	Name	Type	Swap	Seq.
Gate-A	1	PB5	Undefined	0	1
Gate-A	2	VCC	Undefined	0	2
Gate-A	3		Undefined	0	3
Gate-A	4	GND	Undefined	0	4
Gate-A	5	\RST	Undefined	0	5
Gate-A	6		Undefined	0	6
Gate-A	7	PB7	Undefined	0	7
Gate-A	8		Undefined	0	8
Gate-A	9	PB6	Undefined	0	9
Gate-A	10		Undefined	0	10

- Check Part 버튼과 OK 버튼을 클릭한다.
  - 경고 메시지는 무시한다.

CAE Decal 만들기

- Part Editor Toolbar에서 Edit Graphics 아이콘 을 클릭한다.
- Select Gate Decal 창에서 Gate A의 Decal이 CON_BOX_10임을 확인하고 OK 버튼을 클릭한다.
- 팝업 창에서 확인 버튼을 누른다.
- Decal Editing Toolbar 아이콘 을 클릭한다.
- Modeless Command로 키보드에서 g100을 입력하고 엔터키를 누르고
- Modeless Command로 키보드에서 gd100을 입력하고 엔터키를 누른다.
- Create 2D Line 아이콘 을 클릭한다.
- 마우스 오른쪽 버튼을 클릭한다.
- 팝업창에서 Rectangle을 선택하고 원점에서 600×600 크기의 사각형을 그린다.
- 키보드에서 Esc 키를 누른다.

- Add Terminal 아이콘을 클릭하고, PIN을 선택한 후 OK 버튼을 클릭한다.
- 아래와 같이 번호 순으로 핀을 붙이고 REF와 NEW_PART 등을 이동 배치한다.

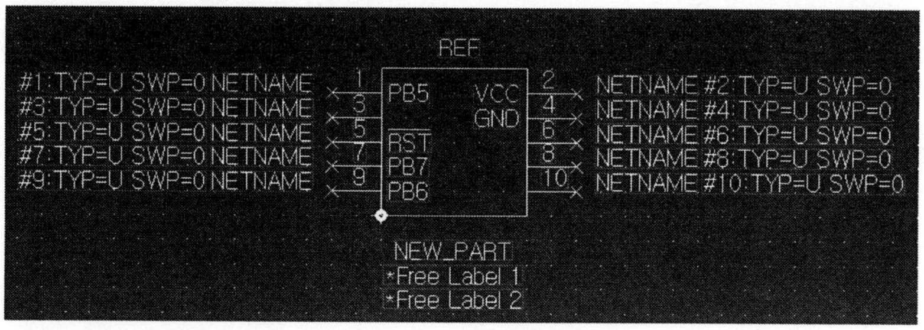

8.6 44A PCB Decal 만들기

PCB Decal 만들기는 PADS Layout 에서 작업한다.

Terminal 만들기

- Menu Bar에서 Tools > PCB Decal Editor를 선택한다.
- Drafting Toolbar 아이콘을 선택한다.
- Modeless Command로 umm을 입력하여 밀리미터 단위로 설정한다.
- Modeless Command로 g0.1을 입력한다.
- Modeless Command로 gd0.1을 입력하여 grid 간격을 0.1mm로 설정한다.
- Wizard 아이콘을 선택한다.
- Decal Wizard 창의 Quad 탭을 아래와 같이 지정한다.

Decal Pin 1 location Side: Left	Place: Top Origin: Center
Pins Horizontal pins: 11	Numbering direction: CCW
Vertical pins: 11	Width: 0.5 Pin pitch(P): 0.8
	Length: 1.8
Row pitch Measurement type: Inner Edge to Edge	
Horizontal: 10	Vertical: 10
Pin 1 Shape: Oval	Pin shape: Oval
Placement outline Width:14	Height: 14
Thermal pad : ☐ Create	

- OK 버튼을 클릭한다.

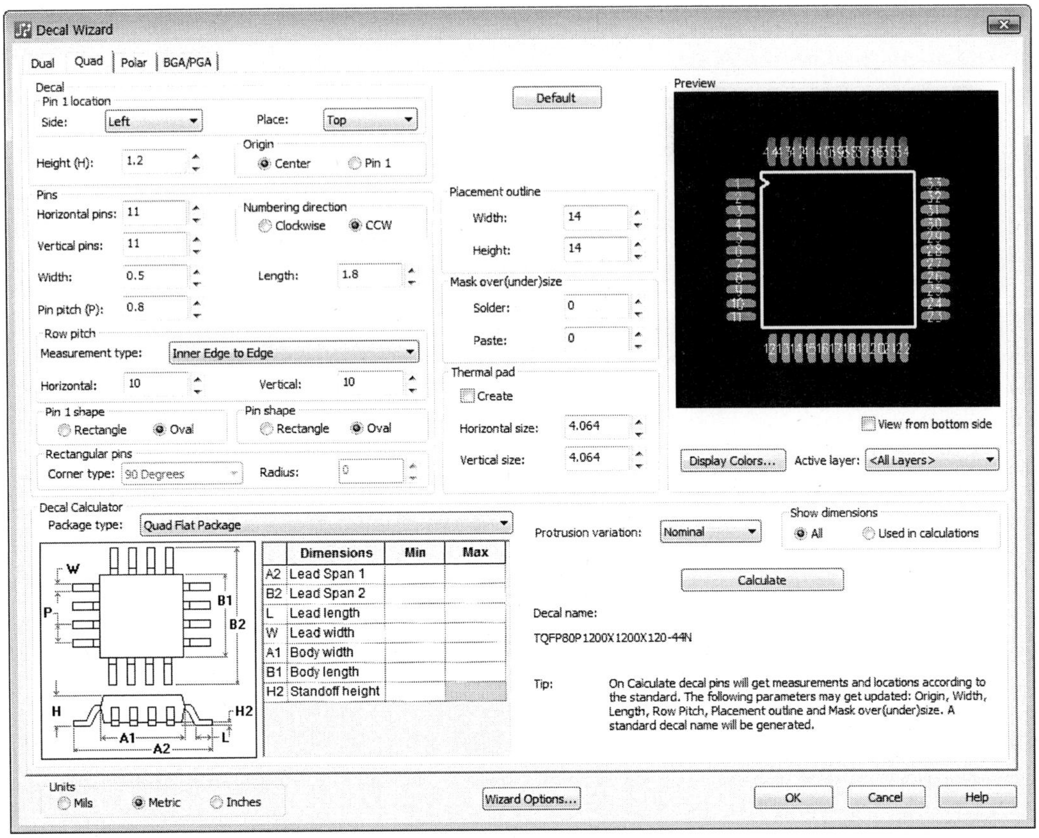

Silkscreen 바꾸기

- 중앙에 위치한 silkscreen 선 모양을 2D line을 이용하여 바꾼다.
- 원래 있는 2D line을 삭제하고 Polygon과 Circle을 이용하여 새로 그린다.
- Polygon의 좌표는 (-5 4.4), (-5 –5), (5 –5), (5 5), (-4.4 5)이다.
- Circle의 원점 좌표는 (-4.5 4)이고 반경은 0.3이다.

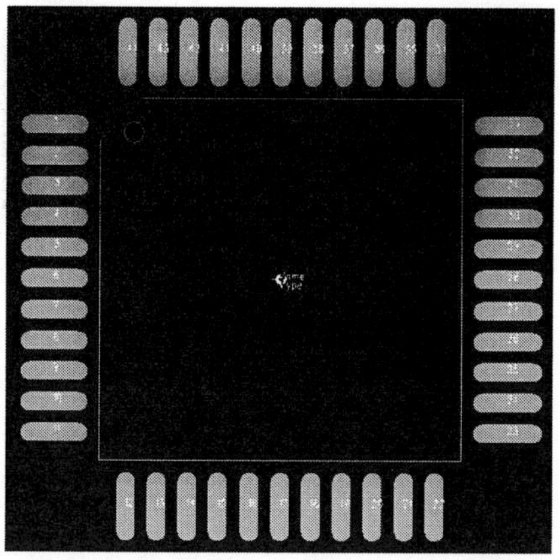

- 저장하기 위하여 Menu Bar에서 File > Save As...를 선택한다.
- Library를 usr로 설정하고 Name of PCB Decal에는 44A을 입력하고 OK 버튼을 클릭한다.

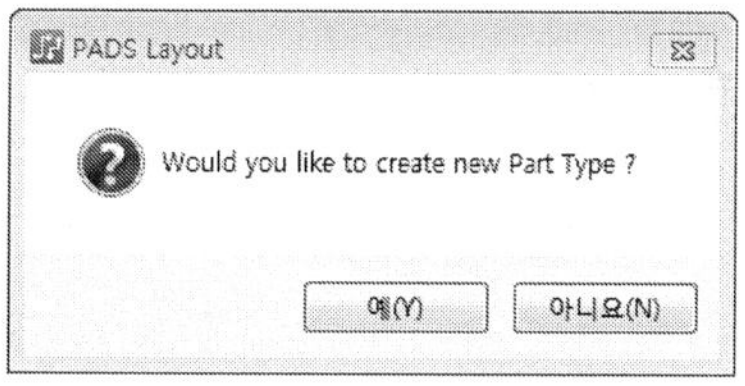

- 팝업창에서 아니오(N)를 선택한다.
- Menu Bar에서 File > Exit Decal Editor를 선택하여 PCB Decal Editor에서 빠져나온다.

8.7 LED3PI PCB Decal 만들기

Terminal 만들기

- Menu Bar에서 Tools > PCB Decal Editor를 선택한다.
- Drafting Toolbar 아이콘을 선택한다.
- Modeless Command로 umm을 입력하여 밀리미터 단위로 설정한다.
- Modeless Command로 g0.5을 입력한다.
- Modeless Command로 gd0.5을 입력하여 grid 간격을 0.5mm로 설정한다.
- Terminal 아이콘을 선택한다.
- Add Terminal 창이 나타나면 OK 버튼을 클릭한다.
- 원점에 커서를 클릭하여 1번 터미널을 만든다.

- X 방향으로 2.5mm 떨어진 지점에 2번 터미널을 만든다.
- 키보드에서 Esc 키를 누른다.
- 1번 핀과 2번 핀을 각각 선택하여 마우스 오른쪽 버튼을 클릭하고 pad를 변경한다.

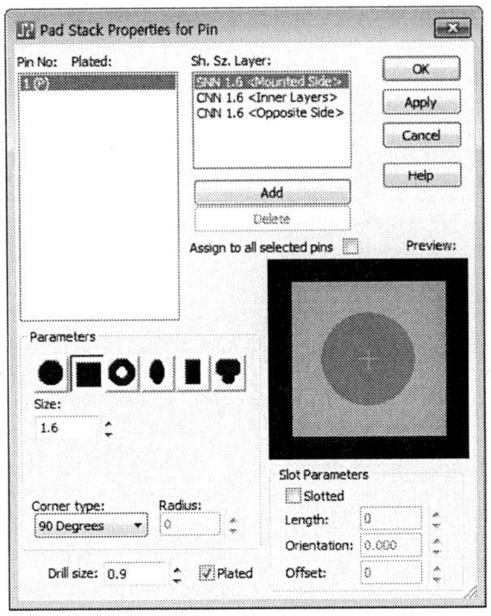

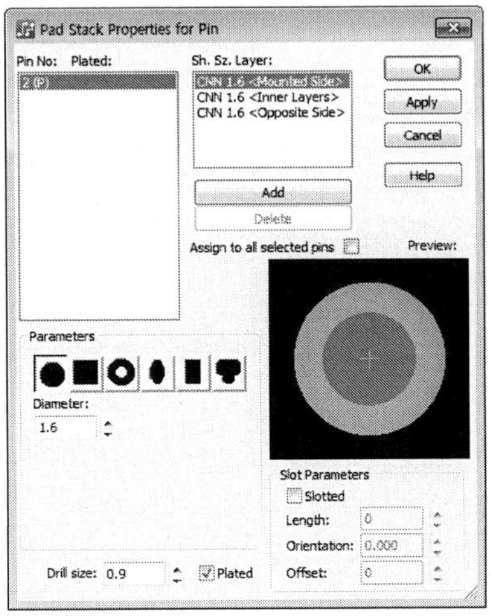

- Menu Bar에서 Tools > Options을 선택하고 Options 창의 General Grid 탭에서 Snap to Grid를 체크 해제시킨다.
- 2D line으로 원의 중심을 좌표(1.25 0)에 두고 반경 1.5mm인 지점인 좌표(2.75 0)까지 원을 그린다.

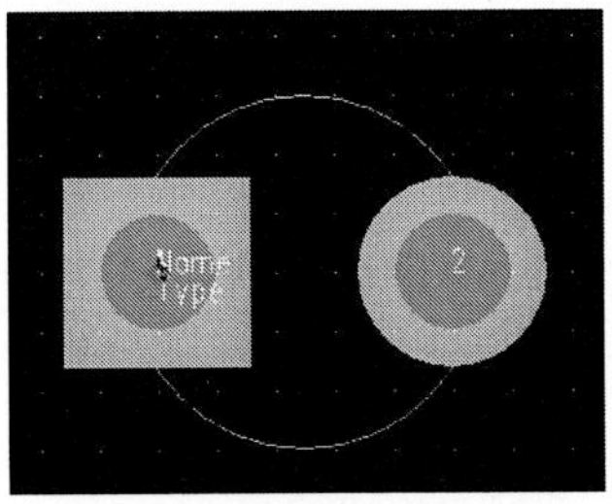

- 저장하기 위하여 Menu Bar에서 File > Save Decal As...를 선택한다.
- Library를 usr로 설정하고 Name of PCB Decal에는 LED3PI를 입력하고 OK 버튼을 클릭한다.
- Menu Bar에서 File > Exit Decal Editor를 선택하여 PCB Decal Editor에서 나온다.

8.8 회로도 작성하기

PADS Logic의 라이브러리에서 제공하는 부품과 새롭게 만든 부품을 사용하여 회로도를 작성한다.

- 회로도를 작성하는 PADS Logic 프로그램 (PADS Logic VX.2) 을 연다.
- 본 장에서는 A4 크기의 sheet와 3장에서 만든 sheet border MySIZEA4를 불러들여서 사용한다. Menu Bar에서 Tools > Options을 선택하고 Option 창의 Design 탭에서 size와 sheet를 변경한다.
- Design Grid를 설정하기 위하여 키보드에서 g100을 입력한다.
- Dot Grid를 설정하기 위하여 키보드에서 gd100을 입력한다.
- Schematic Editing Toolbar에서 Add Part 아이콘 을 선택한다.
  - Add Part from Library 창이 나타난다. 이 창에서 원하는 부품을 선택한다.
- 각 부품의 part type을 참조하여 All Library에서 검색하여 부품을 추가하고 배치시킨다.
- 버스 선의 이름은 각각 PA[0:7], PC[0:7], PD[0:7]로 지정한다.
- 각 부품의 ???위치를 더블클릭하여 팝업 창에서 부품 값을 입력한다.
- 부품을 지정하고 마우스 오른쪽 버튼을 클릭하여 Visibility를 선택한다.
- power와 ground를 연결하고 텍스트도 입력하고 완성한다.

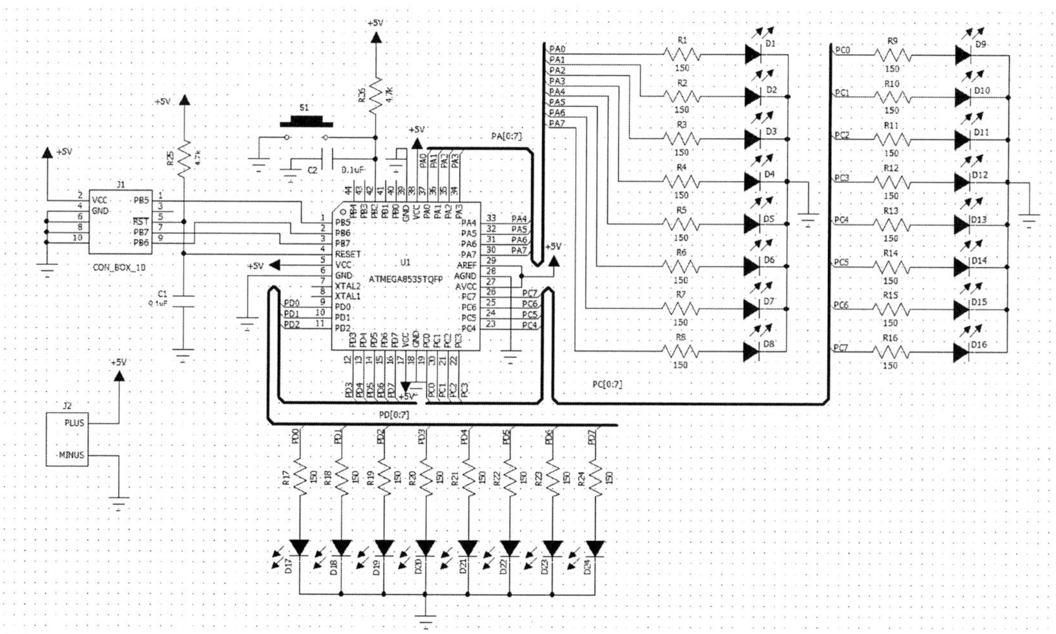

▎LED 부품의 PCB Decal 변경하기

- 트랜지스터 D1을 선택하고 마우스 오른쪽 버튼을 클릭하여 Properties를 선택한다.
- Part Properties 창에서 PCB Decal 아이콘을 클릭한다.
- PCB Decal Assignment 창에서 Browse 버튼을 클릭하여 LED3PI를 검색하고 선택한 후 OK 버튼을 클릭한다.
- PCB Decal Assignment 창에서 Apply update to: All Parts This Type를 지정하여 동일한 모든 부품의 PCB Decal을 LED3PI로 변경한다.
- OK 버튼을 클릭한다.
- Part Properties 창을 닫는다.

▎완성된 회로도 저장하기

- Menu Bar에서 File > Save As...를 선택하여 작성된 회로도를 저장한다. 여기서는 파일이름을 LED_LAMP로 저장한다.
  - 기본적으로 저장되는 폴더는 C:₩PADS Projects이다.

8.9 Layout Netlist 만들기

▎Layout Netlist 만들기

- Menu Bar에서 Tools > Layout Netlist를 선택한다.
- Netlist to PCB 팝업창에서 저장할 파일 이름을 qupid로 지정하고 저장(S) 버튼을 클릭한다.
- 메모장을 확인한다.

8.10 PCB 설계하기

8.10.1 Layout Netlist 파일 불러들이기

- PCB를 설계하기 위하여 PADS Layout 아이콘을 더블클릭한다.
- Menu Bar에서 File > Import를 선택한다.
- 저장된 qupid.asc 파일을 연다.

8.10.2 환경 설정하기

- Modeless Command인 umm을 입력하여 Mils 단위로 지정한다.

▎Design Rule 설정하기

- Menu Bar에서 Setup > Design Rules를 선택한다.
- Rules 팝업창에서 Default 는 다음과 같이 설정한다.

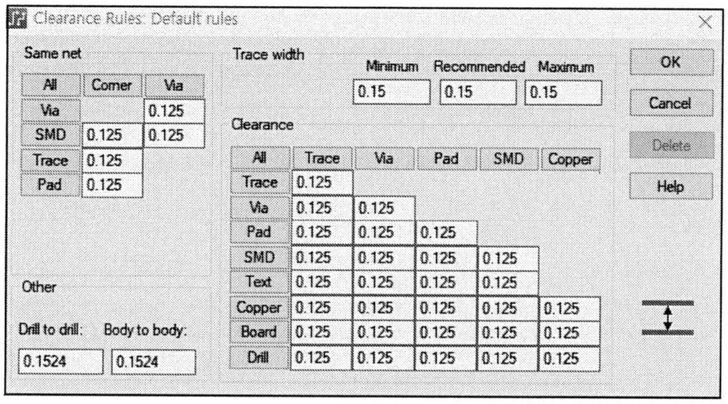

- Net (+5V, GND)는 다음과 같이 설정한다.

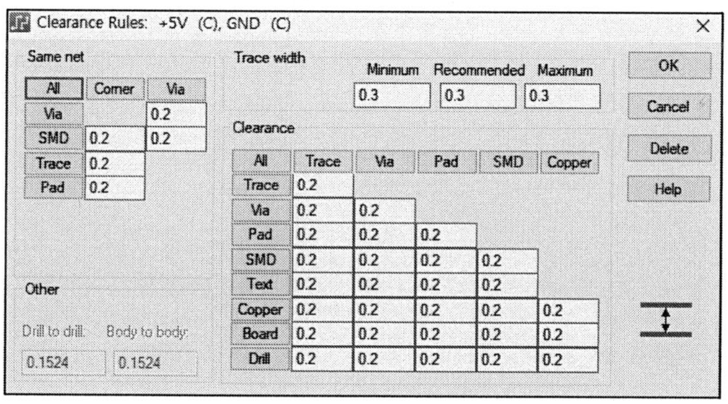

8.10.3 PCB 외각선 그리기

- Modeless Command인 umm을 입력하여 mm 단위로 지정한다.
- grid 간격을 1mm로 설정한다.
- Standard Toolbar에서 Drafting Toolbar 아이콘 을 클릭한다.
- Drafting Toolbar를 확인하고 Board Outline and Cut Out 아이콘 을 클릭한다.
- 외각선으로 가로 70mm, 세로 70mm 크기의 직사각형을 그린다.

8.10.4 부품 배치하기

❙ 부품 풀어헤치기

- Menu Bar에서 Tools > Disperse Component를 선택하여 원점에 모여 있는 부품을 풀어헤친다.

❙ Top 면 ground 처리하기

- Layer를 Top 면으로 지정한다.
- Standard Toolbar에서 Drafting Toolbar 아이콘을 클릭한다.
- Drafting Toolbar를 확인하고 Copper Pour 아이콘을 클릭한다.
- 기판의 외각선과 동일한 사각형을 원점에서 그린다.
- Add Drafting 팝업 창에서 Layer를 Top으로 지정하고, Net Assignment는 GND로 지정한다.

❙ 부품 배치하기

- Menu Bar에서 Setup > Set Origin을 선택하여 원점을 좌표(34 18)에 재설정한다.
- LED는 top 면에 다음의 좌표와 같이 배치한다.

  D1(0 31), D2(6 39), D3(13 40), D4(19 34),
  D5(21 27), D6(18 18), D7(13 10), D8(7 4)
  D9(-6 39), D10(-13 40), D11(-19 34), D12(-21 27)
  D13(-18 18), D14(-13 10), D15(-7 4), D16(0 0)
  D17(27 33), D18(16 28), D19(7 23), D20(-2 19)
  D21(-11 15), D22(-25 8), D23(-22 14), D24(-19 8)
- Menu Bar에서 Setup > Set Origin을 선택하여 왼쪽 아래가 원점이 되도록 좌표(-34 -18)에 설정한다.
- S1은 top 면 좌표(48 8)에 배치한다.
- J1은 bottom 면 좌표(30 11)에 배치한다.
- J2는 bottom 면 좌표(13 11)에 배치한다.

8.10.5 배선하기

▎VIA홀로 연결하기

- Top 면과 bottom 면을 연결하기 위하여 via 홀을 사용한다.
- 배선을 하면서 layer을 바꾸고자 하는 위치에서 마우스 오른쪽 버튼을 클릭하여 Add Via를 선택한다.
- Layer가 바뀌면 배선을 계속하여 연결하고자 하는 pad에서 더블클릭한다.
- Via 홀의 크기를 변경하고자 하는 경우는 via 홀을 선택하여 Pad stack Properties에서 Diameter은 0.5mm, Drill size는 0.2mm로 설정한다.
- 부품 참조번호를 정리한다.

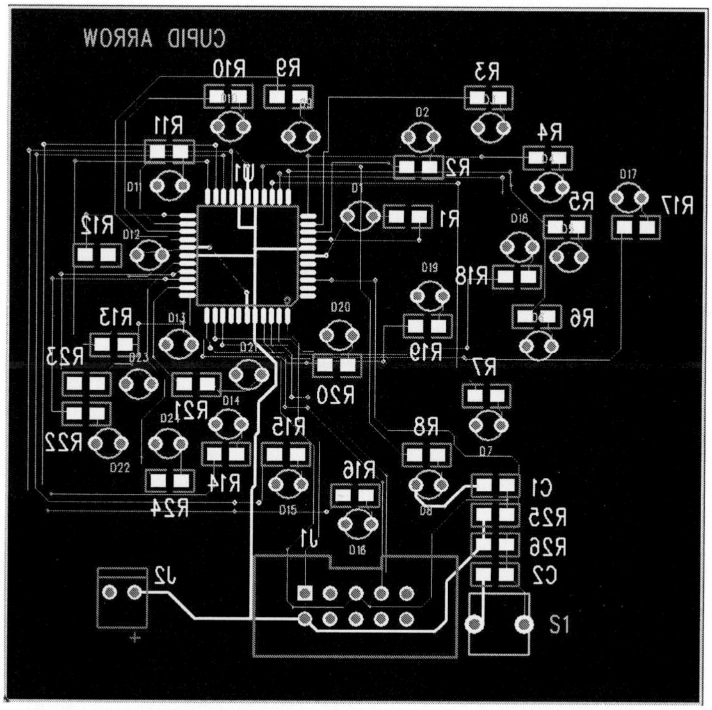

▎PCB 검정하기

- Menu Bar에서 Tools > Verify Design을 선택하여 Clearance와 Connectivity를 검정한다.
- Menu Bar에서 File > Save As...를 선택하여 설계한 PCB를 저장한다. 여기서는 파일이름을 qupid로 입력한다.
  - 기본적으로 저장되는 폴더는 C:\PADS Project이다.

8.11 PCB 제작 의뢰하기

8.11.1 CAM data 만들기

본 예제의 CAM 데이터는 다음과 같다.

Document name	Document Type	Fabrication layer	Remark
top_pattern	Routing/Split Plane	Top	Top 면 패턴
bot_pattern	Routing/Split Plane	Bottom	Bottom 면 패턴
top_mask	Solder Mask	Solder Mask Top	Top 면 Solder Mask
bot_mask	Solder Mask	Solder Mask Bottom	Bottom 면 Solder Mask
top_silk	Silkscreen	Silkscreen Top	Top 면 Silkscreen
bot_silk	Silkscreen	Silkscreen Bottom	Bottom 면 Silkscreen
drill	Drill Drawing	Unassigned	Drill
nc_drill	NC Drill	Unassigned	NC Drill

- Menu Bar에서 File > CAM...을 선택하여 8개의 CAM 데이터를 만든다.

❙ top_pattern CAM 데이터 만들기

- Add Document 창에서 Documentation Name, Document Type, Layer를 설정하고 Preview Selections로 top 면 패턴 도면을 확인한다.
  - Document name: top_pattern
  - Document Type: Routing/Split Plane
  - Fabrication Layer: top

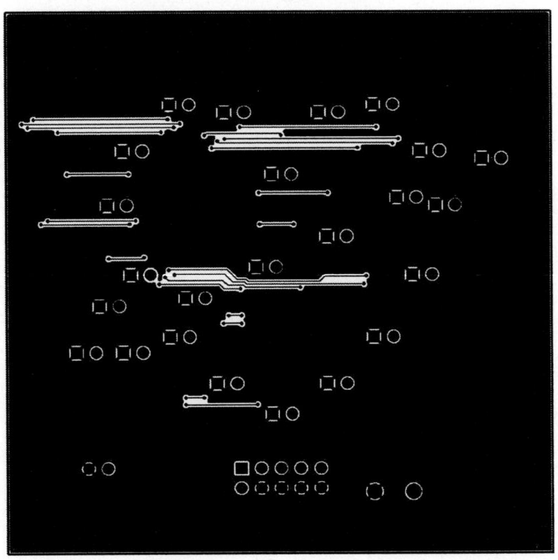

▎bot_pattern CAM 데이터 만들기

- Add Document 창에서 Documentation Name, Document Type, Layer를 설정하고 Preview Selections로 Bottom 면 패턴 도면을 확인한다.
  - Document name: bot_pattern
  - Document Type: Routing/Split Plane
  - Fabrication Layer: bottom
- Option 에서 X offset을 100, Mirror Image를 체크한 후 Preview Selections로 bottom 면 패턴 도면을 확인한다.

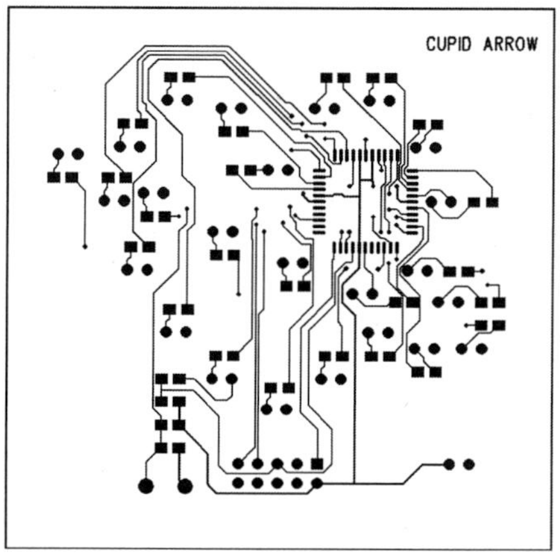

▎top_mask CAM 데이터 만들기

- Add Document 창에서 Documentation Name, Document Type, Layer를 설정하고 Preview Selections로 top 면 Solder Mask 도면을 확인한다.
  - Document name: top_mask
  - Document Type: Solder Mask
  - Fabrication Layer: Solder mask top

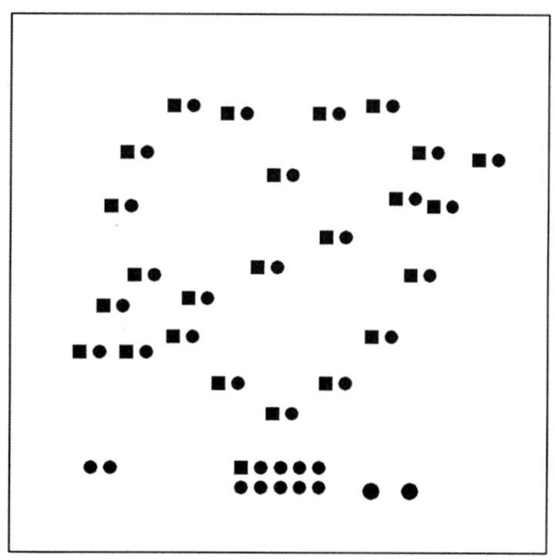

bot_mask CAM 데이터 만들기

- Add Document 창에서 Documentation Name, Document Type, Layer를 설정하고 Preview Selections로 bottom 면 Solder Mask 도면을 확인한다.
  - Document name: bot_mask
  - Document Type: Solder Mask
  - Fabrication Layer: Solder mask bottom
  - Customize Document 탭 > Layers에서 top 면을 선택하고 Pads만을 체크함
- Option  에서 X offset을 100, Mirror Image를 체크한 후 Preview Selections로 bottom 면 solder mask 도면을 확인한다.

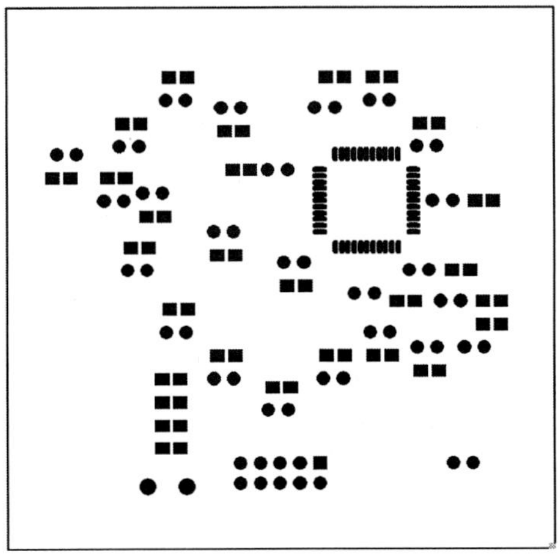

top_silk CAM 데이터 만들기

- Add Document 창에서 Documentation Name, Document Type, Layer를 설정한다.
  - Document name: top_silk
  - Document Type: Silksceen
  - Fabrication Layer: Silkscreen top
  - Customize Document 탭 > Layers에서 top 면을 선택하고 2D Lines, Ref.Des, Outlines만을 체크함

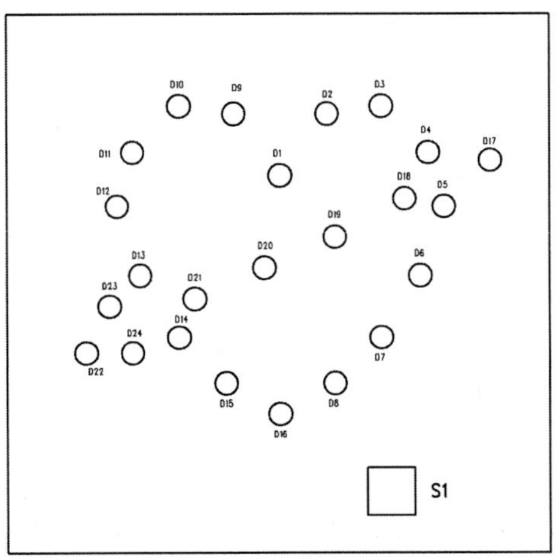

▎bot_silk CAM 데이터 만들기

- Add Document 창에서 Documentation Name, Document Type, Layer를 설정한다.
    - Document name: bot_silk
    - Document Type: Silksceen
    - Fabrication Layer: Silkscreen bottom
    - Customize Document 탭 > Layers에서 Bottom 면을 선택하고 Ref.Des, Outlines만을 체크함
- Add Document 창의 Option  에서 X offset을 100, Mirror Image를 체크한 후 창을 닫고 Preview에서 bottom 면의 silkscreen을 확인한다.

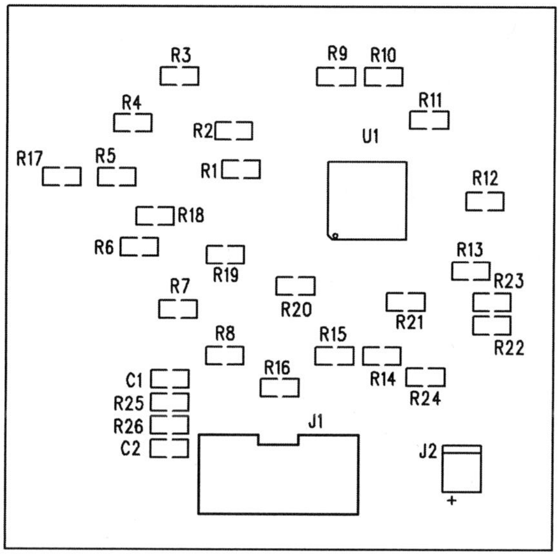

▎drill CAM 데이터 만들기

- Add Document 창에서 Documentation Name, Document Type을 설정한다.
    - Document name: drill
    - Document Type: drill drawing
    - Fabrication Layer: 〈Unassigned〉
    - Customize Document 탭 → Options → Drill Symbols

      Draw chart → X: 90, Y: 0

      Drill data → ☑ Show Through/Partial column

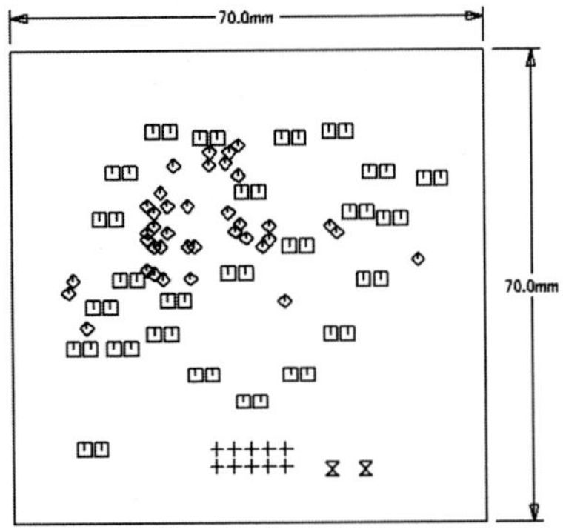

SIZE	QTY	SYM	PLATED	THR/PRTL	TOL
0.9398	10	+	YES	THR	+/-0.0
0.889	50	◻	YES	THR	+/-0.0
0.2	38	◇	YES	THR	+/-0.0
1	2	⧖	YES	THR	+/-0.0

nc_drill CAM 데이터 만들기

- Add Document 창에서 Documentation Name, Document Type을 설정하고 Preview Selections로 NC Drill 도면을 확인한다.
  - Document name: nc_drill
  - Document Type: NC drill
  - Fabrication Layer: 〈Unassigned〉

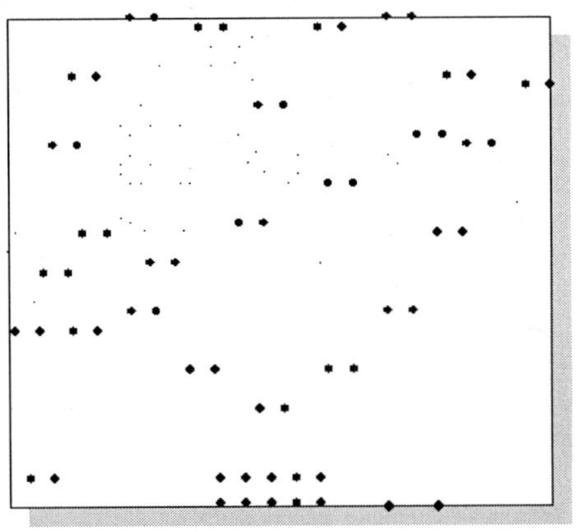

CAM 데이터 저장하기

- Define CAM Document 창에서 CAM Directory를 〈Create〉로 지정한다.
- CAM Question 팝업창에서 서브디렉토리 이름으로 qupid를 입력하고 OK 버튼을 클릭한다.
- Define CAM Document 창에서 모든 CAM 데이터를 선택하고 Run 버튼을 클릭한다.
- 윈도우 탐색기로 생성된 CAM 데이터를 확인한다.
- PADS Layout에서 PCB파일을 저장한다.(File > Save)

8.11.2 PCB 제작 의뢰하기

PCB 제작을 의뢰하기 위해서는 CAM(Gerber) 데이터 파일과 PCB 사양 정보를 제작처에 보내야 한다.

PCB 사양 정보는 다음과 같다.

레이어 : 양면
사이즈 : 70mm × 70mm
재질 : FR-4
두께 : 1.6mm
실크 : 데이터기준
실크색 : 검정색
솔더색 : 흰색유광
표면처리 : HASL
수량 :
납기일 :

8.11.3 제작된 PCB

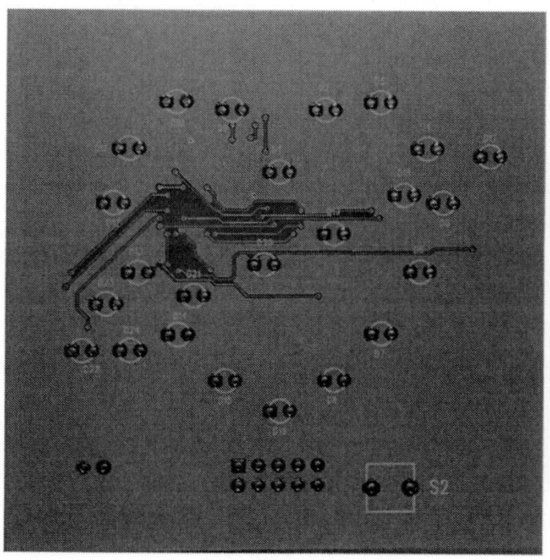

〈Top 면 사진〉

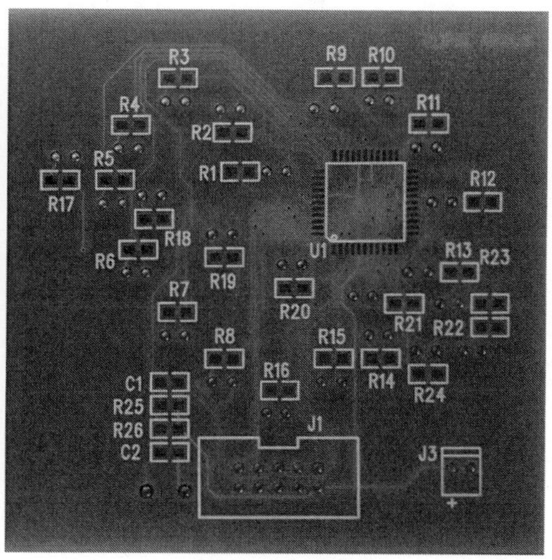

〈Bottom 면 사진〉

8.11.4 조립하기

LED와 스위치만 top 면에서 조립하고 나머지 부품들은 bottom 면에서 조립과 납땜한다.

▎부품표

번호	부품명	부품 번호	규격	수량	부품배치면
1	IC	U1	ATMEGA8535	1	bottom
2	세라믹커패시터	C1,2	0.1uF (0805, SMD)	2	bottom
3	커넥터	J1	CON_BOX_10	1	bottom
4	커넥터	J2	2p	1	bottom
5	LED	D1-24	3Φ	24	top
6	저항	R1-24	150 (0805, SMD)	24	bottom
7	저항	R25, 26	4.7k (0805, SMD)	2	bottom
8	스위치	S1	TACK_2P	1	top

▎조립도면

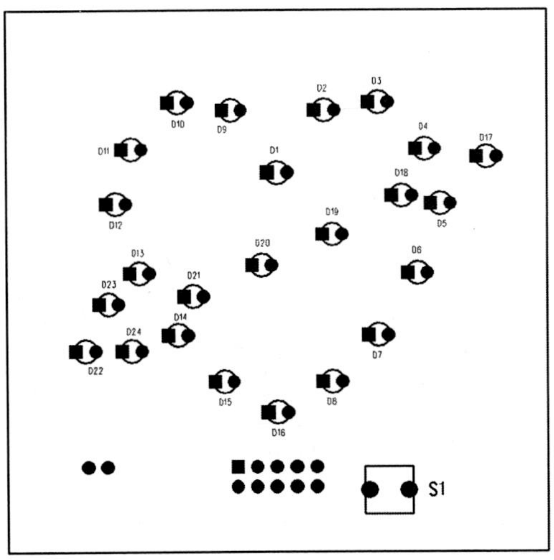

〈Top 면〉

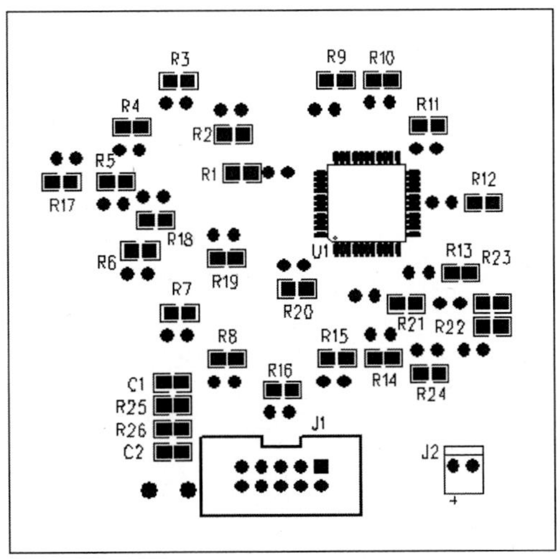

〈Bottom 면〉

▍조립된 PCB

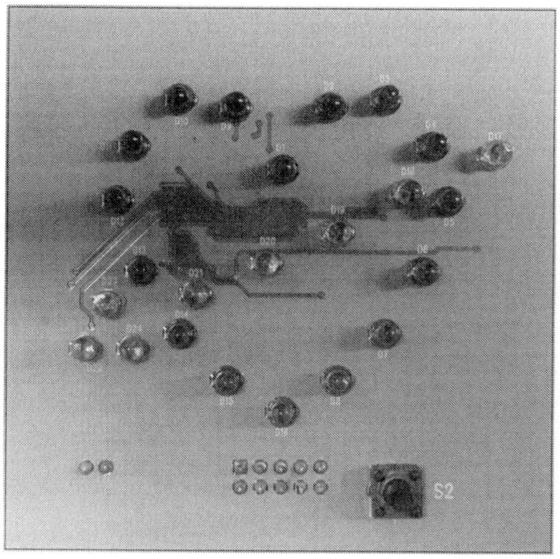

〈Top 면 사진〉

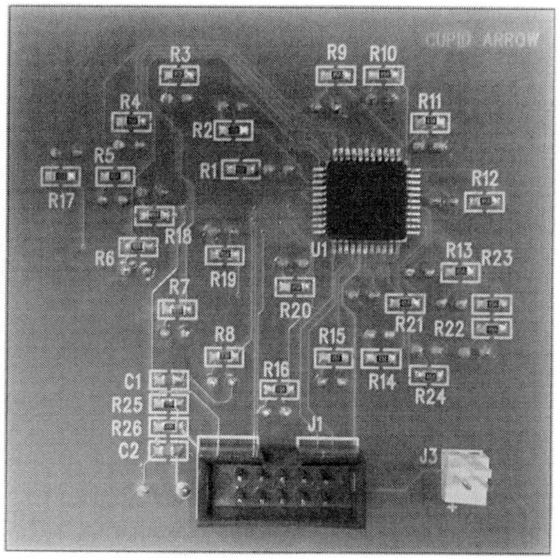

〈Bottom 면 사진〉

| 제 9 장 |

디지털시계 회로(SMD)

제 9 장 | 디지털시계 회로(SMD)

9.1 설계 요구 사항

디지털시계(SMD) 회로도를 작성하고 PCB를 설계한다. PCB 제작 의뢰에 필요한 CAM데이터 파일(Gerber file)을 만든다. 6장의 디지털시계와 다른 점은 4개의 FND와 표면실장용 부품(SMD)을 사용하며 일부는 리드 있는 일반 부품을 사용한다는 점이다. PADS Logic과 PADS Layout 라이브러리에 있는 부품의 심벌과 PCB Decal을 사용하고 없는 것은 새로 만든다. PCB의 크기는 가로 139mm, 세로 53mm이며 양면 기판으로 설계한다.

9.2 회로도

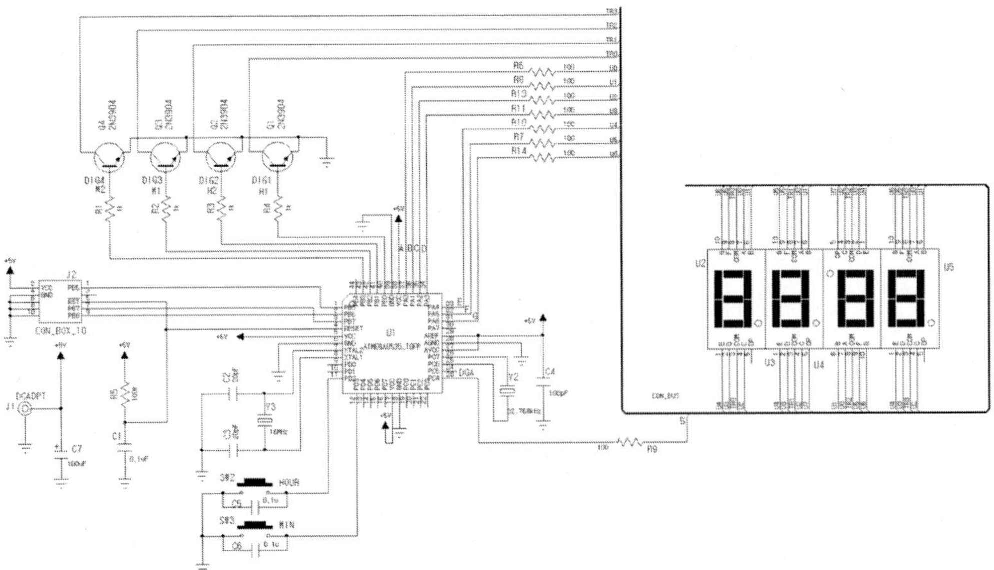

9.3 사용 부품

사용 부품은 다음과 같다.

부품 번호	부품명	부품 규격	수량	부품배치면
R1-4	저항	1k (0805, SMD)	4	bottom
R5	저항	100k (0805, SMD)	1	bottom
R6-11,13,14	저항	100 (0805, SMD)	8	bottom
C7	전해커패시터	100uF/16V	1	bottom
C1,5,6	세라믹커패시터	0.1uF (0805, SMD)	3	bottom
C2,3	세라믹커패시터	20pF (0805, SMD)	2	bottom
C4	세라믹커패시터	100pF (0805, SMD)	1	bottom
Q1-4	트랜지스터	2N3904 (0805, SMD)	4	bottom
U1	IC	ATMEGA8535 (SMD)	1	bottom
U2-5	FND	WCN1-00A5SD-C41	4	top
Y2	수정진동자	32.768kHz	1	bottom
Y3	수정진동자	16MHz	1	bottom
J1	커넥터	DCJ-2.0	1	bottom
J2	커넥터	CON_BOX_10	1	bottom
SW2,3	스위치	Tack 2pin	2	bottom

각 부품에 대한 Part Type, CAE Decal, PCB Decal은 다음과 같다.

Ref. Des	Part Type	CAE Decal	PCB Decal
R1-4	RES0805	RESZ_H	0805
R5	RES0805	RESZ_H	0805
R6-11,13,14	RES0805	RESZ_H	0805
C1,5,6	CAP0805	CAP	0805
C2,3	CAP0805	CAP	0805
C4	CAP0805	CAP	0805
C7	CAP-ELECTAA	CAP+	CE2.5MM*
Q1-4	2N3904	NPN	SOT23M5
U1	ATMEGA8535TQFP*	ATMEGA8535TQFP*	44A*
U2-5	FND*	FND*	FND_L**

Ref. Des	Part Type	CAE Decal	PCB Decal
Y2	XTAL1*	XTAL	XTAL
Y3	XTAL1*	XTAL	XTAL
J1	DCAPT*	DCAPT*	DCAPT*
J2	CON_BOX_10*	CON_BOX_10*	HEADER10-POL
SW2,3	TACK2P*	TACK2P*	TACK2P*

* 앞 장에서 만든 부품임(FND의 CAE Decal은 5장 카운터 회로 참조)

** 본 장에서 만드는 PCB Decal임

9.4 FND_L PCB Decal 만들기

PCB Decal 만들기는 PADS Layout 에서 작업한다.

▎FND_L 도면

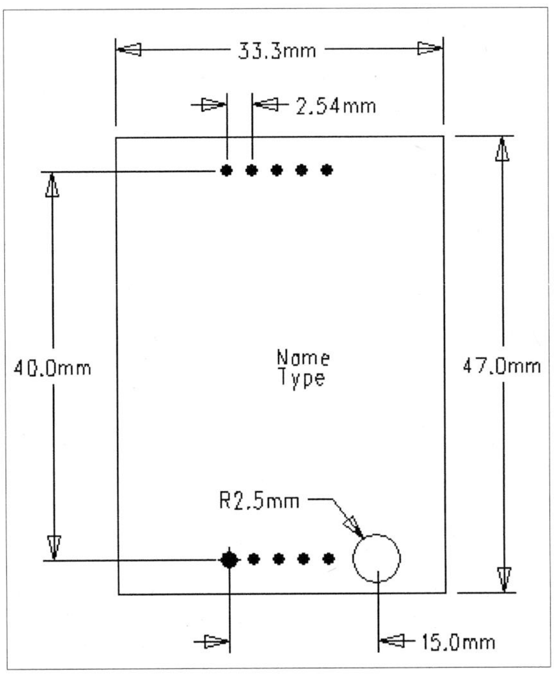

Terminal 만들기

- Menu Bar에서 Tools > PCB Decal Editor를 선택한다.
- Drafting Toolbar 아이콘 을 선택한다.
- Modeless Command로 umm을 입력하여 밀리미터 단위로 설정한다.
- Modeless Command로 g0.1을 입력한다.
- Modeless Command로 gd0.1을 입력하여 grid 간격을 0.1mm로 설정한다.
- Wizard 아이콘 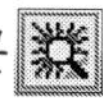을 선택한다.
- 아래 질의 창이 나타나는 경우에는 아니오[N]를 선택한다.

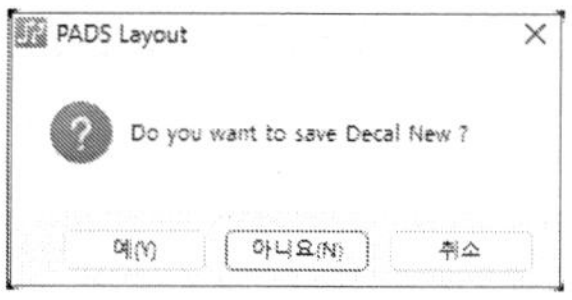

- Decal Wizard 창의 Dual 탭을 아래와 같이 지정한다.

Device type: through hole   Orientation: Horizontal   Origin: Pin1
Pin Counter: 10   Numbering direction: CCW
Diameter: 1.3   Drill diameter: 0.9 Pin pitch(P): 2.54
Row pitch: 40   ☑ Plated
Pin 1 shape: Square   Pin shape: Circle
Placement outline Width: 46.9   Height: 33.1
thermal pad: ☐ Create

- OK 버튼을 클릭한다.

Silkscreen 바꾸기

- 마우스 오른쪽 버튼을 클릭하여 Select Shape를 선택하고, 내외부에 위치한 silkscreen(사각박스)를 지정하고 모두 삭제한다.
- 그리드 눈금을 0.1mm 간격으로 지정하기 위하여 g0.1, gd0.1를 키보드에서 입력한다.
- 오른쪽 아래에 좌표(15 0)을 중심으로 반경 2.5의 원을 그리기 위하여 2D line 의 Circle을 선택한다. 좌표 지정을 위하여 Modeless Command로 s15 0을 입력하고 엔터키를 누른 후 마우스 왼쪽 버튼을 클릭한다. 이어서 s17.5 0을 입력하고 엔터키를 누른 후 마우스 왼쪽 버튼을 클릭한다.
- 2D line의 Rectangle을 선택해서 좌표(-11.5 -3.5)에서 좌표(21.6 43.5)까지 사각형을 그린다. 좌표를 지정하기 위하여 Modeless Command로 s-11.5 -3.5를 입력하고 엔터키를 누른 후 마우스 왼쪽 버튼을 클릭한다. 이어서 s21.6 43.5를 입력하고 엔터키를 누른 후 마우스 왼쪽 버튼을 클릭한다.

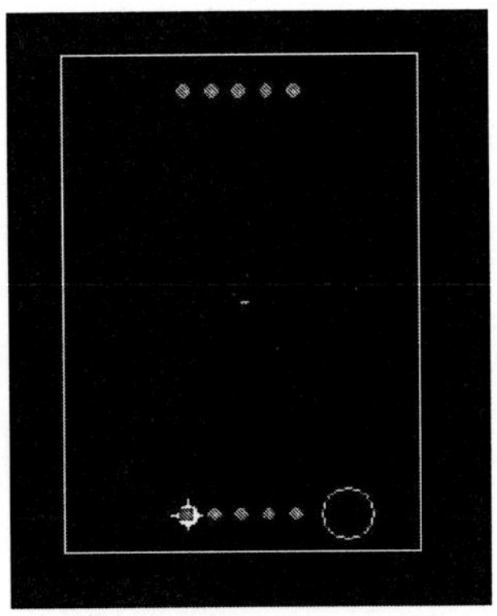

- 저장하기 위하여 Menu Bar에서 File > Save Decal As...를 선택한다.
- Library를 usr로 설정하고 Name of PCB Decal에는 FND_L을 입력하고 OK 버튼을 클릭한다.

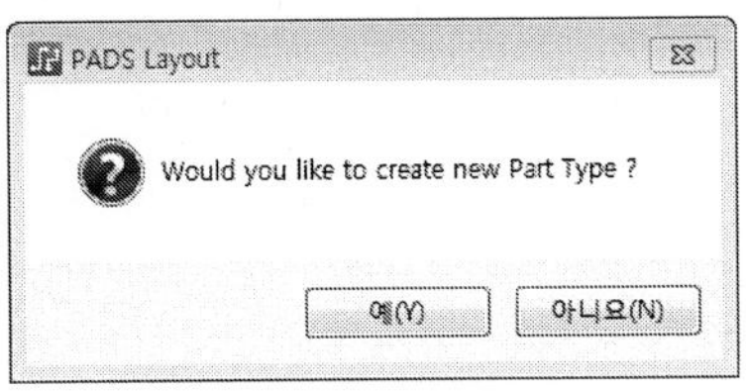

- 여기서는 새로운 Part Type를 만들지 않기 때문에 팝업창에서 아니오(N)를 선택한다.
- Menu Bar에서 File > Exit Decal Editor를 선택하여 PCB Decal Editor에서 빠져나온다.

9.5 회로도 작성하기

PADS Logic의 라이브러리에서 제공하는 부품과 새롭게 만든 부품을 사용하여 회로도를 작성한다.

- 회로도를 작성하는 PADS Logic 프로그램 을 연다.
- 본 장에서는 sheet SIZEA3와 size: A3로 지정하고 3장에서와 같이 폼 형태를 변경한다. Menu Bar에서 Tools > Options을 선택하고 Option 창의 Design 탭에서 size와 sheet를 변경한다.
- Design Grid를 설정하기 위하여 키보드에서 g100을 입력한다.
- Dot Grid를 설정하기 위하여 키보드에서 gd100을 입력한다.
- Schematic Editing Toolbar에서 Add Part 아이콘 을 선택한다.
  - Add Part from library 창이 나타난다. 이 창에서 원하는 부품을 선택한다.
- 각 부품의 Part Type을 참조하여 All Library에서 검색하여 부품을 추가하고 배치시킨다.
- 각 부품의 ???위치를 더블클릭하여 팝업 창에서 부품 값을 입력한다.
- 부품을 지정하고 마우스 오른쪽 버튼을 클릭하여 Visibility를 선택한다.
- Power와 ground를 연결하고 텍스트도 입력하고 완성한다.

❙ Mixed Bus 사용하기

Bus net이 한 종류가 아닌 경우 mixed bus를 사용하여 회로선을 단순화시킬 수 있다.

- Schematic Editing Toolbar에서Add Bus 아이콘 을 선택하고 원하는 위치에서 커서를 클릭하면서 원하는 bus(굵은 선)을 긋는다.
- Bus 선을 마치고자하는 곳에서 더블클릭한다.
- Add Bus 팝업 창에서 다음과 같이 설정한다.
  - Bus Name: CON_BUS
  - Bus Type: Mixed Net
  - Add 버튼을 클릭하여 다음과 같이 Bus Nets을 지정한다.

Name/Prefix	Start	End
U	0	7
TR	0	3

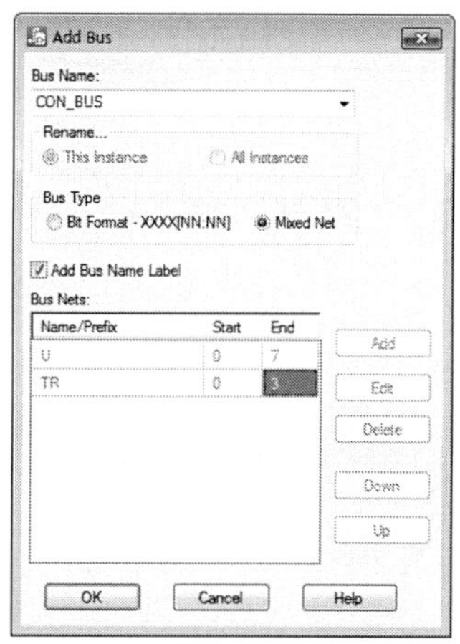

- OK 버튼을 클릭한다.
- 단축키 F2를 눌러 일반 연결선을 긋고 bus 선에 연결하면 Add bus Net name 창에 Net Name을 주어진 회로도와 같이 입력하고 OK 버튼을 클릭한다.
- 아래와 같이 연결과 이름을 확인한다.

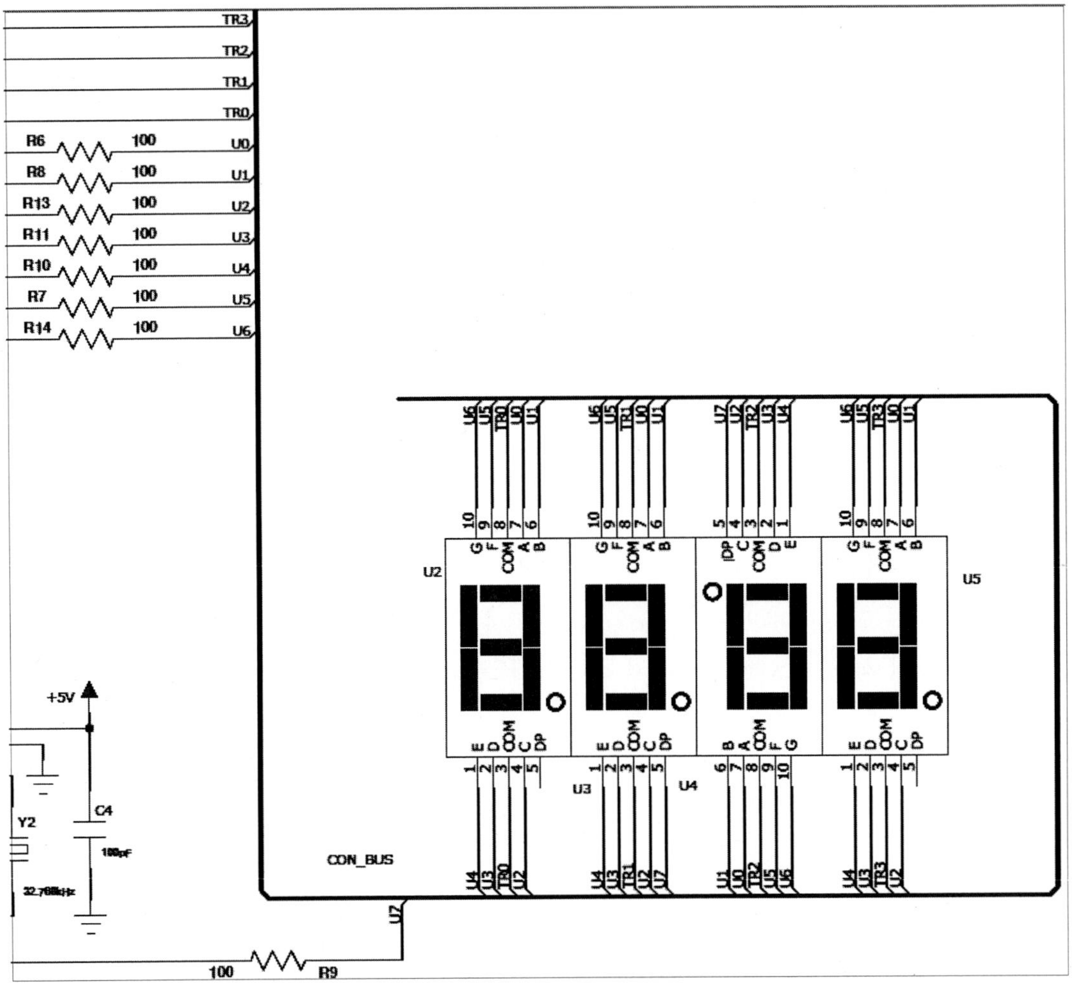

▎각 부품의 PCB Decal 변경하기

- 트랜지스터 Q1을 선택하고 마우스 오른쪽 버튼을 클릭하여 Properties를 선택한다.
- Part Properties 창에서 PCB Decal 아이콘을 클릭한다.
- PCB Decal Assignment 창에서 Browse 버튼을 클릭하여 SOT23M5를 검색하고 선택한 후 OK 버튼을 클릭한다.
- PCB Decal Assignment 창에서 Apply update to: All Parts This Type를 지정하여 동일한 모든 부품의 PCB Decal을 SOT23M5로 변경한다.

- OK 버튼을 클릭한다.
- Part Properties 창을 닫는다.
- 마찬가지로 FND의 PCB Decal을 FND_L로 변경한다.

▎완성된 회로도 저장하기

- Menu Bar에서 File > Save As...를 선택하여 작성된 회로도를 저장한다. 여기서는 파일이름을 digital_clk_smd로 저장한다.
  - 기본적으로 저장되는 폴더는 C:₩PADS Projects이다.

9.6 Layout Netlist 만들기

▎Layout Netlist 만들기

- Menu Bar에서 Tools > Layout Netlist를 선택한다.
- Netlist to PCB 팝업창에서 저장할 파일 이름을 digital_clk_smd로 지정하고 **저장(S)** 버튼을 클릭한다.
- 메모장을 확인한다.

9.7 PCB 설계하기

9.7.1 Layout Netlist 파일 불러들이기

- PCB를 설계하기 위하여 PADS Layout 아이콘 

을 더블클릭한다.
- Menu Bar에서 File > Import를 선택한다.
- 저장된 digital_clk_smd.asc 파일을 연다.

9.7.2 환경 설정하기

- Modeless Command인 umm을 입력하여 밀리미터 단위로 지정한다.

❙ Design Rule 설정하기

- Menu Bar에서 Setup > Design Rules를 선택한다.
- Rules 팝업창에서 Default 는 다음과 같이 설정한다.

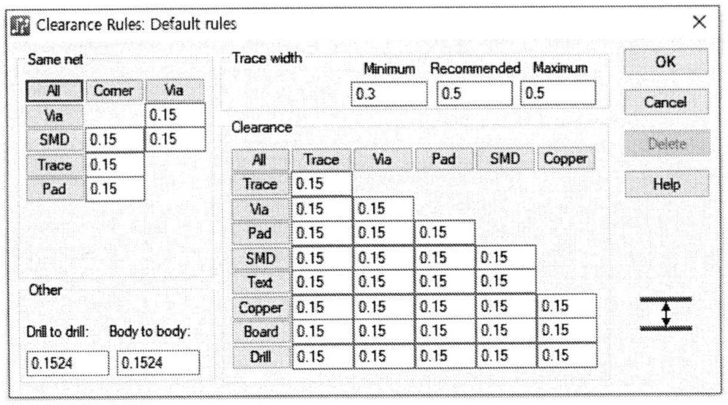

- Net (+5V, GND)는 다음과 같이 설정한다.

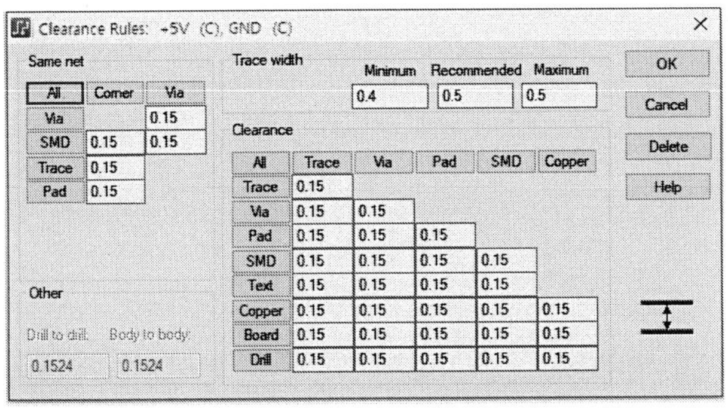

9.7.3 PCB 외각선 그리기

- Modeless Command인 umm을 입력하여 mm 단위로 지정한다.
- grid 간격을 1mm로 설정한다.
- Standard Toolbar에서 Drafting Toolbar 아이콘 을 클릭한다.
- Drafting Toolbar를 확인하고 Board Outline and Cut Out 아이콘 을 클릭한다.
- 외각선으로 가로 139mm, 세로 53mm 크기의 직사각형을 그린다.

9.7.4 부품 배치하기

❙ 부품 풀어헤치기

- Menu Bar에서 Tools > Disperse Component를 선택하여 원점에 모여 있는 부품을 풀어헤친다.

❙ Top 면 ground 처리하기

- Layer를 top 면으로 지정한다.
- Standard Toolbar에서 Drafting Toolbar 아이콘 을 클릭한다.
- Drafting Toolbar를 확인하고 Copper Pour 아이콘 을 클릭한다.
- 기판의 외각선과 동일한 사각형을 원점에서 그린다.
- Add Drafting 팝업 창에서 layer를 top으로 지정하고, Net Assignment는 GND로 지정한다.

❙ 부품 배치하기

- Setup > Set Origin을 선택하여 원점을 임의의 위치에 둔다.
- FND는 top 면에 아래 좌표와 같이 배치한다.
  U2(14.5 6.2), U3(47.7 6.2), U5(114.1 6.2)
- U4는 180도 회전시키고 아래 좌표에 배치한다.
  U4(91.0 46.8)
- 4개의 FND는 부품의 properties에서 Glued를 선택하여 고정시킨다.

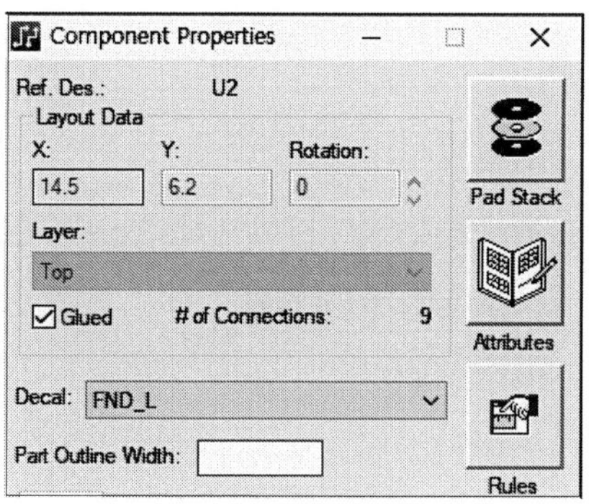

- 나머지 부품들은 모두 bottom 면에 배치한다.
- bottom 면에 배치하는 부품 중에서 아래 부품은 좌표를 가진다.
  J1(16.6 14.1), J2(9.9 25.7), U1(74.2 32), SW2(130.4 20.6), SW3(130.4 14)

9.7.5 배선하기

▎Via 홀로 연결하기

- Top 면과 bottom 면을 연결하기 위하여 via 홀을 사용한다.
- 배선을 하면서 layer을 바꾸고자 하는 위치에서 마우스 오른쪽 버튼을 클릭하여 Add Via를 선택한다.
- Layer가 바뀌면 배선을 계속하여 연결하고자 하는 pad에서 더블클릭한다.
- Via 홀의 크기를 변경하고자 하는 경우는 via 홀을 선택하여 Pad stack Properties에서 Diameter를 0.4mm, Drill size는 0.2mm로 설정한다.
- 부품 참조번호를 정리한다.

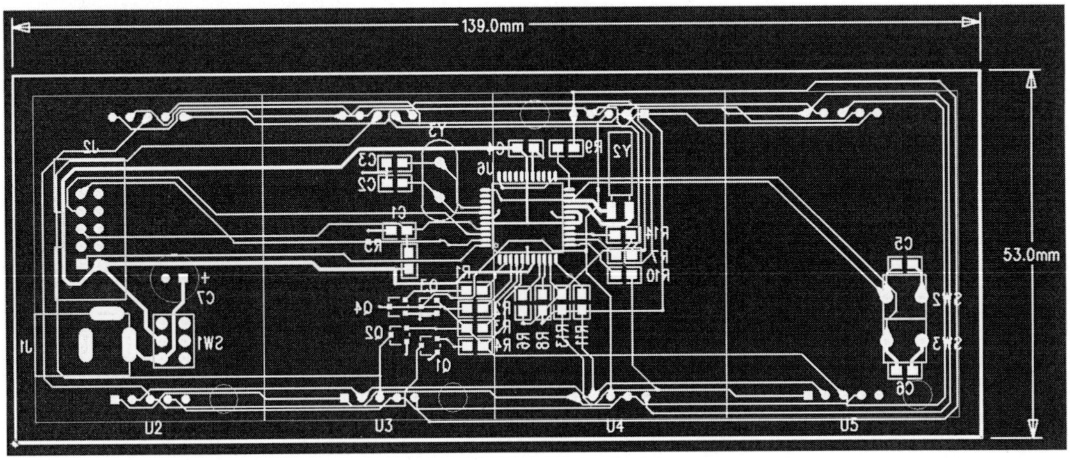

▎PCB 검정하기

- Menu Bar에서 Tools > Verify Design을 선택하여 Clearance와 Connectivity를 검정한다.
  - 에러 또는 경고 메시지가 있으면 수정한다.

▎완성된 PCB 저장하기

- Menu Bar에서 File > Save As...를 선택하여 설계한 PCB를 저장한다. 여기서는 파일이름을 digital_clk_smd로 입력한다.
  - 기본적으로 저장되는 폴더는 C:₩PADS Project이다.

9.8 PCB 제작 의뢰하기

9.8.1 CAM data 만들기

본 예제의 CAM 데이터는 다음과 같다.

Document name	Document Type	Fabrication layer	Remark
top_pattern	Routing/Split Plane	Top	Top 면 패턴
bot_pattern	Routing/Split Plane	Bottom	Bottom 면 패턴
top_mask	Solder Mask	Solder Mask Top	Top 면 Solder Mask
bot_mask	Solder Mask	Solder Mask Bottom	Bottom 면 Solder Mask
top_silk	Silkscreen	Silkscreen Top	Top 면 Silkscreen
bot_silk	Silkscreen	Silkscreen Bottom	Bottom 면 Silkscreen
drill	Drill Drawing	Unassigned	Drill
nc_drill	NC Drill	Unassigned	NC Drill

- Menu Bar에서 File > CAM...을 선택하여 8개의 CAM 데이터를 만든다.

▎top_pattern CAM 데이터 만들기

- Add Document 창에서 Documentation Name, Document Type, Layer를 설정하고 Preview Selections로 top 면 패턴 도면을 확인한다.
  - Document name: top_pattern
  - Document Type: Routing/Split Plane
  - Fabrication Layer: top

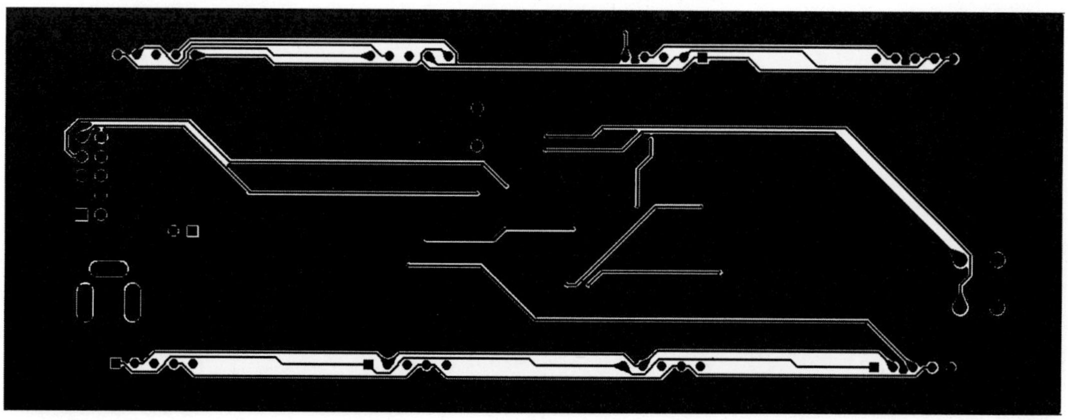

bot_pattern CAM 데이터 만들기

- Add Document 창에서 Documentation Name, Document Type, Layer를 설정하고 Option 에서 X offset을 180, Mirror Image를 체크한 후 Preview Selections로 bottom 면 패턴 도면을 확인한다.
  - Document name: bot_pattern
  - Document Type: Routing/Split Plane
  - Fabrication Layer: bottom

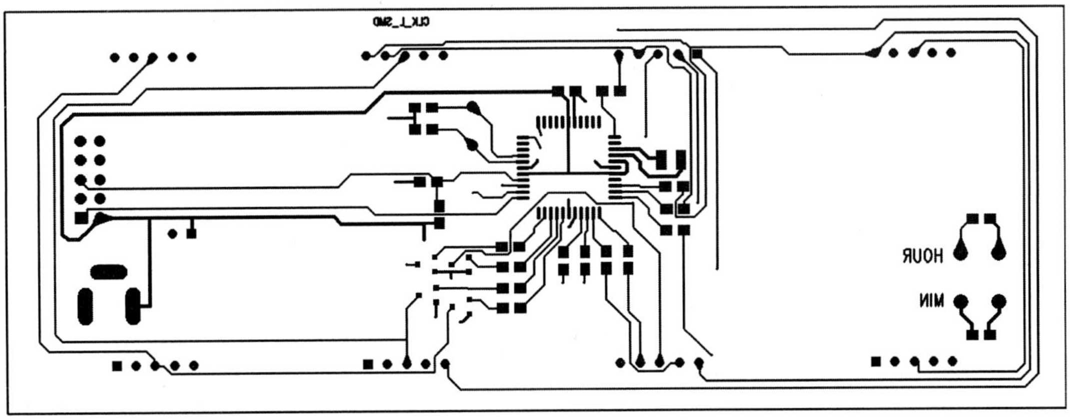

top_mask CAM 데이터 만들기

- Add Document 창에서 Documentation Name, Document Type, Layer를 설정하고 Preview Selections로 top 면 Solder Mask 도면을 확인한다.
  - Document name: top_mask
  - Document Type: Solder Mask
  - Fabrication Layer: Solder mask top

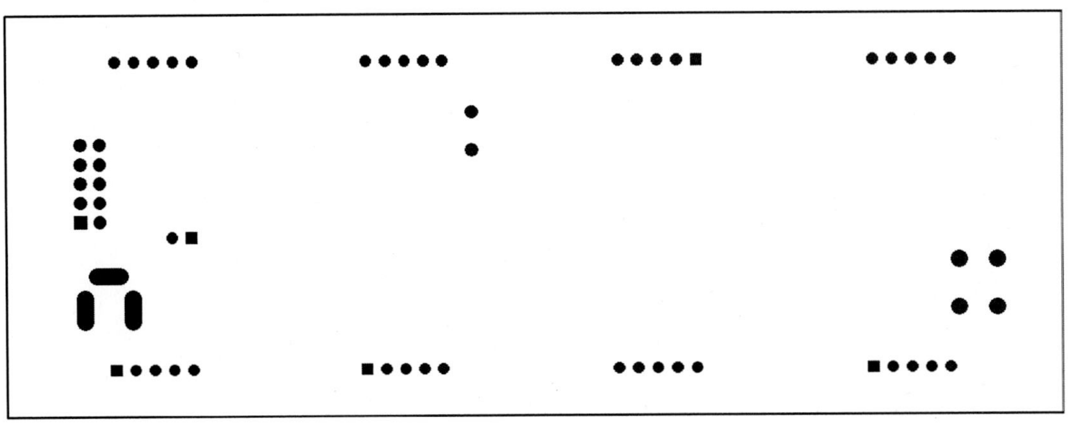

▌ bot_mask CAM 데이터 만들기

- Add Document 창에서 Documentation Name, Document Type, Layer를 설정하고 Preview Selections로 Bottom 면 Solder Mask 도면을 확인한다.
  - Document name: bot_mask
  - Document Type: Solder Mask
  - Fabrication Layer: Solder mask bottom
  - Customize Document 탭〉Layers에서 top 면을 선택하고 Pads만을 체크함
- Option 에서 X offset을 180, Mirror Image를 체크한 후 Preview Selections로 bottom 면 Solder Mask 도면을 확인한다.

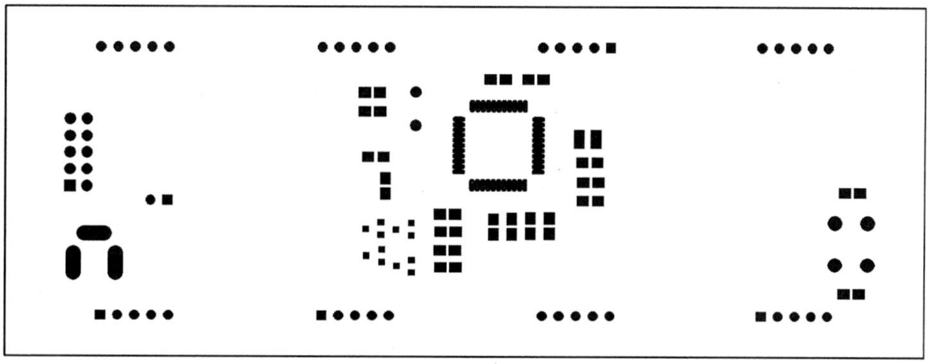

▌ top_silk CAM 데이터 만들기

- Add Document 창에서 Documentation Name, Document Type, Layer를 설정한다.
  - Document name: top_silk
  - Document Type: Silksceen
  - Fabrication Layer: Silkscreen top
  - Customize Document 탭〉Layers에서 top 면을 선택하고 2D Lines, Ref.Des, Outlines 만을 체크함

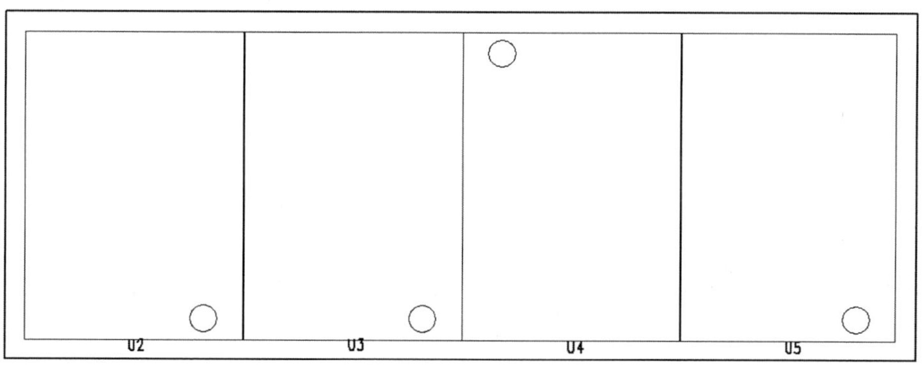

bot_silk CAM 데이터 만들기

- Add Document 창에서 Documentation Name, Document Type, Layer를 설정한다.
  - Document name: bot_silk
  - Document Type: Silksceen
  - Fabrication Layer: Silkscreen bottom
  - Customize Document 탭 > Layers에서 Bottom 면을 선택하고 Ref.Des, Outlines만 체크함
- Option [icon] 에서 X offset을 180, Mirror Image를 체크한 후 Preview Selections로 bottom 면 silkscreen 도면을 확인한다.

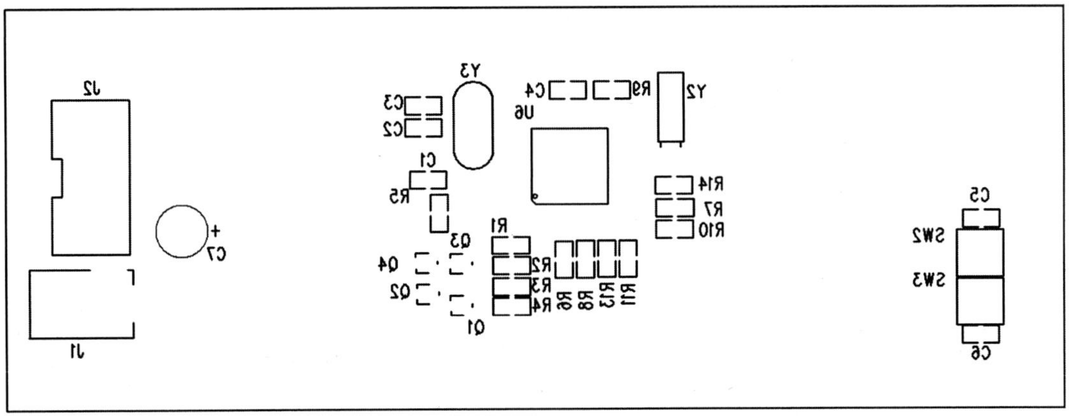

drill CAM 데이터 만들기

- Add Document 창에서 Documentation Name, Document Type을 설정한다.
  - Document name: drill
  - Document Type: drill drawing
  - Fabrication Layer: 〈Unassigned〉
  - Customize Document 탭 > Options > Drill Symbols

    Draw chart → X: 180, Y: 0

    Drill data → ☑ Show Through/Partial column

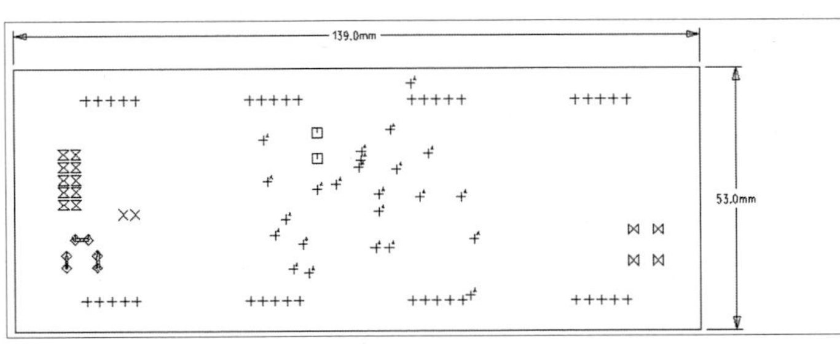

SIZE	QTY	SYM	PLATED	THR/PRTL	TOL
0.89992	40	+	YES	THR	+/-0.0
0 9	2	×	YES	THR	+/-0.0
0.889	2	⊡	YES	THR	+/-0.0
0 5 x 3	3	◇	YES	THR	+/-0.0
0.9398	10	⧖	YES	THR	+/-0.0
1	4	⋈	YES	THR	+/-0.0
0.2	24	+A	YES	THR	+/-0.0

❙ nc_drill CAM 데이터 만들기

- Add Document 창에서 Documentation Name, Document Type을 설정하고 Preview Selections로 NC Drill 도면을 확인한다.
    - Document name: nc_drill
    - Document Type: NC drill
    - Fabrication Layer: 〈Unassigned〉

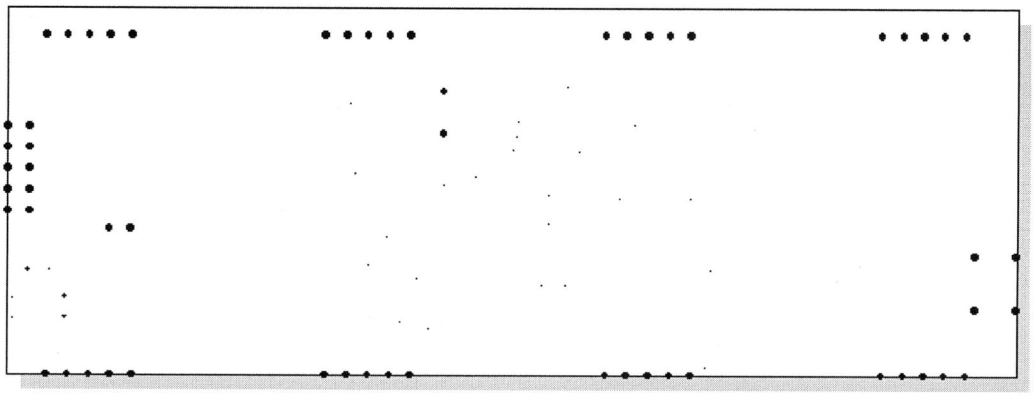

❙ CAM 데이터 저장하기

- Define CAM Document 창에서 CAM Directory를 〈Create〉로 지정한다.
- CAM Question 팝업창에서 서브디렉토리 이름으로 digital_clk_smd을 입력하고 OK 버튼을 클릭한다.
- Define CAM Document 창에서 모든 CAM 데이터를 선택하고 Run 버튼을 클릭한다.
- 윈도우 탐색기로 생성된 CAM 데이터를 확인한다.
- PADS Layout에서 PCB파일을 저장한다.(File > Save)

9.8.2 PCB 제작 의뢰하기

PCB 제작을 의뢰하기 위해서는 CAM 데이터 파일과 PCB 사양 정보를 제작처에 보내야 한다. PCB 사양 정보는 다음과 같다.

레이어 : 양면
사이즈 : 139mm × 53mm
재질 : FR-4
두께 : 1.6mm
실크 : 데이터기준
실크색 : 흰색
솔더색 : 녹색유광
표면처리 : HASL
수량 :
납기일 :

9.8.3 제작된 PCB

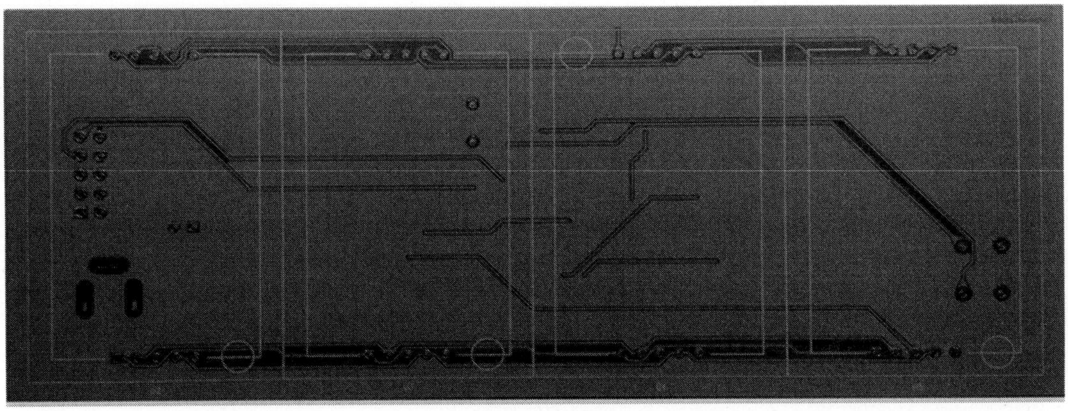

〈Top 면 사진〉

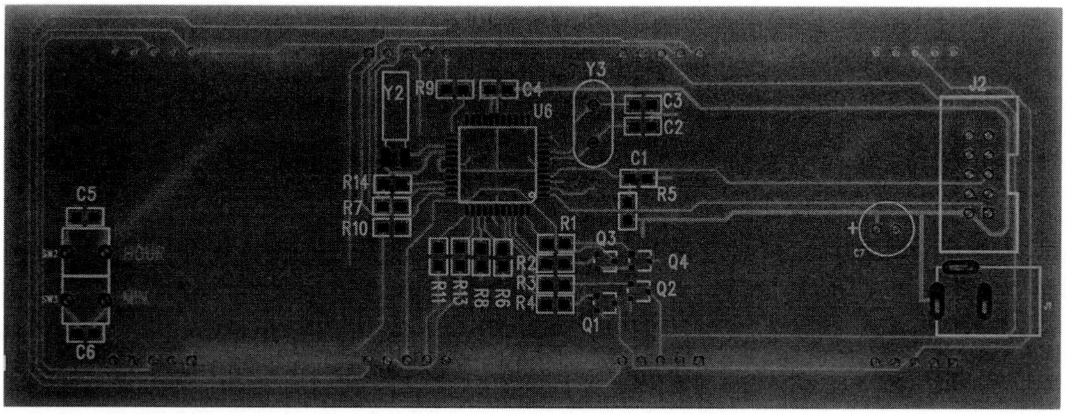

〈Bottom 면 사진〉

9.8.4 조립하기

FND 부품만 top 면에서 조립하고 나머지 부품들은 bottom 면에서 조립과 납땜을 한다.

▌ 부품표

번호	부품명	부품 번호	규격	수량	부품배치면
1	저항(SMD)	R1-4	1k	4	bottom
2	저항(SMD)	R5	100k	1	bottom
3	저항(SMD)	R6-11,13,14	100	8	bottom
4	세라믹커패시터(SMD)	C1,5,6	0.1uF	3	bottom
5	세라믹커패시터(SMD)	C2,3	20pF	2	bottom
6	세라믹커패시터(SMD)	C4	100pF	1	bottom
7	전해커패시터	C7	100uF/16V	1	bottom
8	트랜지스터(SMD)	Q1-4	2N3904	4	bottom
9	IC(SMD)	U1	ATMEGA8535	1	bottom
10	FND	U2-5	WCN1-00A5SD-C41	4	top
11	수정진동자	Y1	16MHz	1	bottom
12	수정진동자	Y2	32.768kHz	1	bottom
13	커넥터	J1	DCJ-2.0	1	bottom
14	커넥터	J2	CON_BOX_10	1	bottom
15	스위치	SW1	6pin	1	bottom
16	스위치	SW2-3	2pin	2	bottom

조립도면

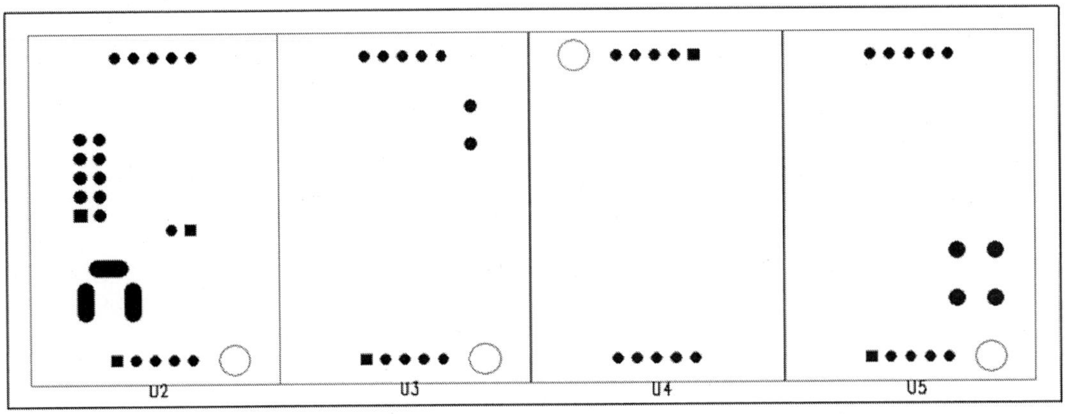

〈Top 면〉

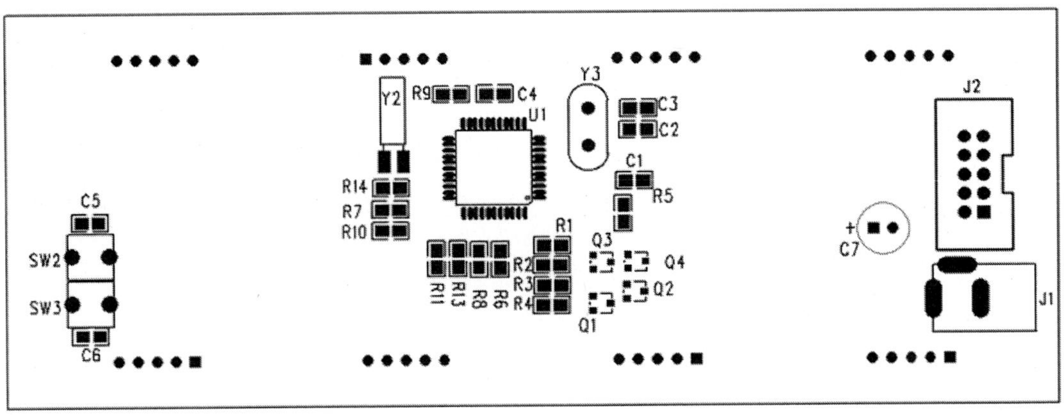

〈Bottom 면〉

▎조립된 PCB

〈Top 면 사진〉

〈Bottom 면 사진〉

PADS VX2.0 예제로 배우는

PCB 설계

3판 3쇄 2025년 3월 4일

저 자 남우춘
발행인 송광헌
발행처 도서출판 복두(더)
주 소 서울특별시 영등포구 경인로82길 3-4
센터플러스 807호
(우) 07371
전 화 02-2164-2580
FAX 02-2164-2584
등 록 1993. 11. 22. 제 10-902 호

정가 : 23,000원

ISBN : 979-11-6675-291-9 93560

한국과학기술출판협회 회원사